민주주의는 어떻게 망가지는가

민주주의는 어떻게 망가지는가

ⓒ들녘 2015

초판 1쇄 발행일 2015년 4월 25일

지 은 이 조슈아 컬랜칙
옮 긴 이 노정태
펴 낸 이 이정원

출판책임 박성규
기획실장 선우미정
편집진행 유예림
편   집 김상진 · 구소연
디 자 인 김지연 · 김세린
마 케 팅 석철호 · 나다연
경영지원 김은주 · 이순복
제   작 송세언
관   리 구법모 · 엄철용

펴 낸 곳 도서출판 들녘
등록일자 1987년 12월 12일
등록번호 10-156
주   소 경기도 파주시 회동길 198번지
전   화 마케팅 031-955-7374 편집 031-955-7381
팩시밀리 031-955-7393
홈페이지 www.ddd21.co.kr

ISBN 978-89-7527-654-5 (03340)

값은 뒤표지에 있습니다. 잘못된 책은 구입하신 곳에서 바꿔드립니다.

「이 도서의 국립중앙도서관 출판예정도서목록(CIP)은 서지정보유통지원시스템 홈페이지(http://seoji.nl.go.
kr)와 국가자료공동목록시스템(http://www.nl.go.kr/kolisnet)에서 이용하실 수 있습니다.(CIP제어번호:
CIP2015010351)」

민주주의는 어떻게 망가지는가

경제 위기, 중산층의 배반 그리고 권위주의의 귀환

조슈아 컬랜칙 지음

노정태 옮김

들녘

미국외교협회

미국외교협회The Council on Foreign Relations, CFR는 독립적이고 비당파적인 회원제 조직이자 싱크탱크 및 출판사로, 그 회원 및 정부 관료, 기업 경영자, 언론인, 교육자와 학생들, 시민사회와 종교계의 지도자들 및 기타 관심 있는 시민들이 미국과 다른 나라들이 마주하고 있는 대외정책을 더 잘 이해할 수 있도록 돕는 것을 목표로 삼고 있다. 1921년 창립된 미국외교협회는 구성원의 다양성을 유지하고, 대외정책의 차세대 리더들의 관심을 증폭시키며 전문성을 함양하는 특별한 프로그램을 통해 그 임무를 수행해왔으며, 다음과 같은 일을 하고 있다. 뉴욕과 워싱턴 및 다른 도시에 위치한 미국외교협회 본부에서 고위직 관료, 상·하원 의원, 국제 지도자, 주목할 만한 사상가들이 미국외교협회 회원들과 모여 주요 국제 문제에 대해 토론하고 논쟁하는 회의를 주관하고 있다. 독립적인 연구를 지원하고 미국외교협회의 학자들이 기사, 보고서, 책을 쓸 수 있도록 지원하며 대외정책 과제들을 분석하고 확고한 정책 제안을 제시할 수 있는 내부 회의를 유지하고 있다. 또한 국제 문제 및 미국의 대외정책에 대한 선도적인 잡지인 〈포린 어페어스Foreign Affairs〉를 발행한다. 가장 중요한 대외정책 문제에 대해 탐구하고 동시에 정책의 방향을 제안하는 것을 목적으로 삼아 보고서를 제출하는 독립 태스크포스 팀을 후원한다. 더불어 웹사이트인 www.cfr.org를 통해, 세계의 문제 및 미국 대외정책에 대한 최신 정보와 분석을 제공한다.

미국외교협회는 정부의 정책 결정에 조직 차원에서 관여하지 않으며 미국 정부 내에 어떤 식으로도 소속되어 있지 않다. 미국외교협회의 출판물에 등장하는 모든 사실과 의견의 표현에 대한 책임은 모두 해당 저자(들)에게 귀속된다.

시라에게

감사의 말

수많은 분들의 너그러운 도움과 현명한 조언이 없었다면 나는 이 책을 쓸 수 없었을 것이다.

미국외교협회의 리처드 N. 하스Richard N. Haass와 제임스 M. 린지 James M. Lindsay는 이 책의 초고를 읽고 비판적이며 통찰력 있는 지적을 해주었다. 엘리자베스 리더Elizabeth Leader, 마리사 클링엔Marissa Clingen, 데이비드 실버먼David Silverman, 헌터 마스턴Hunter Marston, 셸비 레이튼Shelby Leighton은 중요한 조사 및 분석을 통해 이 책에 기여했다. 수전 스트레인지Susan Strange는 미국 국립문서기록관리청에서 엄청난 도움을 주었다. 미국외교협회 도서관은 거의 모든 자료를 찾는 데 핵심적인 역할을 해주었으며, 패트리샤 도프Patricia Dorff와 미국외교협회 출판부 직원들은 그 자료들이 공개될 수 있도록 노력해주었다. 엘리자베스 이코노미Elizabeth Economy는 본질적인 지도 편달을 해주었다. 또한 미국외교협회의 '시민사회, 시장, 민주주의 프로그램'의 협조에도 감사를 표한다.

헨리 루스 재단Henry Luce Foundation과 스미스 리처드슨 재단Smith Richardson Foundation의 관대한 후원은 내가 자료 조사 및 이 책의 집필에 몰두할 수 있게 해주었다. 그들의 도움이 없었더라면 이 책은 나오지 못했을 것이다. 특히 스미스 리처드슨 재단의 앨런 송Allan Song과, 헨리 루스 재단의 헬레나 콜렌다Helena Kolenda 및 리 링Li Ling에게 감사를 표한다. 맥아더 재단MacArthur Foundation 또한 연구에 도움을 주었으며, 그에 대해 큰 감사를 전하고 싶다.

또한 나는 너그럽게 시간을 내어 대화를 함께한, 때로는 자신들에

민주주의는 어떻게 망가지는가

대한 위험을 감수하기까지 하는, 전 세계의 민주화 운동가, 변호사, 학자들에게 큰 빚을 지고 있다.

예일 대학교 출판부의 편집자 윌리엄 프룩트William Frucht는 내게 조언을 해주며 이 책의 내용을 다듬어주었고, 편집자인 제프리 시어Jeffrey Schier는 문장을 만져주었다. 모두에게 고마움을 표한다.

시라는 내게 줄곧 상담과 조언을 해주었을 뿐 아니라, 사랑까지 주었다. 그가 없었다면 이 책은 세상에 존재할 수 없었을 것이다.

이 모든 과정에서 케일럽은 내 삶의 기쁨이 되어주었다.

| 차례 |

1.

태국에서 가장 더운 계절인 4월에는 방콕 시내의 모든 활동이 물엿처럼 느리게 진행된다. 기온이 섭씨 37도를 넘도록 치솟아오르기에, 많은 방콕 거주자들은 도시를 떠나 북쪽 또는 방콕의 동쪽과 남쪽에 있는 섬으로 향하고, 느리게 움직이는 차들은 푹푹 찌는 공기 속에 매연 구름을 만들어낸다. 4월 중순에는 태국의 설날을 맞이하여 온 나라가 한 주가량 쉬는데, 명절인데도 수도인 방콕에 남아 있던 사람들은 평소 몇 시간씩 걸리던 그 도시를 몇 분만에 가로지를 수 있다는 걸 알고 깜짝 놀라게 된다.

그러나 2010년 봄, 방콕은 조용함과는 거리가 멀었다. 붉은 셔츠를 입은 시위대가 방콕 시내로 쏟아져 들어왔기 때문이다. 그들이 볼 때 정부는 법적인 정당성을 결여하고 있었으며 노동계급에 우호적이지 않았다. 시위대는 정부에 맞서 새로운 선거를 요구하고 있었다. 그들은 대부분 북동쪽 농업 지역의 가난한 마을에서 들고일어났거나, 방콕의 교외에 거주하는 노동계급에 속하는 사람들이었다. 초기에는 시위가 마치 마을 거리 축제처럼 보였다. 시위대는 끈끈한 쌀과 구운 닭으로 요기를 하며 원을 만들어 북동부 태국 사람들이 부르는 모람mor lam을 연주했는데, 그 음악은 울적한 기타 소리와 구슬피 떨리는 목소리가 어우러져, 마치 행크 윌리엄스* 노래의 아시아 버전처럼 들렸다. 한껏 고양된 가운데, 즐거운 분위기 속에서 10만 명이 넘는 붉은 셔츠 시위대가 방콕 중심가의 가설무대 주변에 몰려들어 당시 정권의 사퇴를 요구하고 있었다.

하지만 몇 주 만에 그 시위는 폭력시위로 변했다. 지난 20여 년간 방콕에서 벌어진 것 중 최악의 유혈 사태가 전개되고 말았다. 4월 10일, 일부 시위대는 경찰을 향해 총을 쏘고 보안 병력들에게 수류탄을 투척했다. 공권력은 강경하게 진압하고 나섰고, 때로는 군중을 향해 무작위로 발포하는 일도 있었다.1 하루가 지날 무렵, 24명이 목숨을 잃었다.

이 사건은 5월 말에 벌어질 사태를 향한 몸 풀기에 지나지 않았다. 5월 말 즈음, 붉은 셔츠 시위대는 방콕 중심가의 상업지구에 몇 주 동안 텐트를 치고 머물면서 금융을 마비시켰고 교통 혼란을 초래했다. 즉각적인 재선거를 요구하는 시위대의 요구를 거절해온 정부와 공권력은 더욱 단호하게 대처하기로 결정했다. 중무장한 군인들은 붉은 셔츠 시위대의 캠프촌으로 밀고 들어가, 사실상 통제받지 않고 발포할 수 있는 공간을 만들고는 움직이는 사람들을 향해 무차별적으로 총을 쏘았다. 전하는 말에 따르면 그 거리의 건물 위에 저격수를 배치하여 붉은 셔츠 시위대를 노리고 있었다고 한다. 붉은 셔츠 시위대에 참여한 어떤 퇴역 장군은 〈뉴욕타임스New York Times〉의 기자와 대화하기 위해 서 있

---

* Hank Williams. 미국의 컨트리 음악 가수. 가장 중요한 기여를 한 컨트리 음악인으로 손꼽힌다. 컨트리는 기본적으로 기타 반주에 맞춰 미국 남부, 중부 사람들의 애환과 슬픔 및 기쁨을 담아내는 음악이다.

다가 이마에 날아온 총알을 맞고 숨졌다.2 붉은 셔츠 시위대는 증권거래소, 방콕에서 가장 큰 쇼핑몰, 그 외 엘리트의 특권을 상징하는 것들에 불을 지르며 반격했다. 5월 19일 저녁, 방콕의 스카이라인을 집어삼킨 불꽃은 구 시가지의 사원이나 유리와 강철로 지어져 높게 솟은 금융지구의 빌딩들이 왜소해 보이게 만들었다.3 5월이 끝날 무렵 붉은 셔츠 시위대 대부분은 집으로 돌아갔지만, 그 싸움은 끔찍한 대가를 치르고서야 마무리되었다. 충돌 결과 백 명이 넘는 사람들이 사망했는데, 그중 대부분은 민간인이었다. 정부는 대부분 지역에 국가비상사태를 선포하여 범죄 혐의가 없어도 사람을 구금할 수 있는, 계엄령을 내린 것과 마찬가지인 힘을 얻게 되었다.

한때 동남아시아에서 가장 안정적이었고 다른 개발도상국에 민주적 통합의 사례로 제시되기까지 했던 나라에서, 이러한 폭력은 이제 점점 일상이 되어가고 있다. 기둥에 작은 보석이 박혀 반짝이는 태국 왕궁은 방콕 구 시가지의 잔디밭과 인접해 있는데, 붉은 셔츠 시위대가 나타나기 4년 전, 그곳에 모여든 각기 다른 종류의 시위대가 태국을 혼란 속에 밀어넣은 일이 있었다. 당시의 시위대는 변호사, 의사, 가게 주인, 방콕에 자리 잡은 수많은 중산층으로 이루어져 있었다. 그들은 가난한 지방 사람들의 지지로 인해 큰 표 차를 기록하며 당선되었지만 여타 민주적 제도를 존중하지 않던 총리, 탁신 친나왓Thaksin Shinawatra의 사임을 요구하고 있었다.

존경받는 태국 왕 푸미폰 아둔야뎃의 상징색인 노란색으로 갖춰 입은 중산층 시위대를 이끄는 것은, 조지 오웰 식의 역설이 느껴지는, '민주주의를 위한 인민연합People's Alliance for Democracy'이라는 이름의 조직이었다. 마치 조선민주주의인민공화국북한이나 구 동독, 즉 독일민주공화국이 그랬듯, '민주주의를 위한 인민연합' 역시 민주적이지 않았고 많은 이들을 대변하는 단체도 아니었다. 그들이 요구하는 변화는 국회의 의석을 줄여 태국 인구의 다수를 이루는 농촌 사람들의 힘을 꺾어놓는 것을 그 골자로 하고 있었다.4 "중산층, 그들은 농촌 대중을 경멸하고 있으며 농민들을 부패한 표 매수꾼의 졸卒로 취급한다"고, 전직 주 태국 미국 대사는 말했다.5

탁신은 공공 서비스를 해체하고, 언론을 침묵시키며, 정적들을 알게 모르게 제거하는 일에 자신의 권력을 사용해왔다. 그가 '마약과의 전쟁'을 선포하는 과정에서 2천 명이 넘는 사람들이 치안 병력에 의해 목숨을 잃었는데, 마약조직과는 아무런 관련이 없었던 희생자들은 대체로 뒤통수에 총을 맞고 죽었다.6 탁신은 또한 반대 세력을 분쇄했다. 2004년 10월 벌어진 끔찍한 사례 하나를 살펴보자. 태국의 치안 병력은 태국 남부 지방의 한 이슬람 사원에서 정부에 대한 항의의 뜻을 표한 수백 명의 젊은이를 포위했다. 치안 병력은 그들을 숨 막히는, 환기 시설도 제대로 갖춰지지 않은 창고에 우겨넣었고, 85명이 질식으로 사망했다.7 탁신은 잠재적 비판자들에게 매일같이 공포를 불어넣었다. 쿠데타, 거리 시위, 전쟁을 겪으면서도 싸구려 위스키와 담배에 의지해 살아남았던 가장 질긴 탐사보도 기자들조차 〈방콕 포스트Bangkok Post〉의 사무실에서 완전히 기가 꺾여버렸다. 한 편집자는, 총리의 패거리들이 신문사를 사버린 다음 그들을 해고할까 봐 탁신과 관련된 이야기를 다루기가 두렵다고 말했다.8

선거에 두 차례나 당선된 탁신은 여전히 정치 전반을 지배하고 있었다. 그는 태국에서 가장 강력하고, 조직을 잘 갖추고 있는 역동적인 정치인이었다. 전직 주 태국 미 대사인 랠프 보이스Ralph Boyce는 억압적인 정책을 펴는 탁신의 팬이 아니었지만, 탁신의 항소에 대해 미국에 보낸 장문의 외교 전문에서 다음과 같이 분석하며 탁신의 힘을 인정했다.

민주주의는 어떻게 망가지는가

"탁신의 개인적 특질, 잘 조율된 미디어 출연, 초점이 명확히 맞춰진 대중적 메시지, 전통적인 '박차고 나가 투표하는' 조직 등이 결합되어, (탁신의 정당은) 그들에게 가장 위협적이었던 정치적 적수를 황폐화시킬 수 있었다. 탁신은 …… 정치적 관심을 끌어모으는 방식에서 태국의 그 누구도 상대할 수 없는 존재이다."

2005년 탁신은 노란 셔츠 시위대 대부분이 선호하는 민주당에 맞서 압도적인 승리를 거두었다. 2006년 탁신이 재선거를 제안하였지만 민주당은 선거에 참여하기를 거부했다. 한때 태국에서 가장 강력한 정당이었던 민주당은, 그 무렵 총 500개의 하원의석 가운데 100석도 채 가지지 못한 군소 정당으로 전락해 있었다.* 그리하여, 그 구성상 민주당의 열성적 지지자와 상당수 겹치는 노란 셔츠들은 2006년, 선거로 맞붙는 대신 나라를 마비시키고자 했다. 국회로 휘몰아쳐 들어간 노란 셔츠 시위대는 국회를 폐쇄하고, 국회의원과 고급 관료들이 마치 제임스 본드 영화에 나오는 것처럼 담장을 뛰어넘어 옆 건물을 통해 들어가도록 만들었다. 그 후 노란 셔츠들은 주요 국제공항을 포위하여 상업을 혼란에 빠뜨리고, 태국의 가장 중요한 외화 벌이 수단 중 하나인 관광업에 치명적인 피해를 안겨주었다.

몇 달에 걸친 난리 끝에, 탁신 정부는 결국 2006년 발생한 쿠데타로 쫓겨나고 말았지만, 그 사건은 더 큰 무질서의 시작일 뿐이었다. 지금까지 거의 10여 년이 다 되도록, 태국은 시위 하나가 끝나면 곧 이어지는 다른 시위에 시달리고 있다. 양측 모두 민주적 절차를 무시할 뿐

---

* 태국의 하원 의석이 500석으로 늘어난 것은 2011년의 일이다. 당시는 480석이었다. 저자의 착오인 듯하다. 〈태국 개황〉(외교부, 2012) 참조.

아니라, 종종 심각한 유혈 사태로 마무리되는 가투 대신 투표함 앞에서 서로의 차이점을 해소해보려는 발상을 거부하고 있다. 탁신과, 탁신에게 우호적인 정당들은 선거를 통해 적법한 권한을 얻었는데도 권력을 넘겨받지 못했다. 그러자 태국의 노동계급은 그들만의 정치운동을 꾸리기 시작했다. 그들은 노란 셔츠에 맞서, 탁신의 색깔인 빨간색을 걸쳤다. (붉은 셔츠 시위대의 공식 명칭은 반독재민주연합전선United Front for Democracy Against Dictatorship이다.) 노란 셔츠들이 나라를 황폐화시키고 경제를 마비시키려 했던 것과 마찬가지로, 붉은 셔츠들은 남아 있는 민주적 문화와 질서를 파괴하고자 시도했다. 붉은 셔츠들은 국회를 포위하고 노란 셔츠를 따르는 국회의원들을 쫓아내버렸다. 2009년 4월, 붉은 셔츠 시위대는 관광지인 파타야에서 열린 동남아시아 국가들 사이의 회담 장소를 습격했다. 수많은 아시아의 지도자들은 호텔 안에 숨어 있어야만 했고, 결과적으로는 그 회담이 취소되어 태국 정부는 대단히 난처한 입장이 되어버리고 말았다.9 결국 2010년 여름, 붉은 셔츠 시위대는 방콕을 뒤덮게 된다.

　　2011년 7월, 붉은 셔츠 시위대가 권력을 차지하는 것을 막기 위한 태국 중산층과 군부의 노력에도 불구하고, 붉은 셔츠가 선호하는 정당인 쁘아 타이Puea Thai가 총선에서 승리하며 의회 다수당이 되었다. 선거 결과 총리 자리는 쁘아 타이의 지도자이며 탁신 전 총리의 막내여동생이기도 한 잉락 친나왓Yingluck Shinawatra에게 넘어갔다. 여동생의 정권에 반대하는 탁신의 반대자들이, 만약 탁신이 방콕으로 돌아와 다시 권력을 손에 넣는다면 들고일어나 거리 폭동을 일으키고 도시를 다시 한 번 마비시킬 것이라고 경고하면서, 태국은 다시 끓어오르기 시작했다.

1990년대 말까지만 해도, 이와 같은 민주주의의 몰락이 태국에서 벌어질 가능성은 요원해 보였다. 방콕에서 수십만 명이 참여한 군중 시위로 군부 독재를 몰아낸 1992년, 태국 사람들은 드디어 안정된 민주주의를 만들어냈다고 생각했다. 〈방콕 포스트〉의 젊은 기자들은 희열에 복받쳐 오른 듯 보이기도 했다. 기자들은 낮이면 차에 올라타 교통 혼잡을 헤치고 지난 독재 정권하에서는 엄두도 내지 못했던 탐사보도를 위한 조사를 하러 다녔다. 밤에는 1997년 통과된 새롭고 진보적인 헌법에 적혀 있는 약속을 토대로 긍정적인 일을 어떻게 해낼 수 있을지를 놓고 비밀 회합이 열렸다. 이전까지의 질서를 깨뜨리는 새 헌법은 다양한 권리와 자유를 보장했고, 뇌물 수수를 감시하기 위한 새로운 국가기관을 만들었으며 1930년대에 절대왕정이 물러난 후 그 당시까지 태국을 함께 지배해왔던 왕실, 군부, 대기업, 엘리트 관료조직에 맞서 정당에 힘을 실어주었다. 새로운 헌법은 아마도 태국의 역사에서 가장 자유로운 선거였을 2001년 선거의 무대가 되기도 했다. 그동안 언론은 그들에게 주어진 새로운 자유를, 인터넷 및 위성 TV와 같은 새로운 기술과 더불어 활용하며, 정치적 부패나 노동자의 권리처럼 기존에 금기시되어오던 주제를 탐색하기 시작했다.

2000년대 초, 자국의 민주적 발전에 대해 많은 태국인들은 큰 자부심을 느꼈다. 외부인들도 그것을 느낄 수 있었다. "태국의 자유, 개방성, 힘, 상대적 풍요는 그 지역 사람들에게도 기회가 주어진다면 달성할 수 있을 만하다고 생각되는 역할 모델이 되어주고 있다." 미 국무부 차관보 제임스 켈리James Kelly는 2002년 이렇게 말했다.10 켈리와 더불어, 전 국무부 장관 매들린 올브라이트Madeleine Albright와 당시 국무부 차관이었던 콜린 파월Colin Powell은 다른 그 누구보다 방콕에 찬사를 보냈다. 파월은 2002년 "태국은 우리의 기대치를 여러 모로 충족시켜주었다"고 말했다.11 1999년 보고서에서, 국제 조사기관인 프리덤 하우스는 태국

을 "자유" 국가에 올려놓았다.12

　　오늘날의 태국은 신흥 민주주의의 모델과는 거의 완전히 동떨어진 것처럼 보인다. 중산층과 빈민 양쪽에서 끝없이 반복해서 벌이는 거리 시위는 정책 결정을 마비시키고, 경제 성장을 가로막으며, 중국이나 베트남 같은 권위주의적 통치 체제의 경쟁자들이 해외 자본을 쓸어가고 있는 이 시점에 투자를 위축시키고 있다. 오늘날 사법부, 공무원 조직, 그 밖의 국가기구들이 청렴하다고 신뢰하고 있는 태국인은 극소수이다. 한때 너무도 존경받은 나머지 태국인들이 마치 신처럼 추앙했던 국왕의 불편부당성마저도 의혹의 대상으로 여겨지고 있다.13 태국 군대는 현재 무대 뒤에서 막대한 영향력을 행사하고 있다. 이것은 1990년대와 비교해보면 대단히 퇴행적인 일이다. 당시만 해도 대부분의 사람들은 군대가 정치에서 완전히 물러났다고 믿고 있었던 것이다.14 한때 자유를 만끽했던 언론은 점점 더 문을 닫거나 권력에 굴복해간다. 태국 정부는 현재 10만 개 이상의 웹사이트를 차단하고 있는데, 이것은 이웃나라인 베트남보다 많은 숫자이다.15 한때 매우 혁신적이었던 방콕의 신문들은, 매체의 관점에 따라 붉은 셔츠나 노란 셔츠에 대한 과장된 찬사를 늘어놓고 있어서, 이제는 프라우다Pravda*의 아시아판처럼 보인다.16 오래전에 태국 왕실에 대해 블로그 게시물을 썼던 미국인들의 태국 방문을 정부가 금지하는 일도 있었다. 심지어 탁신의 여동생이 권력을 잡은 다음에도 변화는 거의 없었고, 체포와 웹사이트 접근 차단하기는 전처럼 계속되었다.

　　한때 생기 넘쳤던 그들의 민주주의가 붕괴되어가는 모습을 지켜

---

* 구소련 시대 발행되었던 공산당의 기관지

보게 된 다수의 태국 중산층은 그들의 나라가 어떤 특이한 상황에 놓여 있는 것이라고, 즉 태국 민주주의의 붕괴는 태국만의 독특한 요소들이 결합하여 벌어진 것이며 외국인들은 이해할 수 없는 것이라고 믿고 있는 듯하다. 가령 오랜 기간 국정을 안정시키는 역할을 수행해온 푸미폰 국왕의 통치가 끝났다거나, 아시아 금융 위기가 닥쳐와 태국이 포퓰리즘으로 향하게 되었다거나, 법의 지배를 그다지 존중하지 않는 탁신이 급부상하게 된 불운한 일 등이 그렇다. "우리는 그저 운이 나빴습니다." 한 고위 태국 관료의 말이다. "만약 탁신이 없었더라면, 만약 국왕 폐하께서 말하자면 1992년처럼 좀 더 개입하실 수 있었더라면 사정은 많이 달랐을 수도 있었겠지요. …… 이것은 태국적인 상황입니다."17

그러나 태국과 같은 민주주의의 붕괴는 우울하게도 보편적인 현상이 되어가고 있다. 프리덤 하우스는 각 국가의 사회적·정치적·경제적 자유를 산출하기 위한 폭넓은 자료를 동원하여, 매년 전 지구적 차원에서 자유에 대한 가장 심층적인 보고서를 제출한다. 그에 따르면 2010년까지 5년 연속으로 전 세계의 자유가 위축되고 있었는데, 이는 근 40여 년을 통틀어 가장 오랜 기간에 걸쳐 지속적으로 자유가 축소된 것이다. 같은 시기, 가장 권위주의적인 국가들은 더욱 억압적으로, 민주화된 세계의 사소한 반발에도 불구하고 압제의 강도를 높여나갔다. 프리덤 하우스의 보고를 종합해보면 2010년만 보더라도, 자유를 척도로 놓고 볼 때 25개 국가가 후퇴했으며, 오직 11개 국가만이 어떤 식으로건 진전된 모습을 보였다. 민주주의가 후퇴한 나라 가운데에는 멕시코나 우크라이나처럼 해당 지역의 핵심적인 강국들이 포함되어 있다. 이 결과는 2011년, 세계에서 역사적으로 가장 권위주의적이었던 지역 중 하나인 중동이 변화하는 듯 보이는 것마저 무색하게 한다. 민주주의의 쇠퇴는 프리덤 하우스가 말하는 '중간층'인 국가들, 대체로 개발도상국에 속하며 민주화가 시작되었지만 안정되고 굳건한 민주주의를 이룩하지는 못한 나라들에서 도드라진다.18 2010년 기준으로 볼 때, 실제로 선거를 치르는 민주주의 국가들의 숫자는, 1995년 이후 최저치로 떨어졌다.19 "자유의 후퇴와 권위주의의 부활은 명백히 국제적 추세로 떠오르고 있다"고 프리덤 하우스의 조사국장인 아치 퍼딩턴Arch Puddington은 말했다. "지난 4년 동안, 권위주의적 체제 속에서 결사와 표현의 근본적인 자유에 대한 제약이 늘어났고, 이전까지 발전하고 있던 국가에서는 민주주의의 진보가 실패했다는 것이 지배적인 패턴이다."20 프리덤 하우스는 또한 권위주의적 지배 체제 내에서 '흉포함'이 늘어나고 있음을 발견했다. 이 흉포함은 아랍의 봄 이후로 사실상 더욱 강해졌다. 중국이나 우즈베키스탄 같은 독재 정권이 자국민을 더욱 강하게 억누르게 하는 효과를 낳았기 때문이다. 전 세계를 대상으로 인권 침해를 감시하는 국제인권연맹International Federation for Human Rights은 2011년 후반기에 내놓은 연례 보고서에서, 세계 각지의 인권운동가들이 (스스로가) 처한 우려스럽고 더욱 악화되어가는 분위기를 개선하는 데 미미한 영향을 끼쳤을 뿐이라고 평가했다.21

한편 러시아를 10년 이상 지배해온 푸틴 총리는 당시 대통령이었던 드미트리 메드베데프Dmitri A. Medvedev와 비밀 계약을 맺어놓은 덕에 2012년 대통령 선거에 다시 한 번 출마하고 아마도 두 번의 임기를 더 채우는 식으로 2024년까지 크렘린을 자신의 통제하에 두게 될 것이다. 결국은 구소련을 통치했던 몇몇 사람들만큼이나 긴 시간 권력을 휘두르게 될 것이 확실해졌다. 세계에서 중국과 더불어 가장 강력한 권위주의적 국가로 알려진 러시아에서는, 2011년 가을, 그 어떤 변화의 희망조차도 한낱 신기루였음이 명백해졌다. 2008년 푸틴에게 주어진 두 번의 대통령 연임의 기회가 끝나고 그의 재출마가 헌법상 불가능해진 다음 메드베데프가 대통령이 되었을 때, 일부 러시아의 자유주의자들은 설령 메드베데프가 푸틴과 밀접한 관계였다 하더라도 그가 개혁을 도입할지 모른다는 희망을 품었던 것이다. 사실 집권 당시 메드베데프는 러시아의 형법 체계를 전면적으로 뜯어고쳐야 할 필요가 있다고, 러시아는 정치 체계를 개방해야 한다고 선언했다. 하지만, 그는 푸틴과 비밀리에 합의하여 대통령직과 총리직을 분점하기로 했다는 것을, 그렇게 해서 푸틴에게 권력을 되돌려주기로 했다는 것을 발표함으로써, 자신이 사실은 그다지 민주주의적이지 않다는 보여주었다. 러시아의 재무부 장관은 메드베데프로부터 푸틴으로 권력이 넘어가는 것에 의문을 품었다가 단번에 해고되었다. 이로써 명확한 메시지가 전달된 셈이다.

민주주의의 정체는 이 5년의 기간보다 앞서 시작되었다고 프리덤 하우스는 지적한다. 2000년대 중반에 들어서 뒤로 미끄러지기 전인 2000년부터 민주주의의 입지는 전 세계적으로 좁아지고 있었다. "1972년 첫 호가 발행될 때만 해도, 〈세계의 자유Freedom in the World〉는 광범위한 발전에 대한 이야기들을 찾아내어 전하고 있었다." 이 프리덤 하우스의 보고서에 따르면 "그러나 자유의 전진은 (2000년대의) 시작과 함께 정점에 이르렀다"고 되어 있다.

일부 민주주의자들이 아랍의 봄을 찬양하며 그것이 1989년처럼 세계의 다른 곳에 혁명을 전파시켜주기를 희망하고 있지만, 산처럼 쌓여 있는 다른 증거들은 프리덤 하우스가 내린 우울한 결론의 편을 들어주고 있다. 독일의 베텔스만 재단Bertelsmann Foundation은 세계의 민주주의에 대해 또 다른, 가장 밀도 높은 연구를 내놓았는데, 그들은 각국의 민주주의가 얼마나 잘 작동하는지, 정부가 잘 운영되는지, 자유가 잘 지켜지는지 등에 대한 자료를 탐색하여 이른바 '베텔스만 이행 지수transformation index'를 제공하고 있다. 이행 지수의 궁극적인 목표는 모든 개발도상국 및 이미 어느 정도의 자유를 확보한 국가들의 민주주의 현황과 질을 분석하는 것이다. 그 목표를 이루기 위해, 베텔스만 재단은 민주적 제도의 안정성, 정치적 참여, 법의 지배, 국가의 힘, 기타 다양한 요소들을 살펴보고 있다. 가장 최근의 발표에 따르면 "(개발도상국들 전반에 걸쳐) 민주주의가 질적으로 부식되고 있다. …… 정치적 참여와 시민들의 자유 같은, 제 기능을 하는 민주주의의 핵심 구성 요소들이 질적으로 부식되고 있는 것이다. 이러한 전개로 인해, 통치의 질과 안정성이 빈껍데기만 남을지도 모른다는 위협을 받게 된다." 이행 지수를 살펴보면, '심각한 결함이 있는 민주주의', 즉 제도, 선거, 정치적 문화가 지나칠 정도로 제 기능을 하지 못하기 때문에 더 이상 실질적인 민주주의로 평가될 수 없는 국가의 숫자가 2006년에서 2010년 사이 거의 두 배로 늘어났다는 결론이 난다. 2010년, 128개국 가운데 53개 국가가 이행 지수에 의해 '결함이 있는 민주주의'로 분류되었다.

이 53개국 가운데 16개국은 '심각한 결함이 있는 민주주의' 국가로, 여기에는 러시아나 케냐처럼 지역적으로 혹은 국제적으로 영향력 있는 나라들이 포함되어 있다. 이 나라들은 반대하는 목소리를 낼 수 있는 기회를 거의 제공하지 않고, 법치주의에 문제를 품고 있으며, 정치 구조가 국민의 뜻을 제대로 대변하지 못하기 때문에 사실상 독재보다 약간 나은 수준이다. 이행 지수 내에서 '심각한 결함이 있는 민주주의' 국가의 비율은 지난 4년간 거의 두 배로 뛰어올랐다. 민주주의의 악화는 1990년대 말부터 2000년대 초까지 전 세계 민주화 물결의 중심이었던 아프리카에서 가장 도드라져 보인다. 2008년에서 2010년 사이, 정치 시스템이 질적으로 가장 크게 악화된 13개국 가운데 9개국이 사하라 사막 이남 아프리카에 위치해 있었다. 민주주의의 퇴행을 겪은 나라들 가운데에는 세네갈, 탄자니아, 마다가스카르처럼, 한때 아프리카 민주주의의 희망으로 여겨졌던 나라들이 포함되어 있었다.

프리덤 하우스와 베텔스만은 심지어 민주화의 모델로 여겨지던 나라들 또한 지난 5년에서 10년 사이 민주주의가 위축되었다는 공통된 연구 결과를 보여주고 있다. 유럽연합European Union, EU에 가입하던 시점까지만 해도, 헝가리, 폴란드, 체코, 슬로바키아는 성공적으로 민주주의를 이루어내어 서유럽 국가들처럼 확고하고 안정된 민주주의 시스템을 구축한 나라들의 반열에 낄 수 있을 것으로 여겨졌다. 하지만 유럽연합에 가입해 10년을 보내고 난 후, 이 신규 진입국들의 민주적 시스템, 선거의 진행, 시민의 자유에 대한 보장 등은 점차 악화되었고, 프리덤 하우스는 지속적으로 등급을 낮추게 되었다.22 민주주의 원리에 거의 충실하지 않은 포퓰리즘 극우 정당들은 꾸준히 인기를 얻어갔다. 어찌 보면 성공담이라 할 수 있는 이 과정 속에서 민주주의에 대한 대중의 반감은 하늘 높이 치솟았는데, 2006년 어느 조사에 따르면 중부 유럽은 세계 그 어느 지역보다 민주주의의 이점에 대해 가장 회의적인 시각을 보여준다는 결과가 나올 지경이었다.23 정부가 언론을 침묵시키기 위해 가혹한 새로운 법을 도입하는 등의 방법으로 공격을 가했던 헝가리는, 언론 자유의 측면에서 볼 때 너무 망가진 나머지 거의 소련 수준의 압제로 돌아갔다.24

민주주의에 대한 주요 국제 연구 중 세 번째를 꼽자면 이코노미스트 인텔리전스 유닛Economist Intelligence Unit, EIU의 '민주주의 지표index of democracy'가 있는데, 이 또한 민주주의의 쇠락을 확인해주고 있을 뿐이다. EIU는 선거 절차, 다원주의, 정치적 참여, 정치적 문화, 정부가 제 기능을 얼마나 하는지의 여부, 언론의 자유 및 결사의 자유를 포함하는 시민의 자유 등의 항목을 기준으로 하여 전 세계를 대상으로 매년 민주주의에 대한 분석과 조사를 실시한다. 가장 최근의 연구에서 EIU

는 거의 전 지구적으로 민주주의가 후퇴하고 있다는 사실을 발견했다. "2010년, 거의 모든 지역에서 민주주의의 평균 점수는 2008년보다 낮게 나타난다." EIU에서 조사한 167개국 가운데 91개 나라에서 민주화 점수는 그 기간 동안 악화되었으며, 다른 나라들은 그저 현상 유지에 머물 따름이었다. 조사 대상이 된 국가 중 79개국은 민주주의의 질적 측면에서 주목할 만한 높은 점수를 받고 있었지만, 그중 오직 26개국만이 '완전한 민주주의' 등급을 받을 수 있었고, 나머지 53개국은 그저 '결함이 있는 민주주의' 등급을 받을 수밖에 없었다. 왜냐하면 해당 지역들 중 상당수에서 심각한 민주주의의 퇴행이 발견되었기 때문이다. "민주주의는 후퇴하고 있다. 진보가 이루어지기 전으로 되돌아가고 있다는 것이 …… 모든 지역에서 발견되는 지배적인 패턴이다." EIU가 내린 결론이다.

가령 언론의 자유처럼, 민주주의를 계량화하기 위해 EIU가 설정한 특정한 항목을 보면, 민주주의 지표가 전반적으로 후퇴한 것보다 더 심각한 퇴행 현상이 발견되었다. 해당 지역의 강대국이며 한때는 민주화의 모델이 되기도 했던 러시아, 헝가리, 멕시코, 터키 같은 30여 개 이상의 국가들에서는 2008년에서 2010년 사이 언론 및 온라인에서의 표현의 자유에 대한 억압이 가파르게 증가한 현상이 목격되었다. 아랍의 봉기가 시작된 지 대략 1년가량 지난 후 공개된 EIU의 '2011년 민주주의 조사'는 더욱 어두운 구름을 드리운다. 2011년의 경우 2010년과 마찬가지로 "민주주의는 세계 곳곳에서 집중적인 압박을 당하고 있"으며, 거의 모든 대륙에서 민주주의가 질적으로 위축되고 있는 것이다.

프리덤 하우스나 베텔스만 재단과 마찬가지로, EIU는 민주주의의 역행 현상이 세계의 거의 모든 개발도상국에서 벌어지고 있으며 예외는 극히 소수에 불과하다는 것을 알아냈다. 중앙아시아에서는 권위주의적 통치가 보다 더 환영받기 시작했으며, 아프리카의 민주화는 전복되고 있고, 권위주의적인 포퓰리스트들이 라틴아메리카에서 발흥하고 있으며, 동부와 중부 유럽의 구소련 지역에서 급감한 정치적 참여도가 민주화로의 이행을 가로막고 있다는 것을 발견한 것이다. 이러한 자료 및 심각한 역행 현상을 종합적으로 평가한 끝에, 그리고 오래도록 지속되어 온 권위주의적 통치의 역사를 놓고 볼 때 중동 지방이 다른 선택을 할 수 있을 가능성은 거의 없다는 것을 확인하고, EIU는 미래에 대해 비관적 시각을 내놓았다. "민주주의의 퇴행이 가져다주는 위험은 이제 (세계의 민주화를 통해) 미래에 얻을 수 있을지 모르는 이익을 가뿐히 뛰어넘고 있다." EIU의 보고서가 내린 결론이다.

과거에 벌어졌던 것과 같은 방식의 쿠데타 또한 돌아왔다. 2000년대 초만 해도, 라틴아메리카, 아시아, 특히 아프리카 대부분의 지역에서 냉전 시기 정권 교체의 수단으로 빈번하게 이용되었던 쿠데타는 거의 멸종 위기에 놓여 있었다. 하지만 2006년에서 2010년 사이 기니, 온두라스, 모리타니, 니제르, 기니비사우, 방글라데시, 태국, 피지, 마다가스카르를 비롯해 여러 나라에서 군부가 권력을 잡았다.

멕시코, 파키스탄, 필리핀처럼 많은 개발도상국에서, 군대는 쿠데타를 통해 정부를 뒤엎는 대신, 오직 무장 세력의 지지를 받아야 간신히 권력에 매달려 있을 수 있는 민간 정부를 지배하는 방식을 통해 정치의 중앙무대로 복귀했다. 실제로 프리덤 하우스는 지난 5년간 민주주의가 전 세계적으로 후퇴한 이유 중 하나가 개발도상국에서 군대에 대한 민간의 통제가 약화된 것이라고 지목했다. 2000년대 말 태국의 총리가 되었던 아피싯 웨차치와Abhisit Vejjajiva는 민간인 출신으로 2008년 집권하였지만, 그의 정치적 생명은 군부의 힘에 빚지고 있었고, 고위 군 장성들은 그들의 지지가 없다면 아피싯 정부는 무너지고 말 것이라고 은밀하게 압력을 가했다. 2006년에서 2011년 사이 태국의 국방 예산이 두 배 이상 늘어난 것, 그 비용이 외국의 적과 싸우기 위해서가 아니라 태국인 스스로를 통제하기 위한 방향으로 사용되었다는 것은 결코 놀라운 일이 아니다. 탁신의 여동생이 총리 자리에 오르자, 군부는 국방 예산을 전적으로 통제할 수 있는 권한을 자기들에게 넘기고 민간의 권한은 최소한으로 두자고 제안했는데, 이는 필연적으로 군부가 정치에 간섭할 수 있는 능력을 무한대로 늘릴 수밖에 없는 거래였다. 필리핀의 글로리아 마카파갈 아로요Gloria Macapagal Arroyo 대통령은 반대자들을 분쇄하기 위해 군대에 의존했다. 필리핀 현지의 여러 인권운동 단체에 따르면 2001년에서 2010년 사이 1천 명 이상의 좌파 성향 활동가, 야당 정치인, 그 밖에 정부에 반대하는 사람들이 살해당했으며, 한 종합적인 연구에 따르면 "(필리핀의) 군부는 필리핀의 정치 엘리트들 사이의 경쟁에서 거부권을 행사할 수 있는 중요한 행위자"이다.25 "거의 (페르디난드) 마르코스 시절로 돌아간 것 같습니다." 시민권 운동을 선도하는 활동가이며 변호사인 해리 로크 2세는 자신의 사무실에서 그를 심문하러 찾아올 치안 병력을 기다리며 이렇게 말했다.26 "군부는 자신들이 한 행동의 대가를 치르지 않을 것이기에, 예전과 같은 공포, 예전과 같은 폭력, 예전과 같은 분위기를 만들어내고 있습니다." 2010년, 아로요의 후계자인 베니그노 아키노Benigno Aquino가 당선된 지 몇 달이 채 지나지 않아 필리핀의 군부는 그들의 권력을 더욱 단단하게 다지기 위한 준비를 마친 것처럼 보였다. 전해지는 말에 따르면 몇몇 전직 장교들이 주축이 되어 '주권을 위한 연대'라는 새로운 운동을 발족시켰는데, 만약 대통령이 운영하는 정부가 그들 중 누군가의 말마따나 "자기 파괴"적인 방향으로 움직일 경우 적극적으로 개입하는 것이 그들의 목표였다.27

　1999년 파키스탄에서 쿠데타로 권력을 잡은 페르베즈 무샤라프Pervez Musharraf 장군은 10여 년 뒤 민간 정부에 주도권을 넘겨주었지만,

필리핀과 마찬가지로 파키스탄의 군대는 정책을 결정하는 데 핵심적인 역할을 할 수 있는 위치에 스스로 올라섰다. 1990년대에 몇 차례의 민간 개입을 겪고 나서, 군대는 다시 "공공 정책을 통제하고 감독하는 역할을 자임하고 나섰다. …… 군부는 산업, 기업 경영, 농업, 교육, 과학 개발, 보건 의료, 통신, 운송 등 공공의 또한 민간의 영역에 자신들의 역할과 자리를 만들어넣었다"고 군사 전문가인 지그프리드 울프Siegfried Wolf와 세스 케인Seth Kane은 보도했다. 2010년 초, 파키스탄의 지도자들이 미국과의 양자 관계를 논의하기 위해 워싱턴으로 날아갔을 때, 파키스탄 측의 핵심 인사가 누구인지는 의심할 필요도 없었다. 민간인 출신 대통령인 아시프 알리 자르다리Asif Ali Zardari가 아니라, 파키스탄 군 사령관인 아슈파크 카야니Ashfaq Kayani가 핵심 인물이었던 것이다.28 마찬가지로, 미국 특수부대가 파키스탄으로 잠입해 오사마 빈라덴을 사살했던 2011년 봄, 파키스탄 정부의 본질적인 입장을 미국에 표명한 사람 또한 카야니였다.

태국의 연구기관인 '국제문제 및 안보 연구소Institute for Security and International Studies in Thailand'의 연구자들은 최근 발표한 또 하나의 포괄적인 연구를 통해 오늘날의 아시아 국가들 가운데 "남아시아와 동남아시아의 신생 민주주의 국가에서 시민들이 권력을 통제할 수 있을지 여부에 대한 단기적인 전망은 실로 우울하다"는 결론을 내렸다. 민주주의에 대한 지지가 너무도 미적지근해진 탓에 개발도상국 중 많은 곳에서는 이러한 쿠데타나 군의 정치 개입이 환영받기까지 했다. 2006년 탁신에 반대하는 쿠데타가 벌어졌을 때, 도시에 거주하는 태국인 중 다수는 공개적으로 환호했다. "(미국 외교관들이) 접촉하는 학자들에 대해서라면 (쿠데타에 대해) 열띤 분위기라고 묘사할 수밖에 없다." 쿠데타가 벌어진 후 방콕에 있는 미 대사관에서 보낸 어떤 외교 문건에는 이런 내용이 있었다.

중동 지역에서도 군대는 '아랍의 봄'과 '아랍의 여름'에 지배적인 영향력을 행사하면서, 아랍 지역에서 벌어진 봉기가 그 지역에 민주주의를 가져올 것이라는 믿음을 거짓말로 만들어버렸다. 반대로, 그 직후의 상황을 살펴보면 아랍의 봉기는 해당 지역 내 군부의 영향력을 강화시키고, 대중의 불안을 초래하였으며, 중산층 자유주의자들에게 겁을 줘 탈출하게 만들었으며, 이슬람주의자들이 힘을 얻게 될 가능성을 높여준 것으로 보인다. 예멘에서 이집트에 이르기까지, 시위대는 지도자들을 향해 도전장을 내밀었지만, 그 지도자들 가운데 누가 더 군부에 충성하느냐에 따라 권력을 유지할 수 있는가 없는가가 결정되었다. 그래서 모든 권력 교체 과정을 거치면서 군부는 지배적인, 때로는 그 나라에서 유일한 국가기관이 되어갔던 것이다. 바레인에서는 군부가 하마드 빈 이사 알할리파Sheikh Hamad bin Isa al-Khalifa를 지속적으로 지지하고자 결정한 탓에, 왕족 가문이 시위대를 분쇄하고, 사우디아라비아를 포함해 페르시아만 인근 다른 국가들로부터 바레인 왕조에 대한 협력을 이끌어내고, 2001년 초 불꽃 튀게 벌어졌던 반정부 시위 이후에 더욱더 강하게 권력을 틀어쥘 수 있었던 것이다.

바레인에서 그랬던 것처럼, 군부는 이후 벌어질 정치적 상황 속에서 중심적 위치를 유지하기 위해 자신들의 힘을 사용해왔다. 그것은 어떤 면에서는, 군부가 개입하지 않으면 호스니 무바라크Hosni Mubarak의 독재가 끝났을 때처럼 혼란, 불안정, 유혈 사태가 넘쳐날지 모른다고 해당 지역의 중산층이 걱정하는 탓에 벌어지는 일이기도 하다. 정치 분석가인 제프 마티니Jeff Martini와 줄리 테일러Julie Taylor는, 이집트의 장군들은 "자신들의 특권적 지위를 유지하는 방향으로 움직이도록 …… 결정되어 있다. …… 장군들은 이제 자신들의 권력을 지켜주고 그 어떤 정치적 집단이라 할지라도 그들에게 도전할 수 있는 기회를 얻지 못하도록 세심하게 고안된 제도를 만들어내고자 한다"고 했다. 실로 이집트가 정치적 격변을 겪는 동안, 이집트의 장군들은 군대가 의회의 감시를 받지 않을 수 있다는 듯 행동하고, 선출된 대통령을 넘어서는 권력을 만끽하며, 상황 논리를 폭넓게 적용해가며 정치에 개입할 법적 권리를 유지해왔다.

이 책은 2011년 여름과 가을에 걸쳐 집필했는데 그 기간 동안 이집트의 군부는 수십 년 동안 모아온 권력을 포기하는 일에는 전혀 관심이 없으며, 역시 지난 수십 년간 그래왔듯이, 권력을 공고히 하기 위해 정치적 공백을 이용하는 방법을 배워나가고 있는 것처럼 보일 따름이었다. 2011년, 이집트의 군부는 겉보기에는 권력이 전환된 것처럼 보이던 그 나라의 거의 모든 요소를 통제하고 있었다. 군부는 대중의 의견을 수렴하지 않은 채 새로 시행될 선거 주기를 결정짓는 법을 통과시켰다. 이 때문에 일부 시위대는 다시 분노하여 카이로 중심가에서 군부가 스스로 정치에서 물러날 것을 요구하는 시위를 벌이기도 했다. 군부는 또한, 무바라크 정권이 무너지던 시점부터 군부를 비판해온 반대자들 중 상당수를 구금하는 데 이용된 법의 적용 범위를 확장시켰을 뿐 아니라, 당시에도 막대했던 군대의 수익 사업에 어느 정권도 손댈 수 없도록 법적 통제를 확대했다. 몇몇 기독교 신자를 포함한 진보적인 이집트인들은 2011년 10월, 무바라크 퇴진 이후 이집트 내에서 군부가 휘두르는 권력에 맞서 시위를 벌였다. 시위대는 "탄타위 원수를 끌어내리자"고 외쳤고, 동원된 전경과 무장 병력은 시위대를 인정사정없이 구타하고 결국 총을 발사하여 최소한 24명이 사망하고 200여 명이 부상당했다.29 궁극적으로는 그 여파로 반군부 정서가 확산되어, 그해 11월 카이로의 중심가에 있는 타흐리르 광장에는 군부를 향해 권력을 놓을 것과 이후 선출된 정부를 지배하지 않을 것을 보장하라고 요구하는 군중이 다시 몰려들었다. 군중은 전경 및 치안 병력과 싸움을 벌였다. 수천 명, 어쩌면 수만 명가량 될 수도 있는 시위대가, 한 해 전 무바라크를 권좌에서 끌어내린 시위가 벌어졌던 장소인 타흐리르 광장에 꽉 들어찼다. 언론에 보도된 바에 따르면 치안 병력은 고무탄, 최루탄, 곤봉으로 시위대를 공격하여 최소한 한 명이 사망했고 1천 명이 넘는 부상자가 발생했다.30 군부를 형식적으로 민간의 통제하에 두는 헌법을 허용하여 외견상으로는 이러한 시위대에게 약간의 자리를 내어준 듯 보이지만, 군부는 여전히 민주주의에 위해를 가할 수 있는 폭넓은 권력을 유지하고 있으며, 그중에는 본질적으로 그들이 원할 때 민간 정부를 뒤엎을 수 있는 권리가 포함되어 있다.

2011년 가을 무렵, 이슬람주의자들은 대부분의 해당 지역에서 확실한 성과를 냈다. '아랍의 봄' 이후 선거가 처음 실시된 곳은 튀니지였다. 튀니지의 선거는 아랍 세계에서 민주주의가 이루어낸 승리이기도 했다. 튀니지 사람들은 투표권을 행사하기 위해 길게 줄을 서서 참을성 있게 기다렸다. 선거를 감시한 이들은 그 선거가 자유롭고 공정하며 평화적으로 이루어졌다고 보도했는데, 이는 전혀 뜻밖의 일이었다. 큰 혼란이 빚어질 것을 대비하여 투표소에 총 4만 여 명이나 되는 경찰을 배치했었던 것이다.31 튀니지 사람들은 독재자를 쫓아낸 그해 힘겨운 시간을 보냈다. 바로 옆 나라인 리비아에서 벌어진 전쟁에 영향을 받아 튀니지의 경제가 약화되었지만, 정치적 분위기는 자유로워져 있었다. 이 때문에 튀니지의 가난한 지역에서 경제적 불평등에 대한 불만이 수면 위로 떠오르고 있는 상황이기도 했다. 하지만 투표가 끝난 후, 많은 튀니지 사람들은 자신들이 투표를 했다는 사실 그 자체를 축하하기 위해 축제를 벌였다. 2011년 10월, 튀니지 사람들은 첫 투표가 재앙으로 끝날 것이라는 수많은 예상을 이겨낸 것이다. 종합해보면 총 유권자 가운데 거의 90퍼센트가 투표권을 행사했는데, 대단히 큰 진전이었다. 선거법에 설정되어 있는 할당제로 총 의석의 30퍼센트가량은 여성에게 돌아가도록 되어 있었다. 물론 결과를 놓고 볼 때 이슬람주의 정당인 알나흐다^Al Nahda^가 큰 차이로 승리를 거둘 것이며, 특히 세속주의적이며 자유로운 분위기의 진보민주당의 의석을 가져갈 것이 명백해 보이긴 했다. 공공연하게 스스로를 터키의 진보적인 이슬람주의자들처럼 포장했던 알나흐다의 지도부는 민주적 제도를 확립하고, 개인의 자유를 지켜주며, 정치와 종교를 분리할 것이라고 선언한 상태였다.32 선거가 치러지기 전, 과도정부는 이론적으로 민주주의에 충실하겠다고 표방하는 것이 불가능한 정당들이 선거에 참여하는 것을 금지했다. 그리하여 노골적인 이슬람주의자들 및 근본주의적인 이슬람주의자인 살라피스트^Salafist^들은 경쟁에 끼어들 수조차 없었다.33

이슬람주의자들이 수십 년에 걸쳐 세속국가에 대한 충성심을 과시해왔으며, 그런 이들이 10년 이상 통치하고 있는 오늘날의 터키와 달리, 튀니지는 독재에서 벗어난 지 1년도 되지 않은 상태였다. 그래서 튀니지의 중산층과 상류층은 알나흐다가 장기간에 걸쳐 세속국가에 헌신할 수 있을지에 대해 의혹을 품고 있었다. (튀니지가 민주화되기 전 알나흐다는 불법 단체였다.) 선거가 치러지기 전, 알나흐다와 한편이 된 활동가 집단이 튀니지 민영 텔레비전 방송국에 쳐들어가 방송국을 폐쇄하려고 시도한 적이 있었다. 과거로 거슬러 올라가보면 알나흐다의 활동가들은 다양한 방법으로 경쟁 집단을 공격해왔는데, 그런 공격의 일환으로 얼굴에 산성 액체를 뿌리기도 했다.34 또한 선거 과정이 진행되면서 강경파 살라피스트들은 자신들의 존재감을 사회 만방에 떨치는 방식으로, 튀니지의 새로운 르네상스와도 같은 무언가를 만끽하고 있었다. 그해 6월 극단주의자들은 튀니지에서 영화를 보고 있던 이들을 공격하였으며, 또한 "반 이슬람적"인 작업을 한다고 몰아붙이며 예술가들을 공격하기도 했다.35 진보적인, 중산층에 속하는 튀니지 사람들 중 상당수는 알나흐다의 지도부가 민주주의를 지키겠다는 약속을 유지할지 여부에 대해 지속적으로 의문을 표했다. 출국 허가와 여권을 받아 튀니지를 떠나는 사람들이 2011년 두 배 이상 증가했다. 중산층과 엘리트들이 자국의 성장, 개발, 민주적 안정화에 대해 비판적인 태도를 취하면서 튀니지의 미래에는 어두운 구름이 드리워졌다.

어쩌면 알나흐다의 성공은 그저 스쳐가는 일일지도 모른다. 2011년 초 〈민주주의 저널Journal of Democracy〉을 통해 발표된 한 연구에 따르면 21개국에서 시행된 총선 결과를 조사해봤을 때 이슬람주의 정당들은 독재가 끝난 후 시행되는 첫 번째 선거에서 가장 좋은 성과를 얻어내는 경향이 있다. 왜냐하면 그 시점에는 그들이 그 나라에서 가장 잘 조직된 집단이기 때문이다. 시간이 지나고 선거가 정기적으로 치러지게 되면 이슬람주의 정당에 대한 지지도는 총 유권자 가운데 평균 15퍼센트 정도까지 떨어진다.36 이슬람주의 정당들 또한 시간이 흐르면서 점점 온건해지는 경향을 보인다. 국가를 통치하기 위해 유권자의 지지를 충분히 얻으려면 덜 종교적인 부동층에게 호소해야 할 필요가 생기기 때문이다. 물론 이 연구가 미래를 딱 떨어지게 예견하는 것은 아니다. '아랍의 봄'을 겪은 국가들에서 이슬람주의 정당은 더욱 위치를 확고히 하고, 더 잘 조직되어 있으며, 더욱 지배적인 영향력을 발휘하고 있기 때문이다. 가령 과거 이슬람주의 정당들이 경쟁을 벌여야 했던 인도네시아 같은 나라에는 이집트의 '무슬림형제단'이나 그보다 더욱 강경한 입장을 고수하는 살라피스트처럼 막강한 힘을 가진 종교 중심 조직이 없었다. 이집트에서 혁명 이후 12월에 치러진 첫 번째 총선을 살펴보면 심지어 카이로처럼 이집트 내에서 가장 진보적인 지역으로 간주되어

온 곳에서마저 무슬림형제단과 더욱 극단적인 살라피스트들이 압도적인 승리를 거두었다. 진보적이고 비종교적인 정당들은 전반적으로 대단히 낮은 득표율을 보였다. 그런 정당들 사이에서도 표가 나뉘어, 의석을 차지하기에 충분할 만큼 득표하지도 못했다. 이슬람주의자들은 첫 번째 선거에서 압도적인 결과를 얻어냄으로써 이집트의 새로운 헌법을 써내려갈 수 있는 최고의 위치에 오르게 된 것이다.

리비아의 경우 무아마르 카다피Muammar Qaddafi의 죽음은, 단기적 차원에서, 트리폴리와 다른 여러 도시에 혼란을 불러왔다. 리비아는 그 이전에도 이미 북아프리카에서 종교적으로 가장 보수적인 국가였던 만큼 이슬람주의자들의 권력은 눈에 띄게 강화되었다. 카다피 이후, 권력의 핵심에 속한 이들은 발 빠르게 움직여 종교적으로 보다 더 신실한 국가를 만들기 위해 일부다처제를 합법화하는 방향으로 나아가고자 했다. 이러한 움직임은 리비아 여성단체들을 격분하게 만들었다.[37] 리비아의 권력자들은 한 걸음 더 나아가 새로운 리비아의 법을 이슬람 율법의 토대 위에 올려놓을 것을 제안하였는데, 많은 리비아 사람들이 그에 동의했다. 마치 이집트에서 그러했듯이 리비아의 이슬람주의자들은 독재 정권하에서도 막강한 지하조직을 건설해놓았기 때문에, 카다피 이후의 선거는 그들이 지배하게 될 것이 분명했다. 리비아를 대표하는 지식인 유세프 셰리프Youssef Sherif는 기자들에게 다음과 같이 말했다. "매일 이슬람주의자들은 강해지고 있다. 의회가 구성된다면 이슬람주의자들은 다수파가 될 것이다."[38] 실제로 카다피 정권을 축출하기 위해 나토북대서양조약기구: NATO의 작전을 수행한 미군 고위 장교들 대부분은, 리비아가 종교적으로 보수적인 나라란 사실을 전제로 놓고 보면, 그들이 리비아의 독재자를 쫓아내어 오히려 이슬람주의 정부에 힘을 실어주었다는 사실을 인정하지 않을 수 없었다. 바로 그 이슬람주의자들이 리비아에서 세속적인 국가의 외관을 유지할 것이라고 미군 장교들이 믿을 수는 없었을 것이다. 구소련에서 제작된 칼라시니코프 돌격 소총과 로켓 발사기로 무장한 민병대는 리비아를 뒤덮었고, 보급을 위해 종종 강도 행각도 벌였다. 하지만 허약한 임시정부는 그들을 쉽사리 무장 해제시키지 못했다.39 카다피 이후 떠오른 새로운 지도자 가운데 한 사람은 이전에 알카에다와 연계된 강경한 조직을 이끌던 사람으로, 자신을 따르는 무장 집단을 보유하고 있었다.40 이집트에서와 마찬가지로, 리비아의 진보주의자들 중 몇몇은 이제 임시정부가 스스로 독재 정권이 되어가고 있는 것은 아닌지, 혹은 조속하게 선거를 치를 경우 더 큰 혼란이 발생하거나 이슬람주의자들이 권력을 잡을 수도 있기 때문에 차라리 임시정부가 독재를 해야 하는 것은 아닌지를 걱정하고 있다.41

수많은 개발도상국에서 군부의 지배가 강화되는 것은 개혁을 진행하는 데는 재앙이나 마찬가지이다. 군부는 자신들이 이슬람주의자들의 지배나 시민들의 불화를 안정시킬 수 있는 유일한 제도적 장치라고 주장할 테지만 말이다. 국제사면위원회Amnesty International 같은 인권단체들이 발견한 바에 따르면 2010년에서 2011년 사이의 격변기 이후 인권 침해는 실질적으로 거의 모든 중동 국가에서 증가했다. 그중에는 시리아, 이집트, 바레인처럼, 2011년 2월부터 9월 사이 시위를 하다가 구금된 사람들이 적어도 5백 명이 넘는 나라들도 포함되어 있다.42

군부를 개혁의 수행자로 여기기는 사실상 불가능하다. 하지만 중동과 그 외 세계 여러 지역의 개발도상국에 살고 있는 중산층은, 어쩌면 가난한 자들과 종교집단 및 교육받지 못한 자들에게 힘을 실어줄지도 모르는 대중 민주주의에 대한 잠재적인 해법으로서, 군부를 지속적으로 지지하는 모습을 보여주었다. 그런 각도에서 보면 이집트의 진보주의자들이 민주화의 과실을 더 가난한 자들이 차지할까 봐 근심했다는 것은 전혀 놀라운 일이 아니다. 실제로, 보조 연구원인 데이비드 실버먼과 함께 아프리카, 남아메리카, 아시아, 중동 등 개발도상국에서 지난 20여 년간 벌어진 여러 군사 쿠데타 사례를 조사한 바에 따르면 해당 지역의 중산층은 쿠데타가 벌어진 후 여론조사나 언론 등을 통해 군부의 권력 탈취를 지지한다는 입장을 표명하는 경우가 50퍼센트에 육박했던 것으로 드러났다.

중동 지역에서의 봉기는 정국을 불안하게 하고, 시민들을 저항하게 하였으며, 군부의 지배를 새로이 다지는 계기가 되었지만, 세계의 다른 지역에는 미약한 영향을 끼쳤을 뿐이다. 1989년 동유럽 국가들이 전복되면서 소비에트 연방의 다른 지역에서도 놀라운 변화가 벌어졌고, 그 여파가 중국에까지 미쳤던 것과는 극명한 대조를 보인다. 튀니지의 봉기를 보고 감명을 받은 중국의 작은 진보주의자 단체는 2001년 그들만의 '재스민혁명'을 시작하고자 시위를 촉구하는 온라인 선언문을 내걸고 활동을 시작했다. 그러나 그 숫자는 결코 수백 명을 넘지 못했고, 중국 정부는 신속하게 그 운동을 탄압하여 웹사이트를 폐쇄하고 주요 인물들을 체포해버렸다. 더욱 중요한 것은, 중국의 대중은 중동에서 벌어지는 시위에 대해 상대적으로 많이 알지 못했고, 뒤에서 살펴볼 이집트나 튀니지 사람들보다는 자국의 지도부에 만족하고 있었기에 이러한 시위가 큰 반향을 얻지 못했다는 것이다. 아프리카의 사하라 사막 이남 지역에서도 아랍 봉기는 결과적으로 미미한 영향을 끼쳤을 뿐이다. 말라위에서 부르키나파소, 우간다에 이르기까지 시위가 터져나왔지만 그중 무엇도 지배자를 전복시키지 못했다. 수많은 아프리카 국가의 군부들은 봉기에 대응하면서 힘을 더욱 키워나갈 수 있었다. 짐바브웨의 군부는 무가베Robert Mugabe 정권의 권력구조를 지배하면서 무가베와 권력층이 군부에게 신세를 지도록 만들어놓았다. 종합해보자면, 노스웨스

턴 대학의 리처드 조셉Richard Joseph이 사하라 사막 이남 지역 아프리카
의 정치적 현황에 대해 조사해본 바에 따르면 민주주의가 아니라 '선출
된 독재 정권'이 아프리카에서 가장 만연해 있는 정치 체제였다. 그중에
는 무가베뿐 아니라, 1973년부터 앙골라의 권력을 쥐고 있는 조제 에두
아르두 두스산투스Jose Eduardo dos Santos처럼, 가장 견고한 독재 체제도 포
함되어 있다.43

쿠데타가 되돌아오고 있다는 것을 보여주는 이러한 연구들뿐 아니라,
개발도상국에서 수행된 다양한 여론조사를 살펴보면 민주주의가 질적
으로 하락하고 있을 뿐 아니라 그에 대한 대중적 지지도 역시 감소하
고 있음을 알 수 있다. 국제적인 여론 집단인 '국제정책태도 프로그램
Program on International Policy Attitudes'은 라틴아메리카, 아프리카, 아시아, 중
동 국가들의 시민을 대상으로 다른 정치 체제와 비교해서 민주주의를
어떻게 생각하느냐는 질문을 던졌다. 아프리카 대륙을 대상으로 주기
적으로 시행되는 '아프로바로미터Afrobarometer' 설문조사에 따르면 사하
라 사막 이남 국가 대부분에서 민주주의에 대한 지지도가 낮아지고 있
다. 아프리카 대륙에서 가장 큰 국가인 나이지리아에서는 지난 10년간
민주주의에 대한 지지율이 급감했다. 여러 설문조사를 확인해보면 국가
가 민주적으로 통치되는 것이 "매우 중요하다"고 대답한 러시아인은 고
작 16퍼센트에 불과하다. 키르기스스탄은 결함이 있음에도 불구하고 중
앙아시아에서 가장 민주적인 나라로 꼽힐 만한 곳인데, 그 나라 국민
을 대상으로 실시한 심도 있는 갤럽 여론조사에 따르면 정치적 다양성
이 매우 혹은 어느 정도 중요하다고 생각하지 않는 사람들이 대다수를
차지하고 있으며, 민주주의가 자국에 중요하지 않다고 응답하는 사람조
차 적지 않았다. 2011년 가을 키르기스스탄의 대통령 선거가 치러진 지

얼마 되지 않았을 때, 민주적 정치 체제에 대한 무관심을 극명하게 보여주는 사건이 벌어졌다. 패배한 후보와 그 지지자들이 온 나라의 공공장소에 모여들어 대통령 취임을 앞둔 상대 쪽 당선자를 끌어내리기 위해 저항한 것이다.44

라틴아메리카를 대상으로 하는 '라티노바로메트로Latinobarómetro' 설문조사 및 기타 연구 또한 민주주의에 대하여 유사한 불만족 현상이 벌어지고 있다는 것을 보여준다. 에콰도르, 과테말라, 파라과이, 콜롬비아, 페루, 온두라스, 니카라과에서는 민주주의가 다른 그 어떤 정치 체제보다 선호할 만한 것이라고 생각하는 이들이 소수이거나 간신히 과반수를 넘길 뿐이다. 가장 최근 수행된 '라티노바로메트로' 설문조사에 따르면 라틴아메리카의 모든 사람들 중 정치 체제로서 민주주의를 지지하는 사람들은 근소한 차가 나는 다수파를 구성하고 있을 뿐이며, 자국에서 민주주의가 실제로 작동하는 방식에 만족한다고 응답하는 사람은 40퍼센트에도 미치지 못했다.45 라틴아메리카 대부분의 나라에서 이 수치는 10년 전에 비해 떨어졌거나 제자리에 머물고 있는 수준이다. 이제 라틴아메리카 사람들 대부분은 자국의 민주주의가 제대로 돌아가지 못하고 있다고 말한다.46 파키스탄에서 실시한 심도 있는 설문조사에 따르면 응답자 가운데 60퍼센트가량은 파키스탄을 군부가 통치해야 한다고 말했는데, 이러한 수치는 세계적으로 보면 군부의 지배에 대한 지지율 중 제일 높은 편에 속한다.

2010년에 이어 2011년까지 유럽을 강타한 세계적 경제 위기의 여파로 중부 및 동부 유럽의 신생 민주주의 국가에서 민주주의에 대한 대중의 지지는 더욱 약해질 따름이었다. 유럽부흥개발은행European Bank for Reconstruction and Development이 2011년 발표한 중부 및 동부 유럽에 대한 포괄적 연구에 따르면 경제 위기로 인해 민주주의에 대한 대중의 지지도는 심각하게 낮아지고 말았다.47 "더 많은 사람들이 경제 위기로 인해 개인적인 타격을 입을수록, 더 많은 이들이 민주주의로부터 등을 돌린다"고 보고서는 말한다.48 2006년 이후, 불가리아를 제외한 모든 유럽연합 소속 국가에서 민주주의에 대한 지지도가 감소했다. 유럽부흥개발은행에 따르면 슬로바키아와 헝가리 같은 일부 나라에서 민주주의에 대한 지지도는 2006년에 비해 20퍼센트가량이나 감소한 것으로 드러났다. 민주주의에 대한 지지가 떨어지면서 강력한, 때로는 독재적인 지도자들에게 기회가 열렸다. "더 많은 자유를 누렸던 이들은 경제 위기로 인해 상처를 받고 민주주의와 시장경제를 덜 원하게 되었다"고 유럽부흥개발은행의 보고서는 이야기한다.49

세계에서 경제적으로 가장 활기가 넘치며 국제화되어 있는 곳 중 하나인 동아시아에서도 민주주의에 대한 불만이 높아지고 있다는 것은 여론조사를 통해 확인할 수 있다. 아시아 민주화 문제의 전문가인 장유쫑Yu-tzung Chang, 추윤한Yunhan Chu, 박종민Chong-min Park은 정기적으로 시행되는 '아시아 바로미터Asian Barometer' 설문조사의 자료를 이용하여 동아시아의 여러 나라에 대한 연구를 진행했는데, 그들은 해당 지역의 상황을 "권위주의에의 향수"라고 이름 붙였다. 민주주의에 대해 긍정적인 반응을 보여주는 점수를 토대로 해당 지역의 평균 점수를 계산해볼 때, 최근 연구에서는 그 점수가 떨어지는 것을 지적하며 연구자들은 "동아시아의 기존 독재 정권 가운데 완전히 신뢰를 잃어버린 것은 일부에 불과한 것으로 보인다"고 언급했다. 박종민이 아시아 바로미터의 자료를 분석해본 결과, 심지어 개발도상국 가운데 가장 성공적으로 민주화를 이루어낸 것으로 여겨지는 대한민국에서조차, 특정한 상황에 놓일 경우 권위주의적 정부가 더욱 적합할 수 있다고 말하는 응답자의 수가 1996년에 비해 2006년에 두 배가량 늘어났다. "이 독재 선호 추세는 전혀 의

아한 일이 아니다"라고 박종민은 말한다. "위기가 닥쳐오게 되면 냉담해진 시민들은 민주적 제도와 절차를 옹호해야 할 동기를 찾지 못할 수도 있는 것이다." 마찬가지로, 안정적인 민주주의를 이루어냈다고 여겨지는 또 다른 나라인 태국에서도, 아시아 바로미터에 따르면, 민주주의를 "모든 정치 체제 가운데 가장 선호한다"고 말한 사람이 전체 응답자 가운데 40퍼센트에 지나지 않는다는 결과가 나왔다. 그나마 활기 있는 민주주의 체제하에 있다고 여겨지는 몽골과 필리핀 사람들만이, 간신히 50퍼센트가 넘는 수준에서, 민주주의가 다른 모든 정치 체제보다 낫다고 대답했다.

민주주의의 뿌리가 깊이 박혀 굳건히 자리 잡고 있다고 여겨졌던 개발도상국에서조차, 최근 들어 정치 지도자들이 세계적·지역적 경제 위기에 대해 효과적인 해결책을 제시하지 못한 채 오직 긴축정책만을 펴는 모습을 보며, 국민들 사이에는 민주적으로 선출된 지도자와 정치적 절차에 대한 환멸이 폭발적으로 늘어나고 있다. 인도에서는 굶주림 때문에 들고일어난 시위대를 지지하면서 인도의 부패한 정치에 대해 항의하는 움직임이 벌어졌고, 이스라엘에서는 국가 지도자들이 기본적인 경제 문제에 관심을 갖지 않는 데에 항의하는 사람들이 텔아비브 거리에서 캠핑을 하며 사상 최대 규모의 시위를 벌였다. 미국과 서유럽 국가들의 '점령하라Occupy' 시위대처럼, 이미 민주주의가 훨씬 잘 확립된 국가에서조차 투표함을 통해서는 자신들의 목소리가 제대로 대변될 수 없다는 판단 아래 거리로 나서는 이들이 늘어나고 있다. 민주적 절차는 너무도 부패해버렸고, 기득권 세력에 의해 지배되고 있으며, 대중적인 문제에 조응하고 있지 못하기 때문에, 설령 그 시위 때문에 정당한 투표로 당선된 사람이 쫓겨나는 일이 벌어진다 할지라도 그들은 오직 대규모 시위를 통해서만 나라를 바꿀 수 있다는 사고방식에 사로잡혀 있다.

"우리의 부모들은 자신들이 투표하고 있다는 사실을 기쁘게 받아들였다." 최근 대학을 졸업한 사람 가운데 성별을 막론하고 40퍼센트 이상이 직장을 구하지 못할 만큼 심각한 장기 실업 사태가 벌어지고 있음에도, 정치인들이 관심을 보이지 않는 데에 항의하며 하루 종일 시위를 벌이고 있는 수만 명의 스페인 젊은이 가운데 한 젊은 여성이 기자를 향해 이렇게 말했다. "우리는 투표가 무가치하다고 말하는 첫 번째 세대다."

이러한 민주주의의 후퇴는 특정 지역이나 대륙에 집중된 현상이 아닐 뿐 아니라, 1920년대와 1930년대에 걸쳐 벌어졌던 이전 시대의 민주주의 위축 현상과는 다르게 훨씬 더 넓은 범위의 국가 및 지역을 포함하고 있다. 또한 쉽사리 멈출 기미를 보이지 않는다. 더욱 중요한 것은, 민주주의에서 멀어져가는 국가들 중 다수가 러시아, 케냐, 태국, 아르헨티나, 세네갈, 필리핀, 헝가리, 베네수엘라, 멕시코, 나이지리아 등 지역적인 강국이라는 점이다. 이러한 나라에서 벌어지는 일은 상대적으로 작고 영향력이 부족한 주변국에 영향을 미친다. 정치학자인 아담 쉐보르스키Adam Przeworski, 마이클 앨버레즈Michael Alvarez, 호세 셰이법Jose Cheibub, 페르난도 리몬기Fernando Limongi가 민주주의의 내구도에 대하여 조사한 바에 따르면 국제적 혹은 해당 지역의 정치적 분위기는 특정 국가의 민주화 여부를 결정짓는 핵심적 요소들 가운데 하나이다. 그러므로 강력한 국가들이 민주화에 실패하면, 민주적 변화를 저해하는 요인이 되어 주변 여러 나라에 역효과를 확산하게 된다.

지역적으로 중요한 나라에서도, 민주화의 초창기를 경험한 사람들이 충격을 받을 정도로 민주주의가 급격하게 후퇴하는 일이 많이 벌어진다. 1980년대 필리핀에서는 비폭력적인 필리핀 군중이 마닐라의 에드사 거리에 쏟아져 나와 '피플파워' 운동을 만들어냈다. 그들의 움직임은

민주주의는 어떻게 망가지는가

동유럽과 중앙아시아의 '색깔혁명'*부터 2009년의 이란 녹색운동**을 넘어 이집트, 예멘, 시리아, 그 외 국가들을 휩쓸었던 2011년 '아랍의 봄'까지 수많은 운동에 영감을 주었다. 현재 민주적으로 선출된 필리핀 정부가 부패와 내부 거래의 수렁에 빠진 지금, 필리핀 사람들은 점점 더 민주적 지배에서 기대했던 환상으로부터 벗어나고 있다.50

지난 10년간 큰 진전을 이루었던 아프리카 국가들 또한 쓰라린 후퇴를 했다. 독재자인 대니얼 아랍 모이Daniel arap Moi의 오랜 통치가 끝난 후, 케냐 사람들은 동아프리카 지역에서 가장 부유하고 국제화되어 있던 자신들의 나라가 생기 넘치는 민주주의 국가가 될 것으로 기대했지만, 부족 간의 전투와 새로 등장한 억압적인 정부에 의해 그 꿈은 무너지고 말았다. 우간다에서는 밀턴 오보테Milton Obote와 이디 아민Idi Amin의 재앙과도 같은 폭정이 끝난 후, 갈등을 종식시키고 경제를 재건하리라는 대중의 엄청난 기대를 끌어모은 요웨리 무세베니Yoweri Museveni가 1986년 대통령직에 올랐다. 그는 오직 4년만 그 자리에 있겠노라고 약속했다. 하지만 대통령직을 유지해야 할 이유를 찾고 둘러대기 위해 끊임없이 고심하던 무세베니는, 결국 2005년 헌법을 개정하여 대통령 연임 제한을 없애버렸다.51 2011년, 부정선거를 통해 또 한 차례 대통령 임기를

---

* Color Revolution. 2000년대 초중반, 동유럽과 중앙아시아의 공산주의가 붕괴되면서 민주적 선거 절차에 의해 정권이 교체되었던 일련의 사건들을 의미한다. 조지아(그루지야)는 장미, 우크라이나는 오렌지 등 각국의 저항 세력 및 야당은 특정한 색깔을 자신들의 것으로 삼아 반정부 시위 및 선거운동을 벌였다. 이것을 통칭하여 색깔혁명이라고 부른다.

** 2009년 6월 12일 치러진 이란 대선에서 당시 현직 대통령이었던 아마디네자드가 승리를 거두자, 야당의 대선 후보였던 무사비(Mir-Hossein Mousavi) 전 총리는 대선 과정에 부정이 개입되었음을 주장하며 지지자들에게 저항할 것을 요구했다. 무사비의 지지자들 및 민주주의를 원하는 이란 시민들은 녹색 리본을 상징으로 삼고 거리 및 온라인 시위를 전개했다.

맞이하면서, 무세베니는 캄팔라의 거리에 연거푸 대규모 치안 병력을 동원해 무력을 과시할 수밖에 없었다.

1990년대 러시아는 생기 넘치는 언론과 혼란스럽다고도 할 수 있는 활기찬 민주주의로 구소련 지역의 많은 국가들에 선례를 제공했다. 하지만 블라디미르 푸틴과 그가 뒤를 봐주고 있는 드미트리 메드베데프의 통치하에서, 억압당하던 소련 시절에 대한 향수가 일어난 듯하다. 러시아에서 마지막으로 남은, 진정 독립적인 정당이라 할 수 있는 통합러시아당United Russia*은, 몇 년 전 크렘린 친화적인 정당들과 결합하였고, 실질적으로 러시아 의회 내에는 반대 세력이 남아 있지 않다.[52] "정치적 반대가 존재하는 것은 유용하며 법적으로도 정당한 현상이라는 기본적인 이념은, 베를린장벽이 무너진 지 20년이 지나고 나자 구소련 지역 내에서는 터무니없이 약해지고 말았다." 카네기 국제평화재단의 토머스 캐러더스Thomas Carothers는 민주주의의 국제적 변화 양상에 대한 논문에서 이렇게 말했다. "지배적인 정치 엘리트들은 정치적 반대자들을 타고난 반역자로 취급한다."[53]

2009년, 프리덤 하우스의 분석에 따르면 구소련 지역은 세계에서 가장 자유롭지 못한 곳 중 하나에 속한다. 심지어 당시는 푸틴이 구소련 지역 중 가장 중요한 나라인 러시아의 권력을 다시 장악하겠다고 선언하기 전이었는데도 그렇다.[54] 러시아와 정치적으로, 또 문화적으로 가까운 나라인 벨라루스는 개혁을 하는 듯한 시늉을 하기도 했지만, 2000년대 말에 이르자 독재로 다시 회귀하였고, 1990년대 초반과 별

---

* 통합러시아당은 러시아의 집권 여당이다. 저자는 통합러시아당 외의 다른 정당이 모두 유명무실해진 상황을 비꼬고 있다.

민주주의는 어떻게 망가지는가

반 차이가 없는 국가주의적 통치 체제가 들어서고 말았다. 오래도록 집권하고 있는 알렉산드르 루카셴코Alexander Lukashenko는 80퍼센트라는 우스꽝스러운 득표율로 2010년 재선에 성공했다. 그리고 항의의 뜻을 표하기 위해 모인, 때로는 그저 공공장소에서 냉소적으로 박수를 치고 있었을 뿐인 시민들이 폭행당하고 투옥되었다.55 구소련 지역에 남은 두 개의 커다란 희망, 조지아**와 우크라이나 또한 퇴보하고 있다. 2011년 여름, 우크라이나의 대통령인 빅토르 야누코비치Viktor Yanukovych는 정치적 적대 세력을 모조리 탄압하는 푸틴 식 정책을 펼쳤다. 심지어 결과가 뻔히 정해진 재판을 통해 대통령 후보였던 율리아 티모셴코Yuliya Tymoshenko에게 7년형을 선고하는 등, 수많은 정치인과 반대자들을 체포하고 투옥했다. 티모셴코의 재판이 진행되는 동안 우크라이나 정부는 대통령에게 거의 무제한에 가까운 권력을 허용하며 활기찬 시민사회를 겁먹게 할 만한 새로운 방법을 도입하였고, 대통령에게 도전할 수 있을 만한 11명의 인물에 대해서도 수사를 시작했다. 야누코비치는 거의 동시에 우크라이나의 의회를 거세해버리고, 사법부를 자신의 명령에 따르도록 굴복시켰으며, 대통령에게 지배적인 권력을 주도록 헌법을 바꿔버렸다.56

아시아의 다른 성공 사례들 역시 후퇴하고 있기는 마찬가지이다. 한때 자국을 하이테크 허브 국가로 홍보하고자 온라인 언론에 전적인 자유를 보장했던 말레이시아에서는 인쇄 매체 및 온라인 언론 모두를 검열하기 위한 새로운 방법이 개발되기 시작하였다. 정권을 잡은 세력은 정치적 반대자, 내부 고발자, 시민사회 지도자 등을 체포하기 시작했는데 그중에는 야당 지도자인 안와르 이브라힘Anwar Ibrahim이 포함되어 있

** Georgia, 현지에서는 사카르트벨로(Sakartvelo)라고 부른다. 그루지야는 조지아의 옛 이름이다.

었다. 그에게 주어진 의심스러운 죄목은 보좌관 중 한 사람과 항문 성교를 했다는 것이었다.57 (안와르는 결국 무죄 판결을 받았으며, 그 직후 정치적 저항 세력을 조직했다는 새로운 혐의로 체포되었다.) 이런 사람들이 한번 투옥되기 시작하면 이상한 일들이 벌어질 수 있다. 2009년 7월, 티오 벵 혹Teoh Beng Hock이라는 남자가 공금 유용에 대한 증언을 하고자 말레이시아의 반부패 위원회를 방문했다. 그런데 다음 날 그는 인근 건물의 지붕 위에서 시체로 발견되었다. 중립적인 법의학자들은 훗날 티오 벵 혹이 지붕 위로 "뛰어올라" 죽기 전에 구타당했으며 그의 항문에 어떤 물체가 삽입되었다는 증거를 발견했다.58 크메르 루주가 붕괴하고 내전이 끝난 다음 캄보디아에서 치러진 1993년의 역사적인 첫 번째 자유선거에서는 등록된 유권자 가운데 93퍼센트가량이 투표권을 행사하기 위해 뛰쳐나왔다. 당시 캄보디아를 재건하기 위해 사상 최대의 노력이 이루어졌고, 국제 공동체는 그 가능성을 높이 평가하며 의기양양해했다. 그러나 그때 이후로 캄보디아의 정치 시스템은 꾸준히 내리막을 걸었다. 크메르 루주 시절을 힘겹게 헤쳐나간 생존자인 훈 센Hun Sen 총리는 거의 모든 반대 세력을 침묵시켰고, 언론을 길들였으며, 다수의 정치적 적수들을 폭행하고 공공연하게 살해해온 것으로 보인다.59

베네수엘라의 우고 차베스Hugo Chavez는 선거로 뽑혔지만 헌법이나 법의 지배를 거의 존중하지 않았던 탁신과 마찬가지로 그만의 '볼리비아 혁명'을 노골적인 독재로 이끌어갔다. 볼리비아의 에보 모랄레스Evo Morales나 페루의 대통령 오얀타 우말라Ollanta Humala와 마찬가지이다.60 또한 멕시코에서는 대통령에게 협력하는 치안 병력이 마약과의 전쟁을 십분 활용하여 개별적인 주州들을 접수하고 군대의 봉토처럼 만들어버렸다. 군인들은 이전까지 전통적으로 민간인들이 차지하고 있던 수많은 자리들, 특히 치안 유지와 관련된 것들을 접수했다. "군대는 멕시코의

민주주의는 어떻게 망가지는가

몇몇 주에서 절대적 권력이, 어떤 경우에는 유일한 권력이 되어가고 있다"고 멕시코의 정치 평론가인 데니즈 드레서Denise Dresser는 말했다.

이토록 많은 국가들이 현재 민주주의와 권위주의 사이에서 교착 상태를 보이고 있다. 〈민주주의 저널〉의 공동 편집자인 마크 플래트너 Marc Plattner와 래리 다이아몬드Larry Diamond는 "(이러한 상황을) 민주적 전환에서 발생하는 일시적인 상태로 취급하는 것은 이제 더 이상 합당하지 않은 것으로 보인다"고 말했다.61

최근 벌어지는 민주주의의 후퇴에도 불구하고, 또한 세계 경제 위기가 민주주의에 끼친 파괴적인 영향에도 아랑곳없이, 심지어 오늘날에도 대부분의 서방 세계 지도자들은 아무런 고민 없이 민주주의가 결국에는 전 세계적으로 승리를 거둘 것이라고 대략 가정하고 있는 듯하다. 냉전이 끝났을 때, 거의 모든 서방 세계의 지도자와 정치학자들은 민주적 가치가 승리를 거두었다고 믿었다. 민주주의가 승리를 거두었다는 발상이 표현된 것 중 가장 유명한 것은 프랜시스 후쿠야마Francis Fukuyama의 에세이인 '역사의 종말End of History'*로, 그는 "서구의 승리, 서구적 사고의 승리는, 그 무엇보다 서구식 자유주의가 아닌 대안 체제가 현실에 존재하지 않는다는 것이 그 증거"라고 선언했다.62 비록 지나치게 거친 주장이긴 하나, 이러한 시각은 1990년대와 2000년대 초까지 정치적 변화에 대한 서구의 담론을 거의 지배했고, 세계의 변화에도 불구하고 오늘날에도 지배적인 영향을 미치고 있다. 소련이 무너지고 50여 년에 걸친 초

---

* 프랜시스 후쿠야마의 에세이는 확장·증보되어 단행본으로 출간되었다. 『역사의 종말』, 프랜시스 후쿠야마 지음, 이상훈 옮김, 한마음사, 1997

강대국 사이의 외교적 줄다리기가 끝나면서 발생한 막대한 안도감은, 로버트 케이건Robert Kagan이 지적하는 것처럼 다음과 같은 변화를 가져왔다. "전 지구적 융합의 새로운 시대를 예견하는 것처럼 보였다. 냉전 시대의 거대한 적과 갑자기, 경제적 발전의 욕망이나 정치적 통합의 추구 등 수많은 공동의 목표를 추구하게 되었다."63 지속적으로 전진하고 있던 인류의 진보는 민주주의를 모든 곳에 전파하게 될 터였다.

물론 민주주의가 무엇인지에 대해 합의된 정의가 존재하지는 않지만, 민주주의에 대한 거의 모든 개념 정의 속에는 민주주의의 특정한 요소들이 포함되어 있다. 이 책에서는 민주주의를 논의하는 데 EIU가 전 세계 민주주의의 질적 현황을 점검하기 위해 사용했던, 상대적으로 폭넓게 받아들여지는 정의를 차용할 것이다. EIU에서 지적한 바는 다음과 같다. "(민주주의는) 다수의 지배 및 피치자被治者의 동의에 의해 운영되는 정부, 자유롭고 공정한 선거, 소수자의 보호 및 기본적인 인권에 대한 존중을 뜻한다. 민주주의는 법 앞에서의 평등, 적법절차, 정치적 다원주의를 전제로 한다." 이 책에서는 이 정의에 포함되지 않은 요소를 하나 더 추가하고자 한다. 충심 어린 반대*라는 개념에 대한 존중, 민주적 정치기구에 대한 지원, 국민이 다양한 경쟁자들 가운데 관심이 가는 정치적 분파나 정당에 대한 접근권을 누릴 수 있는 것 등을 포함하는, '민주적 정치 문화'가 바로 그것이다.

세계가 민주화될 것이라는 이 장밋빛 환상은 한동안 널리 받아들여졌다. 1990년대와 21세기의 초반까지, 민주화의 '네 번째 물결'을 타고

---

* loyal opposition. 야당, 집권당에 반대하는 정당, 기타 정치적 집단을 반역자, 국가 질서 전복자 등으로 간주하지 않는 태도. 집권 세력이 반대편의 충심 어린 반대를 인정하지 않으면 정치적 논의는 불가능해지고 정치는 사생결단의 투쟁으로 전락하기 십상이다.

민주주의는 어떻게 망가지는가

개발도상국에는 실로 정치적 자유가 꽃피어 올랐다. 오래도록 적대해온 초강대국인 미국과 러시아는 제1차 걸프 전쟁부터 핵무기의 안전한 해체 및 보관에 대해서까지, 공동의 도전 과제를 함께 풀어나갔다. 1990년에는 아프리카, 동유럽, 아시아의 대부분을 권위주의적 정권이 지배하고 있었지만, 2005년이 되어서는 이러한 대륙에도 민주주의가 발흥하여 남아프리카공화국, 대한민국, 브라질 등 가장 강력한 개발도상국 중 일부가 견고한 민주주의를 이룩하게 되었다. 2005년 기준으로, 세계 인구의 절반이 민주주의 체제하에 살고 있다.64 조지아, 우크라이나, 키르기스스탄의 색깔혁명, 사담 후세인의 몰락, 탈레반의 축출, 터키 군부의 정치 개입 종식, 바레인 같은 작은 페르시아만 인접 국가에서의 개혁 시작, 이란의 모하마드 하타미Muhammad Khatami라는 개혁주의자 대통령의 출현 등으로 오래도록 세계적인 민주화의 흐름에서 벗어나 있던 중동 및 중앙아시아 또한 변화를 맞이할 준비가 되어가는 것처럼 보였다.

자유 민주주의적 자본주의가 지구상의 모든 나라를 정복할 것이라고 간주하는 자신감 넘치는 서구 지도자들의 숫자는 점점 더 늘어만 갔다. 조지 H. W. 부시는 "자유와 인권에 대한 존중이 세계 모든 나라에 정착하는 새로운 세계 질서"를 약속했다.65 조지 W. 부시는 두 번째 임기를 시작하면서, 미국은 전 세계의 민주화를 촉구할 것이라 말했다. "우리는 전 세계의 모든 통치자들과 모든 국가 앞에, 지속적으로 명확한 선택지를 제시할 것입니다. 이것은 언제나 잘못된 선택인 압제냐, 언제나 영원히 올바른 선택인 자유냐 사이의 도덕적 선택입니다."66 중국의 장쩌민江澤民 주석을 만난 빌 클린턴은 전제주의적 통치를 유지하던 중국의 지도자들이 "역사의 잘못된 편"에 서 있었다고 말하며, 새로운 기술이 가져다주는 자유화의 효과를 통제하려 하는 것은 "젤리를 벽에 못으로 박는 것"과 다를 바 없다고 중국의 지도자들을 향해 경고했다.67

훗날, 젤리는 결국 벽에 못으로 박혔다. 지난 40여 년간 가장 길고 깊은 후퇴를 맛본 것은 민주주의뿐만이 아니다. 정치적·경제적·사회적 변화는 세계의 민주화를 무한정 멈추게 할 수 있다. 높은 경제성장률을 보이고 있는 중국이나, 그 밖의 개발도상국에 민주적 변화를 촉구하는 서방 세계의 반열에 끼려고 하지 않는 브라질이나 남아프리카공화국 등 강력한 신흥 민주주의 국가의 모습을 통해 권위주의적 통치는 단순히 강력함뿐 아니라 정통성을 획득해가고 있다.68 태국에서 러시아까지, 개발도상국의 중산층과 지도자들은 진정한 민주주의로부터 등을 돌리고 있으며 민주적 지배를 회복하는 일에 그리 큰 매력을 느끼지 못한다. 이슬람 정당의 부흥, 새로운 분파주의적 갈등, 수많은 종교적·민족적 소수자들의 실패를 지켜보며, 2009년부터 시작된 새로운 봉기를 바라보는 중동과 아프리카 여러 나라의 중산층은 민주주의의 가치를 의심하기 시작했다. 그리고 군부가 계속해서 권력을 휘두르는 것까지 포함하는, 새로운 형태의 전제주의적 통치를 지지하는 쪽으로 이끌리게 된 것이다.

확인 차 말해두자면, 20세기와 21세기, 또 인류 역사의 더 긴 기간과 비교해볼 때 현재의 세계는 고도로 민주적인 곳으로 보인다. 다음 장에서 살펴보게 되겠지만, 21세기가 갓 시작될 무렵에는 지구상에 존재하는 국가들 중 오직 극소수만이 진정한 민주주의 국가로 부를 수 있는 것처럼 보였다. 이러한 민주주의 국가는 대부분 서유럽이나 북아메리카에 있거나, 대영제국의 해외 식민지들이었다.69 이 국가들을 전부 합쳐봐도 세계 인구의 10분의 1이 채 되지 않는다. 제국들은 유럽, 아시아, 아프리카의 많은 지역을 지배했다. 심지어 비교적 최근이라 할 수 있는, 베를린장벽이 무너지기 전이었던 1988년까지만 해도, 민주주의 국가에 살고 있는 사람들은 전 세계 인구에 비하면 소수에 불과했다. 중앙아시아와 동유럽에는 민주주의가 없었고, 사하라 사막 이남 아프리카에는 거의 전적으로 진정한 민주주의가 존재하지 않았다.

이 황량한 시기와 비교해보면 21세기 초반 민주주의 국가들은 수적으로 대단한 진전을 이룬 것처럼 보인다. 아프리카 국가 중 다수가 민주적 지배로의 이행을 시작하였으며, 동유럽, 발트해海 연안 국가들, 동아시아의 많은 지역에서 진정한 민주주의가 뿌리를 내리고 있다. 민주주의가 1900년에 그랬듯 전 세계적으로 입지가 약해질 것이라고 예상하는 사람은 아무도 없다. 1930년대에는 민주주의가 완전히 쓸려나가버리는 것이 가능할 듯도 보였지만, 지금은 전혀 가능한 일처럼 여겨지지 않는다. 이 책 또한 민주주의가 죽음을 앞두고 단말마의 비명을 지르고 있다고 주장하지 않는다. 하지만 민주주의는 지난 10년에 걸쳐 쇠락하고 있으며, 그 여파는 인권, 경제적 자유, 국제적인 시스템에 중대한 영향을 초래하고 있다. 이렇게 파생되는 문제를 우려해야 한다는 것이 이 책의 논점이다. 만약 정책 결정자들이 이러한 민주주의의 쇠락을 제대로 인지하고, 그 복잡한 원인을 이해하여 수많은 개발도상국에서 현재 드러나고 있는 민주주의의 약점을 검토하지 않는다면, 현재의 추세를 뒤집을 수는 없을 것이다. 경제 위기가 지속되어 수많은 개발도상국의 대중이 점점 더 민주적 지배에 대해 신뢰를 잃게 되고, 전 세계가 1988년 혹은 그 이전의 상황으로 되돌아갈 최악의 가능성도 무시할 수 없을 것이다.

지난 10년간 민주주의가 쇠락했다고 판단한 것은 결코 독단적인 관찰의 결과가 아니다. 1974년이나 1989년과 같이 2001년 또한 민주주의의 봇물이 터져나온 해였지만, 그러한 물결이 긍정적인 방향으로 흐르지는 않았다. 그 이후 10년 동안의 흐름은, 1980년대나 1990년대보다 훨씬 더 가시적으로, 개발도상국 전반에 걸쳐 민주주의가 약화되고 있음을 분명히 드러내고 있다. 프리덤 하우스와 EIU의 연구, 또한 본 저자의 조사에서 확인했듯이 많은 국가에서 민주주의가 분명히 쇠락하고 있다. 이런 경향은 2001년부터 구체적인 모습을 띠었고, 2000년대와 2010년대 초반을 거치며 더욱 뚜렷해졌다.

　　미국의 힘이 약해지고 있다는 것은 2001년부터 시작된 국제적 상황 변화의 일부라고 할 수 있다. 2001년 9월 11일의 공격 후 몇 달 동안 미국의 힘은 그 정점에 이른 것처럼 보였지만, 그 이후 두 개의 긴 전쟁에 말려들면서 힘이 사그라들었고, 이는 개발도상국을 상대로 민주주의를 홍보하고 촉진하려던 미국의 의지와 능력에 분명한 영향을 미쳤다. 2001년에는 러시아와 중국 두 나라에서 지도부 전환 및 권력 굳히기가 시작되면서 두 권위주의적 강대국에서는 자국 내에서뿐 아니라 국외에서도 영향력을 재확립하려는 토대가 구축되었고, 그에 따라 민주주의가 후퇴하게 되었다. 또한 2001년에는 광대역 인터넷망을 사용할 수 있는 선진국 가정의 숫자가 늘어나기 시작했다. 이는 인터넷이 광범위하게 사용되어 개발도상국의 민주적 변화에 영향을 주게 되는 첫 발걸음이었다. 2000년대 초에는 또한 반세계화 운동 및 경제적 자유를 추구하는 워싱턴 컨센서스에 대한 의문이 정점에 도달하였다. 경제적 개혁과 정치적 개혁을 함께 고려하고 있던 많은 시민들은 과연 민주주의가 경제 성장과 개발을 이루어내기 위한 최적의 체제인지 성찰하게 되었는데, 이러한 분위기는 신생 민주주의 국가들에게 영향을 끼쳤다고 할 수 있다. 마지막으로, 2001년에는 파키스탄, 필리핀, 베네수엘라, 러시아, 그 외 핵심적인 개발도상국 내부에서 보수적인 성향의 중산층이 선거를 통한 민주적 절차에 반기를 들고 뒤엎으려는 운동이 벌어지리라는 뚜렷한 조짐이 관찰되었다.

모든 나라에는 독특한 정치적 역사와 환경이 있다. 때문에 태국은 태국 사람들이 생각하는 것처럼 굉장히 특이한 나라가 아니다. 일본의 민주주의는 점령자들에게 이식받았고, 스페인에서는 국왕이 민주주의의 산파 노릇을 했고, 동티모르에서는 수십 년에 걸친 독립 투쟁이 벌어졌다. 개별적인 국가에서 벌어지는 민주주의의 전복 또한 이와 마찬가지로 독특한 성격을 지닌다. 태국에서는 국왕의 오랜 지병이 민주적 안정을 해쳤으며, 보리스 옐친이 통치하던 무렵 무정부 상태에 가까울 만큼 불안한 상황이었던 러시아에서는, 자부심 넘치던 조국이 파산의 문턱에 서고 그런 조국의 부를 올리가르히oligarch들이 약탈하는 모습을 지켜보며 많은 러시아인이 민주주의의 자유에 염증을 냈다. 하지만 상대적으로 오늘날 전 세계적으로 민주주의가 후퇴하는 이유는 이처럼 다양하지 않다고 할 수 있다.

과거에도 민주주의는 많은 도전에 직면해왔다. 가령 노골적인 전체주의로 퇴행해버린 1930년대의 독일처럼, 민주화를 이루어낸 것처럼 보이는 나라에서도 때로는 심각한 후퇴가 발생했고, 민주주의가 퇴행하기도 했다. 하지만 이러한 퇴행은 상대적이고 개별적인 사건이었고, 넓게 보면 세계의 민주주의는 다시 발전해나갈 수 있었다. 그러한 발전은 이제 더 이상 보장되어 있지 않다. 중국의 부상, 신흥 민주주의 국가의 경제 발전 정체, 서방 세계의 금융 위기 등의 요소가 한 무리를 이루면서, 이것들이 오늘날 개발도상국 전반에 걸쳐 민주주의를 저해하는 방향으로 작동하고 있다. 국제적인 시스템 안에서 근본적이거나 예상 밖의 변화가 일어나지 않는다면, 민주주의에 방해가 되는 이러한 요소들의 결합은 강한 지속력을 지니게 될 것이다.

아직도 서구권의 지도자들은 많은 개발도상국에서 민주주의가 얼마나 심각한 위협을 당하고 있는지 제대로 인지하고 있지 못한 것처럼 보인다. 프리덤 하우스 같은 몇몇 관찰자들은 민주주의가 얼마나 큰 위기에 빠졌는지 알아채기 시작했다. 한때 천하무적으로 여겨졌던 정부 형태인 민주주의는 너무도 많은 곳에서 부족함을 드러내고 있고, 그 결과 한때 민주주의의 선봉대로 여겨졌던 개혁적 성향의 중산층이 민주주의를 내팽개치는 모습도 심심치 않게 발견된다. '아랍의 봄'과 '여름'은 민주주의 혁명의 해였던 1989년과 같지 않다는 점이 곧 드러나리라는 것을, 또 2011년의 분위기는 민주주의의 전 세계적 현황 속에서 잠깐 스쳐 지나가는 현상에 지나지 않았음을 인정하는 사람, 혹은 민주주의의 후퇴가 지속되면 개발도상국에 사는 수억 명의 사람들의 안녕은 말할 것도 없거니와 국가 안보, 무역, 미국의 전략적 이해관계 등에 심각한 결과가 초래될 것을 이해하고 있는 사람은 미국의 고위 관료들 가운데서도 극소수에 지나지 않는다. 민주주의 전파를 미국 대외정책의 핵심적인 가치로 모시고 있었던 조지 W. 부시 행정부의 공식적인 국가 안보 전략은, 미국이 지원을 계속하면 민주주의가 전 세계적으로 계속 퍼져나갈 것이라는 확인되지 않은 가설을 바탕으로 하고 있었다. 오바마 정부의 2010년 국가 안보 전략은 이러한 발전 계획이 장애물을 만났다고 인정하고 있지만, 행정부 내의 전문가들은 여전히 미국의 대외정책을 적절히 수정하면 미국이 곧 국제적 민주화의 물결을 새로이 갱신하여 주도할 수 있으리라고 가정하는 듯하다.[70]

민주주의의 발전이 멈췄을지도 모른다는 사실을 이해하지 못하는 것은 미국만의 문제가 아니다. 동남아시아의 주요 국가들이 모여 있는 아세안(동남아시아국가연합Association of Southeast Asian Nations, ASEAN)은 2008년, '인권의 존중'을 회원 자격을 유지하기 위한 핵심적 요소로 제시하는 새로운 헌장을 통과시켰다. 심지어 아세안의 고위 직원들은 사석에서조차 동남아시아가 민주적 가치를 공유하는 방향으로 나아가고 있다고 주장했다.71 이러한 사실에도 불구하고, 인도네시아를 제외하고 나면 동남아시아 국가들의 인권과 민주화는 지난 10년간 꾸준히 후퇴하였다. 사실 동남아시아 국가들은 아세안이 처음 결성되었던 40여 년 전과 비교해도 아직 공통의 가치를 공유하고 있지 못한 형편이다.

2001년 아프리카의 지도자들은 '아프리카의 발전을 위한 새로운 협조 관계New Partnership for Africa's Development, NEPAD'라는, 아프리카 대륙 전체에 걸친 협약을 체결하였다. 이는 인권 및 좋은 통치의 규범을 정착시키기 위한 것으로, 서구권의 원조국들 및 수많은 아프리카 지도자들의 환영을 받았다. 이 분위기를 이어받아, 2006년 수단의 정보통신 기업가인 모 이브라힘Mo Ibrahim은 경제 개발, 행정, 국민 교육에 가장 큰 공헌을 한 아프리카 지도자에게 수여하는 상을 제정하기에 이르렀다. '새로운 협조 관계' 이후 10년 동안, 아프리카의 고위 관료들은 협약의 내용을 읊어가며 아프리카 대륙이 좋은 통치와 민주주의의 가치를 공유하는 방향으로 나아가고 있다고 주장해왔지만, 실제로 그런 추세가 이어지고 있다는 증거는 거의 없다. 개혁을 추진하고 좋은 통치를 보여준 지도자를 찾는 것이 불가능하다는 판단하에, 2010년 이브라힘 위원회는 매년 상과 함께 수여하던 상금을 제공하지 않기로 결정했다.72

지속적인 민주주의의 후퇴는 심각한 미래를 암시한다. 어떤 국가가 민주화를 이루기까지는, 그 나라를 둘러싼 주변 국가들이 이미 민주화되었다는 사실이 중요하다는 것을 보여주는 증거가 여럿 존재한다.73 이러한 연쇄 과정이 멈춘다면, 특히 중동이나 아프리카 지역의 중산층이 민주주의의 편에 서는 대신 오히려 민주주의의 파괴에 앞장서게 된다면, 그 결과 탈냉전 시대에 당연하게 여겨지던 가설은 의문에 부쳐져야 한다. 새로운 분쟁의 시대 또한 열릴 수 있다. 예외가 있긴 하지만, 민주주의 국가는 다른 민주주의 국가를 향해 전쟁을 벌이지 않으며, 전제주의 국가는 상대가 민주주의 국가든 독재 국가든 상관없이 훨씬 더 쉽게 전쟁을 벌인다는 이론은 일반적으로 참이라고 볼 수 있다. 실제 전쟁이 벌어지지 않더라도, 국가마다 추구하는 핵심적인 정치적 가치가 어긋나게 되면 기후변화나 자유무역 같은 국제 문제를 해결하는 데 세계적 차원의 진보를 이끌어내기가 더욱 어려워질 것이다. 일부 서구 기업인들은 독재 정부가 투자를 할 수 있는 더욱 안정적인 환경을 만들어준다는 근거 없는 가정을 하곤 하지만, 실상을 살펴보면 독재 정부는 대체로 서구 투자자들 대다수가 요구하는 법치나 불편부당한 사법 체계를 마련해주지 못한다. 민주주의의 후퇴는 국제적인 비즈니스 환경을 더욱 악화시킬 수 있는 것이다. 결국 중국식 발전 모델이 더욱더 힘을 얻는 등, 전 지구적으로 민주주의가 후퇴하게 되면 미국의 소프트파워 중 가장 근본적이고도 중요한 가치, 즉 미국의 이념이 약화될 것이다.

지속적인 민주주의 후퇴의 여파로 일어날 일들 중 가장 중요한 것을 꼽자면 러시아, 캄보디아, 베네수엘라 같은 나라의 시민 중 다수가 자포자기하고, 자신감을 얻은 독재자가 압제의 강도를 높이는 일이 일어날 수 있다는 점이다. 실제로 지난 4년 동안, 중국뿐 아니라 베트남, 태국, 베네수엘라, 러시아, 그 외 많은 나라의 활동가들은 한때 상당히 폭넓은 자유를 보장받았지만, 자유의 폭은 점점 줄어들었고 정치적 환경은 예측 불가능한 방향으로 치달았다.

민주주의의 후퇴, 그로 인해 발생할지 모를 심각한 국제적 갈등과 씨름하기 위해서는 이 문제를 구조적으로 파악해야 할 뿐 아니라 왜 민주주의가 덜컹거리게 되었는지 좀 더 깊이 이해할 필요가 있다. 그러므로 우리는 냉전 이후의 낙관주의부터 1990년대와 2000년대 초까지 이어졌던 서구권의 승리 및 개발도상국에서 발생한 네 번째 민주화의 물결까지, 지난 20세기에 존재했던 세 차례 민주화의 파도를 돌이켜보아야만 한다. 국제적 민주화 혁명이 절정에 이르렀던 무렵의 실패 사례를 살펴보면 왜 여러 대륙에 걸쳐 있는 많은 개발도상국에서 민주주의가 이토록 급속도로, 극적이라 할 수 있을 만큼 몰락한 것인지 이해할 수 있을지도 모른다. 민주주의의 쇠락에는 선거로 뽑힌 독재자들의 부상뿐 아니라, 중동 국가들을 포함한 수많은 나라에서 일반적인 대중이 민주주의를 바라보는 전반적인 관점에 생긴 가파른 변화까지 포함되는 것이다. (하지만 북미와 유럽의 잘 정착된 민주주의 국가에서 벌어지는 민주주의의 약화에 대해서는 살펴보지 않을 것이다. 이러한 국가들의 정치 시스템에도 물론 많은 결점이 있지만, 수많은 개발도상국과 달리 이러한 국가의 시민들은 독재로의 회귀를 직면해야 할 상황은 아니기 때문이다. 중부 및 동부 유럽은 추후 검토하게 되겠으나, 미국과 서유럽에 대한 전체적인 연구는 이 책의 범위를 훨씬 뛰어넘는 것일 수밖에 없다.)

특히 중동에서는 반란과 개혁이 현재 진행 중이며, 그 결과를 예측하기가 매우 어렵다는 것을 확실히 인지해둘 필요가 있다. '아랍의 봄'과 '여름'이 변질되기 시작해 그 결과가 매우 불확실한 상태에서 이 책이 집필되었다는 것 또한 분명히 해둔다.

민주주의가 후퇴하는 현상이 전 세계의 거의 모든 개발도상국에서 벌어지고 있는 것과 마찬가지로, 민주주의가 위축되는 이유 또한 다양하다. 난해하게 꼬여 있는 경우도 있다. 지난 10여 년간 왜 민주주의가 고전했는지 이해하기 위해서는, 왜 푸틴이나 차베스 같은 지도자들이 민주적 제도를 파괴할 수 있었는지뿐만이 아니라, 왜 선출된 독재자들이 그러한 행동을 하도록 중산층이 허용했는지, 군대가 정치적 영향력을 다시금 확보할 수 있게 했는지에 대해서도 면밀하게 살펴보아야 한다. 성공적인 민주주의를 이루기 위해 없어서는 안 될 존재라고 오랫동안 간주되어왔던 중산층이, 수많은 나라에서 실제로는 민주주의에 등을 돌려버렸다는 사실은 민주주의의 국제적 후퇴 현상 중 아마도 가장 충격적이며 불안감을 야기하는 일일 것이다. 이 책에서는 어떻게 중산층이 개혁의 추진력에서 개혁의 걸림돌로 돌변하게 되었는지 아주 자세히 살펴볼 것이다. 민주주의가 혼란과 부패를 야기하고 성장을 둔화시킬 것이라는 공포, 법치주의를 무시하는 포퓰리스트가 선거를 통해 부상하는 데 대한 분노, 자기들의 힘이 약화될 것이라는 우려 등, 여러 국가에서 중산층은 다양한 이유 때문에 독재에 순응하는 태도를 보이게 되었다. 그리고 중산층이 반기를 들고 일어서면 노동계급은 맞서 싸우게 마련이며, 이러한 대결은 민주적 정치를 더욱 해치는 결과를 초래할 뿐이다.

국제 사회의 시스템 또한 이해해야 한다. 개발도상국의 중산층과 노동계급이 자국의 민주주의가 실패하도록 방치하고 있는 상황인데도 불구하고, 이미 민주주의가 안정된 미국이나 남아프리카공화국 혹은 브라질 같은 신흥 강국들이 오늘날 민주주의를 전파하고 인권을 홍보하는 일을 왜 포기해버렸는지에 대해 질문을 던져야 한다. 실제로 중국 같은 권위주의 국가가 힘을 얻어가면서, 민주주의 체제를 가진 서구 국가와 개발도상국은 자신들의 가치를 옹호하는 일에 점점 더 어려움을 겪고 있다. 타국에 민주주의를 전파하는 전략이 그저 구호, 선거, 절차에 치우쳐버리는 경향이 생기면서, 21세기의 민주주의는 더욱 복잡하고 어려운 국제적 환경 속에 놓이게 되었다. 민주주의가 제대로 널리 퍼지지 못한다면 그 실패의 대가는 결국, 대부분 개발도상국에 사는 사람들이 치르게 되는 것이다.

민주주의는 어떻게 망가지는가

2.

어쩌다 이렇게 됐을까

불과 10년 전만 해도, 민주주의가 쇠퇴할 것이라고 예측하는 정치 지도자나 이론가는 소수에 지나지 않았다. 2000년대 초반까지만 하더라도, 1990년대와 2000년대 초까지 아시아, 라틴아메리카, 그리고 가장 놀랍게도 사하라 사막 이남 아프리카까지 휩쓸었던 민주화의 네 번째 물결이 여전히 잠잠해지지 않은 것처럼 보였다. 이전까지 벌어졌던 세 차례의 민주화 운동을 바탕에 깔고 있었기에, 네 번째 물결은 마치 민주주의가 국제적으로 자연스레 퍼져나가는 것처럼 보이기도 했다.

20세기 대부분의 시간 동안, 전반적으로 지구 위에 억압적인 식민지, 왕국, 군벌 지배 국가가 난립하는 가운데, 민주주의는 몇몇 작은 자유의 섬 내부의 일로 제한되어 있었다. 20세기 초반까지만 하더라도 이탈리아, 아르헨티나, 독일, 일본, 스페인을 포함해 30여 개 국가에서 최소한의 민주적 제도를 도입하고 있긴 했지만, 진정한 민주주의 국가는 대부분이 서유럽과 북아메리카에 있는 12개국에 지나지 않았다. 정치학자

새뮤얼 헌팅턴은, 18세기, 19세기, 그리고 20세기 초에 걸쳐 이러한 국가들이 선도적으로 민주주의를 획득해간 과정을 일컬어 민주주의의 '첫 번째 물결'이라고 불렀다. 영국, 미국, 스칸디나비아 반도의 국가들, 프랑스, 스위스, 캐나다와 오스트레일리아 같은 국가들의 민주화는 미국의 독립혁명과 프랑스혁명에 그 기원을 두고 있다. 이 소수의 국가들은 대체로 오랜 세월에 걸쳐 단계적으로 민주주의를 발전시켜온 역사가 있으며, 계몽주의 이론, 유럽의 전쟁, 19세기 초 시민들의 항쟁 등을 통해 건국되었고, 프랑스 및 미국의 혁명 이후 유럽과 미국에 도입된 법률 체계를 가지고 있다.

첫 번째 민주주의의 물결을 탔던 국가들 중 다수는 20세기 초에 이르러 1930년대의 경제적 혼란 및 제1차 세계대전의 여파를 견뎌내지 못했다. 스페인, 이탈리아, 오스트리아, 독일, 그 외 많은 나라들이 전체주의와 공산주의의 역풍을 직면해야 했으며, 헌팅턴이 지적하는 바와 같이 폴란드, 발트해 연안 국가들, 중부 및 동부 유럽의 다른 나라들, 브라질과 아르헨티나에 간신히 뿌리내리기 시작했던 기초적인 민주적 제도들조차 바람에 휩쓸려 날아가버리고 말았다. 쓰러지지 않았던 나라들은 일본, 이탈리아, 독일의 파시즘 정권에 정복당했다. 심지어 제2차 세계대전이 끝나갈 무렵에도, 민주주의는 여전히 대체로 스칸디나비아 반도, 서유럽, 북아메리카, 그리고 오스트레일리아 같은 영국의 옛 식민지에 제한된 정치 체제로 남아 있었다.

그러나 제2차 세계대전은 이른바 민주주의의 두 번째 물결이 터져나올 물꼬를 열어주었다. 연합군이 승리를 거두어 독일, 오스트리아, 일본 등을 점령하면서 이들 나라에 민주주의적 제도가 다시 이식되고 민주적 문화가 부활할 가능성이 생겨난 것이다. 가령 일본을 점령한 미국이 초안을 잡아준 일본의 새로운 헌법은, 당시 일본의 지도자들이 생각

민주주의는 어떻게 망가지는가

하고 있던 것보다 훨씬 더 진보적인 내용을 담고 있었다. 파시즘이 패배하고, (적어도 소련의 지배를 받지 않는 영역에서) 영미식 정치 모델이 승리를 거두고, 이탈리아와 독일의 군사적 힘이 제거되면서 그리스와 터키는 자국의 민주적 제도에 힘을 실어줄 만한 여지를 얻게 되었다. 라틴아메리카에서는 아르헨티나, 베네수엘라, 콜롬비아, 페루가 1940년대 중반 민주적 선거를 치르게 되었다.

또한 제2차 세계대전은 영국, 독일, 네덜란드, 프랑스가 지닌 제국으로서의 힘을 고갈시키면서, 전 세계적인 탈식민지화를 촉발했다. 인도, 이스라엘, 말레이시아처럼 새롭게 독립한 나라 중 극소수만이 다당제를 인정하고 결사의 자유를 받아들이는 전통을 실질적으로 갖고 있었기에, 이러한 나라들은 전통을 토대로 민주주의를 건설할 수 있었다. 새롭게 자유를 얻은 국가들 가운데 나이지리아, 인도, 파키스탄, 인도네시아, 말레이시아는 최초의 선거를 치르면서 민주적 제도를 제자리에 정착시키는 듯했다.

인도는 예외적인 나라인 것으로 드러났다. 1950년대와 1960년대, 아프리카, 아시아, 중동에서 새로운 국가들이 생겨나는 가운데, 서구권의 정치학자와 지도자들 가운데 많은 이들은 이런 나라에 민주주의에 필요한 토양이 충분히 마련되어 있지 않으며, 단기간에 그 조건이 충족될 것 같지도 않다고 생각하고 있었다. 신생 독립국들은 기존에 선거를 치러본 경험이 매우 부족했을 뿐 아니라 교육받은 사람도 극소수에 지나지 않았기에, 교육제도를 정비하는 것뿐 아니라 국민을 굶주리지 않게 하는 것만 해도 어려운 도전이 될 터였다. '새로운 시대를 맞이한 아프리카의 민주주의 전망'이라는 전형적인 제목을 단 1961년 기사에는 "아프리카에서 의회 민주주의는 장래성이 희박하다"는 예측이 담겨 있다.[1] 진 커크패트릭Jeane Kirkpatrick은 〈논평Commentary〉 지에 1970년대 말 '독재와 이중 잣대'라는 유명한 기사를 게재하였는데, 혁명적인 좌익 독재 정권을 막기 위해서라면 백악관이 우익 독재자를 방파제로 삼아 후원해야 한다고 주장하는 내용을 담고 있던 그 글에서, 이렇게 말했다. "민주주의 정부는 몇 안 되는 지역에서, 정치적 참여가 보다 제한된 시대를 앞서 경험하고 난 이후에야, 천천히 만들어지는 것이다."[2] 심지어 1980년대 말에 들어서도, 당시 파리 시장이었으며 훗날 프랑스의 대통령이 된 자크 시라크Jacques Chirac는 아프리카의 지도자들 앞에서 "다당제는 정치적 오류로, 개발도상국에서 감당하기에는 너무 사치스럽다"라고 말하기도 했다.[3]

인도의 민주주의에 대해 깊고도 확실한 믿음을 견지했던 인도의 자와할랄 네루Jawaharlal Nehru 같은 몇몇을 제외하면 이전에 식민 지배를 겪었던 나라들의 지도자들 또한 본질적으로는 커크패트릭의 발상에 동의하고 있었다. 그보다 앞서 수행해야 할 일이 너무도 많다고 하면서, 자신들의 나라가 하루아침에 민주주의를 이룰 수는 없다고 공개적으로 주장하기도 했다. 물론 아프리카와 아시아에서 갓 독립한 나라들의 지도자들은 사실, 자국민들이 민주주의를 할 준비가 되지 않았다고 주장하고 싶었던 것이다. 그러나 신생 독립국의 첫 번째 지도자 노릇을 했던 이들 중 대부분이 민주주의에 대해 많은 관심을 보이지 않았다는 것에는 의심의 여지가 없어 보인다. 스코틀랜드에서 교육받은 의사였던 헤이스팅스 반다Hastings Banda는 말라위가 독립을 한 뒤 초대 대통령이 되었는데, 정부에서 남성의 장발 및 여성의 바지 착용을 금지하도록 할 만큼 말라위인들의 개인적 용모에 집착했다. 또한 스스로를 "종신 대통령"으로 선포하고 자신의 초상화를 모든 관공서와 극장, 가정에 걸도록 강요했다.[4] 식민 통치가 끝나고 등장한 아프리카의 정치적 거물 가운데 가

민주주의는 어떻게 망가지는가

장 통제욕이 강했던 사람 중 하나인 반다는, 투표권을 가지고 있는 국민을 믿을 수 없다는 확고한 신념이 있었다. 반다는 한 기자에게 말라위 사람들은 "어린이"이며 그들을 이끌어줄 강력한 지도자가 필요하다고 말했다.5

한편 정치 이론가인 새뮤얼 헌팅턴과 시모어 마틴 립셋Seymour Martin Lipset은 성공적인 민주주의를 이룩하기 위해서는 그 나라에 특정한 수준의 경제 발전, 실제로는 신생 독립국 대부분이 확보하지 못했던 수준의 경제 발전이 필요하다고 주장한 바 있다. 민주주의가 견고해지는 데 필요한 경제 발전의 단계가 정확히 어느 정도인지 특정하는 것은 어려운 일이지만, 근대화 이론을 옹호하는 이들 중 상당수는 어떤 나라의 1인당 소득이 중간 정도 단계에 오르고 나면, 그 이후로 독재로 회귀하는 일은 매우 드물다고 주장한다. (한 나라가 전체적으로 석유 생산에 의존하고 있는 경우는 예외이다. 왜냐하면 적은 수의 엘리트가 그들의 권력 유지를 위해 석유를 쉽사리 활용할 수 있기 때문이다.) 근대화 이론가들은 경제 개발이 충분한 숫자의 중산층과 교육받은 사람들을 낳을 뿐 아니라 그 나라를 세계와 더욱 긴밀하게 이어주는 효과를 가져온다고 주장한다.

특히 헌팅턴 같은 개발 이론가들은 중산층이 민주주의적 전환의 주된 원동력 노릇을 해줄 것이라고 기대를 걸었다. 그들은 중산층의 규모가 커지면 커질수록, 그 구성원들이 국가의 통제 영역 바깥에서 새로운 경제적·사회적 관계망을 건설할 것으로 보았다. 중산층은 교육을 더 많이 받고, 민주적 사고방식이 통용되는 바깥 세계와 더 많이 관련을 맺으면서, 사회적·정치적·경제적 자유에 대한 요구를 높여가리라는 것이었다. 그뿐 아니라 경제 발전은 개인들이 서로 더 높은 신뢰 관계를 맺도록 이끌어갈 것인데, 개인 간의 신뢰는 정치에서 토론을 하고 반대되는 견해가 있는 정당을 형성하는 데 핵심적인 요소로 여겨진다. "실질적으로 (이미 민주화가 진행된) 대부분의 국가에서, 민주주의를 가장 적극적으로 지지하는 사람들은 도시에 거주하는 중산층 출신"이라고 헌팅턴은 말했다.

가난한 신생 독립국들은 민주주의를 유지할 능력이 없다는 이 이론은, 1970년대 초까지 대부분 지역에서 타당한 것처럼 보였다. 심지어 인도마저도 1970년대 중반, 인디라 간디Indira Gandhi 총리가 헌법을 정지시키고 비상사태를 선언하여 자신을 실질적인 독재자로 만들면서, 인도 나름대로의 민주주의 후퇴를 경험했다. 실제로 1960년대와 1970년대에 민주주의는 또 한 차례의 역풍을 맞았다. 그렇지만 지난 두 차례의 민주화 물결이 가져다준 것들이 전부 무위가 되지는 않았다. 그리스와 터키에서는 군부가 다시 권력을 잡았다. 거의 모든 신생 아프리카 독립국에서 나름대로 독재 정권이 생겨났다. 그중에는 케냐의 조모 케냐타Jomo Kenyatta나 가나의 콰메 은크루마Kwame Nkrumah과 같은 그 나라의 주요 독립운동가들이 만든 독재 정권이 있었다. 민주주의의 번영을 제시하는 것 같았던 나이지리아, 파키스탄, 인도네시아, 버마미얀마* 같은 신생 독립국들은 내전에 휘말리거나 군부 쿠데타의 먹잇감이 되어버리고 말았다. 가령 인도네시아에서는 군부가 정권을 잡고 난 후 1965년에서 1966년 사이, 민족 간의 충돌로 인해 내전에 준하는 격렬한 폭동이 발

---

* 1989년, 버마의 군사 정권은 나라의 이름을 미얀마로 바꾸었다. 버마라는 이름은 영국 식민 지배 시대를 떠올리게 하며, 버마족 외의 다른 민족을 포괄하지 못한다는 이유에서였다. 하지만 아웅 산 수 치 역사를 포함한 민주화 운동가들은 버마라는 이름을 더욱 선호한다. 국내뿐 아니라 국제적으로 통용되는 공식 명칭은 미얀마이지만, 국내에서는 몇몇 진보 언론들이 버마라는 국명을 사용하고 있으며, 이 책에서도 저자가 Burma라고 표기하고 있으므로, 그에 따르기로 한다.

생하여 1백만 명가량이 사망한 것으로 알려져 있다.

아시아 신생 독립국의 지도자들은 아프리카의 지도자들에 비해 경제적으로 훨씬 훌륭한 성과를 냈으며, 자국의 문호를 개방하여 국제 무역에 뛰어들었고, 산업화를 지지하며 초등 교육에 힘을 기울였다. 하지만 그렇다고 해서 그들이 아프리카 친구들에 비해 덜 독재적이었다고 할 수는 없을 것이다. 대한민국의 박정희, 대만의 장제스蔣介石, 싱가포르의 리콴유李光耀는 모두 자국을 엄격하게 스파르타식으로 통제했다. 대만의 장군들은 자국에 미국의 회사, 미국의 군인들은 받아들일 수 있었지만, 미국식 민주주의는 받아들이지 않았다. 1949년, 민주주의를 요구하는 정치인들이 태국을 통치하던 군부를 비판하고 나서자, 치안 병력은 비판자들 가운데 네 명을 붙잡아들였는데, 넷 중 누구도 경찰서 밖으로 살아서 나가지 못했다. 경찰이 그들을 풀어줬을 때, 비판자들의 사체에는 총구멍이 나 있었으며 고문의 여파로 눈과 귀는 부어올라 있었고, (아마도 담뱃불로 인한) 화상이 발견되었으며, 다리는 부러져 있었다.6 전체적으로 볼 때, 1960년대 말부터 1970년대 초까지 민주주의는 두 번째로 역풍을 맞았다. 1960년대 초만 해도 민주주의에 도달했던 나라들 중 3분의 1이 1970년대 초에는 독재 정권으로 회귀하게 되었다. 그러한 민주주의의 역풍은 어느 개발도상국에서건 안정적으로 민주주의가 유지될 수 있을 것이라는 생각에 큰 회의를 불어넣었다고 헌팅턴은 지적했다.

냉전 시대의 국제 체제는 독재적인 지배를 가능하게 했을 뿐 아니라 전반적으로는 민주화의 장애물 노릇을 했다. 소련은 헝가리, 체코슬로바키아, 그 외 소련의 위성국에서 민주적 개혁이 움틀 때마다 싹을 잘라버렸다. 수많은 서방 지도자들은 반공주의를 앞세운 독재자들을 용인해주었다. 그뿐 아니라 '오일 쇼크'로 미국 경제가 침체에 빠지고 베트남전쟁에 패배하면서 미국의 군사적 능력에 대한 자신감이 떨어졌던 1970년대에 이르러서는 과연 민주주의가 전 세계적으로 벌어지는 공산주의와의 싸움에서 승리할 수 있을지에 대해 공개적으로 의문을 던지곤 했다. 전 국무부 장관이며 소련과의 데탕트*를 지지했던 헨리 키신저Henry Kissinger는, 1977년 다음과 같이 말했다. "오늘날, 역사상 최초로, 우리는 공산주의의 도전이 끝나지 않고 있다는 가혹한 현실을 직면하고 있다."7 키신저의 이런 관점은 미국의 정책 결정자와 지식인 사이에서 널리 공유되었다. 1970년대와 1980년대 초까지 그들 대부분은 소련이 개혁을 하지 않을 것이기 때문에 공산주의와 민주주의는 무한정 공존해야 하며, 민주주의는 서구의 몇몇 사회에서만 제한적으로 가능하고, 결국 그 사회를 벗어나지 못할 것이며 그 사회에서도 종말을 맞을지 모르는 역사적 우연에 지나지 않는 것임이 드러나리라 생각했다.8

냉전의 현실이 지배하고 있는 가운데, 심지어 서구의 연합국들 또한 잠재적인 신흥 민주주의를 파괴했다. 1975년, 포르투갈은 지배하고 있던 마지막 식민지들을 포기하기로 결정했다. 최후의 식민지 가운데 하나인 동티모르의 지도자들은 자신들이 살고 있던 조그마한 섬의 반쪽에 독립적인 민주주의 국가를 세우기 위한 계획을 추진하고 있었다. 하지만 인접한 강국인 인도네시아는, 미국뿐 아니라 그 지역의 또 다른 강국인 오스트레일리아 등과의 전략적 합의하에 티모르섬을 침공했다. 인도네시아의 독재자인 수하르토를 만난 자리에서, 제럴드 포드Gerald Ford 대통령과 국무부 장관 키신저는 인도네시아의 군사행동을 방해하

---

* détente. 적대하던 두 나라 혹은 정치 세력의 긴장이 완화되고, 화해의 분위기가 조성되는 상황을 뜻하는 정치 용어이다. 특히 역사적으로는 냉전 시기 소련과 미국의 긴장이 완화되어가던 국면을 의미한다.

지 않을 것을 확실히 해두었다. 훗날 정보공개법Freedom of Information Act에 따라 풀려난 문서에 따르면 키신저는 수하르토에게 "당신이 무슨 일을 벌이건 우리는 최선의 방식으로 그것을 다루기 위해 노력할 것이오"라고 말했다고 한다.9 인도네시아는 동티모르에 가혹한 군사적 점령을 시작했다. 로스앤젤레스에 있는 캘리포니아 대학의 제프리 로빈슨Geoffrey Robinson이 추산한 바에 따르면 동티모르 인구의 절반에 해당하는 20만 여 명이 1970년대 말에 벌어진 점령 과정에서 목숨을 잃었다.10

1974년 4월, 훗날에 가서야 세 번째 민주화의 물결을 촉발한 것으로 판명된 사건 하나가 벌어졌다. 경제적으로도 부담스러울 뿐더러 인명이 소진되어가던 식민지전쟁을 계속하려는 정부의 정책에 절망한 포르투갈의 젊은 장교들이, 50여 년간 조국을 지배해온 독재 정권에 반기를 든 것이다. 수많은 포르투갈인들이 리스본의 거리로 뛰쳐나와 꽃 시장 근처로 모여들었고, 반기를 든 장교들에 대한 지지를 보여주기 위해 꽃을 휘두르며 거리에 선 병사들의 총대를 때렸다. 그 쿠데타로 포르투갈의 정치 체계가 개방되었고, 그렇게 '카네이션혁명'이 벌어진 지 한 해가 채 지나지 않아 포르투갈에서는 자유로운 선거가 실시되었다.

카네이션혁명을 필두로 민주주의는 세 번째 물결을 이루어 남부 유럽, 라틴아메리카와 동아시아 일부 지역 그리고 1989년 이후에는 구소련 지역으로까지 퍼져나갔다. 1970년대 중반부터 1990년대 초까지 30여 개의 독재 국가가 민주화되었다. 민주주의의 몇몇 요소를 발전시킨 나라까지 포함하면 그 수는 조금 더 늘어난다. 물론 "민주화의 물결"이라는, 휩쓸리듯 이루어지는 변화를 묘사하기 위한 정치학의 용어는 다소 과장된 것일 수 있다. 각 나라마다 민주화를 자극하는 특별한 원인이 있게 마련이고, 한 나라가 정치적으로 변화한다고 해서 다른 나라의 변화를 필연적으로 촉발한다고 장담할 수 없기 때문이다. 그러나 특정 지역의 특정 시점에, 가령 1970년대 말부터 1980년대 초까지의 라틴아메리카나 1989년의 동유럽 같은 곳에서 짧은 기간 동안 비슷한 시기에 정치적 변화를 경험한 나라들이 폭증한 것은, 브라질이나 폴란드 같은 나라의 개혁이 일종의 견본 역할을 하여 아르헨티나나 체코슬로바키아 등의 정치적 상황에 영향을 주었다고 보는 것이 합당하다. 그 후 얼마 지나지 않아 스페인의 독재자 프란시스코 프랑코Francisco Franco가 사망하였을 때 국왕 후안 카를로스 1세Juan Carlos는 민주주의가 시작될 수 있도록 도움을 주었고, 스페인 사람들은 체제 변화의 닻을 올렸다.11 1970년대 말과 1980년대 초에 벌어진 브라질 및 아르헨티나의 개혁은, 이미 자국의 독재에 맞서 반격을 시작했던 칠레의 개혁가들을 고취시켰다. 칠레는 1990년 민주주의를 회복하였고, 다소 이론의 여지가 있지만 오늘날 라틴아메리카에서 가장 안정적으로 평가받는 민주주의적 체계를 갖추게 되었다.12

세 번째 민주화의 물결에 동참한 나라들 중 다수는 1970년대에 가파른 경제 성장을 경험하였다. 이러한 사실은 경제 성장이 중산층의 형성에 도움을 주어 민주주의로의 변화에 기여한다는 헌팅턴의 이론을 뒷받침하는 것처럼 보였다. 1960년대 말과 1970년대 초, 스페인과 그리스를 비롯한 남부 유럽 국가들은 경제 개혁을 통해 높은 경제성장률을 기록하였으며 필리핀, 대한민국, 태국, 대만 같은 나라들은 세 번째 물결을 타고 민주화를 이루었다. 이 나라들 또한 1970년대부터 1980년대 초까지 높은 경제성장률을 기록하였다. 대한민국, 태국, 대만의 경제성장률은 당시 세계에서 가장 높은 수준이었다. 이 나라들을 지배하던 군사정권은 자유시장 정책을 통해 경제 성장에 불을 붙이는 데에는 성공했다. 하지만 그리스, 스페인 등의 나라에서는 군사정권이 경제 성장으로 인한 폐해, 가령 인플레이션, 공공 부채의 상승, 인구의 도시화, 공공 서비스에 대한 수요 증가, 거시 경제의 안정성 등의 문제를 해결하지 못했다. 이렇듯 경제적 관리 능력, 특히 중산층 사업가와 경제인에 대한 관리 능력이 부족한 경우 독재 정권의 정당성은 훼손된다.

게다가 세 번째 민주화의 물결에 동참한 나라의 중산층은 헌팅턴과 립셋이 예측했던 대로 경제 성장에 반응한 것처럼 보였다. 필리핀, 아르헨티나, 칠레, 대만, 대한민국, 그 외 많은 나라들의 도시 거주 중산층은 더 큰 경제적·사회적·정치적 자유를 요구하고 나섰다. 도시 거주 중산층의 규모가 훨씬 작았던 불가리아나 버마에서는 민주화의 세 번째 물결이 더 많은 도전에 직면했고, 민주주의적 통합을 위한 토대를 놓는 일은 더욱 힘겹게 이루어졌다.

필리핀에서는 1986년, 1백만 명이 넘는 중산층이 피플파워 운동의 큰 축을 이루어 독재자 페르디난드 마르코스Ferdinand Marcos를 쫓아내 해외로 망명하게 만들었다. 대한민국에서는 1980년대 말, 서울에 거주하는 중산층과 다수의 대학생들이 결집하여 격렬하고 때로는 폭력적이기도 한 시위를 통해 당시 집권당의 대통령 후보였던 노태우*에게 민주적인 개혁을 약속받았으며, 한때 군사정권에 쫓기고 살해당할 뻔했던 김대중과, 정부에 대해 비판적인 입장을 견지해온 김영삼이 훗날 정권을 잡는 길을 열어주게 되었다.

필리핀에서 벌어지는 일을 지켜보고 있던 태국, 말레이시아, 스리랑카, 방글라데시는 1988년 버마의 시위대가 마닐라에서 벌어진 피플파워 운동을 참고하여 대규모 민주화 시위를 조직하는 모습을 지켜보면

---

* 원문에는 "dictator Roh Tae Woo"라고 되어 있다. 저자의 착오인 듯하다.

서, 완벽하지는 않지만 개혁적인 성향을 지닌 정부를 구성하게 되었다.

　　중산층이 언제나 강력한 움직임을 보여준 것은 아니지만, 그들의 역할은 언제나 중요했다. 칠레, 터키, 브라질에서는 점진적인 경제 발전으로 부흥하던 중산층이 개혁을 향한 압력을 가하여 결국 군대를 정치 무대에서 막사로 돌려보내고, 민주주의로 이행하는 합의를 이루어낼 수 있었다. 진보적인 성향을 지닌 남아프리카공화국의 백인 중산층은 자국이 고립된 탓에 부정적인 경제 효과가 발생하는 데 대한 피로감을 느끼면서 집권당인 국민당National Party에 미묘한 압력을 가하기 시작했다. 이 중산층 가운데 많은 이들은 민주적 제도를 정착시키는 방법을 통해 정치 개혁을 시작하고자 했다. 남아프리카공화국에서 도시 중산층의 지지를 받은 지도자들은 세계에서 가장 개혁적인 헌법 중 하나를 통과시켰는데, 남아프리카공화국의 헌법은 건강, 주거, 교육 등 광범위한 영역에서 인권을 보장한다. 방콕에서는, 때로 개혁 지향적인 외국 비영리단체와 함께 일하기도 하던 이상주의적인 젊은 방콕 사람들이 인권을 폭넓게 보호할 뿐 아니라 정치적 경쟁을 관리·감독하고 투표 매수 행위를 방지하는 독립된 기관을 설립하기에 이르렀다.13

　　세 번째 민주화 물결의 후반부에 이르러서는, 첫 발을 떼고 있는 민주주의를 쿠데타가 위협하자 중산층이 개혁의 편에 서곤 했다. 1985년과 1987년, 아르헨티나 군부가 민간 정권을 위협하자 아르헨티나의 민간인 지도자들은 수십만 명의 사람들에게 부에노스아이레스의 거리로 몰려와 적법한 정부를 지지해달라고 요청했다. 피플파워 운동 이후 필리핀의 지도자가 된 코라손 아키노Corazon Aquino는 몇 차례 시도된 군사 쿠데타를 제압했는데, 그중에는 마르코스에게 충성을 바치는 군인들이 1989년에 기도한 제법 심각한 쿠데타도 포함되어 있었다. 그때마다 아키노는 텔레비전 연설을 통해 자신을 지지하는 마닐라에 거주하는 중산층을 향해 진정성을 전달하고, 군부가 시도하는 쿠데타에 맞서달라고 호소했다.

민주주의의 세 번째 물결이 몰아치는 동안 앞장서서 민주화의 후퇴에 저항한 중산층은 민주주의를 향한 깊은 헌신을 보여주었다. 같은 시대 라틴아메리카, 아시아, 남부 및 동부 유럽, 그 외 민주화되고 있던 지역에서 수행된 설문조사를 살펴보면 민주주의에 대한 지지율이 지극히 높다는 것을 알 수 있다. 헌팅턴이 인용한 어느 연구에 따르면 1988년 페루 사람들 가운데 75퍼센트가 민주주의를 가장 선호하는 정치 체제로 꼽았다. 구소련의 위성 국가들을 대상으로 한 또 다른 설문조사를 살펴보면, 특히 도시에 거주하는 중산층 가운데에서 압도적인 다수가 민주주의를 다른 그 어느 정치 형태보다 선호한다고 밝히고 있다.

민주주의의 세 번째 물결이 밀어닥치고, 냉전이 막바지로 향해가자 수많은 독재 정부는 더 이상 소련이나 미국의 지원에 의존할 수 없게 되었다. 독재 정권은 민주주의를 요구하는 광범위한 대중의 요구를 상대해야만 했다. 폴란드의 조선소에서 1980년대 초 '연대Solidarity' 투쟁이 벌어진 것 자체가 폴란드의 공산주의를 끝냈다고 할 수는 없지만, 그 투쟁은 1989년 혁명의 기반이 마련되는 데 도움을 주었다. 그리고 혁명의 여파는 불가리아처럼 가장 경제적으로 개발된 동유럽 국가부터 가장 낙후되어 있던 알바니아까지 미쳤다. 알바니아는 냉전 기간 동안 정신분열증적인 인종차별주의자였던 엔버 호자Enver Hoxha의 통치하에 거의 고립되어 있었다. 경제적 도전에 직면해 있던 소련은 위성 국가의 반란을 억누를 수 있을 만한 힘이 없었다. 한편 미국에서는 민주주의와 인권에 대한 지지 운동이 준비되어가고 있었다.

필리핀의 피플파워 운동은 페르디난드 마르코스를 권좌에서 끌어내렸을 뿐만 아니라, 독재 정권을 후원해서 얻을 수 있는 전략적 이득이 무엇인지에 대해 미국이 다시 생각하게 만들었다. 필리핀의 변화는 민주화의 세 번째 물결을 빠르게 하는 역할을 했다. 마닐라 시내에 마르코스의 사퇴를 부르짖으며 몰려드는 군중을 바라보던 레이건 행정부의 몇몇 관료는 필리핀에서 볼 수 있듯, 설령 독재자가 미국의 비위를 가장 잘 맞춰준다 하더라도 독재 정권을 워싱턴의 파트너로 삼는 것보다는 민주주의를 후원하는 정책이 낫다는 주장을 하기 시작했다. 또한 미국이 공공연하게 반공 독재자를 지지하는 일을 줄여나가야 한다고 강하게 밀어붙였다. 반 마르코스 시위 기간에 미국 국무부 동아시아태평양 담당 차관보를 역임한 폴 울포위츠Paul Wolfowitz는, 피플파워 운동의 지도자였던 코라손 아키노가 사망하였을 때 이렇게 말했다. "1980년대 중반, 일부 미국 관료들은 '거기'에는 실질적인 대안이 없다는 이유로 마르코스를 옹호하곤 했다. …… 그것은 미국이 마르코스를 지지해서 반대편을 주저앉히고 있다는 사실을 무시하는 처사였다." 울포위츠에 따르면 결국 워싱턴은 보수적인 독재 정권이 아니라, 민주주의의 세 번째 물결을 밀어붙이는 것을 공산주의와 맞서기 위한 최선의 전략으로 선택하는 결정을 내리게 되었다. "결국, 마르코스가 현재의 방향을 계속 유지한다면 더 위험할 수 있다는 결론이 내려졌던 것이다."14

울포위츠는 레이건 행정부 내에서, 당시까지도 보수적 독재 정권을 지원하는 방향으로 고착되어 있던 대외정책을 포기하고, 마르코스에 대한 지지를 철회하고 마닐라의 민주주의적 운동을 받아들이는 데 핵심적인 역할을 수행했다. 공산주의와 맞서기 위해 미국이 민주주의를 전파해야 한다는 호소를 담아 1985년에 〈월스트리트 저널Wall Street Journal〉에 칼럼을 기고한 것을 시작으로, 울포위츠는 공적인 장소뿐 아니라 부서 내 요원들 간의 사적인 자리에서도 백악관은 필리핀의 민주

민주주의는 어떻게 망가지는가

적 개혁을 포용해야 한다고 설득하고 다녔다. 당시만 해도 필리핀은 미국의 결정적인 동맹국이었을 뿐 아니라 중요 함대 기지가 위치한 국가이기도 했다. 때문에 필리핀의 민주화 운동을 포용하는 것은 미국 입장에서는 급격한 변화를 받아들이는 일일 수밖에 없었다. 10여 년 더 전만 해도 울포위츠의 뜻에 동참해주는 사람은 소수에 지나지 않았지만, 1980년대 중반에 이르자 사정이 달라졌다. 민주주의 전파가 미국과 서유럽 국가들이 추구하는 대외정책의 일환이 되어야 한다는 목소리가 모여, 학계, 작가, 의회의 대표들 그리고 울포위츠 같은 네오콘뿐 아니라 서맨사 파워Samantha Power와 마이클 이그나티에프Michael Ignatieff 같은 진보적 국제주의자들을 포함해, 서독, 영국, 노르웨이의 활동가 및 작가들을 아우르는 일종의 공동체가 형성된 것이다. 그에 더해 10여 년이 흐르고 냉전의 종식이 다가오면서 이러한 주장은 더 큰 반향을 얻을 수 있었다. 냉전이 끝나가면서, 미국의 현실주의자들이 마르코스나 모부투 세세 세코Mobutu Sese Seko* 같은 서구 친화적인 독재자를 지지하기 위한 근거로 소련과의 갈등을 들이대기 어려워졌을 뿐더러, 서유럽의 현실주의자들은 바르샤바 조약**을 체결한 국가들과 자국 사이에서 시작된 데탕트를 정당화하기가 힘들어졌던 것이다.

마닐라에서 투쟁이 계속되고 있는 가운데, 울포위츠와 그의 동료들은 장기적으로 볼 때 민주주의가 전 지구적으로 확장되는 것은 미국의 이익에 부합한다고 주장했다. 민주화는 국제 분쟁의 가능성을 최소

---

* 1965년부터 1997년까지 콩고민주공화국(모부투 통치 시절에는 자이르공화국)의 대통령을 역임한 독재자.
** 소련 등 공산권이 나토에 맞서 결성한 군사 동맹. 소련, 폴란드, 동독, 헝가리, 루마니아, 불가리아, 알바니아, 체코슬로바키아의 8개국에서 시작했다. 알바니아는 1968년 탈퇴하였다.

화하여 미국의 개입 필요성 또한 줄여나갈 것이고, 미국 기업들이 해외에서 부담해야 하는 부패에 대한 비용 및 자릿세를 감소시킬 것이며, 자유무역 및 자유시장경제를 채택하는 국가들의 지평을 확장하여 미국의 국익이 해외로 뻗어나갈 여지를 넓혀준다고 믿었다. 인권에 초점을 맞추었던 카터 행정부는 이들의 관점에 주목하기 시작했다. 민주화 증진이라는 수사법은 정책의 세부사항보다는 넓은 비전을 원했던 카터의 후임자에게도 호소력을 발휘했고, 워싱턴 및 그 외 서방 세계의 수도에서도 이에 주목하기 시작했다. 미국 보수주의 연합American Conservative Union 연설에서, 레이건은 다음과 같이 말했다. "미국의 대외정책은 모든 인류의 자유, 민주주의, 인간의 존엄성을 지지합니다. 이에 대해서는 더 설명할 필요가 없습니다. 우리는 기회가 가득한 사회를 우리 자신뿐 아니라 다른 이들을 위해서도 바랍니다. 다른 이들에게 우리의 체제를 강요하는 것이 아닙니다. 기회는 모든 이들에게 주어져야 하기 때문입니다."15

민주주의의 옹호자들에게 지원군이 도착했다. 1983년 미국 민주주의기금National Endowment for Democracy, NED이 워싱턴에 설립되어, 매해 의회 예산을 책정받아 자유 언론, 노동조합, 정당 등 전 세계의 민주적 기관을 후원하는 임무를 수행하게 되었다. 미국 민주주의연구소National Democratic Institute나 국제공화주의연구소International Republican Institute처럼 미국 민주주의기금의 해외 업무를 보조하기 위한 민주주의 진흥 기구들 또한 1980년대 초에 설립되었다.16 미국 민주주의기금의 활동은 시작 단계부터 개발도상국의 통치자들에게는 극도로 인기가 없었지만, 그 나라 시민사회 조직에게서는 환영을 받았다. 하지만 2000년대 들어서 이러한 분위기가 달라진다. 조지 W. 부시 시대에 접어들어 미국의 민주주의 진흥 업무가 중동과 남부 아시아 지역에서 인기를 잃어가자 미국 민주주의기금의 원조를 받는 시민사회 단체들은 이 사실을 숨겼다.17 그러나 그 이전까지만 해도, 미국 민주주의기금에서 내놓은 자금은 민주화로의 이행을 추진하던 나라에 속력을 붙여주었다. 가령 폴란드에서는 공산주의 정권을 무너뜨리는 데 핵심적인 역할을 한 폴란드의 노동조합에 미국 민주주의기금이 막대한 액수를 지원해줬던 것이다.18 또한 조지 소로스George Soros가 열린사회추진위Open Society Initiatives를 결성하여 민주주의의 세 번째 물결에 합류한 나라들의 민주화를 위해 투자하였던 것처럼, 개인이 만든 단체들 역시 미국 민주주의기금과 비슷한 기능을 수행하고자 했다.

냉전이 끝나면서 민주화는 미국 대외정책의 선봉에 서게 되었다. 민주주의의 세 번째 물결은 구소련 지역의 국가들을 넘어 라틴아메리카와 아시아, 몇몇 아프리카 국가들까지 확장되었다. 민주주의의 옹호자들은 좌파와 우파를 막론하고 힘과 영향력을 얻었다. 일부는, 가령 매들린 올브라이트 같은 사람은 빌 클린턴 행정부에서 높은 자리에 오르기도 했다. 이제는 어깨를 견줄 초강대국조차 존재하지 않는, 경제가 급성장한 미국은 민주주의 진흥을 대외정책의 대들보로 삼는 사치를 만끽할 수 있었다. 설령 그 나라가 미국의 전략적 이해관계와 별 상관이 없다 하더라도, 새롭게 출발하는 민주주의를 수호하겠다는 명분하에 군사력을 개입할 수 있게 된 것이다. 미국의 진보주의자들은 베트남전쟁 이래로 미국의 군사적 개입을 과도하게 공격적이거나 심지어 잔인한 폭력으로 간주해왔다. 하지만 이제는 동티모르나 코소보의 경우처럼, 인권에 반하는 범죄를 예방하거나 장래 민주주의를 시작할 나라가 포위당했을 때 위기에서 구해주기 위한 목적으로 무력을 사용하는 데 동의할 수 있게 되었다. 게다가 만약에 미국이 민주주의를 촉진하여 새로운 정치 지도자들을 육성하고자 한다면, 그 일을 전통적으로 중국이나 러시아의 영향권이 미치는 곳에서 한다 해도, 감히 누가 미국을 막을 수 있었겠는가? 1990년대 중반까지 모스크바는 파산의 벼랑 끝에 몰려 있었고, 베이징은 여전히 천안문 학살의 여파에서 완전히 회복하지 못한 상태였다.

대통령으로서 빌 클린턴은 민주주의 전파를 대외정책의 핵심으로 삼았다. 탈냉전 시대의 대외정책을 이끌고 갈 주제를 물색하며, 역사적으로도 기억될 만한 무언가를 만들고자 고심했던 클린턴의 고민은 하나의 구호에 안착했다.19 '민주적 확산democratic enlargement'이 그것이었다. 미국 국가안전보장회의National Security Council 회의장에서 클린턴 정부 대외정책의 중심으로 결정된 민주적 확산은 냉전 시대의 봉쇄정책을 대체하는 역할을 수행할 터였다. 앤서니 레이크Anthony Lake 국가안전보좌관이 역사학자 더글러스 브링클리Douglas Brinkley에게 말한 것처럼 "자유로운 국가들이 수적으로 늘어나고 힘을 얻을수록 국제 질서는 더욱 풍요롭고 안전해질 것이기 때문에" 민주적 확산은 이제 미국이 세계 내 자유 국가의 숫자를 늘려나가는 데 우선순위를 둔다는 뜻이 되었다.20 레이크의 말에 따르면 클린턴 행정부는 신생 민주주의 국가의 안정화를 돕고, 민주주의에 적대적인 나라들을 억제하는 데 도움을 주며, 민주화되지 않은 국가들의 자유화를 지지할 것이었다.21 물론 중국이나 중동 등은 예외로 취급되었지만, 클린턴은 집권 초반부터, 선거운동을 진행하는 동안에도 민주주의를 전파하는 것이 미국 국가 이익의 핵심이라고 열성적으로 강조했다. 그가 내놓은 첫 번째 국가 안보 전략은 "국내의 이익을 추구하는 것부터 국제적 위협이 우리의 영역을 위협하기 전에 감지해내는 것까지, 미국의 모든 전략적 이익은 민주주의와 자유시장주의를 채택한 국가들의 공동체를 확산시키면서 증진된다"고 말하고 있다.22 카네기 국제평화재단의 토머스 캐러더스는 현재 모든 미국 대사관은 민주주의를 얼마나 전파했는지에 대해 매년 보고서를 제출해야 하는데, 이렇듯 대외 문제를 다루는 미국 부서에 민주주의 전파를 제도화한 것은 클린턴이 처음이며, 백악관 또한 민주주의 전파를 전략적 우선 과제 중 하나로 설정하여 예산을 요청하게 되었다는 것을 밝혔다.23 1990년대 초부터 2000년까지, 미국 정부가 민주주의 전파에 사용한 예산은 연간 1억 달러에서 7억 달러 이상으로 늘어났다.24 클린턴은 민주화의 벼랑에 서 있다고 판단한 나라 가운데 가장 중요한 국가들, 가령 러시아나 멕시코 등을 후원하고자 했다. 클린턴 시절, 미국은 러시아의 최대 투자국이 되었고, 미국 민주주의기금과 같은 민주주의 확산을 위한 미국 단체들은 러시아에서의 활동 프로그램을 넓혀갔다. 클린턴 정부는 러시아의 민주화를 공고히 하기 위해 국제통화기금International Monetary Fund, IMF, G7, 세계은행World Bank 등도 자원을 사용하도록 압박했다.25 백악관은 동유럽에 새롭게 등장한 자유 국가에 민주적 제도가 설립되고 시장 개혁이 이루어지도록 예산을 대폭 확대하였다. 1996년 재선을 위해 선거운동을 하던 클린턴은 자랑스레 외쳤다. "우리의 도움 덕에 유럽의 새로운 자유 국가들은 개혁의 동력을 얻었고, 민주주의의 토대를 쌓게 되었습니다."26

냉전 시기였던 1975년, 갓 싹트기 시작한 민주주의를 보호하기 위해 미국이 할 수 있는 역할에 한계가 있다는 사실을 증명했던 동티모르가 1999년에 다시 한 번 사례로 등장했다. 1975년과 마찬가지로, 티모르섬에서 잔혹한 유혈 사태가 발생한 것이다. 티모르인 대다수가 인도네시아로부터의 분리 독립에 찬성하는 투표를 하자 인도네시아 군부와 연줄이 닿아 있는 티모르의 민병대는 르완다 학살에 뒤지지 않는 대량 살육 작전을 시작했다. 민병대는 커다란 칼을 휘두르고 자동화기를 난사했다. 그들은 독립운동가, 해외 지원 노동자, 기자, 그 외 걸리적거리는 이들을 모두 참수했다. 수천 명이 사망했고, 티모르섬의 기간 시설 중 70퍼센트가 파괴되었다. 하지만 과거와 달리 이번에는 세계가 반응했다. 동티모르가 지닌 전략적 이해관계는 없었지만 미국, 영국, 오스트레일리아 같은 주요 강대국들이 지원에 나서서, 유엔(국제연합United Nations, UN)의 지휘 아래 무장병력을 파견해 인도적으로 개입하여 궁극적으로는 폭력의 줄기를 잘랐다. 또한 동티모르가 완전한 파국을 피할 수 있도록, 구호 인력을 보내 동티모르가 인도네시아로부터 완전히 독립하여 아슬아슬하지만 독립적인 민주주의 국가를 건설할 수 있도록 도왔다.27

티모르에서 얻은 승리는, 코소보에 대한 서구권의 성공적인 개입과 더불어 워싱턴의 자신감을 한껏 북돋워주었다. 소련이 망하면서 공산주의가 갑자기 사라져버렸듯이 민주주의 또한 살아남지 못할 수 있다는 공포가 서구권에 퍼져 있었던 것이다. 소련의 몰락을 예견한 사람은 극소수에 불과했지만, 붕괴가 시작되자 서구가 승리했다는 주장이 급격히 부각됐다. 프랜시스 후쿠야마는 훗날 '역사의 종말'은 자유민주주의가 영원한 승리를 거두었다는 확신을 표현하려는 글이 아니라고 해명했지만, 그 글에서 당시 서구에 만연해 있던 승리의 분위기를 포착하는 것은 어렵지 않다. 클린턴 정부의 관료들은 민주주의가 보편적인 호소력을 지니고 있기 때문에 보편적으로 퍼져나가야 한다고 주장했다. 이들의 주장은 로버트 케이건이 지적하듯이 인간 진보의 불가피성, 역사는 인류의 발전을 향해 끊임없이 나아간다는 계몽주의적 시각에 그 뿌리를 두고 있었다.28 아프리카, 아시아, 라틴아메리카의 개발도상국을 돕기 위한 회의 및 모임에서 세계은행, 국제통화기금, 유엔, 미국 정부 기관, 그 밖의 서구 단체들은 입을 모아 경제적·정치적 자유에 대한 새로운 복음을 설파했다.

전직 고위 싱가포르 외교관인 키쇼어 마부바니Kishore Mahbubani는

1991년, 냉전 후의 승리감이 최고조에 달했던 그해, 벨기에의 최고위급 관료들과 만났던 일을 기억하고 있다. 아시아인들을 앞에 두고, 그 관료들은 이렇게 선포했다. "냉전은 끝났소. 이제 초강대국은 오직, 미국과 유럽 둘뿐이오."29

이렇듯 냉전 이후 거들먹거리는 분위기는 심지어 러시아와 중국 같은 강대국과의 양자 관계에도 스며들었다. 1990년대 고든 창Gordon Chang 같은 서구권의 학자들은 중국 공산당의 붕괴가 임박했다며 언제 중국이 민주적 봉기로 무너질지에 대해 내기를 걸곤 했다. 러시아가 소련과는 정반대로 미국식 민주주의를 운용하는 가까운 친구가 될 것이라고 생각했던 미국의 관료들은, 러시아와 중국이 자신들의 뒷마당에 미국의 개입이 강화되는 것을 내켜하지 않을 것이며 전혀 사그라지지 않은 러시아의 국가주의를 자극할 수 있다는 전문가들의 경고를 듣고도, 나토의 경계선을 러시아의 국경에 더욱 가깝게 확장해나갔다.30

3.

네 번째 물결

말라위의 상업적 중심 도시인 블랜타이어Blantyre의 외곽 지역에는, 이 지구상에서 가장 황량한 교외 주택가 가운데 하나가 자리 잡고 있다. 수년에 걸쳐 가뭄과 기근이 반복적으로 찾아온 탓에 지방에 자리 잡고 있던 농가들은 점차 무너졌고, 수많은 이들은 블랜타이어로 이주하여 상점의 경비원이나 임시직 버스 기사 같은 생소한 직업을 얻어야만 했다. 금속 조각과 버려진 목재로 만들어진 판잣집들이 줄을 이어 블랜타이어 시 외곽의 언덕을 뒤덮고 있는데, 만약 누군가 용기를 내어 밤에 그 판자촌으로 들어가면 가족들이 모여 사는 작디작은 주거 공간 앞에 경비원 노릇을 하며 서 있는 젊은 남자들을 보게 될 것이다. 급격하게 도시화가 진행되었지만 말라위의 빈곤은 1인당 GDP가 고작 800달러가량에 머물 정도로 심각한 탓에 폭력 범죄가 급증했기 때문이다. 블랜타이어의 좀 더 부유한 지역에 사는 이들은 사설 경비 업체를 고용하고 집 안에 '패닉 룸'을 만들어놓곤 하지만, 그 방법이 언제나 통하지는 않는다. 가택 침입은 빈번히 벌어지며, 재산을 지켜주기로 약속한 경비 업체 직원들이 도둑들과 한 패거리를 이루는 경우도 종종 발견된다.

이른 아침, 이 판자촌에서 출발한 사람들이 각자의 일자리를 향해 걸어가는 울퉁불퉁한 길은 너무도 많은 사람들로 빽빽한 탓에 차를 타고 편안히 가기가 쉽지 않다. 블랜타이어 바깥으로 이어지는 거의 모든 땅은 헐벗었다. 집을 짓는 재료가 되는 숲은 헐벗은 상태이고, 식용 가능한 작물은 전통적으로 차 농사를 지어왔던 블랜타이어 북부의 녹색 골짜기인 티욜로Thyolo 언덕 위 지역 사람들이 거둬 갔기에 찾아볼 수 없다. 티욜로의 고색창연한 주택에서 말라위가 영국의 식민지였을 무렵부터 살고 있는 나이 많은 이주자들은 여전히 영국식으로 자그마한 케이크를 곁들여 오후에 홍차를 마신다. 하지만 이 거주민들이 정성스럽게 가꾸어놓은 정원을 벗어나 거대 기업들이 소유한 호화로운 찻잎 재배지를 지나고 나면, 티욜로에서 볼 수 있는 것은 건조한 기후에 시달려 황폐해진 건물들과, 먹을 것을 찾는 사람들이 헤집어놓은 과일나무들뿐이다. 길옆에는 병들어 보이는 상인들이 아보카도와 바나나가 담긴 좌판을 깔아놓았고, 그 길 위로 화려한 색깔의 치팅게*로 아기를 등에 동여맨 여인들이 서로를 밀치며 걸어간다.

어딜 가건 아이들이 보인다. 말라위는 세계에서 가장 출생률이 높은 국가 중 하나이다. 그중 1500만 명의 인구가 펜실베이니아 주 크기밖에 안 되는 지역으로 몰려든 탓에 이들 도시의 풍경은 아프리카의 태곳적에 열린 지평선보다는 동남아시아의 밀집된 초거대도시를 연상케 한다. 또한 말라위는 충격적일 정도로 높은 HIV 감염률이 나타나는 곳이

---

* chitenge. kitenge라고도 표기한다. 동아프리카 지역에서 주로 입는, 허리에 두르는 천이다.

기도 하다. 유엔의 에이즈AIDS 프로그램은 말라위 사람들 중 14퍼센트가 후천성면역결핍증에 감염되었을 것으로 추산하고 있다. 더욱 비극적인 것은 항레트로바이러스 치료제antiretrovirals*를 사용할 수 있는 오늘날에 도 수많은 어린이들이 고아가 되어 조부모의 손에 남겨지거나 그 누구의 도움도 받지 못하게 된다는 것이다.1 블랜타이어 시내의 교차로에는 낡아빠진 옷을 입고 머리가 덥수룩한 고아들이 무리를 지어 다니며 길을 가로막고 자동차를 세우거나 서행하게 한 다음, 음식 혹은 거의 가치가 없어서 상점에 높다랗게 쌓여 있게 마련인 말라위 화폐 '콰차'를 몇 푼 구걸하곤 한다.

이 모든 궁박한 상황과는 달리, 최근까지도 말라위는 민주화의 성공 사례로 꼽혔다. 1990년대 초 오래도록 지배해온 독재자가 물러나고, 말라위는 자유로운 다당제 선거를 치렀다. 민주적 선거로 당선된 첫 번째 대통령인 바킬리 물루지Bakili Muluzi는 훗날 대형 부정부패 건으로 기소되었지만, 2009년 대통령 선거에 출마해 3선을 노리다가 헌법 원칙을 지킨 말라위 최고재판소의 판결에 승복하고 물러났다. 당시 물루지의 전 경쟁자였던 야당의 지도자 빙구 와 무타리카Bingu wa Mutharika는 대통령 선거에서 승리했다.

1990년대 말과 2000년대 초부터 말라위에는 평화적이고 열정적인 대규모 정치 캠페인 문화가 발전했다. 2009년의 대통령 선거는 그러한 모

---

* 레트로바이러스의 복제를 막거나 느리게 하는 약품을 뜻한다. 우리에게 흔히 '에이즈'로 알려진 '후천성면역결핍증후군'은 HIV(인간면역결핍증바이러스)가 신체의 면역세포인 CD4 양성 T-림프구를 파괴하여, 면역력이 저하되어 발생하는 합병증으로 사망하게 되는 증상을 의미한다. 여기서 HIV가 바로 대표적인 레트로바이러스이며, 오늘날에는 항레트로바이러스제를 여러 개 섞어서 복합 처방하는 이른바 '칵테일 요법'이 등장하여 적절한 치료를 계속해서 받으면 HIV 감염인의 기대 수명을 상당히 높일 수 있다.

민주주의는 어떻게 망가지는가

습을 보여주는 사례라고 할 수 있다. 선거운동이 진행되던 겨울, 존 템보 John Tembo를 상징하는 빨간색 옷을 입고 모여든 군중은 고속도로 한 편, 관리가 안 되어 풀이 웃자란 축구장 앞에 모여 자신들이 지지하는 후보자를 위해 소리를 질러댔다. 길 건너편에는 그보다 규모가 작은 무타리카 지지자들이 모여 무타리카의 정당을 상징하는 색깔인 파란색 옷을 입은 채 자리를 잡았다. 그리고 하늘을 향해 소리를 지르고 박수를 치고 노래를 하며, 자기네 정당 후보자의 얼굴이 그려진 거대한 포스터를 지나가는 자동차에 붙였다. 교통사고를 유발할지도 모르는 위태로운 행동이었다. 잠시 후 무타리카 지지자들 중 젊은이 몇몇이 길을 건너 템보 지지자들에게 향했다. 그들은 인접 국가인 짐바브웨나 잠비아의 선거운동원들이 저지르는 폭력 사태를 일으킬 생각이 전혀 없었다. 그저 들고 있던 무타리카의 포스터를 바닥에 내려놓더니 너덜너덜한 축구공을 꺼내들고, 두 명의 템보 지지자들을 앞에 둔 채 즉흥적인 드리블을 보여주기 시작했을 뿐이다. 그해 말 말라위에서 치러진 평화로운 대통령 선거는 안정적인 민주화로의 이행을 보여주는 징표라 할 수 있다. 그해의 선거운동은 말라위의 여러 신문에서 집중적으로 다루어졌다. 기자들에게 지급되는 급료가 부족할 뿐 아니라 신문 또한 종이가 아닌 넝마에 인쇄되는 것처럼 보이는 등 자원이 부족했지만, 말라위의 신문들은 온 나라에 걸친 모든 정치적 싸움을 연대기적으로 기록하며 대범하게 후보자들을 취재해나갔다. 분노한 정치인들이 위협하기도 했지만, 기자들은 물러서지 않았다. 신문 지면에는 주요 후보자들의 사소한 단점을 가볍게 뛰어넘는 스캔들이 매일같이 실려나왔다.

말라위가 민주주의를 기꺼이 받아들이면서, 말라위의 지도자와 시민들 또한 경제적 번영을 약속하는 정치적 변화를 위한 협력 체계에 들어갔다. 1990년대 말부터 2000년대 초까지 이어지는 민주화의 네 번째 물결이 지나가는 동안, 열린 시장과 사회라는 처방전을 내놓는 '워싱턴 컨센서스'를 밀어붙이던 해외의 원조 제공자 및 말라위의 토착 지도자들 역시, 그 협력 체계에 점점 더 동참했다. 하지만 그 연결 고리는 위험한 것이었다. 사회가 개방된다고 해서 그 사회가 경제적으로 더 많이 성장할 것이라는 실질적 증거는 없었다. 미국 기업연구소American Enterprise Institute의 케빈 하셋Kevin Hassett이 보여준 바에 따르면 실상은, 권위주의적 통치를 하는 수많은 나라들이 더 자유로운 나라들보다 경제적으로는 나은 실적을 냈다.2 그러나 1980년대 말에서 1990년대 초까지, 수많은 개발도상국의 지도자들 및 그들을 옹호하는 서구의 지도자들은 자유와 경제적 번영을 연관 짓고 있었다.

1980년대 말까지만 해도 말라위가 민주화를 이루어낼 가능성은 멀게만 보였지만, 말라위는 곧 비슷한 수준의 개발 단계에 있던 다른 나라들의 민주화 대열에 동참하게 되었다. 세 번째 민주화 물결의 결실 위에 세워진, 전 지구적 민주화의 네 번째 물결은 1990년대 말 정점에 오르고, 2000년대 초까지도 이어졌다. 세 번째 물결은 남부와 동부 유럽의 몇몇 나라, 라틴아메리카, 아시아를 휩쓸고 지나갔지만, 네 번째 물결은 사하라 사막 이남 아프리카의 나라 상당수를 포함했다. 이 중에는 세 번째 물결이 일던 때보다 더 가난하고, 분쟁 가능성이 높고, 더 멀리 떨어진 나라도 있었다. 수많은 나라들 가운데 동티모르, 캄보디아, 멕시코, 모잠비크, 말라위 등을 꼽을 수 있다.

2011년 중동에서 벌어진 봉기는 네 번째 물결에 부합하는 것처럼 보였다. 중동의 봉기는 예멘이나 이집트처럼, 가난하거나 독재 정권이 들어서 있거나 분쟁에 휩싸여 있거나 혹은 이 모든 것에 해당하는 국가에서 벌어졌기 때문이다. 네 번째 물결에 해당하는 수많은 나라들과 마찬가지였다. '아랍의 봄' 이전까지는, 마치 1990년대 이전의 사하라 사

민주주의는 어떻게 망가지는가

막 이남 아프리카에 대해 그렇게 생각했듯, 외부의 많은 관찰자들뿐 아니라 아랍 사람들 스스로도 중동에서는 몇 세대가 지난다 하더라도 진정한 변화는 가능하지 않을 것이라고 전망했다.

세 번째 물결이 일렁일 때와 마찬가지로, 긍정적인 착시 현상이 민주적 변화가 일어나는 데 영향을 주었다. 동티모르처럼 민주주의가 보다 잘 확립된 강력한 옹호자들의 후원을 받기도 했고, 이웃 국가에서 시작된 네 번째 민주화의 물결이 국경을 넘어오는 경우도 있었다. 2010년 12월 튀니지에서 시작된 봉기는 위성 TV와 소셜 미디어를 타고 전파되었다. 이집트의 개혁주의자들이 먼저 영향을 받았고, 이후 바레인, 시리아, 리비아, 그 외 중동 국가들이 영향을 받았다. 1990년대 초에 남아프리카공화국의 아파르트헤이트*가 극적으로 종결되고 이웃한 모잠비크와 잠비아 또한 자유를 맞이했을 때도, 말라위의 헤이스팅스 반다 같은 독재자조차 무시해버릴 수 없었던 변화의 흐름이 있었기 때문이었다. 식민지 시대 이후 남아 있던 독재자들 대부분을 떨쳐내면서, 가난한 수많은 아프리카 국가들, 가령 베냉 같은 나라도 몇 번의 자유롭고 공정한 선거를 치를 수 있었다.

구소련의 영향권 아래 있었던 폴란드나 키르기스스탄과 같은 전 공산주의 국가들이 민주주의로 변모하는 모습은 우크라이나, 중앙아시아 국가들, 조지아에 커다란 영향을 끼쳤다. 구소련 지역에서 가장 가난했고, 인종 문제도 가장 복잡했던 소비에트 중앙아시아Soviet Central Asia에서 분리된 신생 국가들도 선거를 치렀다. 1990년대에 잔혹한 발칸전쟁을 치르고 난 후, 구 유고슬라비아에 속했던 대부분의 지역에서 자유로

---

* apartheid. 남아프리카공화국에서 시행되었던 인종분리 정책

운 경쟁 선거가 열렸고, 슬로베니아 등 여러 나라가 서유럽의 안정된 민주주의 수준에 도달해갔다. 종합해보면 전체적으로 혹은 부분적으로 민주적인 국가에 살고 있는 사람들의 숫자는 1970년대 중반까지만 하더라도 세계 인구 가운데 절반에 미치지 못했지만, 2000년대 초에는 세계 인구의 절반을 넘기게 되었다.3

사하라 사막 이남 아프리카는 1990년대부터 2000년대 초까지 세계에서 가장 큰 민주적 성취를 이룬 지역일 것이다. 때로는 아프리카의 지도자들마저도 그곳은 민주주의가 작동하기에는 너무 가난하며, 지나치게 민족적으로 분리되어 있고, 너무도 교육받지 못한 지역이라고 내뱉곤 했지만, 이런 주장은 뒤엎이는 듯했다. 말라위부터 아파르트헤이트를 폐기한 남아프리카공화국까지, 사하라 사막 이남 아프리카는 이른바 '거물'들을 내던지고, 선거를 치르며, 새로운 민주적 규범을 칭송했다. 여러 나라에서, 오래도록 집권해온 정당들이 선거에서 패배하였고, 기꺼이 권력을 이양하였다. 빌 클린턴 대통령을 포함한 서구의 지도자들은 우간다의 요웨리 무세베니나 에티오피아의 멜레스 제나위Meles Zenawi 같은 이들을 "새로운 세대"의 아프리카 지도자들이라며 추켜세웠다. 이들은 개혁을 하겠다고, 식민지 시대 이후 첫 번째 세대의 지도자들이 줄곧 무시해온 것들에 우선순위를 두겠다고 공언했다.4

깨끗하고 열린 케냐 정치를 만들어가겠다고 선언한 므와이 키바키Mwai Kibaki는, 2002년, 광란의 취임 연설과 함께 대니얼 아랍 모이의 뒤를 잇는 케냐의 새로운 시대를 힘차게 열어젖혔다. 취임 연설에서 새로운 대통령은 이렇게 선언했다. "이미 흘러간 시대는 영원히 지나갔습니다. 정부는 더 이상 개인들의 변덕에 놀아나지 않을 것입니다." 아프리카의 저널리스트 미켈라 롱Michela Wrong은 케냐의 한 운전사에게 돈을 약간 쥐어주려 했지만, 그 운전사는 이제 케냐에 새롭고 깨끗한 시대가

왔다며 그 돈을 받지 않았다고 한다.5 키바키는 모이의 독재와 부패를 신랄하게 비판해온 대표적인 지역 언론인인 존 기통고John Githongo를 반부패 운동의 수장으로 임명하기도 했다.

키바키와 마찬가지로, 비교적 깨끗한 명성을 지니고 있었던 올루세군 오바산조Olusegun Obasanjo는, 독재자인 사니 아바차Sani Abacha가 죽은 후 낙관주의의 물결을 타고 1999년 나이지리아의 대통령 자리에 올랐다. 오바산조는 스스로를 아바차 시대의 폭력과 약탈이 끝난 뒤 등장한 개혁자인 것처럼 선전했다. 그가 취임한 날은 "민주주의의 날"로 불렸고, 국경일로 선포되었다.6 몇 달이 지난 뒤 미국의 매들린 올브라이트 국무부 장관은 나이지리아에 대한 미국의 원조액을 더 높이겠다고 강조하며, 오바산조가 "체코슬로바키아의 '벨벳혁명'과 남아프리카의 자유를 향한 긴 여정"에 비할 수 있을 만한 영향력과 힘으로 민주적 혁명을 시작했다고 칭송하였다.7

불과 10년 전만 해도 민주화의 네 번째 물결은 불가능할 것처럼 보였다. 하지만 민주주의가 궁극적으로 모든 나라에 자리 잡을 것이라는 생각이 서구 지도자들 다수의 관념 속에 자리 잡게 되었다. 말라위나 모잠비크처럼 가난하고 분쟁으로 찢겨진 나라에서도 가시적인 민주주의 체제를 건설할 수 있는데, 왜 다른 나라에서는 안 되겠는가? 통신 기술의 급격한 확산, 냉전의 끝, 서구 민주주의 전파 체계의 탄생 등 국제적 요소들의 결정적 발전 또한 민주주의의 지구적 확산에 힘을 보태고 있는 것으로 보였다. 2000년대가 시작될 즘에는 민주주의가 본질적으로 승리할 것이라는 믿음이 서방 세계의 지도자들 사이에서 일종의 종교로 승화되고 있었다.

2000년대 초 벌어진 색깔혁명은 네 번째 민주화 물결의 화룡점정이었다. 서구 세계 지도자들은 민주적 승리감에 젖어들었다. (보는 이에 따라서는 2000년의 세르비아를 추가할 수 있겠지만) 2003년 조지아에서 일어난 장미혁명을 필두로, '색깔혁명'은 구소련과 구 동구권에서 시작된 대중적이고 평화로운 민주화 운동을 뜻하는 용어로 쓰이기 시작했다.

선도적인 지식인이며 작가인 파리드 자카리아Fareed Zakaria의 묘사에 따르면, 민주화의 네 번째 물결에 합류했던 나라 중 몇몇은 민주화가 정점에 이르렀을 때조차, "비자유주의적 민주주의" 상태에 있었다. 가령 캄보디아 같은 나라는 자카리아가 말하는 "헌법적 자유주의", 즉 다수가 민주주의를 이용하여 그들 마음대로 휘두르는 상황이라 하더라도 개인의 자율성과 존엄성이 보장받는 상태에 도달한 적이 없다.[8] 자카리아가 『자유의 미래The Future of Freedom』*에서 말한 바와 같이, 신생 민주주의 국가에서 민주적 제도를 확립하는 일에 큰 관심이 없는 지도자가 인기를 끌어 선거를 통해 당선되고 나면 소수의 권리, 종교적 자유, 경제적 권리 등이 묵살당하는 경우가 많다. "지난 수십 년간 수많은 개발도상국에서 민주주의는, 어떤 다수파가 때로는 조용히, 때로는 시끌벅적하게 권력의 분립을 허물어뜨리고, 인권을 무시하며, 관용과 공정성을 보장하는 오랜 전통을 타락시키며 변질되곤 했다. …… 민주화와 비자유주의의 성장은 직접적으로 연결되어 있다"고 그는 말했다.[9] 자카리아가 태어난 인도에서는 1990년 중반, 다수파인 힌두교도들의 지지를 받아 인기를 모은 인도인민당Bharatiya Janata Party** 정권이 구라자트 등에서 소수

* 파리드 자카리아 지음, 나상원 외 옮김, 민음사, 2004년
** 줄여서 'BJP'라고 표기하기도 한다. 1980년에 창설된 인도의 정당으로, 전통적 여당인 인도국민회의 (Indian National Congress)와 맞서는 야당 중 다수당에 속한다. 힌두 민족주의적 성향을 강하게 보이며 인종주의적 정책을 추진한다는 비판을 받는다.

민주주의는 어떻게 망가지는가

파인 이슬람교도들을 차별하고 학대했다. 이는 자유주의적 이념을 충실히 지켜온 인도의 후퇴라고 할 수 있다. 인도의 엘리트나 지도자들, 가령 자와할랄 네루 같은 이는 그들이 선거를 통해서는 당선되는 일이 불가능했던 독립 이전에도 평균적인 인도인들보다 훨씬 더 관용적이었던 탓에, 자유주의적 가치를 신조로 삼아왔기 때문이다. 인도네시아는 상대적으로 인종적·종교적으로 복잡한 나라임에도 불구하고 수하르토의 철권통치하에서 30여 년간 평화를 누려왔지만(물론 수하르토가 1960년 중반 권력을 쟁탈할 때에는 막대한 유혈 사태를 불러왔다), 1990년대 후반부터 시작된 민주적 변화는 이슬람교도와 기독교도, 자바섬 계열과 비 자바섬 계열, 그 외 인도네시아를 구성하는 수많은 집단 사이에 폭력적 갈등의 물결을 불러왔다.10 "장기적으로 현명한 결정"을 내릴 줄 알았던 싱가포르의 리콴유나 수하르토 같은 통치자와 달리, 민주적으로 선출된 통치자들은 발전을 희생시켜가며 얻을 수 있는 단기간의 이익에 초점을 맞춘 포퓰리즘 경제 정책에 쏠릴 수밖에 없었다.11

　　자카리아는 더 나아가 "비자유주의적 민주주의"에 대해, 그것이 민주주의로서 미흡하다기보다는, 신규 진입한 민주주의 국가들은 서구 민주주의 국가들이 수십 년에 걸쳐 발전시켜 온 것처럼 제도를 확립하고 정치적 문화를 성숙시킬 필요가 있다고 비판했다. 수많은 여타 민주화 전문가뿐 아니라, 심지어는 개발도상국 스스로도 이런 진단을 내리곤 한다. 대신 그는 민주주의의 과잉이 문제이며, 따라서 전제주의적 통치, 혹은 네루나 그 밖에 인도 건국의 아버지들처럼, 영국의 기숙학교를 나온 후 옥스퍼드나 케임브리지에 유학을 한 "최선의 사람들", 즉 엘리트에 의한 과두정치만이 유일한 해답이라고 주장한다. 자카리아는 인도네시아의 수하르토나 2000년대의 대부분 기간 동안 파키스탄을 지배했던 페르베즈 무샤라프 같은 이들을 높게 평가한다. 자카리아에 따르면 그들은 종교적·인종적 다양성에 대한 관용 정책에 있어서, 그 어떤 민간인 출신 정치인이 할 수 있거나 해냈으리라 추측되는 것보다 더 나은 역할을 했다.12 심지어 자카리아는, 비자유주의적 이슬람주의자들이 언제나 선거에서 다수를 차지하고 사람들의 자유를 억누르기 때문에 이슬람 신도들이 다수를 이루는 국가에서는 진정한 민주주의가 불가능하며, 따라서 무샤라프나 튀니지의 벤 알리Zine El-Abidine Ben Ali같이 '자유주의적인' 독재자 정도가 최선의 대안이라고 주장하는 것처럼 보이기도 한다. 그는 미국 역사의 초기, '제대로' 된 배경의 사람들이, '제대로' 된 대학을 나온 후, 국무부, 중앙정보국CIA, 백악관이 함께 미국을 통치해가던 그 시절의 정치를 그리워하기도 한다.

　가령 민주주의가 단순히 선거가 치러지는 상태만을 뜻하는 것은 아니라는 비판적인 관찰 같은 면에서, 비자유주의에 대한 자카리아의 논의 중 일부는 본질적으로 사리에 부합한다. 미국의 대외정책은 민주적 제도가 제대로 정착되지 않았다는 여러 증거가 드러나고 있을 때조차, 자유로운 선거가 실시되고 있는지 여부에만 상대적으로 너무 초점을 맞춰온 경향이 있다. 뒤에서 더 살펴보게 되겠지만, 러시아나 태국처럼 민주주의가 취약한 국가에서 인기를 등에 업고 선출된 '선거로 뽑힌 독재자'들은 언론, 종교, 결사의 자유나 법의 지배 등에 충실한 모습을 그다지 보여주지 않으며, 선거에 주된 초점을 맞추거나 선거를 만병통치약처럼 취급하는 민주주의 홍보 전략은 성공을 거두기 대단히 어렵다. 그리고 어떤 경우, 수하르토나 칠레의 아우구스토 피노체트Augusto Pinochet처럼 경제 개발에 주목하는 독재자들은 지속 가능한 성장의 단계에 이를 수 있을 만한 경제 개혁을 이루어내곤 한다.

　하지만 넓은 범위에 걸쳐 집중적으로 이루어진 여러 연구에 따르면, 독재와 경제 성장 사이에서 명확한 연결 고리를 찾아내는 것은 불가

민주주의는 어떻게 망가지는가

능하다. 또한 개발독재자들은 평생에 걸쳐서 집권하고자 하는 욕망을 바닥에 깔고 통치하는 경우가 대부분이기에, 대체로 민주주의로의 이행을 위한 준비를 거의 해놓지 않는다. 수하르토가 권좌에서 밀려났을 때, 그의 관심사는 자신과 가족들의 손아귀에 부와 권력을 집중시키는 것이었지, 정치적 분위기를 자유화하거나 독점 기업들이 좌지우지하는 인도네시아의 시장을 개방하는 것이 아니었다. 더 중요한 것은, 자카리아가 혐오하는 이 선출된 독재자들이 그들 혼자만의 힘으로 민주주의를 망치는 게 아니라는 점이다. 이후 살펴보게 되겠지만, 신생 민주주의 국가에 도달한 민주화의 네 번째 물결은 허술한 리더십, 나약한 제도, 현실에 안주해버린 중산층, 느린 경제 성장, 부패 따위의 복합적인 요소에 부딪쳐 힘을 잃고 말았다. 서구의 민주주의 홍보는 거창한 수사, 선거 및 절차에 큰 무게를 두고 있었다. 또한 실제로 기층基層에 지원금이 도달하는 일을 가볍게 여기고 있었을 뿐 아니라, 민주주의가 개발도상국의 중산층뿐 아니라 노동계급에게까지 매력적으로 보이도록 만들려면 어떻게 해야 하는가에 대한 이해도 부족했다. 그런 탓에, 네 번째 민주주의의 물결은 그러한 요소들로부터 큰 도움을 얻지 못하고 있었다.

자카리아가 신생 민주주의 국가에 대해 고민하는 것은 타당한 일이며, 이 책도 그러한 문제의식을 일부 공유하고 있다. 하지만 선거로 뽑힌 독재자들 가운데 다수가 자국의 민주주의를 후퇴시키는 경향이 있음에도, 거의 대부분의 선출된 독재자들은 이전 시대의 진정한 독재자들보다 더 억압적인 상태로 자국의 상황을 후퇴시키지는 않는다. 가령 태국의 경우, 탁신 친나왓 총리가 재임한 2001년부터 2006년 사이에 법의 지배는 후퇴했다. 탁신은 태국 언론을 주물렀고, 필요에 따라 사법 체계를 왜곡하였으며, 자신의 정책에 순응하지 않을 것으로 보이는 독립적인 관료들의 목을 졸라버렸다. 하지만 역사를 기억할 수 있는 사람이라면 그 누구도 탁신의 총리 재임 기간이 그 전 시대, 가령 1940년대 말의 독재자인 피분 송크람Phibun Songkhram 시대에 정적이 행방불명되거나 암살당하던 그 피비린내 나는 시절과 같다고 할 수는 없다. 혹은 정부의 비호를 받는 폭력배들이, 말하자면 태국의 하버드 대학교라 할 수 있는 탐마삿 대학교Thammasat University를 습격하여, 여학생들을 강간하고는 학생들에게 휘발유를 뿌리고 불에 태워 죽인 후 시체를 나무에 매달아 흔들리게 방치해두었던, 1970년대 중반 우파 정권 시절보다 나빠졌다고 할 수도 없을 것이다.13

사실 불완전한 민주주의라 하더라도, 네 번째 민주화의 물결에 올라탄 모든 나라들은, 설령 나중에 후회할지언정 민주화가 시작되기 전 진정한 독재를 겪던 시기보다는 모든 측면에서 더 자유로운 모습을 보여준다. 2000년대의 블라디미르 푸틴은, 사실 때로는 수많은 러시아인들의 동의하에, 러시아의 민주주의를 후퇴시키고 있다. 러시아의 프리덤 하우스 순위가 1990년대 옐친 시기에 비해 떨어지고 있는 것이다. 하지만 러시아가 구소련의 공포 정치로 회귀하여, 자카리아가 말하는 개인의 자유권이 어떤 보호도 받지 못하는 상황에 이를 가능성은 거의 없다.

자카리아의 비자유주의적 민주주의라는 개념은 다른 면에서도 본질적으로 혼란스럽다. 자카리아는 그의 책에서 엄밀한 의미에서 민주주의에 속하지 않는, 가령 카자흐스탄 같은 나라들의 사례를 제시하는데, 이런 나라는 프리덤 하우스나 그 외 국제 감시단체들의 입장에서 볼 때 민주주의가 아니라 단순한 독재 국가일 뿐이기 때문이다. 세상에 피노체트나 리콴유 같은 개발독재자가 한두 명 있다면, 모부투나 말라위의 헤이스팅스 반다처럼 자신에 대한 개인적 숭배를 개인의 자유와 불가분의 자유를 억압하기 위한 수단으로 활용한 사람은 열 명씩은 있다. 자카리아가 조사한 거의 모든 나라들의 경우, 문제는 민주주의가 너무

민주주의는 어떻게 망가지는가

미흡하기 때문에 생기는 것이지, 민주주의의 과잉으로 인한 게 아니다. 하버드 대학교의 사빌 라만Sabeel Rahman은 자카리아의 책을 분석하면서, "유심히 들여다본다면, 독자는 (비자유주의적 민주주의의) 희생양은 민주주의가 강화되는 것으로 혜택을 받게 될 것으로 예상되는 대중이 아니라, 특별한 이해관계자들의 집단임을 알 수 있다"고 평가했다. 그러한 이해관계자들은 민주주의가 힘을 받을수록 줄어들 수밖에 없다.14

한편 네 번째 민주화의 물결을 경험한 나라들이 독재화된다고 해서, 자카리아가 말한 독재의 긍정적인 요소들이 전개되어나가거나 하는 일은 벌어지지 않는다. 다수의 대중이 받아들이지 않기 때문에, 자애로운 독재자가 먼 미래를 바라보는 경제적 결정을 내린다거나 개방적인 사회를 만들고 경제적 자유를 개방하는 등의 일은 대중 민주주의와 마찬가지로 불가능한 것이다. 2006년 쿠데타를 벌인 태국의 군부 지도자들은 대신 어처구니없이 나쁜 경제 정책을 폈고, 투자자들은 패닉에 빠졌으며 태국 통화를 팔겠다는 주문이 쇄도하게 만들었다. 신임 총리가 1990년대의 민주적 개혁을 질식시켜버린 캄보디아의 경우, 정부는 작지만 지속 가능한 경제 성장을 추구하는 대신 고위 정부 관료들 및 그들 패거리의 배를 불리는, 일종의 마피아 국가로 캄보디아를 전락시켰다.15 미국외교협회가 네 번째 민주화의 물결에 대해 집중적으로 연구한 바에 따르면, 독재의 방향으로 회귀한다 해서 경제 성장에 도움이 된다는 증거는 없으며, 선거로 뽑힌 독재자였던 탁신을 몰아낸 태국의 장군들이나 무샤라프처럼 '계몽된' 독재자가 권력을 잡는다 해서 개인의 자유주의적 권리에 대한 보호가 신장된다고 말할 수 있는 근거도 없다.

이보다 앞서 진행된 민주화의 물결 속에서, 각 국가들은 다양한 방식으로 경제 개발을 도모했다. 세 번째 민주화의 물결에 동참한 나라들 가운데 다수, 특히 동아시아 국가들은 실제로 국가가 주도하는 경제 개발 전략을 추구했고 훗날 몇몇 경제학자들은 이를 일컬어 '동아시아 모델'이라 칭하기도 했다. 대만이나 대한민국 같은 나라들은 곧이어 생기 넘치는 민주주의를 이룩해냈다. 대만, 태국, 말레이시아, 대한민국, 그리고 예전의 일본 같은 나라들은, 국제 무역 체제에 동참하면서도 국제 경쟁력을 더 확보하기 전까지는 핵심 산업들을 보호하면서, 초등 교육에 많은 투자를 했으며, 시민의 주택 기금을 포함한 금융 제도를 마련하고 은행을 활용해 경제의 특정 영역을 지원하고 나섰다. 이 역동적인 경제 성장을 겪는 나라들 중 일부는 말레이시아(혹은 훗날의 중국)처럼 국제 자본 시장에서 스스로를 보호하기 위해 자국의 자본 통제력을 활용하기도 했다. 태국의 경우에는, 타일랜드은행Bank of Thailand 및 재무부의 일부 관료들이 이러한 경제 개발 계획을 총괄했다. 일본에서는 경제산업성Ministry of Economy, Trade, and Industry의 강력한 관료 조직이 이 역할을 맡았다. 수입 관세를 부과하고 핵심 산업에 대한 보호 정책을 펴는 것은 궁극적으로 태국의 수출 제조업 분야 성장의 절반가량을 유지시켜주고 있는데, 이는 한국에서 그러한 종류의 산업 보조와 보호를 통해 자동차 기업인 현대나 기술 기업인 삼성 등이 대를 이어 양육되고 있는 것과 마찬가지이다.

이와 같은 국가 주도적 방법론은 사실 북미와 서유럽의 첫 번째 민주주의 국가들이 경제를 개발시킬 당시 적용했던 방법과 실질적인 차이가 없다. 건국 후 얼마 되지 않았을 무렵, 예컨대 미국은 관세 및 기타 수입 규제를 동원하여 자국의 경쟁력 부족한 산업을 유럽 기업들과의 경쟁으로부터 지켜낸 바 있다.

두 번째, 세 번째 민주화의 물결을 탔던 다른 나라들은, 민주주의를 확고하게 만들고자 노력하는 가운데 경제를 발전시키기 위하여 다른 방안을 선택하였는데, 그 결과는 앞서 언급한 나라들의 경우보다 덜 성공적이었다. 인도는 독립을 얻은 후 폭넓은 관세 및 비관세장벽을 동원하여 대부분의 경제 분야에서 해외 투자를 막는 높은 수준의 보호 경제 정책을 실시하였는데, 이것은 실질적으로는 인도 국내 기업의 성장도 가로막는 요인이 되었다. 사회주의적 경제 개발 전략을 적용한 여타 많은 신생 독립국들의 성적표에는 높은 점수와 낮은 점수가 섞여 있다. 인도는 매년 3~4퍼센트가량 성장하였지만, 아프리카 국가들 중 다수는 1970년대와 1980년대 초까지 거의 성장하지 못했기 때문이다. 완전한 자유시장 정책을 편 나라는 극소수에 지나지 않으며, 자유시장주의의 옹호자들로부터 큰 환영을 받은 칠레 같은 경우에도 일정한 정도의 계획경제는 작동하고 있으며 특정한 경제 영역은 장벽으로 보호된다. 자유시장 옹호론자들에게 경제 자유화의 힘을 보여주는 사례로 줄곧 인용되곤 하는 곳이 있는데, 바로 홍콩이다. 헤리티지재단Heritage Foundation의 경제 자유 지수에서 세계에서 가장 '자유로운' 경제를 운용하는 곳으로 꼽히는 홍콩은 그러나 국가도 아니고 민주주의도 아니며, 홍콩의 풍요 중 적지 않은 부분은 실제로 정부에 의해 엄격하게 통제되고 있는 홍콩 지역 부동산 가격의 인플레이션에 기대고 있다는 점을 지적해야 할 것이다.

그러나 민주주의의 네 번째 물결 속에서, 서구의 지도자, 정책 결정자, 그리고 세계은행 같은 기관 들은 일종의 탈냉전 히스테리에 빠져들고 말았다. 공산주의에 맞서 서구가 승리를 거두었다는 것은, 프랜시스 후쿠야마가 『역사의 종말』에서 내놓은 유명한 주장과 같이, 세계의 필연적 진화 방향이 시장경제와 결합한 자유주의적 민주주의임을 보여주고 있다는 것이다. 하지만 이 주장에서는, 앞서 민주주의의 물결을 경험한 나라들은 경제 성장을 위해 각기 다른 경제 모델을 채택했다거나, 1989년부터 1990년대 초까지 몰락한 정부들은 경제적 자유화가 아니라

(남아프리카공화국의 아파르트헤이트처럼) 국제적 압력을 크게 받았다거나, (고르바초프 통치하의 구소련처럼) 내부적 리더십의 동역학이 통제를 벗어나는 것처럼 다양한 이유로 무너졌다는 사실 등이 그리 중요하게 다루어지지 않았다. 경제적 변화는 정치적 변화와 연결되어 있는데, 자유시장 프로그램과 자유 정치 프로그램이 유일한 선택지로 주어져 있었다는, 이 미묘한 지점이 당시에는 무시당했다. 2000년, 당시에 후보자였던 조지 W. 부시는 대통령 선거운동 기간 중 "경제적 자유는 자유를 습관이 되게 합니다. 그리고 자유가 습관이 되면 민주주의를 기대하게 됩니다"라고 외쳤던 것이다.16 조지 W. 부시가 차지하고자 했던 자리를 가지고 있던 사람, 빌 클린턴 또한, 본질적으로 같은 내용을 여러 차례 반복해서 이야기했다. 미국이 나아가야 할 방향을 책 한 권 분량으로 제시한 『희망과 역사 사이에서Between Hope and History』를 보면, 클린턴은 이렇게 말하고 있다. "민주주의가 세계를 경제 활동에 안전한 곳으로 만들어주듯이, 경제 활동은 세계를 민주주의에 안전한 곳으로 만들어준다."17

1990년대에 이르자 세계은행, 국제통화기금, 서구권 국가들의 각 행정 부처, 대학 및 싱크탱크를 본거지로 하는 개발 전문가 군단이 나타나, 정치와 경제를 자유화할 수 있는 적절한 경로에 대한 조언을 살포할 준비를 완료했다. 이러한 다수의 전문가들이 주창하던 모델은 이른바 '워싱턴 컨센서스'로 알려져 있다.18 그 개념을 창안한 사람은 경제학자인 존 윌리엄슨John Williamson으로, 워싱턴 컨센서스는 본래 1980년대 말부터 1990년대까지 라틴아메리카 국가들이 겪었던, 재정 규율fiscal discipline, 조세 개혁, 환율 자유화, 민영화, 무역 자유화 및 여타 변화들을 포함하는 경제적 문제에 대처하는 것을 목표로 하는, 개별적이고 제한된 경제 정책의 모음을 의미하는 것이었다. 그러나 이 개념은 이내 다수의 개발 전문가와 세계 지도자들 사이에서 더 넓은 의미로 사용되기 시작했다. 국가의 역할을 줄임으로써 자유를 증진시키는 정치적 개혁과 함께, 시장을 개방하고, 금융 거래의 투명성을 증진시키며, 정부의 경제 개입을 줄이는 등, 라틴아메리카뿐만이 아니라 전 세계의 개발도상국을 대상으로 한 광범위한 개혁을 의미하게 된 것이다.19 워싱턴 컨센서스를 옹호하는 사람들은 그로 인해 발생할 결과에 대해 허풍을 치고 다니면서, 비판으로부터는 담을 쌓아버렸다. 그러한 정책 개혁이 개발도상국들에 전반적으로 적용된다면 전 세계의 빈곤율은 절반으로 떨어질 것이라던 1990년대 세계은행 관료들의 허풍이 그중 가장 유명한 사례일 것이다.20 그 10여 년간의 정책에 대한 내부 의견 하나를 참고해보자면, 세계은행은 "어떻게 제도의 효율성을 재고해야 할지(말하자면, 어떻게 경제를 성장시켜야 할지)" 몰랐고, 심지어 그들이 제안한 개혁안이 실제로는 경제 성장과 정치적 변화에 엇갈린 효과를 드러내고 있었음에도 불구하고, 워싱턴 컨센서스는 "지배적 견해로서, 다른 의견이 제시되는 것을 어렵게 만들었다"고 한다.21 세계은행의 전 수석 경제학자인 조지프 스티글리츠Joseph Stiglitz는 세계은행에 대해 또 다른 회고적 종합 분석을 내놓았는데, 그는 세계은행이 세계 각국에 개혁안을 제시하면서 개별 국가에 맞춰 정책을 다듬고 수정하려는 노력을 거의 기울이지 않았으며, 경제성장률이 높아지는 경우에도 그것이 실제로 빈곤을 구제하고 있는지 아니면 그저 불평등을 강화하고 있을 뿐인지에 대해 거의 신경을 쓰지 않았다고 지적했다. 스티글리츠의 결론에 따르면, 더욱 나쁜 것은, 워싱턴 컨센서스는 그들의 손이 닿은 거의 모든 나라에서 주목할 만한 경제 성장을 이끌어내는 데 실패했으며, 국가가 경제 개발 단계에서 수행해야 할 균형 잡힌 중요한 역할 또한 무시해버렸다는 것이다.

1990년대 후반과 2000년대 초반, 뚜렷한 대안 모델이 없었다는 것은 정치의 자유화와 시장의 자유화를 결부시켜서 옹호하던 이들에게 힘을 실어줄 뿐이었다. 냉전 시대와 비교해보면, 이 새로운 믿음에 큰 소리로 반대할 만한 힘을 가진 주체가 없었다. 1989년 천안문 광장 사태 이후 중국은 대외정책 면에서 더욱 온건한 접근법을 취했고, 1990년대의 대부분과 2000년대 초까지의 시간을 해외 투자 유치에 쏟았으며(이것은 다른 아시아 국가들이 선도적으로 개발한 국가주의 모델을 대거 차용한 것이었다), 동시에 워싱턴 컨센서스에 대한 대안을 공개적으로 제시하지는 않고 있었다. 소련이 몰락하면서 경제가 반 토막 나버린 러시아는 1990년대 중반을 거의 파산 상태로 보냈으니, 어떤 대안을 제시할 수 있을 만한 상황이 아니었다.

대체로 서방 세계에서 일어났던 지난 시대의 민주화와 비교해보자면, 민주화의 네 번째 물결에 동참한 나라들은 수적으로도 막대하고 다양했기 때문에, 수많은 국가의 지도자 및 원조 제공자들은 개발도상국에 적용될 수 있을 만한 어떤 단일한 모델을 개발해내라는 압력을 받을 수밖에 없었다. 베를린장벽이 무너지고 난 후, 구소련에 속했던 나라들 및 서구권의 지도자들은 모두, 구소련 지역에 근본적인 대책이 강구되지 않으면 그 국가들은 공산주의 계획경제의 잔여물을 털어낼 수 없을 것이며, 그에 따라 하이퍼인플레이션 및 대단히 비효율적인 경제 상황으로 빨려들어가고, 어쩌면 정치적 개혁과 서구 세계와의 연결마저 멈춰버리거나 심지어 후퇴해버릴지 모른다는 공포에 휩싸이게 되었다. 수많은 경제학자들과 국제 기금 관리자들은 그 나라들이 신속한 체제 변화를 꾀해야 한다고 믿게 되었다. 제프리 색스Jeffrey Sachs 같은 경제학자들의 인도를 받아, 폴란드 같은 나라에서 급격한 경제적 자유화가 진행되었던 것을 염두에 둔 국제통화기금과 세계은행의 관료들은 일종의 경제적 충격 요법을 추진했다.

민주주의는 어떻게 망가지는가

시장과 정치의 자유화를 강하게 밀어붙인 것은 세계은행만이 아니었다. 사하라 사막 이남 아프리카와 라틴아메리카의 국가들 중 다수는 1980년대에 이르러 큰 고통을 겪었는데, 당시에는 자본 도피가 횡행하였고 라틴아메리카와 아프리카 국가들은 종종 더 큰 빚의 수렁으로 빠져들었다. 1980년대 중 가장 나쁜 시절에는 사하라 사막 이남 아프리카 전체의 GDP가 실제로 줄어들었으며, 가장 좋은 시기를 봐도 아프리카 전체를 놓고 볼 때 고작 4퍼센트 성장했을 뿐이다. 수많은 라틴아메리카 국가에서도, 1980년대는 시작할 때보다 가난한 상태로 끝났다.22 2000년대 초에 이르러서는 대부분의 아프리카 및 라틴아메리카 지도자들은 이 저개발이라는 죽음의 나선과 세계 경제로부터의 고립을 멈추기 위한 대책을 어떤 것이든 가리지 않고 찾아 나서게 되었다. 많은 국가들이 사회주의 계획경제 및 식민지 시대 이후에 만들어진 수입 대체 전략을 택하여 실패를 맛봤지만, 몇몇 국가들은 동아시아 국가들이 채택했던 단계적 접근법의 가능성을 이해했다. 동아시아 국가들은 1960년대와 1970년대에 사용했던 국가 보조와 보호를 서서히 약화시켜나가고 있었던 것이다. (훗날, 앞으로 살펴보게 될 것처럼, 중국은 다시 세계의 주요 강대국이 되면서 자국의 경제 발전 모델을 강조하기 시작하며, 수많은 개발도상국들은 중국의 단계적 접근법을 모방하고자 하게 된다.) 1960년대와 1970년대의 낮은 성장률 및 경제적 정체 상황 속에서, 국제 무역 수지의 균형, 낮은 성장률, 높은 실업률 등의 문제에 직면한 많은 개발도상국들은 워싱턴 컨센서스가 그들의 경제에 도움이 될 뿐만 아니라 상황을 개선해줄 것이라고 생각하게 되었다.

개발도상국의 지도자들 가운데 가장 약삭빠른 이들은 준수한 경제성장률을 유지함으로써 신생 민주주의 국가에 안정을 불러올 수 있다는 것 또한 깨달았다. 경제 성장은 무엇보다 향후 부패의 영역을 확장시켜줌으로써, 독재자의 오랜 친구, 군부, 편안한 삶에 익숙해진 고위 공무원, 지역 토호 등 구체제의 구성원을 달래기 위한 방편이 될 수 있다. 또한 어쩌면 구체제의 내부자들 가운데 가장 고집 센 이들마저도 민주주의로의 이행을 지지하도록 달래는 역할을 할 수 있을 것이기 때문이다.

사하라 사막 이남에 위치한 나라들이 많이 그렇듯, 말라위는 워싱턴 컨센서스의 전폭적인 지원을 받았다. 경제학자인 스티븐 카Stephen Carr는 세계은행에서 오래도록 일한 후 은퇴하면서 말라위로 향해 지금은 블랜타이어의 외곽에 위치한 작은 산 위에 살고 있다. 그는 워싱턴 컨센서스가 정점에 이르렀던 시절 세계은행에서 일했고, 심지어 퇴직한 후에도 세계은행의 전문가들이 말라위에 영향력을 끼치는 광경을 목격해왔다. "경제학자들, 한 번도 말라위에 온 적이 없었던 경제학자들이, 이 나라가 어떻게 돌아가는지 아무것도 모르는 경제학자들이 와서 예측하고 프로젝트를 짜고 …… 뒷수습은 하지 않습니다만, 그들의 생각에 동의하지 않는 사람은 아무것도 할 수 없습니다." 그는 말했다. "정말이지, 다른 선택의 여지를 남기지 않는 것입니다."23

1990년대와 2000년대 초까지, 말라위는 연달아 위기에 직면했다. 세계적인 주요 작물인 차, 커피, 담배의 가격이 하락했고, 베트남 같은 새로운 생산지가 경쟁자로 떠올랐다. 1980년부터 2000년까지, 18개의 주요 생산품 가격이 4분의 1로 떨어졌다. 1990년대에는 아마도 세계 기후의 변화 추세로 인해 여러 차례 옥수수 대농장 지대에 가뭄이 들었는데, 그로 인해 기근이 발생했다. 많은 말라위인들은 시장에 내다 팔 수 있을 만한 옥수수나 그 외 작물은 고사하고, 은시마nsima 죽을 만들어 자신들의 배를 채울 수 있을 만큼의 옥수수도 확보하지 못했다. 온 나라의 길거리 상인들이 파는 감자튀김은 심지어 지금까지도 대부분의 말라위인들이 부담할 수 없는 사치품이다.

세계은행의 전문가들은 말라위가 농경 업무를 민영화해야 하며, 종자와 비료 비용에 대한 정부 보조금도 삭감해야 한다고 제안했다. 세계은행과 국제통화기금이 발끝으로 돌멩이를 차듯 던져놓은 정책 제안은 말라위의 정책적 구조조정을 불러왔고, 이는 1980년대 말부터 시작되어 말라위 전국에 걸친 민영화 및 거시경제적 자유화의 물결을 촉발시켰다. 일부 말라위 정부 관료들은 세계은행을 향해, 점잖게, 꺼지라고 말하고 싶어 했다. 그들이 볼 때는, 심지어 정부가 비축하고 있는 추가 생산된 옥수수와 종자를 염두에 두더라도, 한 차례의 가뭄이 닥치기만 하면 말라위인들은 더 비참한 지경으로 전락할 상황이었기 때문이다. 하지만 말라위는 한 해 예산 중 절반 이상을 해외 원조와 세계은행 및 서구의 원조 제공자들에게 의존하고 있었기에, 그들이 정부 정책에 미치는 영향은 막대했다. "(말라위 정부가) 원조자들에게 진정으로 맞설 수 있는 방법은 거의 없습니다." 스티븐 카가 말했다. 1990년대 말, 말라위 정부는 세계은행의 제안 중 다수를 받아들이기 시작했다. 정부에서 실제로 정책을 시행하기 시작하자, 사회적 안정성을 유지하기 위해서는 높은 경제성장률이 필요하다는 것을 깨달은 세계은행 직원들과 말라위 정치인들은 적극적으로 세계은행의 정책을 홍보하고 나섰다.

그리고, 2000년대에 들어, 재앙이 닥쳐왔다. 매 계절마다 이전보다 더 심한 가뭄이 들었다. 농지는 말라붙었고, 말라위는 인접한 국가들에서 식량을 수입하기 시작해야만 했다. 1998년에서 2004년까지 옥수수 생산량은 거의 절반가량 추락했고, 2005년 10월 말라위의 대통령은 기근을 '국가적 재난'으로 선포했다. 사람들은 이미 충분한 식량을 얻지 못하고 있었으며 영양실조가 온 나라에 퍼져나갔고, 2000년대 초부터 매년 굶주림으로 수백 명이 죽어나갔다. 하지만 정부는 이미 곡물 비축분을 팔아버린 지 오래였기에, 굶주리고 있는 농부들을 돕기 위해 할 수 있는 일이 거의 없었다. 말라위 정부는 점점 더 구호단체 및 다른 아프리카 나라들의 손길에 의존할 수밖에 없었다. 곡물을 쌓아두고 있었던 곡물 중개상들은 가격을 인상했고 농부들은 신음할 수밖에 없었다. 말라위의 경제는 2001년 5퍼센트가량 후퇴하였고, 2002년에는 다시 4.4퍼센트 후퇴했다.

결국 이 참혹한 기근으로 인해 말라위 정부는 전략을 재고할 수밖에 없게 되었다. 세계은행의 권고를 뿌리친 채, 정부는 말라위의 소농들 중 절반가량에게 시장 가격보다 싼 값에 비료와 종자를 구입할 수 있는 쿠폰을 나누어주는 프로그램을 시작하였다. 세계은행의 전문가들은 즉각적으로 말라위 정부의 전략에 반대 의사를 표명했고, 세계은행은 심지어 말라위가 계속 그러한 정책을 유지한다면 지원금을 끊겠다고 위협하기도 했다.24 하지만 말라위 정부는 그들의 전략을 밀어붙였고 궁극적으로 그것은 옳은 결단이었던 것으로 밝혀졌다. 보조금을 받아 지원된 비료와 씨앗은 말라위 농부들이 2000년대 말 풍작을 거둘 수 있도록 도움을 주었다. 농부들이 생산을 시작하자, 말라위 정부는 훗날의 비상사태에 대비하여 일정량의 옥수수를 정부에서 매입한 후 보관하도록 고안된 기금을 창설했다. 그럼으로써, 정부는 미래에 닥쳐올 수 있는 기근 상황에 텅 빈 곡물창고를 바라보게 되지 않을까 하는 공포에 대응할 수 있었다. 다른 아프리카 국가들, 심지어는 코스타리카 같은 일부 라틴아메리카 국가의 지도자들이 말라위의 방향 전환을 연구하기 위해 찾아오기 시작했다. 어떤 시점에 이르자 말라위 농부들의 생산성이 향상되면서, 지나치게 곡물을 많이 생산해낸 나머지 가격 하락이 초래되지는 않을지 일부 정부 관료들이 걱정할 지경이 되었다. 그리하여, 2000년대 말에 접어들어서는 세계은행의 내부 감시자들 또한 세계은행 및 기타 구호단체들의 요구를 받아들여 농업을 민영화하는 것은, 말라위 같은 아프리카의 국가에서는 실제로 경제를 해칠 수 있다는 결론을 내리기에 이른다. 세계은행과 기타 서구의 원조자들은 조심스럽게 말라위에 대한 보조금을 철회하기로 결정했다.25

그러나 세계은행이 계산기를 다시 두드릴 시점에, 원조자들이 사실은 사태를 악화시키고 있을 뿐이라는 말라위 전문가들의 수많은 경고를 무시한 채, 그들은 이미 10년이 넘도록 비효율적이고 위험한 정책을 말라위에서 추진하고 있었다.26 또한 새로운 보조 정책이 시행되는 동안, 즉 민영화 기간 동안, 기후의 추세가 바뀌고 커피, 차, 담배 잎을 재배해 판매하는 새로운 경쟁자들이 등장하면서, 말라위의 경제는 약해졌고 1960, 1970, 1980년대보다 더 높은 실업률을 기록하게 되었다. 경제는 멈춰 있고 굶주림은 늘어가는 동안, HIV/에이즈의 감염은 더욱 악화되었고, 새로운 경제 모델의 일부로 도입된 민주주의라는 것이 과연 비난받지 않을 수 있는 것인지, 수많은 말라위 사람들은 고민하기 시작했다.

4.

문제는 경제야, 바보야: 워싱턴 컨센서스의 실패

2000년대 초, 외부의 원조자들 및 말라위처럼 네 번째 민주주의의 물결에 합류한 국가들은, 급격한 경제적 자유화와 정치적 자유화가 연관되어 있음을 증명하는 데 실패했다. 민주주의에서의 대범한 개혁과 시장 자본주의로의 대범한 개혁은 손에 손을 잡고 함께 갔어야 했다. 또 정치적 자유와 경제적 자유는 표현의 자유 및 자유로운 선거뿐 아니라, 노동계급으로까지 낙수 효과를 불러올 수 있는 경제 성장을 더불어 가져왔어야 했다. 그러나 실제로는, 경제와 민주주의의 발전에 대한 상관관계를 찾기 어려웠고, 많은 이들이 그것을 주제로 삼아 연구했지만 똑 떨어지는 결론은 얻을 수 없었다. 하버드의 경제학자 대니 로드릭Dani Rodrik은 폭넓은 사례 연구들을 검토하여, 역사적으로 볼 때 민주주의는 경제성장률 기록 면에서 독재 정권을 앞서지도 못했고 그보다 못하지도 않았다는 결론을 내놓았다.1

로드릭의 발견은 대부분의 거시경제 연구에 의해 뒷받침되지만,

민주주의는 어떻게 망가지는가

미국 기업연구소의 케빈 하셋은 독재가 단기적으로는 우위를 보여준다는 사실을 발견하기도 했다.2 또 다른 최근의 심층 연구는 독재에서 민주주의로, 또 민주주의에서 독재로 전환한 나라들을 분석하고 있다. 그 연구에 따르면 독재 국가들의 한 해 평균 경제성장률은 4.37퍼센트인데 반해, 민주주의 국가들은 4.49퍼센트로, 실질적으로는 차이가 없는 수준이다.3

싱가포르의 리콴유나 칠레의 아우구스토 피노체트처럼 독재자가 지속적이고 현명한 경제 정책을 추구한다면, 독재 정권은 경제 성장 면에서 어느 정도 이점을 누릴 수 있다. 독재는 정치적 불안정성에 비교적 덜 노출되기 때문에, 정치적 과정에 발목 잡히지 않고 먼 미래를 내다보는 경제 정책을 추구할 수 있는 것이다. 그런데 이러한 정책은 선거를 통해 시험대에 오르지 않는 관계로, 더 많은 사람들에게 곤궁한 상황을 강요할 수도 있다. 사람들을 쫓아내고 대규모 기반 시설을 건설한 중국의 경우, 신규 기반 시설을 건설하려 할 때마다 상당한 정치적 협상을 치러야만 했던 민주화된 인도에 비해, 대중이 훨씬 더 큰 풍파를 겪을 수밖에 없었던 것이다.

그러나 민주주의에는 또 다른 이점이 존재한다. 민주주의는 독재에 비해 규칙을 토대로 한 경제 체제를 건설하게 해주기 때문에 투자자 및 현지의 기업가들은 불만을 좀 더 쉽게 표시할 수 있는데, 그러한 불만을 통해 경제적 불투명성은 낮아지고 외국 기업의 활동은 쉬워진다. 물론 피노체트의 칠레나, 혹은 오늘날의 중국 같은 몇몇 독재 국가는 해외 투자자들을 환영하며 상대적으로 외국 자본에 호의적인 환경을 조성하고 있지만, 전체적으로 볼 때 민주주의 국가들이 보다 규칙에 근거한, 투자하기 용이한 경제 환경을 제공하는 경향이 있다. 여러 연구 조사에 따르면, 민주적인 정부는 공공 교육에 더 많은 투자를 하고, 그에 따라 여성들이 다양한 폭의 직업을 선택할 수 있게 됨으로써 여성들의 잠재적 소득이 상승한다. 이는 해당 국가의 잠재적 노동력을 확장시킴으로써 인구 성장률을 낮추는 효과를 불러올 뿐만 아니라, 인구 성장률이 줄어들면서 여성의 교육 수준이 높아지는 덕택에 높은 출산율이 낮아지기도 한다. 그럼에도, 사실 로드릭이 발견한 바와 같이, 정부가 도입한 명백한 정책들과 경제적 성공 사이의 연관성을 짚어내는 일은 어려울 수도 있다.4

　　민주화의 세 번째와 네 번째 물결에 합류했던 나라들 중 일부는 정치 체제를 개방하면서 번영을 향해 나아갔지만, 대만, 한국, 칠레 같은 일부 국가의 경우에는 이미 독재 치하에서부터 성공을 거두고 있었으므로, 경제 성장이 계속된다고 해서 그것이 민주주의가 가져다주는 이점이라는 식으로 대중에게 홍보하는 것은 그리 큰 효과를 보지 못할 일이었다. 다른 종류의 신흥 민주주의 국가에게 1990년대는 만족할 만한 경제 성장을 거둔 시대였다. 종합해보자면 그 10여 년간 라틴아메리카 국가들의 경제성장률은 3퍼센트를 살짝 넘겼고, 아프리카의 경우에는 2.2퍼센트가량 성장한 것이다. 하지만 이 근소한 이득은 높은 출산율로 인해 점점 더 젊은 사람들이 구직 활동에 나서기 시작한다는 것을 생각해보면 더더욱, 1980년대에 겪어야 했던 막대한 손실을 채워넣기에 턱없이 부족하다. 또한, 아프리카와 아시아의 일부 지역에서는, 2000년대에 접어들었지만 진정될 기미가 보이지 않는 HIV/에이즈 위기의 소용돌이 속으로 점점 더 많은 정부와 개인의 예산이 소비되고 있기도 하다.5

　　1990년대 말의 금융 위기는 러시아, 아르헨티나, 동아시아의 젊은 민주주의 국가들이 그 전의 10여 년간 이룩해온 수많은 경제적 성취를 뒤엎어버렸다. 종합하자면, 워싱턴 컨센서스는 경제 성장에 대한 수많은 약속을 이행하는 데 실패했다고, 혹은 경제 성장을 통해 개발도상국의

민주주의는 어떻게 망가지는가

실업률을 가시적으로 줄이는 데 성공하지 못했다고 말할 수 있을 것이다. 실상을 들여다보면, 1900년대 말에서 2000년대 초 사이 개발도상국들의 경제성장률은, 갓 식민지에서 벗어나 수입 관세와 보호주의가 통용되던 1950년대와 1960년대에도 미치지 못했다. 1998년, 필리핀과 말레이시아와 마찬가지로, 러시아의 GDP는 줄어들었다. 아르헨티나의 GDP는 1999년과 2000년 감소하는 모습을 보였다. 1997년 5월 태국 통화에 대한 공격으로 아시아 금융 위기가 시작되었는데, 그 진원지인 태국의 경제는 바닥부터 뒤엎어졌다. 라틴아메리카와 사하라 사막 이남 아프리카는 2000년대 말부터 좀 더 나은 성장세를 보여주었지만, 그 경제 성장 중 많은 부분은 빛이 바랬다. 전염병 치료제, 특히 노동계급 남성과 여성에게 치명타를 가한 HIV 관리 약품의 가격이 치솟았고, 생활필수품의 가격이 폭등했기 때문이다. 그뿐 아니라 유럽, 미국, 그 외 부유한 국가들은 비관세장벽을 설치하고 네 번째 민주화의 물결에 속한 나라 중 더 가난한 국가들이 생산하는 1차 상품의 무역량을 줄여나갔다. 잠비아, 모잠비크, 말라위 같은 사하라 사막 이남 국가들 및 여타 나라들은, 그들이 얻어낸 경제적 이익이 사라져가는 모습을 지켜볼 수밖에 없었다.

2000년대 말, 또 다른 세계 경제 위기가 닥쳐왔을 때, 네 번째 민주화의 물결을 탔던 나라들 중 다수는 또 다시 고난을 겪을 수밖에 없었다. 왜냐하면 1990년대와 2000년대 초까지 진행된 민영화로 인해, 해당 국가들은 사회복지 프로그램이나 일자리 만들기 프로젝트 등을 통해 경제적 불황에 맞설 수 있을 만한 자원을 거의 마련하지 못한 상태였기 때문이었다. 중부 및 동부 유럽 국가들은 2003년에서 2007년 사이 4에서 5퍼센트 사이의 안정적인 경제 성장을 이루고 있었지만, 세계 경제 위기와 함께 반 토막이 나버렸다. 2009년 4/4분기, 라트비아의 경제 위기는 최고조에 달해 있었고, 경제는 전년 대비 10퍼센트가량 축소되었으며 실업률은 20퍼센트를 넘겼다. 이웃 국가인 에스토니아의 경우, 2009년 4/4분기만 놓고 보더라도, 경제가 전년 대비 9퍼센트가량 축소되었다. 서구 세계로의 수출에 크게 의존하고 있던 아시아 개발도상국 중 상당수도 비슷한 고통을 겪었다. 싱가포르의 경제는 2009년 1/4분기에 20퍼센트가량 위축되었으며, 세계 금융 위기가 시작되면서 말레이시아, 태국, 방글라데시, 캄보디아, 필리핀 또한 큰 충격을 받았다.

한편 네 번째 민주화의 물결을 겪은 나라들 중에서는 많은 경우, 튼튼한 법의 지배가 확립되어 있지 않았기 때문에, 급진적인 경제 구조 조정을 거치면서 구체제의 내부자들이 옛 국영 기업들을 주무르는 새로운 귀족으로 탈바꿈하는 결과를 낳기도 했다. 이것은 특히 구소련 지역에서 도드라졌던 현상으로, 그런 나라들에서는 급격한 경제적 자유화가 국영 자산을 벗겨 먹거나 의심스러운 형태의 민영화로 향하는 경우가 빈번하게 발생했다. 여론조사를 해보면, 러시아의 대중은 올리가르히들에 대해 극도로 부정적인 시각을 보여주는데, 이들은 소련이 무너지고 난 후 대체로 그 국영 기업들의 자산을 헐값에 인수하여 통제권을 획득한 기업인들이다. 설문조사기관 ROMIR에서 진행한 한 연구에 따르면, 소련 몰락 이후 민영화가 정점에 달했던 1990년대에 올리가르히들이 벌인 행태에 대해 긍정적인 시각을 가지고 있는 러시아인은 19퍼센트에 지나지 않는다.[6] 퓨 리서치에서 다수의 구소련 지역 및 동유럽 국가들을 상대로, 베를린장벽 붕괴 20주년을 기념하기 위해 수행한 설문조사를 모아보면, 좀 더 많은 이야기를 전달하는 슬픈 진술을 확인할 수 있다. "많은 나라에서, 국민 다수 혹은 상당수는, 공산주의 시절이 국민 대다수에게 더 나은 시절이었다고 기억하고 있다." 뉴 유럽 바로미터New Europe Barometer가 수행한 다른 연구는 대부분의 구 동구권 국가들에서 베를린장벽의 붕괴 이후 20여 년간 불만의 수위가 높아졌다는 것을 알아냈다. 그 이유는 대부분 해당 국가들이 경제적으로 뚜렷한 성과를 보여주지 못했기 때문인데, 그러한 경제적 불만은 많은 경우 정치 체제로서의 민주주의에도 악영향을 끼치게 마련이다.[7]

설령 민주주의가 도입된 이후에 경제 성장이 적당히 지속된다 하더라도, 보다 더 국제화된 세계 속에서 불평등이 늘어간다거나, 대부분의 국가에서 사회보장제도를 줄여나가고 있다거나, 질병, 도시화, 생활환경 악화, 이민, 그 밖에 근대화의 추세에 맞춰 도입되는 수많은 변화들로 인해, 노동계급에 속하는 이들의 삶은 어떤 면에서는 독재 정권 치하에서 살던 시대보다 종종 더 나빠지곤 한다. 종합하자면, 유엔의 인간개발프로그램Human Development Program은 2000년대 들어 거의 모든 개발도상국에서 소득 불평등이 심화되었다고 증언하고 있는 것이다. 그렇기에 국민들이 삶의 질이 떨어지고 있다는, 혹은 적어도 점점 더 불평등해져가는 나라에서 삶의 질 향상이 경제 성장의 속도를 따라오지 못한다는 인식을 하게 되는 것은, 실제로 해당 국가의 경제가 성장하느냐 혹은 후퇴하느냐 하는 사실적 문제보다 더 큰 관건이 되곤 한다. "풍요를 가져다주지 못하는 경제 성장, 그 치명적인 역설이 아프리카의 신흥 민주주의 국가들에 악영향을 미치고 있다"고 존스 홉킨스 대학의 피터 루이스Peter Lewis는 말한다. 아프리카, 라틴아메리카, 그리고 중앙아시아 일부 지역에서 정부 주도로 이루어진 거시경제적 개혁은 경제의 토대를 탄탄하게 만들어주었고 높은 경제성장률을 불러왔다. 혁신적인 반 빈곤 프로그램으로 빈민층의 지갑을 채워주면서 거시경제적 안정화를 이룩해낸 브라질 같은 극히 드문 사례를 제외하고 나면, 개발도상국의 경제 성장은 평균적인 시민들의 삶에 그리 큰 의미가 되지 못하는 일이 되었고, 한편 정부는 1970년대와 1980년대에 굶주림과 주택 문제를 해결해주던 사회 복지 프로그램을 축소해나가기 시작했다.8 가나, 케냐, 나이지리아, 남아 프리카공화국, 탄자니아의 경우를 보면, 이 신흥 민주주의 국가들은 모두 1990년대에 우수한 경제 성적표를 보여주었지만, 소득 증가, 영아 사망률 감소, 주택 보급률 등 공적인 삶의 질을 평가할 만한 지표들은 제자리걸음을 하는 데 지나지 않았다고 루이스는 결론을 내리고 있다. 정치인들은 시민들이 "정치적 '선善'과 경제적 '선'을 따로 평가해주기를" 기대하지만, 루이스의 말에 따르면, 그리고 우리가 보아온 바가 그렇듯, 그런 일은 벌어지지 않는다. 개발도상국의 많은 시민들은, 높은 기대치를 품고 두 개의 '선'을 한데 모아놓고 평가하며, 만약 민주주의가 경제 성장과 더불어 공적인 삶의 질을 높여주지 않는다면, 민주주의의 가치가 과대평가되어 있다는 결론을 내릴 가능성이 높아지는 것이다.

중부 및 동부 유럽에서는 국민들의 기대감이 심대한 영향을 미쳤던 것으로 보인다. 유럽부흥개발은행이 2011년 해당 지역을 조사한 바에 따르면, 2000년대 후반과 2010년대 초반 유럽을 강타했던 경제 위기는 중부 및 동부 유럽에서 민주주의에 대한 지지의 후퇴를 불러왔다. 조사 결과 많은 가계 주체들이 시장과 민주주의를 결부시켜 생각하고 있었고, 삶의 질이 하락한 원인이 양쪽 모두에 있다고 비난했다. 그런데 유럽부흥개발은행이 밝혀낸 또 다른 점은, 이미 심각한 경제적 하락을 경험했기에 민주주의와 경제 발전의 관계에 대한 기대치를 이미 낮춰야만 했던 지역에 사는 사람들의 경우, 2000년대 후반과 2010년대 초반의 경기 침체에 대해 덜 실망하는 모습을 보여주었으며, 민주주의와 자유시장 체제의 강력한 지지자로 남아 있는 경향을 드러냈다는 것이다.9 달리 말하자면, 민주주의와 시장의 '선'을 직접적으로 결부시켜 생각하고 있지 않은 사람들은, 경제 상황이 여의치 않은 경우라 해도 민주주의를 비교적 덜 비난하는 경향을 보인다는 것이다.

말라위는 2000년대에 몇 년에 걸쳐, 적어도 연말 경제지표만을 놓고 보자면, 확실한 성장을 거두었다. 2005년 말라위의 경제는 4퍼센트 이상 성장했다. 그 2년 후에는 8퍼센트 이상 성장했다. 이런 지표를 놓고 보면 분명 말라위는 경제적으로 아프리카에서 가장 실적이 좋은 나라 중 하나가 되어가는 것 같았다.

하지만 말라위의 노동계급 가운데 이러한 경제 성장이 자신에게 확실한 혜택으로 돌아왔다고 생각할 사람은 거의 없을 것이다. 한 사람씩 붙잡고 이야기해보면, 말라위 사람들은 경제 성장 지표가 뭐라고 말하고 있건, 대부분 자신의 삶의 질이 하락하고 있다고 이야기한다. 말라위 사람들이 좋아하건 싫어하건, 말라위 정부는 이 세계화된 세계 속에서는 1960년대와 1970년대에 그랬던 것처럼 경제 문호를 걸어 닫고 일종의 사회적 복지 체제를 유지할 수가 없는데, 그 사실을 이해하는 사람은 소수에 지나지 않는다. 그 당시 말라위는 자국을 다른 신생 아프리카 독립국들과는 차별화하고자 했고, 아파르트헤이트를 유지하던 남아프리카공화국의 부조금을 받아 혜택을 보고 있었으며, 다른 나라들에 비해 훨씬 인구가 적었고, 당시 세계 시장에서 담배와 커피의 가격이 매우 높았던 덕을 톡톡히 보고 있었다. 오늘날 말라위의 노동계급은 경제적 자유화로 인해 옥수수, 차, 담배의 가격이 뚝 떨어지는 것을 목격했으며, 1990년대와 2000년대에는 정치적 자유화로 인해 농업 지역에서 도시로 자유롭게 이주하는 것이 가능해졌다. 그러한 인구 이동은 블랜타이어와 다른 도시의 인구 과밀을 낳았으며, 매일같이 몰려드는 불법 거주자들 탓에 모든 국토가 황폐화되고 있음은 물론이거니와, 배기가스 필터도 달지 않은 트럭들은 하늘을 새까맣게 물들이고 있다. 또한 말라위를 아프리카의 다른 지역과 연결해주는 새로운 화물트럭 도로는 말라위로부터 아프리카의 여러 지역으로 HIV를 확산시키는 주범이 되고 있다. 거의 모든 말라위 사람들은 에이즈 합병증으로 죽은 사람 한 명 정도를 개인적으로 알고 있다. HIV는 말라위 사람들의 부모와 형제를 죽이고 있는 것이다. 말라위 정부는 국민을 돌보는 국부였던 헤이스팅스 반다 시절에는 자국을 가부장적인 국가로 묘사하기도 했지만, HIV로 고통받는 사람들을 위해 해줄 수 있는 것이 거의 없다. 정부 요원으로 일할 당시, 사회적 발언을 내놓기로 유명했던 말라위 의사인 피터 카젬베Peter Kazembe는, "정부는 국민을 돌보기 위한 자원을 가지고 있지 않으며, 그것이 모든 문제의 근원"이라고 말했다. "우리는 (정치적으로) 더 열린 세상에 살고 있지만 그것이 모든 종류의 새로운, 현대적인 문제에 대처할 수 있다는 말은 아니다. …… 하지만 사람들은 과거(독재 정권 시절)보다 더 많이 말할 수 있기에, 세상에 문제가 더 많은 것처럼 보이게 된다."

1960년대와 1970년대까지는 정치적 불평등이 거의 없었던 나라가 오늘날은 훨씬 더 불평등한 곳이 되었다. 근본적으로 농경 사회인 데다가 외국의 소비재를 손에 넣는 것이 매우 어려웠던 과거와 달리 오늘날의 불평등은 훨씬 더 눈에 잘 띄게 마련이다. 외제 차, 휴대전화, 컴퓨터, 기타 남아프리카공화국에서 수입되어 온 물건들이 진열된 모습을, 1960년대나 1970년대와 달리 이제는 평범한 말라위 사람들도 구경할 수 있지만, 그것을 살 수 있는 사람들은 극소수에 지나지 않는다. 블랜타이어의 중심가에 위치한 가게에 컴퓨터와 전자제품들이 진열되어 있고, 그 바깥에는 넝마를 걸친 어린 소년들이 창문을 통해 훔쳐보고 있는 가운데, 아주 극소수의 부유한 인도인 혹은 말라위 사람들은 닳아빠진 키보드, 무선 마우스, 마더보드 등을 유심히 살펴보곤 하는 것이다. 시내를 가로질러 가면 블랜타이어의 고급 레스토랑 그린스Greens가 나오는데, 이곳은 도시 위의 언덕에 위치한 샘물과도 같은 곳이다. 이곳에서는 뚱뚱한 사업가들 및 지역 관리들이 너무 꽉 끼는 바지 위로 흘러내리는 뱃살을 부여잡은 채, 기름이 뚝뚝 떨어지는 양고기나 닭고기 꼬치 혹은 다른 고기구이를 씹으며 남아프리카공화국산 와인을 들이켜댄다. 저녁이 되어 랜드로버를 몰고 찾아온 운전기사가 남아프리카공화국 사람들이 운영하는 프로테아 리알스Protea Ryalls 호텔로 모시고 가면, 길게 이어진 바 혹은 실외 테라스에 놓인 쿠션에 몸을 기댄 채 스카치위스키를 홀짝일지도 모르겠다. 그런 한편으로, 2000년대 초반 출산율이 폭등하면서 HIV 감염으로 인해 붕괴하는 가족들이 속출했던 탓에, 유엔은 거의 6만5천 여 명의 말라위 어린이들이 영양실조 상태에 빠져 있다고 추산하였는데, 이것은 말라위의 전체 어린이 중 10퍼센트가 넘는 숫자였다. 이 굶주린 어린이들은 리알스 호텔이나, 시내 중심가의 끄트머리에 위치하고 있는 남아공 사람들 소유의 숍라이트Shop Rite 슈퍼마켓 언저리에 몰려든다. 그리고 부유한 말라위 사람들의 아들딸들이 휴대전화 충전 카드나 남아프리카공화국에서 수입된 저지방 요거트 등을 쓸어 담는 모습을 지켜보게 된다. 독재 정권 시절까지만 해도 절대 허용되지 않았던 위성 TV 방송을 통해 남아프리카공화국의 TV 프로그램이나 나이지리아 영화를 보며, 광고를 통해 알게 된 그런 물건들이다. 슈퍼마켓의 바깥에서는 경비원들이 곤봉을 휘둘러가며 아이들을 쫓아내고 있다.

어쩌면 말라위 사람들은 독재 시대를, 정치적으로는 가혹했지만 적어도 안정과 삶의 질이 보장되었던 시대로 기억할지도 모르겠다. 제때 밥을 먹을 수 있었고, 농사지을 땅이 있었으며, 극빈자들에게는 정부에서 보조 물품이 지급되었으니 말이다. 물론 지난 시절 삶의 질이 좋았던 것은 어떤 면에서 그저 인구가 적었기 때문에, 그러므로 경작 가능한 땅이 더 많았기 때문일 수도 있다. 그런 것들은 말라위의 정부 형태와는 거의 관련이 없는 요소들일 테니 말이다. 이런 기억들 중 일부는 그저 과거를 좋게 기억하는 것에 지나지 않는다. 지난 독재 정권 시기로부터 멀어지면 멀어질수록, 많은 말라위 사람들은 그때가 얼마나 억압적이었는지 잊어갈 것이다. 그들은 대신, 전 세계 다른 모든 곳의 사람들이 과거를 낭만적으로 기억하는 것과 마찬가지로, 때로는 지나치게 동정적인 태도로 그저 단순했던 시절을 기억하고 있다. "어쩌면 그때가 더 억압적인 시절이었을 수 있지만, 적어도 (전 독재자인 헤이스팅스) 반다 시절 우리에게는 언제나 먹을 것이 있었고, 이 나라는 안전한 곳이었습니다." 한 말라위 관료는 이렇게 말했는데, 이러한 정서적 판단은 그와 마찬가지로 한때는 반독재 투쟁을 벌이는 활동가였던 그의 동료들 사이에도 공유되고 있다.

말라위는 열린 사회가 되면서 더욱 불공평해졌고 그리하여 자신들의 처지가 더욱 나빠졌다고 믿는 말라위의 최빈곤층 사이에서, 반다의 독재에 대한 입장은 크게 변화하였으며 그것은 수치로 드러나고 있다. 말라위가 여전히 반다의 지배하에 있던 1980년대, 80퍼센트 이상의 말라위 사람들은 자신들이 독재 치하에서 살고 있음에도 불구하고 독재를 거부했다. 2005년이 되면 그 숫자는 극적으로 감소하게 된다. 독재가 말라위를 통치하기 위한 최선의 이념이 될 수 없다고 거부 의사를 밝히는 사람들은 고작 절반가량에 머물고 있는 것이다.

왜 다시 독재주의적인 통치의 가능성을 고려하게 되었느냐고 말라위 사람들에게 물어보면, 그들 중 다수는 정부 관료들과 마찬가지로, 반다 시절에 나라가 더욱 안정적이었고 성공적인 경제 성장을 거두고 있었다고 대답한다. 실상은 꼭 그렇지만은 않다. 반다의 통치 기간 중, 1960년대 중반에는 말라위의 GDP가 13퍼센트 이상 곤두박질쳤고, 독립을 이룬 지 얼마 되지 않았던 시점에는 1980년대 초반과 중반의 상황과 비슷하게 매년 대략 1퍼센트가량의 성장률밖에 기록하지 못했다. 말라위가 독립한 후, 반다는 여타의 많은 신생 독립국의 지도자들과 마찬가지로, 말라위가 다양한 산업 분야에서 자급자족하는 것을 목적으로 하는 수입 대체 전략을 추구했다. 반다의 정책은 어느 정도 효과가 있었지만, 말라위가 자국의 산업을 무한정 보호하고 있을 수 없다는 것은 점점 명확해져갔고, 석유 및 기타 원료의 가격이 상승하면서 말라위의 경제는 약화되었다. 하지만 당시에는 인구가 훨씬 더 적었으며, 환경이 현재처럼 부적합하게 변하지도 않았던 탓에, 심지어 가장 가난한 말라위 사람이라 하더라도 대체로 가족을 먹여 살릴 수 있는 농토를 가지고 있었고, 계란을 얻기 위한 닭 몇 마리나 과일나무 몇 그루를 기를 수 있었다. 세계화가 덜 진행된 세계, 민영화를 부추기는 해외 원조 단체들이 없던 세상, 심지어 그 돈으로 릴롱궤Lilongwe에 완전히 새로운 수도를 지을 수도 있을 만큼 막대한 보조금이 남아프리카공화국에서 흘러들어오던 시절, 반다는 일자리 창출 프로그램이나 농작물의 가격 보조 등을 통해, 경기가 안 좋을 때를 대비할 만한 방패를 마련할 수 있었다.

사실이 어떻건 간에, 반다는 1960년대, 1970년대, 1980년대의 수많은 개발도상국 지도자들과 마찬가지로 자신의 통치의 정당성을 경제 성장과 결부시키지 않았는데, 이는 훗날 새로운 조류를 불러일으키며 1990년대 후반에서 2000년대 초 떠오른 말라위의 민주적 정치인들, 혹은 국가 예산에 돈을 대고 있던 해외 원조자들과는 사뭇 다른 행보였다. 여타 수많은 신생 독립국 지도자들처럼, 반다는 그의 후계자들과는 달리 대중의 지지를 이끌어내기 위해 오직 자신의 독립운동 경력만을 내세우기만 해도 충분했던 것이다. 반다는 자신을 중심으로 말라위의 다양한 문화적·부족적·지역적 차이를 하나로 묶는 새로운 국민 문화를 직조해냈다. 이러한 일종의 새로운 말라위식 국가주의는 가나의 콰메 은크루마부터 인도의 자와할랄 네루에 이르기까지, 독립운동 경력을 그들의 정치적 이념과 함께, 자기 정부의 정당성을 뒷받침하는 용도로 끌어들인 수많은 신생 독립국 지도자들에게서 반향을 얻었다. 가령 짐바브웨의 로버트 무가베 같은 몇몇 신생 독립국의 지도자들은 경제가 바닥으로 치닫고 있음에도 불구하고, 아직도 권력을 행사하고 있는 식민지 시대의 유산과 맞서 싸우는 것에서 권력의 정당성을 얻고자 했다.

1990년대와 2000년대, 민주적으로 권력을 얻은 반다의 후계자들은 독립운동 투사로서의 경력을 뽐낼 수 없었다. 게다가 1960년대와 달리 이데올로기적인 요소가 훨씬 덜 통용되는 시대가 되어버린 탓에, 자국을 새롭게 디자인하기 위한 거대한 정치적 이념으로 스스로를 포장할 수도 없었다. 그러므로 그들은 경제 성장과 그들이 추구하는 정치적 체계 사이에 긴밀한 연관이 있다고 거듭하여 강조할 수밖에 없었고, 그에 따라 그들이 갖는 권력의 정당성은 경제를 성장시킬 수 있는 능력과 더욱 밀접한 관련을 맺게 되었다. "말라위 사람들은 정치 체제의 변화가 삶의 질을 높여줄 것이라고 믿었지만, 그런 높은 기대치는 충족될 수 없는 것이었습니다." 오래도록 세계은행에서 일했고 현재 말라위에 살고 있는 경제학자인 스티븐 카가 말했다. 설령 현실적으로 민주주의의 시대가 적절한 경제 성장을 불러왔다 한들, 높아진 기대치에 도달할 수는 없었을 것이다. 그리하여, 말라위의 노동계급 중 많은 이들은 정치적 개방성이 과연 그들의 나라에 최선인지에 대해 의문을 표하기 시작했다. 민주화의 네 번째 물결을 겪은 다른 나라의 사람들 또한 이 같은 질문을 점점 더 많이 되풀이하기 시작했다.

2010년대 초, 말라위의 지도자들은 이러한 독재 시대의 향수에 편승하기 시작한 것처럼 보인다. 개혁을 표방하며 선거에서 당선된 무타리카 대통령은 점점 더 독재로 회귀하고 있으며, 때로는 경제를 위해 더

민주주의는 어떻게 망가지는가

많은 권력이 필요하다는 식으로 점점 더 독재화되어 가는 자신의 통치를 정당화하곤 한다. 2011년 7월, 말라위의 수도인 릴롱궤와 다른 도시에 기초적인 식료품과 연료의 가격이 상승한 것에 불만을 품은 시위대가 모여들었다. 무타리카는 수백 명을 체포하였는데, 이들 중 다수는 심각하게 구타를 당했으며 치안 병력에 의해 총격을 당한 사람도 있다고 알려져 있다. 정부는 방송국에 시위대에 대한 방송을 하지 말라는 금지 명령을 내렸고, 시위대를 해산시킨 무타리카는 시위가 발생한 도시들을 찾아가 이후의 어떤 도전자들에게도 "정부의 분노"를 맛보여줄 것이라고 공언했다. 수많은 말라위 사람들, 특히 도시 지역에 사는 사람들은 이러한 집회 탄압에 대해 항의했다. 하지만 무타리카는 어떤 이유에서인지 그가 더 많은 권력을 자신의 손에 넣고 있는 한, 그리고 많은 이들이 그의 권력 남용을 용납하는 한, 자신이 말라위의 경제를 제자리로 돌려놓을 수 있다고 믿고 있었던 듯하다. 결국 무타리카는 2012년 봄에 죽었지만, 그가 심어놓은 독재적인 분위기는 여전히 살아남았다. 무타리카의 지지자들은 무타리카의 죽음을 공개적으로 발표하기를 거부했는데, 왜냐하면 무타리카 충성파가 아닌 것으로 알려진 부통령이 대통령직을 승계하는 것을 방해하면서 그동안 쿠데타 혹은 다른 종류의 정치 개입이 벌어지도록 만들고 싶었기 때문이다.

경제가 제대로 탄력을 받지 못할 경우, 개발도상국에서 워싱턴 컨센서스를 밀어붙이는 것은 실제로는 민주주의의 발전을 저해하는 역효과를 불러오곤 한다. 성장의 실패는 노동계급에게 가장 큰 충격을 안겨주는데, 이들은 대체로 구 독재 체제하에서 그럭저럭 살아가고 있던 사람들이며, 국제 무역 및 경제적 자유화의 이점을 취할 수 있을 만한 기술, 교육, 자본을 보유하지 못한 사람들이기도 하다. 말라위와 마찬가지로, 노동계급에 속하는 이들 중 거의 대부분이 농업에 종사하는 경우도 종종 있다. 그럴 경우 이들은 개발도상국의 직물, 공산품, 기타 상품들이 국제 무역을 통해 쏟아져 들어오고, 선진국은 여전히 자국의 농부들을 보호하기 위해 관세와 보조금을 지급하고 있는 가운데, 아프리카, 베트남, 태국 등의 나라에서 수입되어 들어오는 더 저렴한 농산품을 막아내는 과정에서 가장 심각한 경제적 타격을 겪게 된다.

이러한 노동계급 구성원들은, 경제적 세계화와 국제 무역 기준의 변화, 혹은 개발도상국들의 낮은 성장률을 설명할 수 있는 더 많은 요소가 존재함에도 불구하고, 점점 더 경제적 실패를 민주주의와 결부시키기 시작했다. 물론 중산층과 엘리트들 또한 경제 성장의 둔화로 불행한 시절을 보낸 것이 사실이지만, 그들은 경제적 자유가 신장되고 무역이 자유로워지는 데서 생기는 이점을 보다 쉽게 취할 수 있었으며, 개발도상국에서 발생하는 경제적 이득이 무엇이건 손쉽게 손에 넣을 수 있는 편이었다. 지난 10여 년간 그들이 민주주의에서 등을 돌리게 된 이유는 다른 것이다.

그러나 노동계급의 입장에서 보자면 경제 성장의 실패, 혹은 적어도 말라위가 사람들에게 심어준 기대치를 충족시키지 못했다는 것은, 치명적인 문제였다. 예컨대 라틴아메리카의 경우, 라티노바로메트로 설문조사 결과에 따르면, 2000년대 초 남아메리카 지역 전체를 놓고 볼 때 민주주의에 대한 지지율은 1인당 GDP의 성장률과 거의 같은 궤적을 그렸다. 남아메리카 전체의 경제가 성장하면 민주주의에 대한 지지율이 올라갔고, 경제가 침체되면 민주주의에 대한 지지도 같은 경향을 보였는데, 특히 저소득층 남성 및 여성들 사이에서 그런 현상이 발견되었다.10 우크라이나는 이러한 노동계급의 소외가 가장 가시적으로 드러나는 나라 중 하나로, 이 나라의 경제는 2009년 15퍼센트가량 크게 주저앉았는데, 그것은 2004년과 2005년의 오렌지혁명을 이끈 영웅 빅토르

민주주의는 어떻게 망가지는가

유셴코Viktor Yushchenko의 형편없는 리더십과 2008년의 국제 금융 위기의 여파가 맞물린 결과였다. 2010년 유셴코의 임기가 끝날 무렵, 여론조사에 따르면 그는 전 세계에서 가장 인기 없는 지도자 중 한 사람으로 꼽혔는데, 그것은 우크라이나 사람들이 그와 민주화된 우크라이나가 경제성장률을 형편없이 지켜내지 못했다는 것에 대해 엄청난 실망을 한 결과였다.11 키예프에 사는 도시 거주 중산층은 미적지근한 경제성장률에도 불구하고 여전히 대체로 유셴코와 오렌지혁명의 지도자들을 지지한다. 그들은 여전히 경제적으로는 비교적 괜찮은 상태인 것이다. 그러나 저소득층 사이에서 유셴코는 완전히 버림받은 사람일 뿐이다. 2010년 우크라이나는 빅토르 야누코비치를 새로운 대통령으로 선출하였고, 야누코비치는 우크라이나의 자유를 많은 부분 원점으로 돌려놓았다. 야누코비치는 블라디미르 푸틴을 모델로 삼고 있었고, 푸틴은 높은 경제성장률을 이끌어내는 동안 러시아의 정치적·사회적 자유를 조금씩 토막 내었다. 그래서 많은 우크라이나 사람들에게는 야누코비치에게 한 표를 던지는 것이 성장률을 유지하기 위한 더 나은 선택처럼 받아들여진 것이다. 선거운동 기간 동안 야누코비치는 자신이 우크라이나에 안정과 지속적인 성장을, 본인 이전의 더 민주적인 정부에서는 제공하지 못했던 종류의 경제 성장을 불러오겠다고 약속했다. 그는 자신의 정치적 의도를 제대로 감추지도 않았다. 크렘린은 야누코비치의 선거운동에 조언을 해주었다. 만약 야누코비치가 당선된다면 우크라이나는 러시아와의 거리를 한 걸음 더 좁혀나갈 것이고, 동시에 정치적 자유 또한 제한될 수 있다는 것을, 많은 우크라이나 사람들은 이해하고 있었다. 이것은 야누코비치를 행정부 수반으로 선출하는 것에 대한 대가였고, 많은 우크라이나 사람들은 이것을 더 높은 경제성장률을 이루기 위해 받아들여야 할 거래로 여겼다. 실제로 야누코비치가 당선되고 난 후, 그는 좀 더 우호적인 조건으로 러시아와 에너지 수입에 대해 협상할 수 있게 되었다.

바로미터 시리즈에서 다루는 설문조사의 범위와, 해당 개발도상국의 지역 여론조사 기관의 결과와 더불어, 퓨 리서치의 정기적 설문조사 및 미국외교협회의 연구를 함께 분석해봤을 때, 거의 모든 개발도상국을 대상으로 한 연구 조사에서 2000년대 말에 이르러 민주주의에 대한 만족도가 떨어졌다는 것을, 본 저자는 확인할 수 있었다. 심지어 시민들이 민주주의를 다른 정치적 선택보다 여전히 선호하는 경우에도 그러했다. 이러한 연구 결과는 주요 연구 대상국에서 설문조사에 응한 사람들 중 대다수가, 특히 저소득 가계를 구성하고 있는 사람들이, 민주주의로의 이행을 통해 자신들의 삶이 나아지지 않았다고 생각하고 있음을 보여주고 있다.

해외의 원조자들이 대체로 가장 큰 영향력을 행사하게 마련인 아프리카의 경우를 보면, 정치적 자유화와 경제 성장이 결부된 이후 가장 강력하게 민주화를 추진한 바 있지만, 민주주의가 약속된 물질적 풍요를 가져다주지 못했다는 인식이 퍼져나가면서 민주주의에 대한 만족도가 떨어지고 말았다. 2000년에서 2006년 사이에 아프리카 국가들을 상대로 수행된 폭넓은 연구에 따르면, 민주주의에 만족하는 사람들의 비율은 전체 인구의 58퍼센트에서 46퍼센트로 내려앉았다. 비슷한 기간 동안, 자국의 경제 상황이 그럭저럭 괜찮거나 매우 좋다고 응답하는 사람들의 숫자는 오직 28퍼센트에 지나지 않는 것으로 나타났다.12 이 모든 것을 종합해 가장 최근의 자료라 할 수 있는 2009년의 아프로바로미터 설문조사 자료를 분석해보면, 민주주의에 대한 만족도는 '현재의 생활 수준'과 음의 상관관계를 보여주고 있다고 본 저자는 분석한다. 이러한 설문조사를 살펴보면, 자신의 생활 조건이 "매우 나빠졌다"고 생각하는 사람들은 대체로 자국이 민주주의를 제대로 이루어내지 못하고 있다고 응답하는 경향이 있으며 그에 대해 불만을 표하지만, 자신의 생활 조건이 "매우 좋다"고 답하는 사람들은 마찬가지로 민주주의에 대해서도 다른 어떤 인구집단과 비교해보더라도 "매우 만족스럽다"고 대답하는 경향이 있는 것으로 드러난다.13 앞으로 우리가 살펴보게 될 것처럼, 이러한 불만족은 우크라이나의 경우와 마찬가지로, 많은 개발도상국에서 더 나은, 더 평등한 경제 성장을 불러올 수 있다고 약속하는 독재적인 지도자들에게 더 많은 기회의 문을 열어주게 된다.

5.

중산층의 반란

1990년대 말과 2000년대 초, 경제적 성장을 동반하지 못하는 민주주의에 대해 노동계급의 구성원들은 신물을 내기 시작했다. 하지만 수많은 개발도상국의 중산층 역시 민주주의에 등을 돌리기 시작했다. 워싱턴 컨센서스의 처방은 많은 면에서 헌팅턴과 립셋 같은 전문가들의 근대화 이론 위에 기반하고 있었다. 경제적 자유화를 정치적 자유화와 연결 짓는 것이라든가, 경제적 개방이 정치적 변화를 추진해나갈 중산층을 형성할 것이라든가 하는 내용 면에서 그렇다. 그러나 지난 10년간, 수많은 개발도상국의 중산층은 이러한 예측을 뒤엎어버렸고, 경제 성장과 정치적 변화의 연결 고리 역시, 민주화로의 이행에 오히려 부정적인 영향을 끼쳤을 따름이다.

헌팅턴과 립셋의 근대화 이론이 예측한 바와 대조적으로, 중산층이 너무도 명백하게 반기를 들고 일어나 재앙에 가까운 결과를 초래한 사례를 꼽자면 필리핀만 한 곳이 없을 것이다. 동아시아에 있는 비교

민주주의는 어떻게 망가지는가

적 단정한 도시에서 온 여행자라면, 마닐라에 떨어지자마자 영화 〈블레이드 러너〉와 브로드웨이 뮤지컬을 뒤섞어놓은 어딘가로 내려가는 듯한 느낌을 받을 것이다. 울퉁불퉁한 길이 도시로 향하는 가운데, 버려진 금속으로 만들어진 삐뚤삐뚤한 선이 수없이 그어져 있어 마치 현대미술 조각 작품인 양 혼동될 지경이다. 강렬한 원색으로 예수의 모습을 그려넣어 장식한 개조된 지프차인 '지프니Jeepney'는, 유료 승객을 가득 태우고 오염된 끈적한 공기를 가르며 서로 부대낀다. 지프니들은 산처럼 쌓인 쓰레기 더미를 지나, 양철 조각이나 화물 운송용 상자를 뜯어낸 듯한 작은 나무토막으로 허둥지둥 세운 것 같은 집이 가득한 판자촌을 휘젓고 다닌다. 때로 이러한 슬럼의 한복판에 중무장된 경비원들이 지키는 울타리 친 주거지가 마련되어 있고 그곳에는 마닐라의 엘리트들이 마치 로스앤젤레스나 휴스턴의 교외에 사는 양 기분을 내며 살기도 한다. 그들은 인근의 에어컨이 설치된 쇼핑몰로 향할 때마다 역겨운 기분을 참아내곤 한다.

인근 국가들은 경제적으로 폭풍처럼 질주하고 있지만, 필리핀은 최근 고작 3퍼센트 혹은 4퍼센트의 경제 성장을 이루었을 뿐이다. 이 정도로는 아시아에서 가장 높은 출생률을 자랑하는 나라 가운데 하나인 필리핀에서 모든 신규 노동자들에게 일자리를 제공할 수 없다.[1] 막대한 양의 수자원을 보유한 축복받은 나라인데도, 15퍼센트가량의 필리핀 사람들은 충분한 음식을 얻지 못하고 있다. 인근 지역의 거의 모든 나라들이 빈곤과 기근 해소에 큰 진전을 보여왔지만, 필리핀만은 성과를 내지 못했다.[2]

1986년, 독재자 페르디난드 마르코스를 쫓아내기 위해서, 그리고 더 나은 삶의 질을 보장하라고 요구하기 위해서 필리핀 사람들은 마닐라의 거리로 뛰쳐나왔다. 앞서 우리가 살펴보았던 바와 같이, 시위를 주도하는 것은 마닐라에 거주하는 도시 중산층이었지만, 그들은 자신들 뿐 아니라 그 외 지역 사람들의 삶의 질 또한 개선하라고 요구했다. 그 때 대부분의 필리핀 사람들은 오늘날의 실패를 예상하지 못했을 것이 다. 야권의 지도자였던 베니그노 아키노가 마르코스의 치안 병력에 의 해 암살되면서 피플파워 운동은 아키노의 부인에게 권력을 가져다주었 는데, 아키노는 "필리핀을 위해서라면 죽어도 좋다"를 자신의 신조로 삼 고 있었다.3 피플파워 운동 기간의 환호 속에서, 많은 필리핀 사람들, 특 히 전문직에 종사하거나 대학 교육을 받은 도시 거주 중산층은 마르코 스가 물러나기만 하면 자신들의 삶이 모든 면에서 나아질 것이라고 생 각했다. "당시의 낙관주의는 오늘날 상상하기 어려운 것입니다." 마닐라 에서 오랜 세월 활동한 언론인 로엘 랜딩긴Roel Landingin의 회상이다. "그 것은 단지 마르코스를 몰아내는 것뿐만이 아니었습니다. 이 나라에서 바뀔 수 없는 것처럼 보였던 것들이 바뀔 수 있다고, 우리는 정말로 믿 고 있었던 것입니다."4

마르코스가 쫓겨난 후, 그의 자리를 넘겨받은 코라손 아키노는 대 통령으로서 수차례의 쿠데타 위기를 넘겼고, 안정적인 경제 성장을 구 가하는 가운데 그의 후임자인 피델 라모스Fidel Ramos가 재임하는 동안 상대적으로 안정적인 국정 운영이 가능해졌다. 경제 성장은 대체로 중 산층 전문직과 소규모 자영업자들의 소득을 늘려주는 기능을 했다. 하 지만 라모스가 퇴임하고 15년쯤 지나자 경제는 극심한 정체 현상을 겪 게 되었다. 스페인의 식민지였던 탓에 라틴아메리카의 전통을 이어받 은 필리핀은 언제나 계층 구분이 확실한 사회였지만, 라모스가 퇴임하 고 난 후 불평등은 훨씬 더 심각한 수준에 이르러, 극소수의 엘리트 계 층이 이전보다 훨씬 큰 부를 긁어모으게 되었고, 빈곤층과 중산층은 모 두 훨씬 더 뒤로 밀려나게 된 것이었다. 집 없이 떠도는 사람들의 숫자와 강력 범죄의 발생 건수가 모두 급격히 치솟았으며, 마닐라는 그렇게 아시아에서 가장 위험한 도시 중 하나가 되었다. 경찰의 부패와 무능은 그 상황을 한층 더 악화시켰다.5 무장한 경비원을 부리며 전기 울타리를 둘러친 높은 담장을 쌓은 폐쇄형 주거지gated community에 사는 비용을 감당할 수 있을 만큼 부유하지 않은 중산층 사업가들에게, 이렇듯 폭증한 범죄의 여파는 더욱 심각하게 다가왔다. 정치인들은 줄줄이 부패 스캔들에 연루되어 들어갔고, 아시아재단Asia Foundation이 매년 수행하는 설문조사에 따르면 필리핀의 사업자들 가운데 정직하게 세금을 낸다고 응답한 사람은 20퍼센트에도 채 미치지 못한다.6 필리핀 하원 의회 의장은 마치 구세군 모금을 하는 것처럼 국민들에게 국가 예산을 위해 기부하라고 홍보해야 할 의무를 지게 된다. 필리핀 옴부즈맨부*에서 매년 발행하는 보고서에 따르면, 지난 20여 년간 필리핀에서 뇌물로 낭비된 금액은 480억 달러에 달한다. 정부와의 계약을 원하는 기업들이 현금이 꽉 찬 봉투를 들고 의원들을 찾아 필리핀의 의회로 쇄도하는 것이다. 이러한 분위기 속에서 투표 매수는 정당화된 것이나 다름없다. 2007년 선거를 앞두고 진행된 설문조사에서, 유권자 중 거의 70퍼센트는 선거 내 매표 행위가 있을 것으로 전망하였으며, 개표 과정에서 부정행위가 개입할 것이라고 예측한 사람들도 절반이 넘었다.7

아키노의 아들 베니그노 아키노의 2010년 대통령 선거 당선은 부패를 일소하겠다는 공약에 어느 정도 힘입은 바 있었지만, 이토록 얽히고설킨 관행을 없애기 위해 취임 후 그가 할 수 있는 일은 그리 많지 않

---

* Ombudsman of the Philippines. 정부의 부정부패 행위를 감시하고 기소할 권리를 지니는 필리핀의 정부 기구. 한국의 감사원과 유사한 역할을 수행한다. 홈페이지는 http://www.ombudsman.gov.ph/

왔다. 베니그노 정부는 다수의 고위 관계자들을 부패 혐의로 재판정에 세웠고, 대통령 본인이 뇌물에 대하여 많은 연설을 하기도 했지만, 주거니 받거니 하는 관행은 정계에 여전히 남아 있었다. 취임 후 고작 한 해가 지났을 무렵에 아키노의 지지율은 떨어졌고, 그 이유는 부분적으로는 반부패 투쟁의 실패 때문이었다. 필리핀에서 가장 큰 기업 집단 가운데 하나를 이끄는, 좋은 정치를 위해 헌신해온 기업가 또한 이렇게 시인할 수밖에 없었다. "(아키노) 정부는 부패와의 투쟁에서 실패했다."[8]

필리핀의 이웃 국가이며, 오랜 세월 동안 본질적으로는 일당 독재 국가였던 싱가포르의 지도자들은, 모든 가로수가 마치 일류 정원사가 가꾸어놓은 듯 다듬어져 있으며 공항에서 중심 상업 지구까지 순식간에 달려갈 수 있는 번쩍거리는 첨단 기술 도시를 자랑하면서, 그것을 혼란스럽고 성장이 정체되어 있는 마닐라와 공공연하게 비교하곤 했다. 두 도시의 차이는 겉보기보다 더 크다. 1965년에는 두 나라의 삶의 질이 상대적으로 동등한 수준이었지만, 오늘날 싱가포르의 1인당 GDP는 필리핀의 열 배가 넘는다.[9] 1992년 필리핀을 방문한 현대 싱가포르의 국부 리콴유는, 연설을 통해 자신을 초대해준 나라를 직접적으로 모욕했다. "민주주의가 필연적으로 경제 개발을 향한다고 본인은 믿지 않습니다. …… 민주주의의 과잉은 무질서와 방종의 상태로 향합니다." 리콴유는 칭찬 같지 않은 칭찬도 늘어놓았다. "필리핀은 아프가니스탄, 레바논, 스리랑카에 비교하면 훨씬 더 훌륭한 국가입니다." 이 세 나라들은 끔찍한 내전을 겪은 곳들이다.[10]

자신들이 힘겹게 싸워서 얻어낸 민주주의와, 종종 수위를 넘는 것처럼 보이는 언론 자유에 대한 자부심을 가지고 있는 필리핀의 중산층 중 상당수는, 한동안 리콴유가 던진 미끼를 대수롭지 않게 여겼다. 그러나 두 나라 사이의 골은 점점 더 깊어졌고, 2009년에는 전체 인구의

민주주의는 어떻게 망가지는가

10퍼센트 이상이 해외에 거주하며 보내오는 외화 송금으로 국가 경제가 유지될 만큼 점점 더 많은 필리핀 사람들이 보다 나은 일자리를 찾아 나라를 떠났다. 이제 필리핀 사람들은 더 이상 그런 비판을 가볍게 웃어넘길 수 없게 되었다.11 아시아 바로미터 프로젝트에서, 일차적으로 도시에 거주하는 중산층 남성과 여성들을 대상으로 인터뷰하여 진행한 설문조사에 따르면, 응답자 중 거의 절반에 가까운 사람들이 "필리핀은 힘 있는 소수에 의해 돌아가며 평범한 시민들은 딱히 할 수 있는 일이 없다"는 명제에 동의하고 있다. 대부분의 필리핀 사람들은 국가기관을 신뢰하지 않으며, 그것이 나아질 것이라는 희망도 거의 가지고 있지 않다고 그 조사 결과는 보여주고 있다.12 "해외로 나가본 경험이 있는 중산층 필리핀 사람들, 아시아의 다른 나라에서 무슨 일이 벌어지고 있는지 구경해본 사람들은, 필리핀으로 돌아와 현실을 보게 되는데, 이곳에는 희망이 없고 좌절뿐입니다." 랜딩긴은 이렇게 말했다. "우리는 민주주의를 너무 많이 누리고 있습니다." 전직 필리핀 외교관으로, 다른 고학력 필리핀 사람들과 함께 마르코스를 뒤엎기 위해 나섰던 호세 로메로 2세Romero, Jose, Jr. 또한 동의의 뜻으로 이렇게 말했다.

필리핀의 일부 중산층은 심지어, 독재자의 말년에 벌어졌던 폭압과 개인숭배는 잊어버린 채, 그의 집권 초반기에 있었던 경제 성장 및 사회 질서만을 기억하며, 독재자의 귀환을 바라는 듯한 모습까지 보여준다. 아시아 바로미터의 연구에 따르면, 필리핀의 대중은 상당히 높은 수준으로 마르코스 시대에 대한 '독재 향수'를 느끼고 있다.13 그 늙은 독재자는 여전히 건재하지만, 바깥 활동을 하지는 못한다. 방부 처리된 마르코스의 시신은 그의 고향인 일로코스 노르테Ilocos Norte에 위치한 가족 별장에, 마치 동남아시아의 레닌이라도 된 양, 냉장 처리된 관에 담긴 채 전시되어 있기 때문이다. 페르디난드 마르코스 본인은 더 이상 공직에 나설 수 없지만, 필리핀 사람들은 2010년 그의 아들인 페르디난드 마르코스 2세를 상원 의원으로 선출하였고, 그 딸인 아이미 마르코스 Imee Marcos를 일로코스 노르테의 주지사로 선출했다.14 페르디난드 2세는 아마 다음 선거에서 더 높은 자리를 노림으로써, 마르코스의 복권을 완성시키고자 할 것이다.15

필리핀의 젊은 민주주의가 경제 성장을 이루어내지 못하고 불평등, 부패, 낮은 수준의 행정 능력을 드러내는 것을 바라보며 필리핀의 중산층은 희망을 버렸다. 그런 모습을 보였다는 것이 또 다른 중요한 지점이다. 필리핀의 대통령제는 6년 단임제로, 1998년에 피델 라모스의 임기가 끝났을 때, 그 뒤를 이어 당선된 사람은 액션 히어로로 역할을 많이 맡으며 유명해진 전직 배우 출신 정치인 조지프 에스트라다Joseph Estrada 였다. 필리핀의 가난한 사람들은 에스트라다의 매력적인 흡인력, 그의 소탈하고 서민적인 태도, 그리고 그가 내걸었던 포퓰리즘적 공약에 이끌려 그를 지지했지만, 에스트라다는 생각이 깊은 사람이 아니었으며 재임 기간에 자신이 무능하고 부패했다는 사실을 곧 드러내고 말았다. 에스트라다 행정부는 피델 라모스 재임 기간 이루어진 수많은 경제적·제도적 개혁을 되돌려놓았고, 해외 투자자들은 다른 나라로 떠나버렸다. 또한 정부의 구성원들뿐 아니라 에스트라다 본인까지도 이내 비리 혐의에 연루되기 시작하였는데, 에스트라다는 조직범죄 단체의 두목들과 개인적인 친분 관계를 유지하고 있다고 알려져 있기도 했다. 2001년, 대통령에 당선된 지 3년째 되던 해, 필리핀의 부채는 1998년에 비해 두 배로 늘어났으며, 에스트라다는 대통령직을 수행하고 있는 상태임에도 불구하고 불법 도박 조직으로부터 뇌물을 수수한 혐의로 기소되었다. (에스트라다는 대통령 자리에서 물러난 후에 약탈 혐의로 기소되어 법정 최고형인 징역 40년을 선고받았지만, 6년간 복역한 후 고령과 지병을 이유로 사면받았다.)

　　필리핀의 도시 거주 중산층은 대부분 에스트라다를 찍지 않고 다른 후보를 지지하고 있었다. 에스트라다가 수많은 범죄에 연루되어 있었던 탓에, 중산층은 민주주의적인 방법을 고수하더라도 에스트라다를 몰아낼 수 있는 상황이었다. 실제로 필리핀의 입법부는 에스트라다에 대한 탄핵 절차에 들어갔다. 하지만 필리핀의 중산층은 참을성을 잃어버린 상태였다. 필리핀의 민주주의 탓에 무능하고 부패한 대통령이 탄생했다고 생각한 것이다. 그간 에스트라다가 유권자의 다수를 차지하는 가난한 대중의 지지를 어떤 식으로 유지했는가를 지켜본 필리핀의 중산층은, 이제 중산층이 오랜 기간 누려온 경제적·사회적·정치적 특권뿐 아니라, 법의 지배마저도 뭉개져버릴지 모른다는 근심에 사로잡혔다. 그가 영화에서 보여준 남성적인 이미지 그대로, 에스트라다는 도시의 거주민과 필리핀의 남부 무슬림이슬람교도 지역의 분리 운동 모두에 대해 점점 더 과격한 정책을 추진했다. 에스트라다는 가장 큰 무슬림 저항 집단 중 하나인 모로이슬람해방전선Moro Islamic Liberation Front에 대해 전면적인 공세를 펼쳤지만, 결국에 그것은 유혈 낭자한 무승부로 끝나고 말았다.

　　그리하여 2000년 말부터 2001년 초까지, 필리핀의 중산층은 마닐라의 거리로 쏟아져나와 에스트라다를 몰아내는 것을 목표로 대규모의 시위를 전개해나갔다. 이 시위대는 결국 마르코스 정권을 쫓아내는 데 성공한 1986년의 피플파워 운동을 여러 면에서 흉내 내고 있었다. 수많은 필리핀 사람들은 2001년의 시위를 '피플파워 투2'라고 불렀지만, 당시의 시위대는 거리에 뛰쳐나옴으로써 선거로 뽑힌 대통령을 쫓아내려 하고 있었다. 그러한 행동은 대통령의 심각한 헌정 위반 행위를 교정하기 위해 만들어진 필리핀의 입법부와 사법부 같은 민주적 기관을 궁극적으로 약화시키는 결과를 초래할 뿐이었다.

　　마닐라의 거리에 시위대가 불어나면서, 대부분이 대학 교육을 받은 중산층에 속하는 수십만의 필리핀 사람들도 시위에 참여하기 시작했다. 한때 오랜 세월에 걸쳐 마르코스의 무장 병력과 맞붙었던, 쿠데타에 직면한 코라손 아키노를 위해 일어섰던 사람들이, 이제는 군대에게 이 사태를 해결하기 위해 개입해달라고 요구하고 있었다. 그리하여 실제로 군부는 에스트라다에게 물밑으로 그에 대한 지지를 철회한다는 의사 표시를 명확히 했는데, 이것은 만약 그가 물러나지 않는다면 군대가 움직일 것임을 암시하며 하는 협박이었다. 훗날 군대의 결정을 알게 된 에스트라다의 지지자들은 이것을 일종의 조용한 쿠데타라고 불렀지만, 그 당시 대통령은 자신이 더 이상 권력을 유지할 수 없다는 것을 깨닫고 있었다. 에스트라다는 대통령직에서 물러나기로 합의했다. (당시만 해도) 중산층이 비교적 선호하던, 미국에서 훈련받은 경제학자이며 테크노크라트였던 글로리아 마카파갈 아로요는, 에스트라다를 지지하는 전국의 가난한 사람들이 그에 대응하여 움직이기 전에, 서둘러 취임 선서를 하고 대통령직을 넘겨받았다.

　　반 에스트라다 시위대는 대통령을 쫓아내는 데 성공했고, 그리하여 마닐라에는 짧은 환희의 불꽃이 타올랐다. 하지만 무능하고 부패한 대통령에 대한 필리핀 중산층의 분노, 혹은 또 다른 포퓰리스트 대통령에 의해 중산층의 권리와 특권을 빼앗길지 모른다는 공포심을 잠재우기에는 역부족이었다. 3년 후, 중산층은 다시 한 번 마닐라의 거리로 뛰쳐나와, 투표함이나 입법부의 정치적 균형, 탄핵 등의 민주적 제도가 아닌, '시위'를 통해 대통령을 쫓아내고자 했다. 아로요는 한때 경제에 정통한 테크노크라트처럼 여겨졌지만, 대단히 부패한 상태로 진행된 총선을 불법적으로 묵인하였을 뿐 아니라, 계엄령에 비견될 만한 법을 제정하고 시민사회 운동가들을 다수 체포하면서 자신에게 반대하는 이들을 짓밟아나갔는데, 그로 인해 도시 거주 중산층의 공분을 사고야 만 것이다. 아로요 치하에서 필리핀은 이라크의 뒤를 이어, 언론인에게 있어서 세계에서 두 번째로 위험한 나라가 되고 말았다. 몇 년 사이에 30여 명이 살해당했는데, 대략적인 정황을 놓고 볼 때 이러한 살인은 그 언론인들이 정부에 비판적인 보도를 했던 것과 관련이 있는 것처럼 보인다.16

에스트라다와 달리 영리하고 똑똑한 아로요는, 부분적으로는 군부의 지지를 잃지 않음으로써 살아남았지만, 그럼에도 불구하고 안전한 상황은 아니었다. 아로요 대통령의 사임을 얻어내기 위해, 혹은 심지어 쿠데타를 촉발시키기 위해, 필리핀의 중산층은 수년에 걸쳐 계속해서 거리로 뛰쳐나왔다. 심지어 필리핀 민주주의의 오랜 상징이라 할 수 있는 코라손 아키노마저, 아로요를 몰아내기 위한 시위대에 합류하여 대통령을 쫓아내기 위해 거리에 나섰다.

마닐라의 몇몇 지역에서는 이 시위대가 일종의 영구적인 텐트촌을 건설하고 시위를 계속했지만, 아로요는 임기를 다 채우고 물러났다. "마닐라 사람들은 그저 민주주의를 포기한 것이고, 그래서 그들은 선거로 뽑힌 지도자를 쫓아내기 위해 거리로 나서고 있습니다." 첫 번째 피플파워 운동을 취재하기도 했던 관록 있는 필리핀 저널리스트 랜딩긴의 말이다. "민주적인 시위처럼 보이지만, 실은 사냥인 셈입니다."17 그리고 우리는 앞으로, 필리핀뿐 아니라 다른 수많은 개발도상국의 경우에도, 중산층이 이와 유사한 방식으로 민주주의로부터 등을 돌리는 현상을 목격하게 될 것이다. 이것은 어쩌면 민주주의의 생존에 가해지는 가장 치명적인 타격일 수도 있다.

필리핀의 경우, 민주주의를 위한 투쟁에 앞장서던 도시 거주 중산층이 민주주의에 대한 투쟁에 돌입하기까지 15년이 걸렸다. 아시아, 라틴아메리카, 아프리카의 다른 개발도상국의 경우, 그러한 전환은 헌팅턴의 이론이 뒤집혀버리는 것과 마찬가지로 훨씬 더 빠르게 이루어졌다. 한때 정치적 전환을 주도했던, 어느 정도 규모가 있는 중산층이 지금은 민주주의의 안정을 가로막는 첫 번째 요소가 되어 있는 것처럼 보인다.18

만약 우리가 중산층을 민주적 전환을 이끌어내는 동력으로 더 이상 간주할 수 없다면, 우리는 민주화에 대해 통용되어온 기존 사고방식의 많은 부분을 다시 생각해봐야 한다. 중산층의 성격을 이와 같이 새롭게 파악한다면, 중국 같은 강력한 권위주의적 국가가 언젠가는 민주화될 것이라는 예측에도 의문을 던져야 할 것이며, 정책 결정자와 민주주의 운동가들은 그들이 진정 손잡을 수 있는 세력이 누구인지에 대해 질문해야만 하기 때문이다.

신흥 시장 국가들의 중산층은 여전히 급속도로 증가하고 있다. 세계은행의 추산에 따르면 1990년에서 2005년 사이, 아시아 국가들의 중산층은 양적으로 세 배가량 늘었고, 아프리카에서는 거의 두 배가 되었다. 골드만삭스Goldman Sachs에서 추산한 바에 따르면, 전 세계를 놓고 볼 때 신흥 시장 국가들에서는 매년 거의 7천만 명이 중산층이 되기에 충분한 소득을 올리는 구간, 즉 매년 6천에서 3만 달러 이상의 수입을 올리는 구간에 진입한다. 브라질과 그 외의 거대한 신흥 시장 국가들로 인해, 2030년이 되면 전 세계의 중산층은 오늘날에 비해 20억 명 더 늘어날 것이라고 골드만삭스는 추정하고 있다. 미국이나 일본 같은 부유한 민주주의 국가라면 연간 6천 달러의 소득은 빈곤선에 가까운 것이지만, 태국 같은 개발도상국에서는 그 정도 소득이면 한 가족이 중산층에 속할 수 있다. 또한, 가령 성인 인구의 50퍼센트 이상이 스스로를 중산층으로 분류하는 미국 같은 나라와는 달리, 대부분의 개발도상국에서는 중산층이 소수에 머물러 있다. 대부분의 경우 인구의 30퍼센트를 넘기지 못하는 것이다.19 이러한 국가에서 중산층이란 가장 큰 기업들을 실제로 조종하며 그 어떤 기준으로 놓고 보더라도 부유층에 속한다고 볼 수밖에 없는 생활을 즐기는, 인구의 1~2퍼센트를 차지하는 최상위층의 가장 부유한 엘리트들을 뜻하는 것이 아니다. 대신, 신흥 시장 국가에서 중산층이란 일반적으로 전문직의, 소규모 사업에 종사하는, 교육 수준이 높은 사람들을 뜻한다.

개발도상국의 중산층이 실제로는 인구 중 다수를 점하지 못한다는 사실은 대단히 큰 의미를 지닌다. 왜냐하면 민주화는 종종 중산층보다는 빈곤층에게 더 큰 권력을 쥐어주곤 하기 때문이다. 한편, 예일 대학교의 에이미 추아Amy Chua는, 정치적 변화가 부유한 인종적 소수자들에게 부메랑처럼 돌아와 해를 끼친다고 분석한 바 있는데,20 개발도상국의 중산층은 이러한 방식으로 민주화의 힘을 타고 성장한 이들에게 핍박을 당할 만큼 규모가 작지도 않다. 사업적으로는 성공했지만 인구는 소수인 집단, 가령 동남아시아의 화교나 서아프리카 지방의 레바논 사람들 같은 이들은, 그들이 사는 국가에서 민주화가 급속도로 진행됨에 따라 물리적 위험에 처하거나 학살을 당하기도 한다는 것이 추아의 주장이었다. 서아프리카 지방의 레바논 사람들이라든가, 오래도록 지배해온 독재자 수하르토가 몰락하고 난 후 인도네시아의 화교들이 겪었던 생명의 위협은 추아가 말하는 그러한 경향성의 사례가 될 수 있다. 하지만 그와 같은 대량 살인은 엘리트 소수자 집단을 대상으로 삼았을 뿐, 그보다 넓은 중산층을 향한 것이 아니었다. 여전히 수많은 개발도상국의 중산층은 자유보다는 성장에, 변화보다는 안정에 더 높은 가치를 부여하는데, 이런 점을 놓고 볼 때 그러한 개발도상국 중산층이 실제로 민주주의에 충실할 것이라고 믿을 이유는 그리 많지 않을 것이다.21

이론의 세계에서는, 대부분의 개발도상국에 거주하는 교육받은 중산층은 민주주의에 대한 강한 충성심을 보인다. 퓨 리서치 센터가 최근에 수행한 설문조사에서, 민주주의를 이론적으로 지지한다는 응답은 특히 전 세계의 중산층 사이에서 높게 나타났다.22 하지만 민주주의에 대한 이론적 선호는 현실에서 그리 큰 의미를 갖지 않는다.23 수많은 개발도상국에서 중산층 개혁주의자들은 민주적으로 선출된 지도자들의 첫 번째 세대를 경험하고는 큰 실망에 빠졌다. 가령 우크라이나의 빅토르 유셴코 같은 사람은 끔찍스러울 정도로 형편없는 경제 관리 능력을 과시하면서, 단지 노동자들뿐 아니라 경제적 안정을 절실히 원하는 중산층 사업가들까지도 자신에게 등을 돌리도록 만들었다. 그러나 낮은 경제 실적과는 별도로, 선거를 통해 선출된 첫 번째 세대의 지도자들은 실제로는 그다지 민주주의에 충실한 사람들이 아니었으며, 그들이 민주주의를 중요하게 생각하지 않는다는 것 때문에 도시에 거주하는 중산층의 마음은 돌아섰던 것이다. 오랜 세월에 걸쳐서 독재 정권과 싸워온 중산층은 단순하게도, 어쩌면 순진하게도, 독재와 맞서던 지도자들이 결국 권력을 얻게 되면 기존의 독재자들보다는 훨씬 더 포용적인 방식으로 정부를 운영할 것이라고 기대하고 있었던 것이다. 대만의 민주진보당Democratic Progressive Party은 장제스와 그의 아들 장징궈蔣經國가 이끌던 국민당 독재 시절부터 20여 년간 국민당의 권력에 도전해온 구 정치범들로 이루어져 있었다. 민주진보당은 또한 대만이 중국 본토로부터 완전히 분리되어야 하며 또 독립해야 한다고 주장하였는데, 왜냐하면 그들은 어떤 면에서, 진정한 분리 독립만이 대만의 완전한 민주적 자유를 보장하는 길이라고 생각했기 때문이었다. 민주진보당의 정치인 중 많은 이들이 노동조합, 환경운동 단체, 기타 진보적인 집단과 깊은 관계를 맺고 있었으며, 자신의 신념으로 인해 큰 고통을 겪은 경우도 많았다. 민

민주주의는 어떻게 망가지는가

주진보당의 지도자인 천수이볜陳水扁 스스로부터가 자신의 신념으로 인해 수감 생활을 했던 인물이다. 1985년 그의 아내는 트럭에 치인 후 하반신 마비 상태에 빠졌는데, 천수이볜과 그의 지지자들은 그것이 친정부 세력에 의한 공격이었다고 믿고 있다.

점점 더 개방되고 민주화되어가는 대만에서 천수이볜은 지방의회 의원부터 타이베이 시장까지 한 걸음씩 정치적 사다리를 타고 올라갔으며, 결국은 대통령이 되면서 반독재 활동가로 함께 고난의 시기를 겪어온 젊고 똑똑한 보좌관들을 데려갔다. 대부분이 미국의 아이비리그 대학에서 공부한 이 민주진보당 정치인들은, 만약 그들이 당선된다면 대만 역사상 가장 개방적인 시대를 열겠다고 약속하고 있었다. 대단히 애국주의적인 전통 문화가 지배하는 나라에서, 그들은 대만의 오랜 경제적 급성장이 낳은 불평등을 완화시키겠다고, 정부 내각에서 여성에게 특정한 숫자의 자리를 보장함으로써 대만 역사상 최초로 여성들을 정책 결정자 자리에 앉히겠다고, 그렇게 모든 이들에게 평등한 권리를 보장하겠노라고 약속하고 있었다. "민주진보당은 여성 문제에서, 노동 문제에서, 진보적이다. 물론 변화의 속도가 느릴 수는 있지만, 10년 전에 비하면 훨씬 나은 것이다." 민주진보당을 이끌어가는 사람 중 하나로, 최연소 대만 의회 의원 중 한 사람이기도 했던 샤오메이친蕭美琴은 2000년대 초 이렇게 말하고 있었다.

민주진보당은 결국 2000년 선거를 승리로 이끌었고, 야권 정치인, 활동가, 노동조합 지도자, 언론인들은 환호했다. 대만의 정치 체제는 이제 더 이상 독재 권력을 휘두르지 못하는 평범한 정당이 된 국민당과, 최초로 대통령 자리까지 얻어낸 민주진보당이 공존하는, 안정적인 양당제 구도로 변신한 것처럼 보였다. 많은 대만 사람들은, 정치적으로 추방된 사람들로 이루어져 있으며, 억압적인 정부에 의해 오래도록 탄압받아왔던 사람들이 권력을 잡았으니만큼 민주진보당이 대만의 젊은 민주주의에 힘을 실어줄 것이라고 믿었다. 선거 결과가 발표된 후 천수이볜의 연설을 듣기 위해 수많은 이들이 몰려들었다. 천수이볜이 대통령이 되고 난 후 치러진 첫 번째 총선에서는 기록적인 숫자의 여성들이 의석을 가져갔다. 민주진보당은 진보적인 환경 및 노동 관련 법을 계속해서 신속하게 통과시켰다.

선거에서 승리를 거둔 지 몇 주가 지나고, 2000년 5월 20일, 천수이볜은 대통령 취임 선서를 했다. 대통령 취임식에서 연설을 하던 그는, 마치 공식적인 연설이 아니라 아직도 길거리의 시위대를 이끌고 있는 것처럼, "자유와 민주주의 만세!"라고 외쳤다. 취임식이 진행되는 동안 민주진보당의 활동가들은 민주진보당의 지지 기반인 남쪽 지역 및 타이베이 시에 마련된 근거지에서 춤을 추었고, 그동안 〈뉴욕타임스〉의 주필들과 대만에 주재하던 미국 외교관 등 외국인 관찰자들은 대만의 정권 교체를 민주주의의 모델로 칭송하고 있었다. 2001년 봄 천수이볜은 미국을 방문하였는데, 당시 그는 부시 정부 관료들의 전폭적인 지지 하에 뉴욕과 휴스턴에서 큰 환영을 받았고, 원로 하원 의원들과 만남을 갖기도 했다. 그 이전까지 거의 모든 대만의 지도자들은 1979년 미국과 대만이 외교 관계를 단절해버린 탓에 이방인 취급을 당했으며, 심지어 비행기에 탑승한 채 미국에 들른 경우에도 연료 주입만 허용되었다.

불행히도 대만의 경우에는 그렇지 않았지만, 오래도록 탄압받아온 지도자들이 끝내 대통령이나 총리의 자리에 오를 경우, 자신이 겪었던 지난날의 고난을 기억하고 화합과 용서를 정착시키기 위한 실질적인 노력을 기울이기도 하는 일이 종종 벌어진다. 심지어는 오랜 적을 향해서도 말이다. 넬슨 만델라Nelson Mandela가 대통령으로서, 수적으로 소수인 남아프리카공화국의 백인들을 향해 내민 화해의 손길은 유명하다. 그는 백인들이 사랑하는 럭비 팀을 공개적으로 지원했을 뿐 아니라, 백인 사업가와 투자자들이 안심할 수 있도록 고위 관료층을 유임했다. 그러나, 실제로는 선거로 뽑힌 1세대 지도자들이 중산층의 분노에 기름을 끼얹는 일이 더 많이 벌어진다. 베네수엘라부터 볼리비아, 케냐, 태국, 대만에 이르기까지, 선거로 뽑힌 첫 번째 지도자들이 선출된 독재자로 돌변하는 일이 너무도 자주 일어났다. 그들은 적대자를 관용하고, 협상하고, 타협하는 일에는 관심이 없는 막강한 지도자를 통제할 만한 제도적 장치가 충분히 성숙하지 않은 젊은 민주주의를, 자신들의 손바닥 안에서 주무르려 하는 것이다. 독재 정권 아래에서 성장해온 사람들이 다수를 차지하게 마련인 민주화 첫 세대들에게, 선거란 자신들의 지배를 정당화해주는 국민 투표referendum와도 같다. 선거에서 승리한 자는 정치적 반대자들을 물리치고 자신의 개인적·정치적·민족적 동지들에게 혜택을 퍼부어줄 수 있는 모든 국가 권력을 마음껏 사용할 수 있게 되는 것이다.

다른 각도에서 보자면, 이렇듯 선거로 뽑힌 독재자들은 헌법적 자유주의를 수호하는 자들이 아니며, 법의 지배가 유지되고 개인의 자유 및 소수자의 권리가 보호될 것임을 보장하려 하지도 않는다. 비록 그들이 민주주의의 한 가지 요건, 즉 다수의 투표를 얻어야 한다는 요건을 충족하기는 했지만 말이다. 이런 자들은 민주주의의 형식을 따르지만 실제로는 민주주의를 약화시킨다.

선거로 뽑힌 1세대 지도자에 속하는 인물들이 왜 이런 퇴행적인 모습을 보여주게 되는지, 그 이유를 이해하기는 어렵지 않다. 억압적인 정권에 맞서 저항 운동을 유지하기 위해서는 그 운동 내부에 높은 수준의, 때로는 권위적인 단결력이 필요하기 때문이다. 정권에 반대하는 입장으로 오랫동안 살아가는 지도자들은 한편 지속적인 공포에 노출된다. 아파르트헤이트가 존재하던 남아프리카공화국에서, 아프리카민족회의African National Congress는 정부에게 지나치게 협조적인 태도를 보이거나, 그저 아프리카민족회의의 뜻을 거슬러 활동하고자 하는 내부 구성원을 잔인하게 공격했고 때로는 살해하기도 했다. (넬슨 만델라는 이러한 내부 유혈 사태가 벌어지고 있던 대부분의 기간 동안 로벤 섬의 감옥에 수감되어 있었지만, 그의 아내인 위니는 정부의 정보원으로 지목된 아프리카민족회의 회원들을 구타하고 살해하도록 부추긴 혐의로 기소된 바 있다.)24 대만 민주진보당의 지도자인 천수이볜 역시, 민주진보당이 정권에 반대해 투쟁하던 시절 그와 비슷한 행태를 여러 차례 보여왔다. 자신의 정당에 대한 통제를 강화하고 외부 인사들에 대한 편집증적 태도를 보인 것이다. 천수이볜은 자신과 완전히 친밀한 그룹을 제외한 모든 사람들을, 그들이 정부 요원들과 얽혀 있건 그렇지 않건, 절대로 신뢰하지 않았으며 이것은 국민당 독재 시절 야권 인사로서 익혔던 생존 기술이었다. 하지만 이런 불신은 훗날 그가 대통령이 되고 대만이 민주주의로 이행하게 되면서 그의 정부에 재앙으로 작용하게 된다.

민주주의로의 이행이 급격히 빠른 속도로 진행될 경우, 수많은 반정부 지도자들은 천수이볜과 마찬가지로 생존을 위해 익혔던 습속을 떨쳐내는 데 특히 어려움을 겪곤 했다. 1990년대 여러 아프리카 국가에서도 비슷한 일이 벌어졌다. 민주화가 급격히 진행되는 환경 속에서는, 기존의 반정부 운동가들이 과거의 실수와 범죄를 용서할 수 있는 여지가 그리 남지 않게 되는 것이다. 독재자들이 그들의 힘을 자신의 부족이나 민족, 가족 등을 배불리기 위해서만 사용한다고 말해온 반정부 지도자와 그들의 지지자들은, 최종적으로 권력을 얻고 나면, 그 새롭게 얻은 힘을 그저 자기편에게 보상을 해주기 위해 사용해버리곤 하는 것이다.

그렇게 혜택을 받은 이들은, 자신들이 지난 정권하에서는 차별받았다는 이유를 들어 스스로를 정당화할 수 있다. 반면, 가령 1975년 스페인에서 프란시스코 프랑코가 사망했을 때처럼 보다 더 점진적으로 민주주의로의 이행이 이루어질 경우, 서로 대립하고 있던 보수와 진보 진영은 상호 신뢰를 구축하고 향후 민주적인 통치의 기반이 될 규범과 규칙에 서로 합의해나갈 수 있는 여유를 얻게 된다.

2000년 천수이볜의 취임 후, 대만의 민주진보당 운동은 더 큰 자유와 민주주의의 시대를 맞는 대만에서 안내자 노릇을 할 것이라는 희망을 향해 달려나갔다. 선거 공약 그대로, 민주진보당은 중국에 대해 강경 노선을 취하며 대만의 자치권을 옹호하였고, 중국으로부터의 자유를 지키고자 했다. (중국은 즉각적으로 강경한 반응을 보였지만 곧 민주진보당 지도자들과 일종의 적대적 평화 단계에 들어서게 된다.) 하지만 대만 내부의 문제를 들여다보면 그렇지 않았다. 천수이볜과 그를 둘러싼 민주진보당 지도부는 정치적으로 박해당하는 이들의 피해자 심리를 가지고 있었고, 자신들이 가지고 있던 거의 독재에 가까운 스타일을 대만의 통치에 적용하려 들었다. 천수이볜이 대통령에 취임한 지 2년이 지나자, 천수이볜에 대해 어떤 식으로건 반대를 표명한 민주진보당 활동가들은 그들이 소외되었으며 권력의 중심으로부터 잘려나갔다는 것을 깨닫게 되었다. 일부 민주진보당 내부 인사들은 천수이볜과 그의 아내가 점점 더, 세계에서 가장 대통령에게 권력이 집중된 나라 중 하나인 대만에서, 대통령의 권력을 이용하여 그들의 가족 및 친구들에게 특혜를 베풀고, 일자리를 나누어주고, 현금을 쓸어 담고 있다고 불평하기 시작했다.25

훗날 천수이볜의 부인은 정부 용역 업체로부터 받은 2백만 달러를 돈세탁한 혐의를 인정해야만 했다. 천수이볜 본인은 부패 혐의로 감옥에 갔는데, 그는 선거 자금 및 기타 정부 자금을 개인적으로 수백만 달러 이상 착복한 혐의를 받고 있었다. 이후 살펴보게 되겠지만, 천수이벤과 그의 부인이 보여준 부패 혐의는 결코 이례적인 것이 아니다. 대만 및 기타 신생 민주주의 국가에서는, 적어도 민주화 초창기에는 정치 체계가 개방됨에 따라 뇌물 수수가 더욱 심화되는 경향이 나타난다. 그로 인해 평범한 사람들이 정치로부터 등을 돌리게 될 뿐 아니라 민주적 개혁이라는 개념에는 먹칠이 가해지는 것이다.26

2000년대 초, 천수이벤의 부패에 대한 이야기는 그저 풍문으로 떠돌 뿐이었다. 민주진보당의 지지자들은 그보다 앞서, 천수이벤의 독선적이고 거만한 모습을 목격하고 나서 더 큰 충격에 빠지고 있었다. 일단 대통령직에 오르고 나면 천수이벤은 자연스럽게 반정부 운동 시절의 비밀주의와 편집증적 성향 중 일부를 버릴 것이라고 많은 이들이 믿었지만, 그 믿음은 잘못된 것이었다. 그는 자신의 바람을 들어주지 않으려 하는 주변인들을 분노에 가득 차 해임하였고, 자신의 정치적 이너서클에 가족을 끼워넣기 시작했다. 그 가족들 중 적어도 11명은 훗날 대통령 본인의 혐의와 비슷한 부패 혐의로 기소되었으며, 그의 아들은 내부 거래 혐의로 기소된다. 모든 것을 높은 곳에서, 자기 손으로 처리하고자 하는 천수이벤의 성향으로 인해, 대만은 그나마 얼마 남지도 않은 공식적인 우방국과의 관계를 유지해나갈 수 있는 능력에 큰 타격을 받게 되었다. 천수이벤과 연줄이 닿아 있는 부도덕한 거간꾼들이 정부를 상대로 이익을 보도록 허용하고 있었던 탓에, 외교부 장관을 비롯한 수많은 고위 관료들이 사퇴의 뜻을 밝혔다. 타이베이에 위치한 중국문화대학Chinese Culture University에서 정치를 분석하고 있는 조지 차이George Tsai는 〈뉴욕타임스〉와의 인터뷰에서 "사람들은 무능력한 정부를 바라보며 모욕감을 느낀다"고 말했다. 그는 거간꾼 중 한 사람이 정부 자금 가운데 거의 3

천만 달러를 빼돌린 사건을 놓고 이렇게 말했다. "바깥세상에서 보면 그저 농담처럼 보일 것이다. 어떻게 정부가 이런 사기를 칠 수 있단 말인가?"27 한때 천수이볜을 지지했던 부시 행정부는, 2000년대 중반이 되어서는 그의 무능함과 부패에 학을 뗀 나머지, 천수이볜이 그저 미국에서 하룻밤 머물고자 하는 것도 거절하기에 이르렀다.28

젊은 민주주의 국가의 첫 번째 지도자들은 때로 오래도록 정부와 맞서 온 운동가가 아니라, 구 정권의 내부자들 중에서 나오기도 하는데, 그런 경우 그들은 민주적 규범에 대해 그리 많은 교육을 받지 못한 상태일 것이다. 가령 구소련 지역 국가들의 대부분에서, 민주주의로의 이행은 구소련 관료들이 만든 정부에 의해 이루어졌다. 발트해 연안 국가와 조지아에는 서구권에서 오랫동안 살아온 몇 명의 지도자가 있는데, 그들을 빼고 나면, 대부분의 구소련 국가 지도자들은 민주주의에 대한 경험이 없었다. 그들에게 있어서 정치란 언제나 너 죽고 나 살기 게임이었던 것이다. 소련의 지배 체계 속에서 패배자는 권력, 특권, 때로는 목숨까지 모든 것을 잃었다. 만약 민주주의로의 이행이 단계적으로 이루어졌다면 민주주의에 대한 경험이 부족한 것은 문제가 덜 되었을 것이다. 구소련 시대와 관련이 덜한 젊고 새로운 지도자들이 나타났을 것이며, 구소련 시대의 관료들이라 하더라도 새로운 정치 체계 아래에서는 패배자를 강제수용소로 보내지 않는다는 것을 배울 수 있었을 테니 말이다. 그러나 민주화가 급격하게 진행되면, 구소련의 관료들은 그저 소련 시절에 익숙하게 사용해온 정치적 사고방식과 전략을 꺼내다 쓰게 된다.

발트해 연안 국가들을 제외한 거의 모든 구소련 지역에서, 선거로 뽑힌 1세대 지도자들은 실은 독재자의 사고방식을 가지고 있다는 것을 스스로 드러내고 있었다. 쿠르만베크 바키예프Kurmanbek Bakiyev는 대통령 아스카르 아카예프Askar Akayev의 독재 정권에 맞서 싸운 2005년 튤립 혁명의 지도자 가운데 한 사람이었는데, 자신이 대통령 자리에 오르자 전임자와 거의 다를 바 없는 독재자라는 것을 증명하기 시작했고, 결국 2010년에 그의 가혹한 정책에 맞서 또 한 차례의 유혈 혁명이 벌어졌다. 조지아의 미하일 사카슈빌리Mikheil Saakashvili 또한 색깔혁명의 지도자 중 한 사람이었다. 그러나 2007년 대통령이 되면서, 사카슈빌리는 군중의 저항에 직면하게 되었고, 시위대를 향해 무지막지한 폭력을 행사했다. 그 후에는 국가비상사태를 선포하고, 언론의 자유를 가로막았으며, 비판적인 언론인을 체포하고, 시위대의 대부분에게 침묵을 강요했다.29 2012년 대통령 임기가 끝나고 나면, 아마도 사카슈빌리는 러시아의 블라디미르 푸틴이 대통령직이 끝난 후 총리가 되었지만 러시아 정치의 가장 중요한 행위자로 남아 있었던 것처럼, 총리직에 도전한 후 의회를 권력의 중심에 놓으려 시도할 것으로 예상되고 있다.* 또한 현재, 중동에서도 같은 패턴이 발생하고 있다. 민주주의로 이행하는 정부를 맡고 있는, 그리고 향후 내각을 거머쥐게 될 수많은 지도자들이, 수십 년 동안 지속되어 온 것처럼 반대자를 허용하지 않고 승자가 모든 것을 가져가는 내부 정치의 규칙을 그대로 가져오고 있는 것이다.

선거로 뽑힌 정치인들이 개혁을 저해하고 있을 뿐 아니라 법의 지배를 무시한다는 것을 목격한 충격과 분노가 지나가고 난 후, 중산층 가운데 많은 이들은 민주주의의 부정적인 측면을 깨달아가기 시작했다.

---

* 이 책은 2011년에 집필한 것이고, 2015년 현재의 상황은 저자가 예상한 것과 다르다. 사카슈빌리 대통령의 민족연합운동당(United National Movement Party)은 2012년 10월의 총선에서 패배하였고, 사카슈빌리 본인 또한 2013년 10월 대선에서 기오르기 마르그벨라슈빌리(Giorgi Margvelashvili)에게 큰 표 차로 패배함으로써, 권력을 잃었다.

만약 선거권이 모든 이들에게 확장된다면, 그리고 만약 대부분의 개발도상국에서 인구의 다수를 차지하고 있는 가난한 이들이 한 후보를 지지하기 위해 결집한다면, 그 가난한 이들은 중산층이 누려온 경제적·정치적·사회적 특권을 줄여나가도록 되어 있는 누군가를 당선시킬 수도 있다는 것을 말이다.

베네수엘라의 카리스마적인 군 장교인 우고 차베스는 바로 그렇게, 개발도상국의 경우 가난한 이들의 지지를 얻는 정치인이 막대한 권력을 얻을 수 있음을 파악하고 있던 사람이었다. 가난한 노동계급 가정에서 태어난 차베스는, 어린 시절부터 대토지를 소유한 가문들과 카라카스에서 활동하는 기업가 등, 베네수엘라의 전통적 자본가들에 대한 깊은 반감을 키워왔다. 차베스는, 적어도 어떤 면에서는, 정치적으로 성장하기 위해 군에 입대한 것처럼 보인다. 젊은 병사로서 그는 카라카스를 둘러보며 그 도시의 슬럼에 만연해 있는 심각한 빈곤을 목격했다. 당시의 베네수엘라는 세계에서 경제적 불평등이 가장 심각한 나라 중 하나였던 것이다. 그런 경험은 차베스에게 대단히 큰 영향을 미쳤다. 군 경력을 시작한 지 얼마 되지 않아 차베스는 '볼리바르혁명운동-200Revolutionary Bolivarian Movement-200'이라는 조직을 결성하였는데, 이 단체는 민주주의를 표방하고 있었지만 강력한 기업들 및 전통적인 부호 가문들에 의해 지배되고 있던 볼리비아의 기존 정치 질서를 전복하고자 하는 목표를 가지고 있었다.

1992년, 볼리비아의 집권 여당은 해외 원조자들의 압력을 받아 고통스러운 신자유주의적 개혁을 감행했다. 그중에는 사회복지 지출을 줄이는 내용이 포함되어 있었고, 차베스는 쿠데타를 일으켜 권력을 잡고자 시도했다. 그러한 정부 전복 기도는 실패로 돌아갔으며 차베스는 징역형을 선고받았지만, 그 덕분에 신자유주의적 개혁에 맞서 목소리를 냈던 사람이라는 전국적인 명성을 떨치게 되었다. 형기를 마치고 나온 차베스는 스스로 정당을 창당했고, 베네수엘라가 워싱턴 컨센서스식 개혁을 추구한 결과 고통받게 된 빈곤층의 압도적인 지지를 받은 끝에, 1998년 대통령에 당선되었다.

베네수엘라는 다른 수많은 라틴 국가가 그렇듯, 오래도록 소수의 강력한 가문이 배출한 정치인들에 의해 지배되어왔다. 하지만 1998년 무렵의 베네수엘라는 독립된 사법부, 활기 넘치는 인쇄 및 방송 매체, 정치적 토론의 건강한 전통 등 강력한 민주적 제도와 문화를 과시하고 있는 나라이기도 했다.30

차베스로 인해 상황은 달라질 터였다. 차베스는 곧 빈곤층 및 가난한 중산층의 이익을 대변하며 도시 거주 중산층 및 엘리트들의 이익에 반하는 태도를 취했고, 그러면서 자기 자신 및 측근으로 이루어진 핵심 서클로 점점 더 많은 권력을 집중시켰다. 차베스는 수많은 핵심 산업을 국유화했는데, 민영 사업자들은 자산을 부당한 액수에 넘겨야 했다고 불만을 털어놓기 일쑤였다. 그는 또한 '볼리바르 계획Plan Bolivar'라는 프로젝트를 출범시켰는데, 그것은 국가가 가난한 지역의 물리적 기반 시설을 확충하고 보강해줌과 동시에, 건강보험 및 식품에 대해 높은 보조금을 지급하고, 전국의 가난한 이들이 공동체 프로젝트를 시작할 수 있도록 낮은 금리로 대출을 해주는 내용까지 포함하고 있었다. 또 공동체 평의회라는 것도 만들었는데, 이것은 베네수엘라의 가난한 이웃들끼리 모여 직접 민주주의를 시험하는 장으로, 가난한 이들이 정책에 참여할 수 있는 더 큰 기회를 열어주었지만 동시에 의회 내 입법부의 힘을 약화시키는 것이기도 했다.31 이러한 정책을 발표할 때마다 차베스는, 때로는 주간 라디오 프로그램인 '안녕하세요, 대통령님Alo Presidente'에서 하는 두서없는 연설을 통해서, 그 정책이 가난한 자들을 돕고 중산층과 상류층을 공격하는 무기임을 드러내곤 했다. 차베스가 말하는 스타일은 힘차면서도 종잡을 수 없었다. 그런 그는 자신이 진행하는 라디오 프로그램에서, 미국 및 서구권의 강대국과 더불어 자신이 가장 좋아하는 비판 대상이기도 한 베네수엘라의 기업가들이 국가를 전복하려 시도하고 있다고 연거푸 날을 세웠다.

차베스의 집권 기간이 늘어날수록 그의 경제 정책은 더욱 포퓰리즘적인 것이 되어갔다. 1998년만 해도 차베스는 여전히 중도적인 성향의 경제 자문 위원들을 남겨두고 있었으며, 미국과 다른 나라를 방문해 베네수엘라가, 특히 석유 및 천연가스 사업에 있어서 해외 투자에 개방되어 있다고 홍보하고 다니기도 했다. 그러나 2000년대 중반에 이르러서는 도시 중산층 사업가들과 관련이 있는 거의 모든 경제 자문 위원을 쫓아내버리고, 특히 석유 산업과 관련하여 수많은 해외 투자자들을 추방한다. 점점 더 늘어가는 정부 지출로 인해 베네수엘라의 부채는 폭증하고 있었고, 차베스는 주요 기업들 중 상당수의 통제권을 가까운 친구들로 이루어진 작은 이너서클의 손에 넘김으로써 그들을 부유하게 만들어주었다. 하지만 그동안 차베스 정부의 법률, 가격 통제, 경제 정책 실책으로 인해 평균적인 소상인들은 생계를 유지하는 것만 해도 점점 더 힘들어지는 나날을 보내게 되었다.

차베스의 정책은 복합적인 효과를 낳았다. 초창기, 그러한 정책들은 빈곤을 확연히 줄여주었고, 그로 인해 가난한 이들과 차베스의 결속은 더욱 강해졌다. 또한 차베스의 정책은 더 많은 빈곤층을 정치의 현장으로 불러들였는데, 그로 인해 중산층과 상류층의 정치적 힘은 분명히 줄어들었다. 그러나 차베스의 정책은 전반적인 거시경제적 환경에도 타격을 입혔다. 해외 투자자들은 베네수엘라로부터 '비상 탈출'하는 버튼을 눌렀고, 국영 석유 회사들은 악화되어가는 낡은 기반 시설을 바라보며 생산량을 맞출 수 없다는 사실을 알게 되었다. 주요 수출품인 석유의 가격이 뚝 떨어지자 베네수엘라는 자국민에게 기초적인 서비스조차 제공하기 어려워졌다. 2011년, 심지어 유가도 회복되었고 브라질이나 콜롬비아 등 인접 라틴 국가들도 높은 경제성장률을 보이고 있었지만, 베네수엘라는 남아메리카 지역에서 가장 낮은 경제성장률을 보이며 중국의 대출에 의지해 겨우 연명하는 처지가 되었다. 경제 상황이 악화되면서 범죄율은 치솟았고, 2011년 카라카스는 인구 비례 살인 사건율이 세계에서 가장 높은 수도가 되었다. 카라카스에서는 10만 명당 233건의 살인 사건이 발생하였는데, 이는 카불이나 바그다드처럼 전쟁을 겪고 있는 나라의 사건율보다도 높은 수치였다. 게다가 수많은 인권단체들은 공식 발표가 실제 사건율보다 낮게 나오고 있다고 추산했다.[32]

심지어 차베스가 다른 나라에 비해 상대적으로 강력한 민주적 기관들을 서서히 질식시키고 있었는데도 불구하고, 베네수엘라의 가난한 이들은 여전히 차베스에게 충성도 높은 지지율로 보답했다. 차베스가 카라카스나 다른 도시들의 슬럼가를 방문하면, 수만 명의 인파가 몰려나와 마치 차베스가 신이라도 된 양 환호하곤 했다. 정치적으로 단합되어 있으며, 베네수엘라 유권자들의 대다수를 구성하고 있는 가난한 이들은, 차베스를 대통령에 당선시키고 또 당선시켰다. 그의 새로운 국유화 정책, 가격 통제, 기타 정책들은 수많은 사업가와 전문가들의 미움을 샀지만, 차베스는 가난한 이들을 만족시키기 위해 일자리 창출 프로그램과 그 외의 포퓰리즘적 정책을 지속해나갔다.

중산층과 상류층에 대한 차베스의 정치는 보다 더 가혹했다. 그는 민영 텔레비전 방송국에 대한 허가권을 갱신할 수 있는 권리를 갖고 있었는데, 그것을 이용하여 도시 거주 중산층이 선호하는 야권 대선 주자를 옹호하던 민영 텔레비전 방송국을 국영 TV로 바꿔버렸다. 곧이어 가장 비판적인 민영 방송 채널들을 없애버렸다.33 또한 차베스는 "국가의 이익을 해치는 잘못된" 정보를 유포하는 비판자들을 처벌하는 법을 도입하고, 자기 마음에 들지 않는 방향으로 판결을 내린 두 명의 판사를 감금했으며 법정을 자신의 지지자들로 꽉 채워버렸다. 차베스와 그의 지지자들은 의회에 몰려들어, 차베스가 베네수엘라를 명령에 의해 통치할 수 있게 함으로써, 사실상 의회를 유명무실하게 만들어버리는 법안을 통과시켰다.34 2000년대가 끝날 무렵, 국제 감시단체인 프리덤 하우스는 라틴아메리카에서 가장 오래된 민주주의 국가 중 하나였던 베네수엘라에, 그저 "부분적으로 자유로운" 국가라는 등급을 매겼다. 2010년, 차베스에게 우호적인 좌파 성향의 라틴아메리카 국가들이 모여 만든 해당 지역의 국제단체인 미주기구Organization of American States마저, 베네수엘라가 언론의 자유, 인권, 결사의 자유, 그 외 자유를 광범위하게 침해하고 있다는 이유로 비판하는 보고서를 발행했다. "베네수엘라의 행형력行刑力은 국민의 정치적 의견을 이유로 그들을 억압하거나 처벌하는 용도로 사용되고 있다"고, 미주기구의 인권 감시자는 선언했다.35

　　차베스가 베네수엘라의 자유를 완전히 파괴한 것은 아니었다. 2000년대 초, 민간의 손에 남아 있던 몇몇 신문과 TV 방송국이 대통령의 정책에 대해 비판적인 의견을 내놓았다. 만약 야당 정치인들이 하나의 틀을 만들어 차베스에 맞서기 위한 인물 하나를 내세우는 식으로 단결하였다면, 어쩌면 차베스를 때려눕힐 수 있었을지도 모른다. 하지만 카라카스에 거주하는 다수의 중산층 시민들과 중산층 정치인들은 쉬운 길을 택했다. 2001년과 2002년, 그들은 가두시위, 총파업, 대통령궁을 향한 행진 등을 벌였다. 차베스는 독재자였지만 아무튼 선거로 뽑힌 사람이었는데, 그런 그를 대통령 자리에서 몰아내기 위해 군부가 개입해야 한다고, 시위대 중 많은 이들이 공공연하게 외치고 있었다. 시위가 진행되며 군부의 개입까지 사태가 치닫는 동안, 적어도 18명이 목숨을 잃었다.

2002년 4월, 군부가 화답했다. 군부는 쿠데타를 일으켜 만약 차베스가 하야하지 않는다면 대통령궁을 폭격하겠다고 위협했다. 차베스가 대통령직을 내놓자 군부는 그를 카리브해의 어떤 섬에 인질로 잡아두었다. 차베스가 감금되어 있는 동안, 쿠데타 세력은 어떤 유명 사업가를 임시 대통령 자리에 앉혀두었다. 백악관 대변인 애리 플라이셔Ari Fleischer가 그 사태의 책임을 전적으로 차베스에게 전가한 것으로 보아, 조지 W. 부시 행정부는 이 쿠데타를 전략적으로 묵인한 것처럼 보였다. 훗날 미 중앙정보국은 군부가 차베스에 대한 쿠데타를 기획했지만, 군부의 쿠데타 계획에 대해 제대로 된 경고를 전해주지는 않았다는 사실을 밝힌 바 있다.36

수도 카라카스의 거리를 메운 빈곤층 및 계급이 낮은 군인들의 지지에 힘입어, 차베스는 복귀할 수 있었다. 쿠데타 정권은 수도 외 지역에서는 지지를 얻지 못했고 결국 무너지고 말았다. 거리를 가득 채운 대통령 지지자들과 함께, 약 48시간가량의 유폐에서 해방된 차베스는 대통령궁으로 복귀할 수 있었다.

그 시점부터 이 베네수엘라의 지도자는 중산층과 엘리트에 대한 칼날을 더욱 날카롭게 세우고, 조국의 민주주의를 더욱 망가뜨릴 따름이었다. 그러나 쿠데타를 지지했고 대통령을 끌어내리기 위한 다수의 거리 시위대를 조직했던, 차베스에 반대하는 중산층 또한 그들이 민주적 제도에 대해서는 거의 신경 쓰지 않는다는 것을 보여주고 말았다.

아랍의 봉기가 시작된 초기에는 상당한 낙관론이 지배하고 있었지만, 중동의 중산층은 머지않아 동아시아나 라틴아메리카의 중산층과 마찬가지로 보수적인 집단인 것으로 드러났다. 호스니 무바라크 정권의 퇴진에 힘을 보탠 집단 중 일부는 군부의 힘이 지속되는 것에 대해 공

민주주의는 어떻게 망가지는가

포를 느꼈지만, 이집트의 일부 중산층은 군부가 정치적 힘을 유지하는 것을 실제로도 환영하는 입장이었다. 이슬람 세력을 견제하고 늘어만 가는 사회 불안, 범죄, 도시 내 폭력을 통제하기 위한 요소로 군부가 필요하다고 생각하는 중산층은 늘어만 갔다. 점점 더 많은 중산층이, 적어도 무바라크보다 덜 부패한 정권이기만 하다면, 또 다른 독재 정권하에 살아가는 것이 그렇게 나쁜 선택은 아닐지 모른다고 생각하기 시작한 것이다. 카이로는 역사적으로 비교적 안전한 도시였지만, 무바라크 정권이 무너지고 수많은 이집트 경찰이 파업에 동참하거나 그저 월급을 받지 못했다는 이유로 출근하지 않게 되면서, 무장 강도, 조직 폭력배 사이의 전쟁, 그 외 경범죄가 도시에 만연하게 되었고, 그 결과 투자는 위축되었으며 사업가들은 겁을 먹었다.37 심지어 2011년 10월 이집트 기독교 신자들이 치안 병력에 의해 살해되면서, 이집트의 콥트 기독교 신자들 사이에서 분노의 물결이 몰아치는 일이 벌어지기도 했지만, 일부 자유주의자들은 그럼에도 불구하고 군부가 계속해서 통치하는 편을 지지하고 나섰다. 그 밖의 자유주의자들 및 일부 소수자들은 아랍의 봉기가 진행되는 동안 이집트 바깥으로 도망가버렸다. 〈뉴욕타임스〉에 따르면, 2011년 초 5개월 동안 제대로 여권을 발급받은 이집트인의 숫자는 이전 해 같은 기간에 비해 두 배가량 늘었다.38

인접 국가인 튀니지에서 아랍의 봄 이후 치러진 첫 번째 선거를 통해 이슬람주의자들이 승리하는 것을 본 이집트의 중산층은, 2011년 가을 무렵이 되면서 자유선거가 진행되면 혼란이 가중되거나 무슬림형제단이 승리할지도 모른다는 전망 때문에 실제로 공포를 느끼고 있었다. 일부 이집트 중산층은 심지어, 세속적인 자유주의 정당들이 무바라크의 독재 정권하에서 강력한 지하조직을 형성해온 무슬림형제단이나 다른 이슬람주의 정당에 제대로 맞설 수 있을 만큼 힘을 채 얻기도 전

에, 군부가 너무 빨리 권력을 내려놓고 선거를 치르려 한다고 우려를 표하기도 했다.39

　　이집트와 그 밖의 중동 국가들의 중산층이 이와 같이 조심스러웠던 탓에, 아랍의 민주화 봉기는 심지어 몇몇 나라에서는 정기적인 선거가 꾸려지지도 않은 상태임에도 쉽사리 주저앉을 수 있었던 것이다. 아랍 세계에서는 "시위대가 지쳐가고 그들을 바라보는 대중 또한 전반적으로 지쳐감에 따라, 시위의 균형이 기울어져 있다는 의혹이 일각에서 등장하기 시작했다"고, 중동 문제 전문가인 로버트 말리Robert Malley와 후세인 아가Hussein Agha가 〈뉴욕 리뷰 오브 북스New York Review of Books〉의 지면을 통해 분석한 바 있다.40 중동 국가의 군대들은 조직, 정치적 경험, 독재자가 물러나고 난 이후를 지배하기 위한 힘을 가지고 있는 조직이기에, 아랍의 민주주의 실험에서 전면에 나서게 된다고 그들은 말한다. 한편 곳곳에서 법과 질서가 허물어지고 민족적, 부족적 분파주의가 만개하는 새로운 정치 지형 속에서, 수십 년에 걸쳐 자신들의 정당을 건설해온 이슬람주의자들이 가장 유능한 조직으로 비춰지는 결과가 나타남에 따라, 반 무바라크, 반 카다피, 반 벤 알리 운동을 열성적으로 지지했던 군중은 점점 더 방향을 잃고 표류하게 된다는 것이 말리와 아가의 지적이다. 그러므로 수많은 아랍 중산층에게, 아랍의 봄이라는 혁명에 대한 중화제로 처방되는 군부 중심의 반혁명은 그리 나쁜 생각처럼 보이지 않았던 것이다.41

자신들이 사실상 민주주의를 수호하고 있다는 확신에 찬 중산층이 선거로 뽑힌 지도자에게서 등을 돌리게 되면, 마치 베네수엘라에서 그러하였듯이, 그들은 대통령이나 수상을 끌어내리기 위해 거의 모든 수단과 방법을 동원하려 든다. 우리가 이 책의 1장에서 확인한 바와 같이,

　　　　　　　　　　　　　　　　　　　民主主義는 어떻게 망가지는가

지난 20여 년간 벌어진 쿠데타 가운데 거의 절반가량이 중산층으로부터 지지를 얻었거나 심지어 중산층 시위대의 공공연한 요청으로 인해 발생한 것이었다. 이러한 추세는 줄어들 기미를 보이지 않는다. 아주 최근인 2011년 중순에도, 탁신이 이끄는 정당이 또 한 차례 총선에서 승리를 거둔 것에 분노한 태국의 도시 거주민들은 다시 군부가 개입하여 선거 결과를 무효화해야 한다고 주장하고 있었던 것이다. 일이 원하는 바대로 되지 않자, 태국의 사회 내에서 중산층을 형성하는 반 탁신 단체는 지체 없이 탁신의 여동생인 총리에게로 화살을 돌렸다. 심지어 2011년 가을에는 온 나라를 휩쓴 엄청난 홍수가 방콕의 많은 지역을 침수시켜 수백 명의 사망자가 발생했지만, 태국 군부는 신임 총리인 탁신의 여동생에게 협력할 뜻이 없는 듯한 모습을 보였다.[42]

이와 같은 친 군부적 정서는 2011년 현재 멕시코, 파키스탄, 시리아와 같이 다양한 국가에서 반복적으로 나타나고 있다. 시리아의 경우, 도시에 거주하는 중산층 및 기독교 신자 같은 종교적 소수자들이 지속적으로 군부와 바샤르 알아사드Bashar al-Assad에게 지지를 보내고 있는데, 이들의 지지는 심지어 치안 병력이 시리아 곳곳에서 평화적인 시위대를 향해 가혹한 폭력을 휘두르고 있음에도 유지되고 있다. 우리가 이미 본 것처럼, 그 외 수많은 중동 국가에서 중산층과 엘리트들은 민주적 개혁을 지지할지 여부를 놓고 점점 더 큰 갈등을 벌이고 있는데, 그중 많은 이들은 다시 한 번 군대를 믿어보자는 쪽으로 향하고 있다.[43]

푸틴에서 차베스와 탁신에 이르기까지, 선거로 뽑힌 독재자들은 대체로 영악한 정치인 노릇을 한다. 법의 지배를 무시하면서, 대체로 빈곤을 줄이는 데 도움이 되는 포퓰리즘적인 정책을 펴거나, 국가주의를 부추기거나, 두 가지를 함께 구사하는 방식으로 자국 인구 중 다수 집단 속에서 큼지막한 규모의 인기를 유지해나가는 것이다. 이런 지도자들이 잘 버티며 생존해나가는 것을 바라보는 중산층은 그저 점점 더 화가 날 뿐이기에, 더욱 극단적으로 변하여 선거로 뽑힌 독재자를 제거하기 위해 폭력시위부터 쿠데타에 이르기까지 극단적인 방법을 사용하고자 하게 된다.

일례로, 2006년 말부터 2007년 초까지 방글라데시의 군부는 선거를 거치지 않은 채 '후견' 정부를 수립하고 권력을 조종하였으며, 그 후에는 국가비상사태를 선언하고 확실한 권력을 틀어쥠으로써 쿠데타를 일으켰다. 국가비상사태 기간 동안, 군부가 만든 정부는 방글라데시에서 선거로 권력을 얻은 정치인들 중 가장 강력했던 두 여성 가운데 한 사람이었던 셰이크 하시나Sheikh Hasina를 체포했는데, 그는 막대한 양의 뇌물을 수수하고 금품을 갈취한 혐의를 받고 있는 사람이었다. 하지만 결국 정부는 셰이크 하시나라는 정치 지도자에 대한 기소를 철회할 수밖에 없었다. 왜냐하면 가난한 방글라데시 사람들 다수가 그를 지지하고 있음이 명백했기 때문이었다. 후견 정부가 종언을 고한 후 실시된 이후의 자유선거에서 셰이크 하시나의 정당은 압도적인 결과를 얻었는데, 이것은 방글라데시의 가난한 이들에게는 기쁜 소식이었지만, 한편으로 상당수가 군부의 개입에 찬성했던 다카의 도시 거주민들을 분노하게 만드는 일이기도 했다.

심지어 천수이볜이 집권하고 있던 기간 동안 아시아에서 가장 강력한 민주주의를 가진 나라 중 하나로 평가되고 있었던 대만에서조차, 그렇게 많은 이들이 오래도록 국민당 독재 정권과 싸워왔음에도 불구하고, 중산층 활동가들이 점점 민주주의로부터 등을 돌리고 있었다. 천수이볜의 무능, 부패에 대한 혐의, 반대 세력에 대한 탄압 등에 대한 분노는 점점 커져갔고, 그리하여 2006년 9월 타이베이의 대통령궁 앞에 모여든 시위대는 수천 명에서 수십만 명으로 늘어나고 말았다. 그 시위대를 이끈 사람의 이름은 스밍더施明德로, 한때 천수이볜에 대한 큰 존경심을 품고 있었던 관록 있는 민주화 운동가이며, 대만 독재 정권 치하에서 감옥에 갇혀 있는 동안 심각한 폭행을 당하기도 한 바 있다. 1990년대 중반, 스밍더는 천수이볜의 정당인 민주진보당의 실질적인 지도자 노릇을 했다. 스밍더는 대만을 통치해온 독재 정권과 1990년대까지 오래도록 싸워왔기 때문에, 평범한 대만 사람들 사이에서 도덕적 권위를 인정받고 있었다. 많은 기자들이 지적하는 바와 같이, 스밍더는 종종 '대만의 넬슨 만델라'로 불리곤 했던 것이다.44

대체로 타이베이에 거주하는 중산층과 상류층으로 구성된 군중의 앞에, 2006년 9월, 여전히 스밍더가 서 있었다. 스밍더는 대통령의 이름을 담아 구호를 외치고 야유를 하며, "천수이볜 물러나라!"라고 목소리를 높이는 대중을 이끌고 대통령궁 앞에서부터 타이베이의 상업 지구에 다다를 때까지 행진을 이끌었다. 그 후 시위대는 그들의 분노를 표현하는 빨간 색깔의 폭죽을 손에 들고 타이베이의 여러 곳으로 흩어졌다. 천수이볜을 지지하는 구역에서 시위대는 천수이볜 지지자들과 맞붙어 싸웠으며, 결국 대통령이 외국 관료들과 가질 예정이었던 몇몇 회의를 망쳐버렸다.

천수이볜은 두 차례나 선거에서 승리한 사람이었지만, 시위대는 그를 자리에서 끌어내리고 싶어 했다. 이 전략은 법적으로 타당성이 있는지 의심스러운 것이었으며, 2004년 일부 시위대는 천수이볜을 끌어내기 위해 수도 타이베이에서 폭력적인 시위를 벌이기도 했다. 당시 시위대는 대통령궁 앞에서 무장 병력을 실은 장갑차에 맞서고, 경찰의 공격을 감수해가며 소리를 질렀다. 천수이볜은 자신의 지지 기반인 대만 남부 지역을 여행하며 지지자들에게 본인을 위해 기도해달라고 하며 절대 대통령직을 내놓지 않겠다고 호소하느라 대통령궁에 없었지만, 시위대는 그에 굴하지 않았다. 일부는 필리핀에서 조지프 에스트라다를 쫓아낸 것과 같은 조용한 쿠데타가 대만에서도 벌어지기를 공개적으로 원하고 있었지만, 훗날 스밍더는 군부의 개입을 불러올 의사는 없었다는 것을 명확히 밝힌 바 있다. 그보다 더 빨리, 2004년 무렵 진행된 시위만 보더라도, 30만 여 명이 천수이볜의 퇴임을 요구하며 경찰과 대통령궁 앞에서 난투극을 벌였다. 시위대 중 일부는 몽둥이, 쇠파이프, 야구방망이, 기타 무기를 시위 현장에 가져왔는데, 이것은 그들이 폭력시위를 시작하고자 함을 분명히 보여주는 것이었다.45

나중에, 2006년 벌어진 시위에서, 시위대는 대통령궁 앞에 1백만 명을 끌어오겠다고 공언하며, 그것을 "아볜퇴임 백만시위"라고 이름붙였다(아볜阿扁은 천수이볜의 별명이었다). 최종적으로는, 비록 천수이볜의 지지율이 20퍼센트 떨어지긴 했지만, 시위대가 벌인 그 모든 시위와 공격은 천수이볜의 사퇴를 이끌어내지 못했다. 천수이볜은 여전히 대만 남부 지방의 노동계급을 향해 지지를 호소할 수 있었고, 더 큰 시위대가 나타나는 것을 피하거나, 방지하거나, 저지할 수 있을 만큼은 영리한 사람이었다. 훗날 천수이볜은 부패 혐의로 기소되고 유죄 판결을 받았는데, 그의 지지자들은 이것이 정치적 동기에 의한 판결이라고 보고 있다. 하지만 반 천수이볜 시위대의, 대만의 민주주의에 대한 날선 비판과 불신은 더욱 커져만 갔을 뿐이다.46

분명히 말해둘 게 있다. 중산층이 한목소리로 민주주의에 등을 돌린 것은 아니다. 민주주의를 확립하기 위해 여전히 분투하고 있는 수많은 나라들에서, 중산층은 여전히 개혁 운동의 중심으로 남아 있다. 수많은 사례 중 딱 두 개만 꼽아보자. 이란의 도시 거주 중산층은 대통령 마무드 아마디네자드Mahmoud Ahmadinejad와 권위주의적이며 동시에 종교 중심적이었던 정권에 맞서는 녹색 혁명에서 핵심 역할을 수행했다. 또 버마의 중산층은, 랑군Rangoon과 만달레이Mandalay에서 온 대학생들까지 포함하여, 버마가 변화해감에 따라 그에 맞추어 민주주의를 꾸준히 밀어붙이고 있는 중이다.

그러나 일단 민주주의로부터 등을 돌리기 시작하면, 중산층의 정치 참여는 완벽한 파괴의 무기로 돌변할 수 있다. 군부를 정치에 다시 끌어들임으로써 중산층은 오래도록 이어져온 시민사회와 군부의 관계를 망가뜨리며, 군대가 민간인 지도자를 반복적으로 업신여길 수 있을 만한 여건을 조성해준다. 파키스탄부터 태국과 베네수엘라에 이르기까지 이런 추세는 반복해서 벌어진다. 선거로 뽑힌 지도자를 쫓아내기 위한 목적의 거리 시위를 정당화함으로써, 중산층은 선거 및 기타 민주적 제도의 정당성을 박탈하게 되는 것이다. 중산층이 시위를 통해 해당 국가의 다수를 차지하는 빈곤층에게 인기가 높은 선출직 지도자를 쫓아낸 경우, 그런데 그 빈곤층 역시 이전에 비해 정치적 참여도가 높아졌으며 민주적 절차가 아니라 오직 거리 시위를 통해 중산층에게 맞설 수밖에 없다고 생각하게 되었을 경우, 이러한 상황은 특히 더 위험해진다. 태국과 대만, 베네수엘라와 볼리비아에서, 중산층의 반란은 조만간 치유될 수 없을 것으로 보이는 쓰라린 갈등을 남겼다. 선거권을 박탈당했다고 느낀 빈곤층이, 미래의 결전을 위한 분노를 쌓아두기 시작한 것이다.

실제로, 수많은 개발도상국의 노동계급 구성원들은 경제 성장이 끝나면서 민주주의에 대한 환상에서도 벗어나고 있다. 그 와중에 중산층은 자신들의 특권을 지키기 위해 민주주의를 폐기 처분하려 들고 있기에, 결국 노동계급은 더욱 소외될 뿐이다. "왜 그들에게는 자기들 마음대로 우리의 정당을 불법화할 권리가 있는 겁니까?" 속한 정당이 헌법재판소에 의해 해산된 후 망명길에 올라야 했던, 노파돈 파타마Noppadon

Pattama의 말이다.47 그는 탁신 친나왓의 포퓰리즘적 정부에서 장관을 역임한 바 있다.

10년이나 20년 전이었다면 자신들의 정치적 권력을 중산층과 엘리트들에게 그냥 넘겼을 수도 있지만, 탁신, 조지프 에스트라다, 우고 차베스 같은 포퓰리스트 지도자들을 앞세운 투표하는 빈곤층은 그들의 지도자의 정권이 뒤집히자 맞서 싸우기 시작했다. 가령 태국의 경우, 탁신의 빈민층 지지자들은 반독재민주연합전선이라는 대중 조직을 결성해, 자신들의 상징이 된 붉은 셔츠를 입고, 중산층과 엘리트 기관들을 목표로 삼아 2009년과 2010년 폭력적인 시위를 벌였다. 붉은 셔츠 시위대는 수만 명의 대규모 시위대를 결성하였지만, 동시에 정부의 회의를 공격하기도 하고, 당시 총리였던 아피싯 웨차치와의 카퍼레이드에 돌을 던지기도 했다. 그들이 방콕 중심가에서 벌이던 시위는 그 인근에 거주하던 중산층 가게 주인들과의 갈등으로 변질되기도 했다. 최종적으로 보자면, 붉은 셔츠 시위대는, 만약 태국의 중산층이 태국의 민주주의를 망쳐버릴 수 있다면, 자신들도 그럴 수 있다고 생각한 것 같았다.

민주주의는 어떻게 망가지는가

6.

뇌물, 뇌물, 더 많은 뇌물

인도네시아의 수도, 인구가 몰려 있는 자바섬에서도 가장 큰 도시인 자카르타에 처음 온 많은 이들에게, 이곳은 여행자들을 녹아내리게 만드는 야만적인 열대의 열기를 품은 채 끝없는 활동이 이어지며 움직이는 거대 도시처럼 보일 것이다. 유리와 강철로 만들어진 마천루들이 별 다섯 개짜리 호텔들과 부대끼는 중심 상업 지구에 난 대로의 양쪽으로, 인도네시아식 꼬치구이인 사테satay와 정향을 섞은 담배인 크레텍kretek 그리고 인도네시아의 타블로이드 신문을 파는 상인들이, 서구식 양복을 입은 사무직 근로자들을 뚫고 포장마차를 끌어 온다. 휘황찬란한 상업 지구로부터 벗어나면, 1만7천 여 개의 섬으로 이루어진 인도네시아 군도에서 몰려든 이주민들이 바글거리는 새로운 시가지가 등장한다. 교통정체가 일상화된 길 위로는 오토바이들이 자동차 사이를 비집고 다니며, 대기 중으로 고막을 찌르는 소음과 함께 매연을 불어넣는다. 이미 인도네시아의 공기는 자동차, 버스, 그리고 인도네시아의 다른 지역에서 거의 통제 불가능한 수준에 다다른 산불로 인한 연기로 꽉 차 있는 상태지만 말이다.

그래도 1990년대 후반과 비교해보면, 오늘날의 자카르타는 너무도 조용하고 평화로운 도시가 된 나머지 오슬로를 떠올리게 할 정도다. 그당시, 오래도록 인도네시아를 통치해온 독재자 수하르토 정권이 무너지고, 아시아 금융 위기가 발발했다. 인도네시아의 경제는 큰 충격을 받았으며 그 탓으로 종교, 민족, 계급, 그 외 헤아릴 수 없을 만큼 다양한 성격을 가진 인도네시아 군도를 억누르고 있던 마개가 동시에 열려버렸다. 그 결과 인도네시아는 정치적·사회적으로 붕괴해버리고 말았다. 당시, 인도네시아를 자주 방문하던 사람들은 인도네시아가 내부 구심력을 상실함으로써 동남아시아판 파키스탄이나 나이지리아가 되어버리지는 않을지, 주변 지역에 해악을 끼치는 몰락한 대국이 되지 않을지, 그리고 어쩌면, 여러 나라로 이루어진 국가 공동체가 되지는 않을지 우려했다. 1998년 인도네시아의 경제는 13퍼센트가량 위축되었으며, 수천만 명의 인도네시아인들이 빈곤선 아래로 추락하였고, 폭도들은 수도 자카르타에서 수많은 약탈과 방화를 저질렀다. 쌀이나 식용유 같은 생필품을 얻기 위한 줄이 길게 늘어섰으며, 1998년이 시작될 무렵 인도네시아 화폐인 루피의 가치는 1997년 말에 비해 75퍼센트가량 추락해버렸다.1

자카르타 바깥에서 벌어지는 폭력은 그보다 더 심했다. 폭력적인 반 화교 감정뿐 아니라, 그 밖의 민족적·종교적 갈등선이 1990년대 말과 2000년대 초 터져나오기 시작했다. 서구 식민지 개척자들이 값비싼 육두구와 정향을 얻기 위해 경쟁을 벌인 것으로도 유명한 '향신료의 섬'인 말루쿠 제도에서, 기독교 신자들과 무슬림들은 서로의 마을을 공격하고 불 지르며 다른 생존자들을 참수하고는 마치 열대의 드라큘라 백작이라도 되는 양 그 목을 창끝에 꽂아 걸어놓았다. 아체 특별구Aceh,

민주주의는 어떻게 망가지는가

동티모르, 서 파푸아West Papua처럼 중앙 정부의 세력이 닿지 않는 지역들은 독립을 하겠다고 정부를 위협하고 있었다. 어쩌면 나라가 분해될지도 모르는 상황이었다.

1990년대 말부터 2000년대 초까지 인도네시아에 살아온 사람들에게, 인도네시아가 오늘날의 상황으로 변했다는 것은, 적어도 표면적으로는 주목할 만한 일처럼 보일 것이다. 세계에서 네 번째로 많은 인구를 보유하고 있으며 성장하고 있는 국가인 인도네시아는, 군도를 갈가리 찢어놓을 듯했던 폭력을 잠재우고 안정을 이룩해낸 것처럼 보이기 때문이다. 나이지리아나 파키스탄처럼 분해되어버리는 대신, 인도네시아는 지난 10여 년간 민주적인 성공 스토리를 써내려갔다고 일부 관찰자들은 생각한다. 인도네시아는 중앙 정부의 예산 중 많은 부분을 분산화했고 지방 정부에 힘을 실어주었으며, 전국에 걸쳐 정치 참여의 수준을 높였다. 시민사회는 이전보다 경계를 넓히고 더 많은 이들을 포용하게 되었으며, 인도네시아는 공개적인 시위, 정치적 반대, 합의를 통한 입법 과정 등의 면에서 보다 포용적인 나라가 되었다. 지역 사회는 해당 지역의 천연자원 및 사회복지 체계에 있어 보다 큰 통제권을 얻었고, 기층 단위의 선거 및 기타 유권자의 목소리를 반영하는 차원에서 새로운 형식이 도입되기도 했다. 인도네시아 어와 영어로 발행되는 자카르타의 신문들은 이제 매일, 일기예보 란 바로 옆에, 오늘 시내 어디에서 어떤 (평화적) 시위가 벌어질지에 대한 예보를 싣는다. 그와 같은 공적인 참여가 얼마나 일상적이고 평범한 일이 되었는지 잘 보여주는 사례라고 하겠다.

파키스탄 같은 다른 나라의 정치 지도자들은 미국의 앞잡이로 보일까 봐 두려워 공개적으로 군부에 반대하는 의사를 표현하지 못했지만, 최근 인도네시아의 지도자들은 연단에 올라 군대를 향해 날선 비판을 내놓았고, 동시에 무슬림 정당을 주류 정치권으로 포섭하기 위해 노력해왔다. "이 나라는 테러리즘 앞에 패배하지 않아야 하며, 패배하지 않을 것이라고, 본인은 강조하고 싶습니다. …… 모든 인도네시아 국민 여러분, 우리 모두 하나로 뭉쳐 테러 행위에 대한 싸움을 해나갑시다." 인도네시아의 수실로 밤방 유도요노Susilo Bambang Yudhoyono 대통령의 연설 중 일부이다.2 이러한 공적 분위기가 효과적인 경찰력과 결합한 덕에, 실제로 인도네시아는 동남아시아 지역에서 가장 강력한 테러 조직인 제마 이슬라미야Jemaah Islamiah를 해체하는 데 성공했다. 제마 이슬라미야는 200명 이상의 사망자를 낳은 2002년의 끔찍한 발리 폭탄 테러뿐 아니라 자카르타에 위치한 서구권의 호텔 및 대사관에 여러 차례 공격을 가한 바 있었다. 제마 이슬라미야에 대해 가장 믿을 만한 분석을 내놓은 국제위기감시기구International Crisis Group에 따르면, 제마 이슬라미야는 현재 산산이 쪼개진 채 약화되어 있으며 거의 힘을 발휘하지 못하고 있다.3

대중의 참여와 헌신으로 인해 비로소 얻게 되는 안정은, 투자와 강력한 경제 성장을 가능케 한다. 인도와 중국을 제외하고 나면, 인도네시아는 최근 세계에서 가장 높은 경제성장률을 기록한 나라이다. 유도요노 대통령 또한 완전히 자유로운 경쟁 선거를 통해 대통령이 되었다. 폭력적인 산통을 겪었지만 독립국가 동티모르는 결국 태어났다. 분리독립을 주장하는 또 다른 지역인 아체 특별구의 문제는 2004년 12월의 쓰나미를 겪고 난 후 해결되었다. 평온이 회복되면서 중국계 인도네시아인들에 대한 공격 또한 급격히 잦아들었다. 오늘날, 수많은 중국계 사업가들은 자카르타 곳곳에 중무장한 경비원과 철조망으로 둘러친 자신들만의 거주지를 만드는 것에서 벗어나, 인도네시아 정치에 공개적으로 참여하기 시작했다.

1998년 수하르토 정권의 몰락 이후 인도네시아에 대해 무시로 일관해오던 미국은, 인도네시아가 변화했다는 것을 깨닫고는 다시 한 번 구애를 시작했다. 오바마 정권은 인도네시아와의 "포괄적 동반자 관계 comprehensive partnership"를 시작했다.4 중동 지역 사람들이 독재자를 쫓아 내고 있을 때, 백악관은 인도네시아의 정치적 이행 과정에 대한 내부 조 사에 착수하여, 인도네시아 군도가 아랍 세계에 본보기가 될 수 있을지 여부를 검토했다.5 2010년 11월, 자신이 어린 시절 4년간 생활했던 나라 인 인도네시아를 방문하면서, 오바마 대통령은 다음과 같은 찬사를 늘 어놓았다. "인도네시아는 예외적인 민주적 이행 과정을 통해 독자적인 길을 제시했다."6 힐러리 클린턴 국무부 장관은 이듬해 인도네시아 관료 들과 만난 자리에서, 인도네시아가 "민간 정권으로 이행하고 강력한 민 주적 제도를 확립하는 것에 대한 본보기를 제공하고 있다"며, 중동과 버마에 민주주의를 홍보하라고 요구하기도 했다.7

　　성공에 성공을 거듭할 것으로 보였지만, 인도네시아는 훗날 치명 적인 결함이 될 수도 있는 요소를 노출시켰다. 신생 민주주의 국가에서 그런 경우가 많듯이, 정치의 문호를 여는 것은 동시에 부패의 수도꼭지 를 트는 것과 마찬가지인 것이다. 부패가 자유화되고 독재 정권 시절 중 앙으로 집중되던 뇌물 수수 체계가 붕괴하면서, 더 많은 관료, 공직자, 평범한 경찰들이 시민을 향해 손을 벌리기 시작했다. 사업을 시작하고 자 할 때, 자녀를 학교에 보내고 싶을 때, 고속도로에서 차를 몰 때, 편지 를 보낼 때, 그 밖에 부유한 민주주의 국가 시민이라면 아무렇지도 않게 해낼 수 있는 수많은 일들을 하고자 할 때, 인도네시아에서는 뇌물을 제 공해야 한다. 부패가 너무도 일상화되어버린 탓에, 정치인이 반부패 위 원회에 의해 부패 및 다른 범죄 혐의로 적발된다 해도, 놀라는 인도네시 아인은 극소수에 지나지 않는다. 한편 정치인에 대한 부패 혐의 고발 중 대부분은 반부패 위원회의 권위를 실추시키기 위한 것으로 밝혀지기도 했다.8 2010년, 반부패 위원회의 전 위원장 중 한 사람은 경쟁자의 살해를 교사한 혐의로 유죄 판결을 받은 바 있다.9

이론적으로 보자면, 정치가 개방될수록 부패는 줄어들어야 한다. 정치인들의 일거수일투족이 백일하에 드러나기 때문이다. 이것은 장기적으로 보자면 참일 수 있지만, 단기적으로는 정반대의 효과를 낳는 것 같다. 독재 정권이 단단히 틀어쥐고 있던 시절에는, 뇌물 수수가 상대적으로 중앙에 집중되었을 뿐 아니라 예측 가능한 것이었고, 시민들은 이미 잘 확립된 부패의 네트워크를 이해하고 그에 맞춰나갈 수 있었다. 정권은 지역 사업자들로부터 일정 비율의 돈을 빨아들였지만, 이러한 부패 행각을 직접 벌이는 사람들의 숫자는 상대적으로 적은 편이었다. (물론 자이르의 대통령이었던 모부투 세세 세코 같은 예외가 있다. 바로 그 적은 숫자의 부패 행위자들이 너무도 무절제했던 탓에 결국 통제할 수 없는 범위까지 부패가 치달았던 것이다.) 국가가 민주화됨에 따라, 중요한 정보를 독점하고 뇌물을 주고받던 기존의 경로가 사라지고, 더 많은 행위자들이 경제적 가치를 지니는 중요한 정부 정보에 접근 가능하게 되므로, 지역 정치 지도자, 정부 관료 조직 구성원, 국회의원 등 더 많은 이들이 뇌물에 손을 대기 시작하는 것이다. 이렇게 부패가 자유화되면 모든 이들의 사업 비용이 늘어난다. 오늘날에는, 인도네시아에서 가장 큰 기업에서 가장 작은 길거리 상인까지, 누구든 자카르타 같은 도시에서 장사를 하기 위해서는 딱지 떼는 경찰부터 교통경찰 및 해당 지역 관리들에 이르기까지, 모든 이들에게 꼬박꼬박 '벌금'을 바쳐야 하는 것이다.

　　인도네시아는 정치적 개방이 실로 부패의 자유화를 불러오는지에 대한 명확한 그림을 제공한다고 볼 수 있다. 오래도록 지배해온 독재자 수하르토의 정권이 1998년 무너지고 민주주의로의 이행이 시작되면서, 부패는 탈중앙집권화되었고, 이후 수십 년에 걸쳐 수하르토의 수많은 일가친척들과 군부에 의해 엄격하게 통제되던 부패의 네트워크가 무너지게 되었다.10 중앙 정부는 더 많은 권력을 지역 사회의 지도자들에게 넘겨주고 지방 정치인들에게 힘을 실어주었는데, 이러한 새로운 상황은 부패가 만연하기 위한 조건을 더 많이 제공했다고 볼 수 있다. "민주화된 인도네시아에서 관료 조직, 사법부, 정당, 군대에 속하는 이들은 부패의 난투극을 벌이는 주요 행위자로 재등극하게 되었다." 인도네시아와 기타 개발도상국의 부패에 대해 심층적인 연구를 해온 경제학자 마이클 록Michael Rock의 말이다.11

수하르토가 틀어쥐고 있을 때와 달리, 입법부가 진정한 경쟁 체제로 들어서면서, 부패는 더욱 가속화되었다. 다시 한 번 말하지만, 장기적으로 볼 때 입법부 내의 경쟁 체제는 정치를 투명하게 만들어주며, 민주주의가 성숙해감에 따라 부패 또한 감소해간다는 것을 보여주는 수많은 경제학자들의 연구 또한 존재한다. 하지만 당장은 경쟁 체제로 인해 정치계에 돌아다니는 돈이 확연히 늘어날 뿐이다. 인도네시아의 입법부 의원은 더 이상 그저 수하르토의 정당인 골카르Golkar에 가입하는 것만으로는 의석을 차지할 수 없으며, 신생 민주주의 국가로서의 인도네시아는 정치인의 선거 자금 모금에 대한 충분히 규칙을 마련해두지 못한 상태였다. "입법부의 힘은 강화되고 대통령은 수세에 몰리는 식으로 양자 사이에 새로운 대립 관계가 형성되면서, 재선을 위해 군자금을 충분히 확보해야 했던 입법부 의원들은 자신들이 얻은 새로운 힘을 이용해 정치 자금을 뜯어냈다. …… 지역 관리들 역시 민간 기업에 세금을 매기고 돈을 뜯어내는 일에 동참했다." 마이클 록은 이렇게 말했다.12

민주주의는 지대 추구자*들이 국가로부터, 혹은 선거를 통해 돈을 벌수 있는 많은 기회를 제공하였지만, 인도네시아는 그들을 통제하기 위한 견제와 균형의 룰을 아직 발전시키지 못했다는 것이 그의 결론이다.

　　인도네시아에서는 지방 정치인이나 정당 지도자 선출, 입법부의 의석 등, 그저 선거가 더 많이 치러진다는 이유 하나만으로도 부패가 벌어질 기회가 더 많이 제공된다고 할 수 있다. 깨끗한 선거와 효과적인 감시 체제라는 강력한 민주적 전통이 존재하지 않는 상황이기에 그렇다. 미국 대사관의 보고서에 따르면, (미국의 경우에 비교하자면 시장직에 더 가까운) 자카르타 주지사 자리를 놓고 벌어진 2006~2007년 선거 기간 동안, 몇몇 정당은 더 많은 액수를 제시한 사람에게 공천을 해주겠다며 후보직 판매에 나섰다.13 그로부터 2년 전 치러진 대통령 선거는 궁극적으로 유도요노의 승리로 끝났는데, 그때도 비슷한 문제가 불거진 바 있다. 미 대사관의 또 다른 보고서에 따르면, 훗날 유도요노의 첫 번째 부통령으로 재직하게 되는 유력 정치인 유숩 칼라Jusuf Kalla는, "정당 조직 곳곳에 막대한 뇌물을 제공함으로써 표 단속을 했"고 골카르당의 대표 자리에 올랐다. 독재 시절과 비교해볼 때 지금은 정당의 조직이 훨씬 더 늘어났기 때문에, 그리고 그 각각의 조직은 수하르토 시절과 비교할 수 없을 만큼 많은 권한을 정당의 지역 관리들에게 주고 있기 때문에, 그들에게 제공해야 할 돈의 액수는 과거에 비해 훨씬 더 높아졌다.14

---

* 지대 추구(rent seeking)란 사전적 의미로는 경제 주체들이 비생산적인 일에 자원을 낭비하는 현상을 일컫는다. 이 경우에는 특정한 지위, 특히 관료제 속에서 어떤 자리를 차지하고 있는 사람이, 자신의 직위를 이용하여 경제 활동 주체로부터 대가를 받아내려 하는 행위를 뜻한다. 여기서 '지대 추구'라는 용어가 사용되는 방식은, 우리 속어로 '도장값'이라고 번역할 수도 있다.

　　　　　　　　　　　　　　　　　　　　　민주주의는 어떻게 망가지는가

심지어 청렴한 정치가의 이미지를 쌓아올리고자 했던, 인도네시아의 반부패 감시기구가 그의 최측근에게까지 칼날을 들이밀던 때에도 부패에 반대한다고 말하던 유도요노마저도, 날로 늘어가는 인도네시아의 부패 문제로부터 도망칠 수 없었다. 유도요노의 민주당Democratic Party의 자금을 관리하던 무하마드 나자루딘Muhammad Nazaruddin이라는 사람이 자카르타 시의 건축 입찰과 관련해 비리를 저지른 혐의로 기소되었고 2011년 5월 국외로 도피했다. 인도네시아를 빠져나간 나자루딘은, 유도요노의 정당 구성원 중 많은 이들이 자신이 만든 자카르타 시 계약 관행에 연루되어 있다고 주장했는데, 이것은 인도네시아의 많은 정치인, 언론인, 기업가들 사이에서 흔히들 그럴 것이라고 생각해왔던 바와 크게 다르지 않았다.15

정치의 개방성이 점점 증대되고 있음에도 불구하고, 부패에 대한 국민들의 인식을 놓고 국제투명성기구Transparency International가 매년 매기는 순위에서, 최근의 인도네시아가 그리 앞서가지 못하고 있다는 것은 놀랍지 않다. 아시아권의 설문조사 기관인 정치 경제 및 리크스 컨설팅Political Economy and Risk Consulting에 따르면, 인도네시아는 아시아에서 가장 부패한 국가로, 캄보디아나 필리핀처럼 깨끗한 정치의 모범이 되는 나라들보다 한참 뒤처져 있다.16

국제투명성기구 순위가 내려앉는 이 현상은 여타 신생 민주주의 국가에서도 반복되고 있다. 투표권의 확대와 정치권력의 탈집중화가, 적어도 초창기에는, 부패를 더욱 쉽게 만들어주는 것처럼 보인다. 투표권이 더 많은 이들에게 부여되고, 자유로운 투표가 보장되며, 방콕으로부터 다른 지방으로 권력이 탈중앙집권화되는 식으로 태국이 민주화를 향해 나아갔던 2000년대를 거치고 나니, 2001년에 세계 61위였던 국제투명성기구 순위가 2010년에는 78위로 떨어지고 말았다. 국제투명성기구 순위에서 필리핀은 1998년 55위를 기록했지만 2010년에는 134위로 내려앉았다. 1990년대 말부터 2000년대 초반 무렵 권위주의적 통치에서 벗어나 민주주의로 이행해간 30여 개 이상의 국가들을 분석해본 결과, 민주적 통치가 시작된 후 최초의 5년 동안에는 대부분의 국가에서 부패에 대한 국제투명성기구 순위가 하락하는 경향이 있다고, 미국외교협회 연구원들은 결론을 내렸다.

인도네시아의 여러 도시와 지역에서 새롭게 힘을 얻은 지역 관리나 나자루딘 같은 정당 지도자들은 초대형 건축 사업을 벌였다. 보르네오섬의 칼리만탄티무르 주East Kalimantan/Kalimantan Timur에 지어진 5만 석 규모의 6억 달러짜리 실외 경기장 같은 것이 대표적인 사례로, 이런 것들은 해당 건축 사업자가 지역 관리들과 결탁하여 프로젝트 자금에서 돈을 빼낼 수 있는 무지막지한 기회를 제공한다. 오늘날은 지역 관리들 중 4분의 1가량이 주나 군 단위의 부패에 연루되었다는 혐의를 받고 있는데, 자카르타가 중심에서 부패를 통제하던 10년 전에는 지방에서 그런 일이 전혀 없었던 것과 대조를 이룬다.17

국외자의 눈으로 보더라도 이러한 부패의 참상은 너무도 눈에 잘 띈다. 심지어 오바마 대통령이 인도네시아와의 "포괄적 동반자 관계"를 밀어붙이고 있던 중에도, 인도네시아를 주의 깊게 관찰하고 있던 미국 투자자들은 이 나라의 부패가 얼마나 통제 불능의 지경에 이르렀는지 잘 이해하고 있었다. 인도네시아는 큰 나라인데도 불구하고 미국의 대외 교역 순위에서 28위에 머물고 있는데, 이는 벨기에 같은 작은 나라보다도 낮은 순위이다. 인도네시아에 투자할 의향이 있는지 살짝 질문을 던져보면, 대부분의 미국 기업은 인도네시아의 부정부패 문제 때문에 현재까지도 투자를 보류하고 있다고 대답한다(물론 대형 자원 개발 회사들은 예외인데, 그들은 이미 인도네시아에 막대한 투자를 하고 있

민주주의는 어떻게 망가지는가

다).18 2011년 구글이 동남아시아 지역에 신규 투자를 하기로 결정했을 때도, 동남아시아에서 가장 큰 국가인 인도네시아를 건너뛰기로 즉각 결의했다. 그 이후에는 인도네시아 정부에 오늘날의 인도네시아 사업자들을 괴롭히는 모든 관료적 규제(와 그에 따르는 뇌물 요구)를 피할 수 있도록 사면권을 부여해달라고 요구한 바 있다.19

인도네시아의 이야기는 수많은 신생 민주주의 국가에서 반복되고 있다. 러시아와 그 외 구소련 국가의 국민은, 1989년 이후, 옛 공산당 관료들로 이루어진 과거의 노멘클라투라들이 내부 거래로 국유 재산을 사고파는 광란의 파티를 벌이며 재미를 보는 광경을 목격했다. 그런데 같은 시기, 이제는 수많은 국유 재산을 '소유'하게 된 전직 관료들은 경제적 혼란 속에서 특정한 해외 상품에 대한 접근권을 제공하거나, 어떤 사업을 시작할 수 있는 허가를 해주거나, 혹은 과거 국영 기업으로부터 분리되어 나온 기업 내의 자리를 챙겨주면서 광범위한 뇌물을 갈취하고 나섰다. 스코틀랜드의 스트래스클라이드 대학University of Strathclyde이 수행하는 '새로운 민주주의 바로미터New Democracies Barometer'에 따르면, 공산주의에서 벗어난 여러 국가의 경우, 응답자의 70퍼센트 이상이 구 공산주의 시절에 비해 부패가 늘어났으며, 그런 사실이 민주주의의 질에 대한 자신들의 관점에도 분명한 영향을 미쳤다고 응답했다.20

부패에 대해 여러 국가를 대상으로 수행된 다양한 연구들을 살펴보면, 실제로 민주주의의 초기에는 부패가 늘어나는 것으로 보인다. 민주주의와 지대 추구에 대한 분석에서, 미네소타 대학의 경제학자인 하미드 모타디Hamid Mohtadi와 테리 로Terry Roe는 자신들이 조사한 61개국 가운데 거의 모든 나라들에서 민주화의 초기 단계가 진행됨에 따라 지대 추구와 부패가 증가했다는 사실을 밝혀냈다.21 특정 지역과 국가에 초점을 맞춘 다른 연구에서도 비슷한 결과가 발견된다. 정치학자인 크리스 베이커Chris Baker와 파수크 퐁파이칫Pasuk Phongpaichit은 태국이 민주화됨에 따라 부패가 증가했다는 결론을 내렸다. 라틴아메리카에서 중앙집권적인 권력의 네트워크가 보다 탈중앙적인 정치에 자리를 내줌에 따라, 민주화와 함께 부패가 증가했다는 것을 밝혀낸 다른 경제학자들도 있다.22

심지어 실제로는 부패가 그리 악화되고 있지 않다 하더라도, 새롭게 시작되는 민주주의의 개방성은 부패가 늘어나고 있다는 인식을 대중에게 퍼뜨리는 경우가 많다. 많은 경우에 이 현상은 그저 언론이 보다 더 자유로워지고, 반부패 기구가 보다 더 큰 독립성을 확보하게 되면서 정부의 부패에 대해 조사하고 보고서를 내놓기 때문이다. 다시 한 번 말하지만, 장기적으로 볼 때 이런 현상은 긍정적인 결과를 낳을 것이다. 부정부패에 대한 폭로는 결과적으로 정치인과 공직자들이 어떤 행동을 하기 전에 한 번 더 생각해보도록 유도할 것이기 때문이다. 그러나 단기적인 차원에서 보자면, 자유로워진 언론과 반부패 기구에서 내놓는 보고서들은 정부의 부패에 대한 대중의 인식을 악화시키는 결과를 낳는다. 독재 정권하에서도 정치적 내부 서클에 도는 뇌물에 대한 소문이 퍼져나갈 수는 있지만, 그런 소문이 지역 언론에까지 오르내리는 것을 막는 일은 비교적 쉽다. 예컨대 중국의 원자바오溫家寶 총리는 국민들을 돌보는, 평범한, 부패하지 않은 아버지로서의 이미지를 성공적으로 유지해나갈 수 있었다. 2008년 쓰촨성 대지진 같은 굵직한 비극의 현장마다, 원자바오는 언제나 현장에 즉시 달려가는 중국의 최고위 관료 중 한 사람이었다. 원자바오는 그곳에서 대중을 위로하고, 재앙을 더욱 악화시키는 공무원의 불법 행위에 대해 정부 차원에서 정직하게 감독하겠노라고 약속했다. 정계의 내부자들 및 해외 언론인들은 그의 아내인 장페이리張培莉

민주주의는 어떻게 망가지는가

가 원자바오의 공식적인 수입만으로는 도저히 감당할 수 없을 만큼 비싼 보석을 착용하고 다닌다는 것을 알고 있었지만, 원자바오는 국민들을 상대로 자신의 이미지를 유지할 수 있었다.23 왜냐하면 중국의 언론은 정부의 강한 통제하에 있었으며, 원자바오 부인의 사업적 관심사에 대해 절대 보도하지 않았기 때문이다. 또한 중국의 반부패 기구는 그런 고위 관료를 건드리지 않았기 때문에, 평균적인 중국인 대부분은 장페이리의 부에 대해 아무 것도 아는 바가 없었다. 2007년, 장페이리가 수백만 달러 이상의 값어치를 지니는 비취 보석을 지니고 있다는 것이 대만 언론에 의해 보도되었지만, 중국은 중국 인터넷에서 그러한 결과를 신속하게 검열해버렸다. "중국 선전부는 언론 매체를 향해 장페이리의 보석과 관련된 보도를 하지 않도록 광범위한 명령을 내렸다고, 한 중국 고위 언론 편집자가 익명을 요구하며 전했다. 중국의 검색어 필터링 프로그램은 '원자바오의 부인', '보석' 등과 관련된 모든 검색 결과를 차단하도록 업데이트되었다." 〈LA 타임스〉의 보도에 따르면 그렇다.24

중국과 유사한 일이 독재자 수하르토가 통치하던 동안에도 벌어졌다. 다양한 경로로 추산되는 바에 따르면 수하르토와 그의 일가는 총 350억 달러를 국고로부터 훔쳤는데, 수하르토 제국의 실상을 폭로하는 기사를 쓰려고 하는 기자는 그 누구라도 체포당할 것이 뻔했다. 그때와는 대조적으로, 자유로울 뿐 아니라 스캔들에 민감하게 반응하는 오늘날의 인도네시아 언론은 고위 정치인들의 세계에서 벌어지는 부패에 대해 끝없는 폭로 기사를 생산해낸다. 또한 민주화된 인도네시아는 부패 혐의에 대해 독립적이고 공정한 조사를 계속해나가는 대감사원Supreme Audit Agency과 그 외 다양한 반부패 감시기구를 두고 있다. 물론 수하르토에 비교하면 확실히 여러 모로 덜 부패한 사람이긴 하지만, 유도요노 또한 그의 행정부가 부패에 연루되어 있다는 언론 보도에 오래도록 시달려왔다. 그중에는 나자루딘이 폭로한 부패 혐의뿐 아니라, 대통령 유도요노의 부통령이 된 사람의 선거운동을 지원한 바 있는 인도네시아의 주요 은행 '뱅크 센추리Bank Century'에 대한 구제금융 투입을 대통령이 명령한 것에 대한 의혹도 포함되어 있다. 이러한 의혹이 너무도 커져버린 탓에, 유도요노는 국영 TV 방송에 출연하여 자신이 그 일에서 어떤 역할을 했는지 설명하고, 부패에 맞서 더욱 강경한 입장을 취하겠노라고 약속해야만 했다. 수하르토 시절이었다면 이런 의혹은 그저 깔끔하게 묻혀버렸을 것이며, 대통령이 대중 앞에서 의혹을 해명하는 일도 벌어지지 않았을 것이다.25

부패에 대한 인식이 퍼져나가면서, 평범한 사람들은 독재 정권 시절보다 부패에 대해 더 많은 이야기를 듣게 된다. 그리고 정치 엘리트가 공공의 이익에 대해 냉소적이거나 무관심할 것이라고 생각한 대중이 공공의 문제에 대해 점점 더 불참하게 되면서, 경제의 불확실성은 커져만 간다. 경제학자 마이클 록이 지적하고 있다시피, 수하르토 정권하에서 민간 영역은 나름의 방식으로 광범위한 부정부패로부터 보호받고 있었다. 수하르토는 몇몇 친정부적 고위 인사에 대해서는 기업으로부터 돈을 뜯어낼 수 있는 '특권'을 허락하였지만, 특권을 갖지 못한 다른 관료들이 그러한 행동을 하는 것은 막아왔기 때문이다. "민주화가 특권 시스템의 붕괴로 이어진 것을 목격하게 된" 오늘날, 인도네시아의 민간 기업들은 그들이 투자한 돈이 보호받을 수 있는지, 아니면 지속적으로 밑도 끝도 없이 요구되는 뇌물을 제공해야만 하는 것인지, 예전에 비해 더욱 확신할 수 없는 상황에 빠져 있다.26

이보다 앞서 세계적인 민주화의 물결이 몰아쳤을 때, 언론의 자유는 지금과 유사하게 대중에게 부패를 폭로하는 기능을 수행했을 것이다. 그러나 민주주의의 두 번째와 세 번째 물결이 일어났을 무렵, 언론의 전파 범위와 심도는 훨씬 좁거나 얕았고, 설령 언론이 부패에 대한 추가적인 이야기를 보도한다 한들 인구 다수에게 그것을 신속하게 전파할 수 있는 능력은 제한되어 있었다. 인터넷과 소셜 미디어가 발달함에 따라, 언론의 전파 범위는 훨씬 넓어졌고 그 속도도 매우 빨라졌다. 오늘날에는 심지어 인도네시아 같은 개발도상국의 가장 가난한 이들마저도 인터넷 접속이 두루 가능해졌고 소셜 미디어의 사용 폭이 넓어진 탓에, 가장 최근의 뉴스를 언제라도 확인할 수 있다. 그리고 그 속에는 부패에 대한 이야기가 묵직하게 포함되어 있는 것이다. 실제로 인도네시아는 현재 미국 다음으로 많은 페이스북 사용자 숫자를 기록하고 있다.27

부패가, 혹은 부패에 대한 대중의 인식이 늘어나는 것만으로도, 민주주의에 대한 대중의 소외감을 가속화할 수 있다. 본 저자와 미국외교협회의 보조 연구원들은 밀도 높은 설문조사 정보가 존재하는 가장 최근 연도인 2002년부터 2007년까지의 설문조사 결과를 이용해, 전 세계적으로 30여 개 이상의 개발도상국에 대한 메타 분석을 시행했다. 민주주의에 대한 지지도와 부패 사이의 상관관계를 조사하기 위한 것이었다. 민주주의에 대한 지지도를 측정하기 위해 우리는 다양한 지역에서 수행된 바로미터 설문조사를 이용하였으며, 또한 각국 사람들에게 피질문자의 국가에서 부패가 "아주 큰 문제인지" 여부를 질문한 퓨 글로벌 애티튜드 서베이Pew Global Attitudes Survey의 결과를 사용하여, 이 주제에 대한 분석을 시행하였다. 그 결과 우리는 대략 전 세계 국가들 가운데 4분의 1가량에서, 부패에 대한 국민들의 인식이 증가함에 따라 민주주의에 대한 지지도가 떨어진다는 것을 발견하였다. 반면, 방글라데시, 아르헨티나, 인도 같은 다양한 사례를 검토해보면, 국민들이 부패를 덜 인식하는 것과 민주주의에 대한 대중적 지지도가 높아지는 것 사이에는 확연한 상관관계가 존재한다. 이 결과는, 만약 신흥 민주주의 국가가 재빠르게 부정부패 문제를 통제할 수 있다면, 민주적 이행에 대한 지지를 더욱 쉽게 확고히 할 수 있을 것임을 함의한다.28

이러한 메타 연구를 통해 뚜렷한 상관관계를 보여주었던 나라들의 경우, 부패와 민주주의에 대한 지지율 감소 사이의 관계는 항구적인 것으로 보인다. 국립 타이완 대학National Taiwan University의 추윤한 같은 다른 연구자들은 수많은 아시아 신생 민주주의 국가에서 부패에 대한 인식 수준이 높아짐에 따라 정부에 대한 신뢰가 떨어졌음을 발견했는데, 이는 우리의 연구 결과를 뒷받침해주는 것이다.29 파키스탄의 자유주의적 중산층 가운데 많은 이들은 최근 몇 년간 민간 정부가 들어서면서 이전의 군사 독재 시절에 비해 부패가 늘어났다는 것을 은근히 인정하고 있는데, 그러한 부패에 대한 인식이 민주주의에 나쁜 영향을 끼치고 있다는 설문조사 결과가 있다. 2002년에서 2007년 사이, 자국이 심각한 부패 문제를 겪고 있다고 생각하는 파키스탄 사람의 숫자는 6퍼센트 증가했다. 파키스탄 사람 가운데 민주주의를 지지하는 사람들의 숫자는, 같은 기간 거의 9퍼센트가량 떨어졌다. 비슷한 일이 우크라이나에서도 벌어졌다. 2000년대 후반 들어 오렌지혁명의 지도자인 빅토르 유센코에게 실망하는 중산층이 늘어만 갔는데, 왜냐하면 우크라이나의 정치가 훨씬 더 개방적으로 변했음에도 불구하고 부패가 증가하는 것을 목격했기 때문이다. 이러한 실망감은 민주주의에 대한 환상을 벗겨내버렸다는 설문조사 결과가 존재한다. 2002년에서 2007년 사이, 자국이 심각한 부패 문제를 겪고 있다고 믿는 우크라이나인은 총 9퍼센트 증가했다. 같은 기간 동안, 민주주의에 대한 지지도는 무려 11퍼센트나 추락하고 말았다.30

민주주의는 어떻게 망가지는가

다른 연구에서도 비슷한 결과가 발견된다. 2002년에서 2005년 사이 부패에 대한 인식을 조사해본 결과, 많은 연구자들은 "아프리카에서 선거 절차 및 국가기관에 대한 대중적 신뢰를 구축하는 데 있어서 가장 큰 장애물 중 하나, 혹은 가장 큰 장애물 그 자체"가 바로 부패라는 사실을 발견했다. 부패는 그러한 신생 민주주의 국가가 제 기능을 하는 데 필수적인 민주적 제도에 대한 아프리카인들의 신뢰를 해치는 가장 큰 요소인 것이다.31

또 다른 경우, 부패는 선출직 공무원에 대한 대중의 불만을 불러일으키기도 한다. 시민들은 이러한 불만을 품고, 정치적 문제를 해결해달라며 선출되지 않은 행위자에게 달려가게 될지도 모른다. 그것은 그리 큰 문제가 아닐지도 모른다. 남아시아 전반을 대상으로 2000년대 초반에 실시한 집중 연구에 따르면, 정당에 대한 신뢰를 보내는 인도인은 50퍼센트가 채 되지 않지만, 인도인들은 민주주의의 두 중요 기관이라 할 수 있는 사법부 및 비정파적인 선거관리위원회Election Commission에 대한 높은 신뢰도를 보여주었다. 그 결과, 2001년 여름 굶주린 시위대가 부패 문제에 대해 항의하며 정치 체제 및 선출직 공무원들에 대한 불만을 공공연히 표출하자, 수많은 중산층이 합류하였다. 이는 인도 정치에 대해 갖고 있던 그 낮은 수준의 신뢰마저도 매우 급격하게 추락했음을 보여주는 것이었다.32

하지만 적어도 인도의 대중은 몇몇 민주적 기관에 대한 신뢰를 보여주고 있다. 파키스탄, 태국, 이집트처럼 정당에 대한 대중의 신뢰도가 낮은 국가의 경우, 중산층에 속하는 시민은 대신 군대를 향해 신뢰의 눈빛을 보내곤 한다. 이러한 나라에서 군대는 역사적으로 중요한 역할을 해왔지만 민주주의를 보장하는 집단이라고 불릴 수는 없음에도 말이다.

우리가 자카르타의 여론조사 사례를 통해 확인한 바와 같이, 이러한 부패의 증가는 신생 민주주의 국가의 선거에까지 영향을 미치고, 점점 늘어나는 부패에 따라 잠재적으로 국가 분열의 가능성이 커진다. 경제학자 폴 콜리어Paul Collier가 아프리카의 민주주의 체제에 대한 분석을 통해 보여준 바와 같이, 개발도상국에서는 최초의 민주적 선거가 실시되고 나면, 그의 표현에 따르자면 "최소의 비용으로 최대의 투표를 이끌어내는 과정에 가장 잘 적응한 자가 승자가 되는 다원주의적 정치 생존 투쟁"이 벌어지곤 하는 것이다.33 콜리어는 반부패 감시기구, 강력한 선거관리위원회, 당파성을 띠지 않는 법원처럼, 좋은 정부에는 그에 걸맞은 보상을 해주고 국민을 속이는 일에는 처벌을 할 수 있는 강력한 제도적 장치가 부족하게 마련인 가난한 신생 민주주의 국가를 살펴보았다. 그는 누군가 득표수를 올리기 위해 가장 효율적인 방법을 택할 경우, 그로 인해 좋은 정부가 건설되기보다는 뇌물, 유권자 매수, 개표 부정 등이 벌어지곤 한다는 사실을 발견했다. 또한 신생 민주주의 국가에는 반대편 정당에 대한 관용의 전통이 확립되어 있지 않은 탓에, 최초의 자유선거는 제로섬 게임의 전쟁으로 돌변하곤 한다. 그 어떤 정당도 패배를 감당할 수 없고, 모든 정당들이 가장 극적인, 때로는 폭력적인 전략을 써서라도 이기고자 하는 그런 경쟁이 되는 것이다. 그래서 민주적인 선거가 매번 치러질 때마다, 승리 혹은 패배가 가져다주는 결과는 더욱 명확해진다. 이기지 못한다면 그들이 누리는 모든 혜택이 끊길 것임을 각 정당들은 이해하고 있는 것이다. 유권자를 매수하고 회유하려는 시도는 늘어날 수밖에 없다. 가령 나이지리아의 경우, 민주적인 선거가 치러질 때마다 유권자를 매수하려는 시도가 늘어났고, 그에 따라 한 표를 구입하기 위해 들어가는 평균 비용도 선거를 치를수록 높아졌다.

케냐에서는 2000년대 초, 비로소 최초의 경쟁 선거로 대통령 선거

민주주의는 어떻게 망가지는가

가 치러졌다. 그때 모든 정당들이 뇌물을 써서 여론을 조작하고 유권자와 후보자를 매수하며, 심지어 선거운동 기간 동안 선거구를 지배하기 위해 살인까지 저지른 것은, 생존의 관점에서 보자면 말이 된다. 선거에서 패배하게 되면 그들의 정당뿐 아니라, 모든 정치적·비즈니스적·민족적 동지들이 권력 앞에서 얼어붙어버릴 것임을 모든 정당은 잘 알고 있는 것이다.34

그보다 더 부유한 동아시아 신생 민주주의 국가의 경우에, 혹자는 이런 기대를 품을 수도 있겠다. 그런 지역의 정치인들은 보다 넉넉한 태도를 가지고 있으며, 선거 과정에서의 폭력과 투표자 매수 등의 유혹에 덜 휩쓸릴 것이라고, 그리하여 선거를 단순한 적자생존의 장으로 바라보지만은 않을 것이라고 말이다. 유엔개발계획United Nations Development Program은 2011년 아시아의 신흥 민주주의 국가들에 대한 분석을 내놓았는데, 그에 따르면 많은 신흥 민주주의 국가에서 대중이 참여하는 선거가 허용되어 있는 만큼, 그에 따라 폭력과 뇌물이 폭증하고 있었다. 선거는 "폭력을 촉발시킬 수 있다. …… 참여자들이 게임의 규칙을 준수하지 않는 한, 선거는 그 자체만으로는 정치적 변화를 관리하는 충분한 기제가 되지 못한다." 달리 표현하자면, 투명하고 평화로운 선거여야 한다고 유엔개발계획은 지적한다. 보고서의 결론에 따르면, 선거를 통한 민주주의는 "(동아시아의 신흥 민주주의 국가에서) 높은 비용을 발생시킨다. 매년 수백 명의 사람들이 경쟁적인 선거와 연루되어 목숨을 잃는다."35 태국, 네팔, 방글라데시, 필리핀, 파키스탄에서는, 특히 여타 아시아 신흥 민주주의 국가와 비교해볼 때, 마치 아프리카처럼 선거가 승자가 독식하는 경쟁의 장, 패배한 정당은 완전히 문을 닫아버리는 그런 경쟁의 장이 되어버렸다고 유엔개발계획은 결론 내렸다. 그 결과, 케냐나 나이지리아의 경우처럼, 아시아의 정당들은 선거에서 이기기 위해 수단과 방법을 가리지 않는데, 왜냐하면 패배란 곧 자신들의 힘을 박탈당하는 것임을 알고 있기 때문이다. 예컨대, 유권자 매수 행위를 징역으로 처벌하는 법이 존재함에도 불구하고, 태국에서 유권자 매수는 너무도 만연하게 벌어지고 있으며, 그로 인해 선거운동 기간에 10억 달러의 상당의 경제 효과가 창출된다고 추산되고 있다.36

인도네시아에서는 선거 기간 동안의 금권정치가 법칙으로 자리 잡았다. 자카르타뿐 아니라 모든 인도네시아 군도에서 그렇다. 수하르토 시절에는 독재자의 정치적 운송 수단에 지나지 않았던 골카르당 외에는 다른 정당이 실제로 없는 것과 마찬가지였다. 5년마다 치러지는 선거에서, 수하르토와 그의 정당은 사담 후세인 식의 압승을 거두도록 예정되어 있었지만, 그래도 어쩌면 골카르당 소속의 하원 의원들이 적은 액수의 인도네시아 루피화를 선거 기간 동안에 건넸을 수도 있겠다. 하지만 이러한 금품 살포는 수하르토에게 진정한 경쟁자가 없었기 때문에 실질적으로 제한되어 있었고, 독재자의 정당은 군부와 함께 손을 잡고 언제나 국민들을 힘으로 위협하여 그들을 찍도록 만들 수 있었다.

오늘날 인도네시아의 정당들은 훨씬 더 경쟁적인 환경 속에 놓여 있다. 총선의 경우, 적어도 다섯 개쯤 되는 규모 있는 정당들이 선거마다 등장해 경쟁을 치른다. 그 정당 중 어떤 당도 유권자들을 협박해 지지를 이끌어낼 수 없기 때문에, 선거 기간 동안, 혹은 선거 당일에 금품을 건네주는 일이 훨씬 더 중요해졌다. 인도네시아의 저명한 학자인 에펜디 가잘리Effendi Gazali는 인도네시아 각 지역에서 유권자의 행태를 관찰하였는데, 그 결과 선거를 앞두고 돈을 받은 유권자들의 숫자는 2000년대 초에 비해 2000년대 말 두 배 이상 증가했다는 것을 발견했다.37

인도네시아의 정당들이 벌이는 선거운동 장면을 가볍게 살펴보는 것만으로도, 한 표의 가격이 얼마나 폭등했는지 어렵지 않게 파악할 수

　　　　　　　　　　　　　　민주주의는 어떻게 망가지는가

있다. 전국 각지에서 몰려온 이민자들이 콘크리트와 나무로 방 두 칸짜리 작은 집을 짓고 사는 자카르타의 한 교외 지역에서, 어떤 인도네시아 다수파 정당 후보들이 지지를 호소하고 있었다. 그 교외 지역에 설치된 가설 연단에서 후보자가 연설을 하는 동안, 선거운동원들은 쌀, 식용유, 땅콩이 담긴 작은 바구니를 청중에게 나누어주었고, 그러고 나서 후보자는 구호를 외치고 자기 정당의 색깔이 담긴 깃발을 흔들며 대중을 이끌어나갔다. 군중 중 일부는 심지어 연설을 듣는 일에는 관심도 없었다. 그들 중 상당수는 인기 있는 인도네시아 가수가 무대 위에 올라와 사람들을 향해 엉덩이를 흔들며 춤을 추기를 기다리고 있었던 것이다.

대부분이 건설이나 기타 일용직에 종사하기 위해 수도로 올라온 노동계급인 청중은, 선거운동원들이 다른 선물을 들고 군중 속을 돌아다니는 모습을 보자 더 열심히 주의를 기울이기 시작했다. 새로운 선물 꾸러미에는 소액의 루피화와 함께, 그 정당의 상징과 색깔을 투표소에서 어떻게 찾을 수 있는지 설명해주는 카드가 들어 있었다. 잠시 전까지만 해도 양념된 닭고기 육포를 씹으며 바닥에 늘어져 있던 사람들은 대번에 벌떡 일어나 앞으로 달려나가더니 하나, 둘, 세 개씩 작은 바구니를 챙겨들었다. 이것은 마치 미국 라디오 방송국 홍보 행사를 연상케 하는 장면이었다. 하지만 그렇게 바구니를 얻은 사람들 중 상당수는 내용물을 확인해보고는 실망스러운 표정으로 선거운동원들을 바라보았다. "이건 다른 당에서 받은 것의 반 정도밖에 안 되는걸", 누군가의 말이었다.38

투표자 매수 행위가 지속되고 있고, 선출된 정치인들의 부패에 대한 인식이 증가하고 있으며, 사소한 뇌물 요구는 점점 반복되는 탓에, 수많은 인도네시아인들은 지쳐가고 있는 중이다. 여러 인도네시아 사업가들에게 질문을 던져보면, 그들은 자신들의 신생 민주주의 국가가

1990년대 말의 경제적 위기와 혼돈 이후 어떻게 성장해나갔는지에 대해 회고하며 자랑스러워하는 모습을 보여준다. 그러나 조금 더 깊게 질문을 던지면 그들은 이내 좌절감을 드러낸다. 길거리의 노점상부터 택시 운전사, 심지어는 부유한 대기업 회장까지, 그들 모두가 사업을 지속하기 위해 지불해야만 하는 뇌물에 대해 불만을 털어놓는 것이다. 그러므로 전 독재자의 아들 '토미' 수하르토가 2011년 중순 정계 입문을 결심한 것은 그리 놀라운 일이 아닐 수도 있다. 설령 그의 아버지가 오래도록 가혹하게 억압적인 정치를 해왔으며, 심지어 살인 교사 혐의로 대법원의 유죄 선고를 받고 오랜 기간 동안 감옥에 갇혀 있었다는 것을 염두에 두더라도 그렇다. 토미는 새로운 정당을 출범시키고 자신이 그 이사회의 회장이 되었으며, 2014년 인도네시아 총선을 향한 계획을 펼쳐나갔다. "국민은 (유도요노) 정권을 믿지 않습니다." 토미의 최측근 정치인이 기자들을 향해 말했다. "13년간의 '개혁'은 사람들의 삶을 나아지게 하지 못했습니다."39

토미는 시대정신을 이해하고 있는 것으로 보인다. 인도네시아의 연구 기관인 서베이 서클Survey Circle이 2011년 말 발표한 연구에 따르면, 수하르토 시절의 정치인들에 비해 민주화된 이후의 정치인들이 더 일을 잘하고 있다고 생각하는 인도네시아인은 고작 전체의 12퍼센트에 지나지 않는다.40 응답자 가운데 압도적으로 많은 이들이 뇌물을 민주화 시대의 가장 큰 불만거리로 꼽았다. 그 설문조사에 붙은 주석에 따르면, 선거를 통해 인도네시아의 의회에 입성한 이들 중 상당수가 의석을 차지한 후 1년 내에 부패와 관련된 혐의로 수사를 받게 된다고 한다. "이것은 대부분의 인도네시아 사람들에게 민주화가 더 나은 삶을 가져다주지 못했다는 사실을 도드라지게 해준다." 이 설문조사 결과를 보도하면서 〈자카르타 글로브Jakarta Globe〉는 강조했다.41 2011년 5월 발표된 또

민주주의는 어떻게 망가지는가

다른 설문조사에 따르면, 2000년대의 민주화에 대해 부정적인 입장을 보이는 인도네시아 사람들은 두 명 가운데 한 명 꼴로, 그들은 수하르토 시대가 민주적으로 선출된 유도요노 정권하에서보다 살기 좋았다고 응답했다.42

중국 모델

매년 다보스에서 열리는 세계경제포럼World Economic Forum에 참석하는 사람들은 대부분 딱히 뭘 해야 할지 정확한 설명을 듣지 못하게 마련이다. 포럼이 열리는 스위스의 별장에는 전 세계의 엘리트들이 한데 모인다. 엄청난 권력을 가진 투자은행가, 최고위직 정부 관료 및 지도자들, 아주 손이 큰 자선사업가들, 그리고 전 세계의 유명 인사들이 세계적으로 가장 심각한 문제를 해결하고 저녁에는 칵테일파티를 갖기 위해 모여드는 것이다.

그러나 2009년 1월 다보스 사람들은 전혀 예상할 수 없었던 사람이 쏟아내는 열정적인 강연을 들어야만 했다. 어떤 사람들은 세계경제포럼에 참석한 최초의 중국 고위 지도자인 원자바오 총리가 겸허한 태도로 발언을 할 것이라고 생각했다.1 그러나 다보스에서 그 온화한 할아버지의 모습은 온데간데없었다. 리먼브라더스가 무너짐으로써 세계 경제 위기를 촉발시킨 지 몇 달이 지났던 그 무렵, 원자바오는 서구가 전 세계로 퍼져나가는 경제 붕괴의 원인을 제공했다며 직접적인 비난을 가했던 것이다. "이익을 향한 맹목적인 추구로 인해 벌어진 금융 기관들의 엄청난 확장", 금융 분야에 대한 정부 감독의 실패, "하염없이 지속되는 낮은 저축률과 높은 소비로 특징지어지는, 지속 불가능한 개발 모델"이 위기를 불러왔다고, 분노한 원자바오는 말했다.2

　　5년 전만 해도, 중국의 지도자가 이렇게 직언을 퍼붓는 일을 상상하기란 거의 불가능했다. 1990년대와 2000년대 초까지도 중국은 자국의 소프트파워를 그저 아시아의 인접 국가들을 다독이는 데만 사용하고 있었고, 아프리카나 라틴아메리카 같은 지역에서 영향력을 확장하는 일에만 집중했다. 2008년 말까지만 해도 중국의 고위 관료들은, 중국이 힘을 기르고 있는 동안에는 국제 문제에서 저자세를 유지하라는 덩샤오핑鄧小平의 옛 유지를 충실히 지키고 있었다.3 1985년 덩샤오핑이 중국을 방문 중이던 한 아프리카 지도자에게 말했듯이, 중국은 "우리의 모델을 따라하지 말라. 우리로부터 얻을 수 있는 교훈이 있다면, 그것은 각국의 특유한 조건에 따라 정책을 형성해야 한다는 것이다" 하는 식의 태도를 가지고 있었던 것이다.4 2000년대 중반, 미국의 언론인인 조슈아 쿠퍼 래모Joshua Cooper Ramo는 일찍이 '베이징 컨센서스'라는 개념을 도입하여 중국의 권위주의적 자본주의를 묘사하고 있었는데, 일부 중국 학자들은 당시부터 은밀하게 베이징이 아시아, 아프리카, 라틴아메리카 국가들에게 줄 만한 교훈이 있을지에 대해 토의하기 시작했다.5 지금까지도, 공식적인 발언을 하는 자리에서는, 어떤 중국의 관료, 학자, 그 외 오피니언 리더들도 중국이 여타 개발도상국들이 따라야 할 정치적·경제적 모델을 제시하고 있다는 이야기를 하지 않고 있다.6 중국의 최고위급 지도자들 가운데 많은 이들은 아직도 중국이 개발도상국으로서 여전히 세계로부터 배워야 할 것이 많다는 입장에 머물러 있는 것이다.7

그러나 2008년과 2009년의 세계 경제 위기가 거의 모든 선진국의 경제에 치명타를 입힌 가운데, 중국은 베이징의 결단을 통해 대략 6천억 달러가량을 들여 막대한 경기 부양책을 실시하였고, 세계적인 하락세를 비교적 큰 상처를 입지 않은 채 통과했다.8 2009년 중국 경제는 거의 9퍼센트에 가까운 성장률을 기록하였는데, 이것은 일본의 경제가 5퍼센트 이상 수축되고 미국의 경제 역시 2.6퍼센트가량 위축되던 시기에 벌어진 일이었다.9 2010년 8월, (홍콩을 포함하지 않은) 중국은 8조6천억 달러 상당의 미국 국채 매각을 유보했다. 원자바오가 포럼에서 으르렁거리며 서구를 비판한 지 1년 후 다보스로 돌아온 중국 지도자들의 목표는 잡담이나 나누는 것이 아니었다. 그들은 헐값에 매입할 수 있는 서구의 자산을 사냥하기 위해 왔던 것이다.10 불경기가 막 시작되었을 때, 그 위기를 바라보던 수많은 서구의 지도자들은 위기에 빠진 것이 단지 경제뿐인지, 아니면 서구식 정치 시스템마저도 깊은, 어쩌면 근본적인 결함을 가지고 있는 것인지에 대해 유보적인 입장을 취한 채 의문을 던지기도 했다. 2008년의 경제 위기는, 전 미국 재무부 장관인 로저 올트먼Roger Altman의 말에 따르자면, "미국식 모델에 …… 구름을 드리웠던" 것이다.11 "상처를 받지 않고 위기를 넘긴 중국은, 미국과 유럽이 경기 회복을 위해 분투하는 동안 전략적 이득을 확고히 할 수 있는 기회를 얻었던 것"이라고 올트먼은 말했다.

중국의 지도자들은 입법부, 사법부, 혹은 그들의 행위에 의문을 던지거나 실제로 막아설 수 있을 만한 자유 언론 같은 '방해물'을 상대할 필요가 없기에, 중국의 리더십은 신속한 의사결정 후 거칠 것 없이 나아가곤 한다. 이러한 모습과 비교해볼 때 서구식 제도의 결함은 더욱 도드라져 보였다. "일당 독재는 분명히 폐해를 가지고 있다. 하지만 그 하나의 정당이, 마치 오늘날의 중국에서처럼, 이성적으로 계몽된 사

민주주의는 어떻게 망가지는가

람들의 집단에 의해 지도되고 있다면, 그것은 상당한 장점을 가질 수도 있는 것이다." 〈뉴욕타임스〉에서 국제 문제에 대해 칼럼을 쓰는 영향력 있는 칼럼니스트 토머스 프리드먼Thomas Friedman의 말이다. "단일 정당은 정치적으로 해결하기에는 까다롭지만 사회를 진전시키는 데 필수적인 중요한 정책을 도입해낼 수 있다."12 심지어 '워싱턴 컨센서스'라는 개념을 창안해낸 경제학자인 존 윌리엄슨마저도, 2012년에 쓴 에세이에서 베이징 컨센서스가 워싱턴 컨센서스를 밀어내가며 급속도로 저변을 확대해가고 있다고 시인했다.

　　서구의 지도자, 정책 결정자, 언론인들이 스스로의 시스템이 실패했는지 여부를 놓고 질문을 던지고 있을 때, 중국의 지도자들은 그들의 권위주의적 자본주의 개발 모델을 더욱 공공연하게 홍보하기 시작했다. 금융 위기가 시작될 무렵, 프랑스와 미국을 포함한 수많은 서구권의 정부는 자국의 금융 부문과 다수의 선도적 기업에 구제금융을 제공했다. 이러한 구제금융으로 인해 서구권의 지도자들은 베이징의 경제 개입을 비판하기가 더욱 어렵게 되었고, 일부 중국 관료들은 이제 서양의 민주주의 국가들이 중국 모델을 베끼고 있는 것은 아니냐고 질문을 던지게 되었다. 중국식 개발 모델을 선전하며 서구식 자유주의적 자본주의의 실패를 조롱하는 일군의 새로운 책들이 베이징에서 쏟아져나왔다. "베이징 컨센서스가 워싱턴 컨센서스를 대체하는 것은 충분히 가능한 일"이라고, 베이징의 칭화 대학 교수인 추이 즈위안Cui Zhiyuan은 2010년 초 〈인터내셔널 헤럴드 트리뷴International Herald Tribune〉에서 말했다.13 2000년대 초반에서 중순까지만 해도 연설이나 공개 석상, 기사 등에서 어리숙한 학생 행세를 하던 바로 그 중국의 지도자들이, 불현듯 선생님 노릇을 시작했던 것이다. 한 중국 상무부Commerce Ministry 출신 싱크탱크 전문가가 〈차이나 데일리China Daily〉에 기고한 글에 따르면, "미국의 재무 분야를 관장하는 최고위 관료들은 스스로의 불완전함을 감추기 위해 자국의 경제 침체로부터 사람들의 눈을 돌려야 할 필요가 있다. 그들은 미국에서 잘못되는 모든 일이 중국 탓이라며 비난한다"고 한다.14

　　전 지구적 민주화의 진전이 멈추고 후퇴하던, 민주주의의 역풍이 불던 시기에는, 오늘날의 중국과 같은 성공적인 경제 개발의 대안 모델이 존재하지 않았다. 구소련은 스스로를 경제적 대안이라 선전했지만, 오늘날의 중국과 같은 안정적인 경제성장률을 따라오지도 못했고, 국제 경쟁력 있는 성공적인 기업들을 만들어내지도 못했다. 제2차 세계대전 후 유럽과 아시아의 일부 지역에서 성취해낸 민주화에 대한 역풍이 불었던 1960년대 초, 자유주의적·자본주의적 민주주의에 대해 유일하게 실질적으로 도전하고 있던 것은 공산권뿐이었다. 당시에는 수많은 개발도상국들이 소비에트 경제 모델을 따르고자 했다. 소비에트 경제 모델이 서구에 대한 대안을 제시했다는 것이 이유 중 하나인데, 그것은 이전에 식민지였던 국가들에게 매력적으로 보일 만한 것이었다. 소비에트 모델을 차용하면 소련으로부터 확실한 원조가 왔던 것도 이유 중 하나였다. 탄자니아의 줄리어스 니에레레Julius Nyerere처럼 사회주의 체제에서 교육받았거나, 소련식 모델이 작동할 것이라 믿으며 사회주의에 대해 호의적인 시각을 가지고 있었던 서구의 대학에서 공부한 사람들이 신생 독립국의 지도자 가운데 많은 비중을 차지했던 것 역시 그 이유일 것이다.

　　그러나 1958년부터 1961년까지 시행된 마오쩌둥毛澤東의 대약진운동으로 인해 수백만 명이 굶어죽은 거대한 재앙이 일어났고, 난민들은 동구권의 경제적 정체 현상을 외부에 알렸다. 소비에트 연방과 마오쩌둥의 중국이 확실한 대안적 개발 모델을 제공했다는 확신을 가졌던 사람들이 보기에도 공산주의는 언젠가 무너질 것 같았다. 탈식민지 시대의 지도자들 가운데 첫 번째 세대가 물러나자, 한때 사회주의적인 모델을 받아들였던 수많은 신생 독립국은 그 모델을 서서히 분해하기 시작했다. 수많은 신생 독립국들이 심각한 경제 위기로 괴로움을 겪고 서구권에서는 신자유주의적 개혁이 막 시작되던 1980년대가 되어서는, 공산주의식 경제는 거의 죽음에 이르렀다.

오늘날, 중국 그리고 중국만큼 확실하지는 않지만 권위주의적 자본주의로 성공을 거둔 다른 나라들은, 실현 가능한 대안을 민주주의 선진국들에 제시하고 있다. 이후 살펴보게 되겠지만, 그들의 체제는 1920년대와 1930년대 초까지 이어졌던 공산주의 및 파시즘의 부흥 이후, 민주주의에 대한 가장 심각한 도전이라고 볼 수 있다. 또한 세계 경제 위기가 시작되면서, 또 수많은 개발도상국에서 민주주의에 대한 불만이 늘어나면서, 아시아, 아프리카, 라틴아메리카의 지도자들은 점점 더 중국 모델을 유심히 살펴보고 있는 실정이다. 중국 모델은 결과적으로 이러한 지도자들이 이끄는 국가의 민주주의를 저해하는 데 일조할 텐데도 말이다.

근년 들어, '중국 모델'이라는 말은 정치적 영역에서의 자유화 없이 경제를 자유화하는 것의 약자처럼 쓰이고 있다. 그러나 중국 개발 모델은 실제로는 더욱 복잡하다. 중국식 개발 모델은 대한민국이나 대만에서 일찍이 사용된 국가 중심적인 아시아적 개발 모델에 토대를 두고 있지만, 공산당이 경제적·정치적 정책 결정에 있어서 중심적인 역할을 지켜낼 수 있도록 중국 특유의 경로를 밟아나갔다.15 그보다 앞서 근대화를 진행한 다른 아시아 국가들과 마찬가지로, 중국은 개혁의 시기에 초등 교육에 확연히 많은 자원을 투여하였고, 젊은 층의 문자해독률을 98퍼센트까지 끌어올렸다. 이는 다른 개발도상국에서 젊은 층의 문자해독률이 70퍼센트에 못 미치는 것과 대조적이다.16 높은 경제성장률을 보여준

다른 아시아 국가들, 가장 개혁적으로 근대화를 진행한 페르시아만의 개혁 정부들처럼, 중국은 해외 투자자들이 대단히 선호할 만한 환경을 만들었는데, 특히 중국의 해안가를 따라 건설된 특별 경제 구역이 그러한 역할을 수행했다. 지난 20여 년 가운데 오랜 기간 동안, 중국은 세계에서 외국인의 직접 투자를 가장 많이 받은 나라로 기록되었다.17 중국식 모델에서 베이징의 중앙 정부는 여전히 경제에 대해 높은 수준의 통제를 하고 있지만, 사회주의로 돌아갈 가능성은 거의 없다. 대신 베이징은 경제에 대해서는 어느 정도 개방성을 추구하되, 정부가 전략적인 산업을 선정하고, 어떤 기업이 이익을 볼지 골라내며, 국가 자금으로 투자를 하고, 국가가 선호하는 기업에 대해 은행권이 지원을 해주는, 혼합된 형태의 자본주의를 개발해냈다. 실제로 1980년대와 1990년대에 걸쳐 중국은 수많은 국영 기업을 민영화했지만, 그럼에도 불구하고 중앙 정부가 120여 개에 달하는 기업을 통제하고 있는 것이다. 이 중에는 중국에서 가장 크고 강한 기업도 여럿 포함되어 있다. 중국에서 가장 큰 42개기업 중 오직 3개만이 민간 소유이다. 중국의 경제를 연구하는 경제학자 칼 월터Carl Walter의 한 연구에 따르면, 중국 정부가 가장 중요하다고 판단하는 39개의 경제 영역에서, 국유 기업은 전체 자산의 약 85퍼센트가량을 좌지우지하고 있다. 중국에서 공산당은 가장 큰 기업의 고위 임원들 중 다수를 직접 선정하는데, 선정된 임원들이 만약 그때까지 공산당원이 아니었다면, 그들도 당원이 된다. 이러한 연줄을 통해 베이징의 지휘부는 국가의 우선 목표를 설정하고, 각 기업에 신호를 보내어 기업들의 목표를 결정하지만, 이러한 지휘 감독을 대중의 눈앞에서 공공연하게 하지는 않는다. 설령 중국 정부가 가장 중요한 기업들을 직접적으로 통제하지는 않는다 해도, 베이징은 가령 에너지, 컴퓨터, 기타 등등 그들이 전략적으로 중요하다고 여기는 분야에서, 그들이 '자국 산업 혁신'이라고 부르는 것을 북돋워주기 위해 비관세장벽을 점점 높여가고 있다. 이러한 비관세장벽은 특정한 중국 기업들이 자원을 수급하고 연구 개발을 하는 데 도움을 주게 되는 것이다.

이러한 식의 권위주의적 자본주의하에서는 시장에 대한 정부의 개입이 자유시장 민주주의 체제하에서는 불가능한 방식으로 작동한다는 점을 언급해야 하겠다. 지배 체제의 힘을 강화하고 국제적으로 중국의 입지를 드높이기 위해서도 정부의 시장 개입이 이루어지는 것이다. 만약 베이징이 가령 태국이나 남아프리카공화국처럼 전략적으로 중요한 국가에 대한 투자를 유치하고 싶다면, 중앙 정부는 거의 모두가 정부와 연결되어 있는 중국의 주요 은행에 압력을 넣어서, 해당 국가에서 활동하는 기업에 대한 대출을 끌어다 줄 수 있다. 예컨대 중국의 거대 통신 기업인 화웨이는 지멘스 같은 다국적 기업과 경쟁하고자 했고, 국가가 통제하는 중국의 국가개발은행China Development Bank으로부터 300억 달러가량의 신용 대출을 받았는데, 그 대출은 외국의 경쟁자들이 그저 침을 흘릴 수밖에 없는 조건으로 이루어졌다. 반면 오바마 정부는 중요한 전략적 파트너인 인도네시아와의 관계를 극적으로 끌어올리고 싶어 했지만, 미국 기업들을 설득하여 인도네시아에 투자하도록 이끌어내지는 못했다. 중국식 리더십과 달리 미국 정부는 미국 기업들에게 그런 투자를 하도록 강제할 수 없는 것이다.18

간단히 말하자면, 중국식 모델에서는 통상 문제가 개인의 힘을 키우고 (잠재적으로 부를 만들어내기 위한) 수단인 것뿐 아니라, 국익을 증진시키기 위한 일종의 수단인 것이다. 그리고 지난 30여 년 동안, 중국식 개발 모델은 입이 떡 벌어질 만한 성공을 거둬왔다. 중국의 개혁과 개방이 시작되었던 1970년대 말, 중국은 산업 대부분이 농업에 치우쳐 있던 가난한 나라에서 출발해, 2010년에는 세계에서 두 번째로 큰 경제

규모를 가진 나라가 되었다.19 선전Shenzhen이나 상하이 같은 해안가 도시들의 1인당 GDP는 오늘날 남유럽이나 동남아시아권의 도시들과 대등한 수준으로 솟구쳤다.20 이러한 성장은 결과적으로 중국인 수억 명을 빈곤으로부터 탈출시켰다.21 산업화된 민주주의 국가들의 경제는 여전히 고통을 겪고 있지만, 오늘날의 중국과, 다소 정도가 약하지만 인도는, 전 세계 경제에 거의 유일한 성장 모델을 제공하고 있는 것이다.22

2008년 이후에는, 단지 중국의 고위 지도자들뿐 아니라 중국 전역의 인민들 또한, 세계 속 베이징의 위상에 대해 더욱 큰 자신감을 품게 되었다. 19세기 근대화된 서구에 뒤처져 세계 강대국의 지위를 잃어버렸지만, 그 전까지 수 세기에 걸쳐 차지하고 있던 지위를 되찾고 있는 것이므로, 이러한 자신감 중 일부는 그저 자연스러운 것으로 볼 수도 있다. 그러나 그 자신감 중 어떤 부분은 세계 경제 위기 기간 동안 중국이 급부상하면서, 국제 무대에서 베이징이 갖는 위상이 중국의 지도자들이 예상했던 것보다 훨씬 더 높아진 것에서 기인한다. 중국의 지도자, 외교관, 학자들이 점점 더 넓은 세계를 돌아다니면서, 인도네시아, 필리핀, 태국, 그 밖에 중국을 향해 인권과 자유에 대해 훈수를 둬왔던 인근의 민주주의 국가들이, 실제로는 중국의 드높은 경제성장률에 훨씬 미치지 못한다는 것을 깨닫게 된 것 역시 그러한 자신감을 일부 형성한다. "중국 지도자들은 이곳에 와서 우리들로부터 뭔가를 배우고 싶어 했었다." 한 고위 태국 관료의 말이다. "이제 그들은 더 이상 배울 게 남아 있지 않은 것 같다. …… 중국 지도자들은 우리에게 귀를 기울일 생각이 없다."23

새롭게 발견된 중국의 자신감은 다양한 형태로 스스로를 드러내 보이고 있다. 노벨 위원회Nobel Committee는 2010년 중국의 반체제 운동가인 류샤오보劉曉波에게 노벨 평화상을 수여했다. 그는 법치주의를 요구하며 온라인 청원 운동을 조직한 대가로 수감되어 있는 사람이었다. 베이징은 노르웨이와 그 밖의 유럽 국가들을 비난하고 나섰고, 유럽 공직자들을 치밀하게 압박하는 전략에 착수했으며, 많은 아시아 국가들에 시상식에 참여하지 말 것을 요구했다.24 결과적으로 필리핀처럼 중국이 강한 압력을 가한 여러 국가들은 노벨상 시상식에 자국 대표를 보내지 않았다.

그보다 몇 달 전, 베이징은 유럽 국가들을 상대로 비슷한 압력을 가했다. 이번에는 뜻밖에도 달러를 국제 기축 통화에서 밀어내기 위한 목소리를 내라는 것이었다. 금융 위기 이전까지는 베이징 또한 기축 통화로 달러가 통용되는 데 대해 별 불만이 없었다. 하지만 중국이 막대한 미국 국채를 보유하게 되고 미국의 부채가 감당할 수 없는 수준으로 치솟으며 통화 정책이 경솔하게 운영되는 모습을 보자, 그들의 근심은 점점 더 커져만 갔던 것이다. 중국은 자국과 외국 기업들이 홍콩에 근거를 둔 자금을 포함해, 해외 송금에 인민폐를 더 쉽게 쓸 수 있도록 지원하기 시작하면서 새로운 기축 통화로 인민폐를 쓰자는 요구를 밀어붙였다.25 2011년 가을, 유럽 국가들이 점점 더 심해져가는 금융 위기를 해결해줄 구세주를 찾고 있을 때, 중국이 나섰다. 중국 관료들은 유럽재정안정기금European Financial Stability Facility에 1천억 유로까지 협조할 뜻이 있음을, 혹은 국제통화기금이 제공하는 것과는 다른 구제금융 절차를 제공할 의향이 있음을 내비쳤다. 중국은 그리스의 채권을 지속적으로 구입하는 가운데 그리스의 항구를 포함한 기간 시설에 수십 억 유로를 투자하기 위한 계획을 시작했다.26 그러나 중국의 지원은 중국의 불공정 무역 정책에 대해 유럽 국가들이 어떠한 불만도 제기하지 않는다는 것을 전제로 해서만 이루어졌다. 그 조건이 충족되지 않자, 중국은 유럽 은행들을 지원하여 자국의 편으로 삼아야겠다는 생각을 철회해버렸다.

베이징은 워싱턴을 대할 때에도 훨씬 힘을 주게 되었다. 미국 외의 또 다른 강대국의 출현을 기대하고 있던, 특히 미국과의 관계에서 균형을 맞춰줄 만한 아시아의 강대국을 찾고 있던 개발도상국들과 함께, 미국에 항의하는 반대자 역할을 하게 된 것이다. 오바마의 백악관은 그 외의 미국 정권들이 늘 그랬듯이 달라이 라마Dalai Lama와의 사적인 만남을 계획하고 있었고, 그 사실을 중국 관료들에게 알려주었다. 그러자 중국은 달라이 라마를 만나지 말라며 백악관을 향해 공격적인 로비를 펼쳤다. 백악관은 중국의 요구를 수용했고, 그로 인해 조지 H. W. 부시(아버지 부시) 정권 이후 처음으로 달라이 라마는 미국에 갔지만 대통령을 만나지 못하게 되었다. 이것은 중국 입장에서 볼 때 큰 성과였다.27 그로부터 몇 주 후, 지구 온난화에 대한 국제 회의장에서 중국 관료들은 지구 온난화에 대한 미국의 태도에 격분하며 반대의 뜻을 표명했다. 지구 온난화에 대해 중국이 공개적으로 미국을 비난한 첫 번째 사례였다. "중국의 태도에 변화가 있었다." 미국 국가안전보장회의의 전 고위 관료이며 중국 전문가인 케네스 G. 리버설Kenneth G. Lieberthal은 〈워싱턴 포스트Washington Post〉와의 인터뷰에서 말했다. 중국은 놀라우리만치 빠른 속도로 사람들이 그들을 주요 강대국으로 보고 있다는 사실을 깨달았다. 그것이 그들에게 자신감을 주었다."28 중국을 상대하는 어떤 미국 현직 고위 관료는 또 이렇게 말했다. (관료의 말처럼,) "그들은 강하고, 드디어 강한 나라처럼 행동하고 있다."29

2010년과 2011년, 중국은 남중국해의 넓은 해역 및 기타 분쟁 수역, 지상 국경에 접한 지역에 대한 지배권을 요구를 강화하여 주변 국가들을 놀라게 했다.30 2010년 여름과 가을, 중국은 일본 영해를 침범하여 어업을 하던 중국 어선을 나포하기로 한 일본의 결정에 대해 격분하여, 휴대전화나 광섬유 등 현대적인 전자 기기를 만드는 데 필수적으로 요구되는 희토류의 대 일본 수출을 중단하기로 결정했다.31 베이징은 또한 이웃 국가인 베트남을 향해 남중국해의 석유와 가스 자원을 탐사하는 사업에서 엑슨모빌Exxon Mobil 같은 서구의 석유 회사들과 함께 일하지 말라고 경고했다. 그뿐 아니라, 필리핀과 베트남의 배들을 나포하고, 중국 영토로부터 수백 킬로미터 떨어진 곳까지 중국의 영해로 선포하면서 자국의 영해선을 필리핀의 해안에 거의 닿을 정도로 밀어붙였다.32 2010년 여름 동남아시아 국가들이 모인 회의장에서 중국의 남중국해 방침에 대한 항의의 목소리가 불거져나오고 베이징을 견제하기 위해 워싱턴에 중재를 요청해야 한다는 말까지 나오자, 중국의 외교부장인 양제츠 杨洁篪는 그만 평정을 잃고 말았다. 그는 벌떡 일어나 회의장에서 나가버렸는데, 그로 인해 회의장에는 불편한 침묵만이 감돌았다. 한 시간 후, 폭풍처럼 돌아온 그는 30분에 걸쳐 일장연설을 퍼부었는데 실질적으로 다른 참가자들에게 고함을 치는 것이나 마찬가지였다. 양제츠는 주최국인 베트남을 조롱하기도 했고, "중국은 큰 나라이며 다른 나라들은 작은 나라이다, 이것은 그저 사실이다"라고 선언하기도 했다. 달리 말하자면, 그는 중국이 이 작은 나라들을 힘으로 압도할 수 있다고 암시하고 있었던 것이다.33

이렇듯 중국 외교관들의 태도가 점점 공격적으로 변해가는 가운데, 특히 아시아 국가들은 중국에 대해 거리감을 느끼기 시작했다. 더욱 힘찬 외교를 전개하면서, 베이징은 중국식 개발 모델을 적극적으로 홍보하고 나섰다. 중국의 새로운 자신감은 미국 및 그 밖의 강력한 국가들과의 관계에서 더욱 강경한 태도를 취하는 식으로 표현되었는데, 그 밖의 작은 나라들이 명백한 신흥 강대국의 편에 서기를 원하면서 중국의 위상은 보다 강화되었다. 그러나 중국이 점점 더 자신감을 느끼고 있다고 해도, 중국의 지도부는 아직까지는, 적어도 당분간은 미국의 군사력에 도전할 수 없다는 사실을 잘 알고 있다. 중국 문제 분석가인 스티븐 핼퍼Stephen Halper는 다음과 같이 말했다. "현실적으로, 중국의 지도자들은 미국과의 군비 경쟁이 본격화되면서 발생할 재정적 손실도, 경제에 발생할 수 있는 부정적인 영향도 원치 않는다."34 매년 국방비를 10퍼센트 이상 늘리고 있지만, 세계 대양 해군을 건설하거나 중국 국경으로부터 먼 거리에서 전투를 벌일 수 있을 만한 군사력을 확충하려면, 중국으로서는 갈 길이 멀다.35 펜타곤에서 쓰는 국방 예산은 그 외의 모든 군사 강국들의 국방비를 합친 것보다 많다. 그렇기 때문에 베이징에서는 점점 더 많은 돈을, 사이버 공격이나 대륙 간 탄도 미사일처럼 약한 군사력을 가진 나라가 강한 국가에 충격을 줄 수 있게끔 해주는, 이른바 '비대칭 전력'에 투자하는 것이다.36 "우리는 국가 통합을 어떻게 유지해나갈 것인지에 대해 더 많은 고민을 해야 한다. 우리는 미국(의 군사력)에 도전할 의향이 없다"고, 인민해방군의 고위 구성원 중 한 사람인 뤄위안羅援 소장은 인정했다.37

펜타곤에 직접 도전하기에는 수십 년 정도 뒤떨어져 있다는 것을 인식한 베이징의 지도자들은 다른 방법으로 경쟁할 수 있다는 사실을 깨달았다. 중국식 경제 개발 모델을 전파하고, 다른 나라들이 중국식 개발 모델을 배우고 받아들이게 함으로써, 그 나라들이 중국과 더욱 가까워지도록, 중국식 가치를 공유하도록, 중국의 지도자들과 밀접한 관련을 맺도록 하는 방법 말이다. 2009년 이후의 2년 여 동안 중국 학자들은 중국식 모델과 그 모델을 타국에 적용하는 방안에 대해 막대한 분량의 책들을 쏟아냈고, 중국 언론은 2010년 상하이 세계 박람회2010 World Expo의 홍보에 총력을 기울였는데, 언론에 보도된 바에 따르면 그 행사에는 대략 600억 달러가 투입되었다고 한다.38 다른 경우도 있다. 중국을 연

민주주의는 어떻게 망가지는가

구하는 학자인 랜달 피렌붐Randall Peerenboom에 따르면, 중국과 세계은행은 상하이 글로벌 러닝 프로세스Shanghai Global Learning Process라는 포럼을 개최하고 117개국으로부터 1200여 명의 참가자를 받았는데, 그 포럼의 목적 중 일부는 참가자들에게 어떻게 중국의 개발 경험을 전달할 수 있을지 설명하는 데 있었다.39 경제 위기는 "중국 모델의 우수성을 보여준다. …… (중국의) 주류 경제학자들 중 일부는 인도가 중국으로부터 배워야 한다고 말하기도 한다. 라틴아메리카 국가들은 중국을 배우려고 하고 있다. 외국에서 파견한 대표들이 중국에 오면 중국식 개발 모델에 관심을 보인다"고, 중국의 경제학자인 청언푸Cheng Enfu는 말했다.40

2000년대 초, 중국은 이미 외국의 관료들을 대상으로 한 교육 프로그램을 개발해놓은 상태였다. 그 프로그램은 대체로 아프리카, 동남아시아, 중앙아시아 사람들을 대상으로 하고 있었다. 그러한 지역의 관료들은 중국에서 경제 관리, 정책, 사법 실무, 그 외 많은 영역에 대한 교육을 받았다. 당시만 해도 중국의 관료들은 중국이 타국에 전수할 만한 경제 모델을 가지고 있다고 반드시 생각하고 있지는 않았을 것이다. 하지만 2000년대 말에 이르자, 중국이 제공하는 다수의 교육 프로그램은 중국식 개발 모델의 요소들에 특히 집중하기 시작했다. 그 범위는 베이징에서 특정 기업에 힘을 실어주기 위해 대출을 성사시켜주고 보조금을 지급하는 방식부터, 공산당에 협조하는 사업가를 끌어들이는 중국식 전략이라든가, 지난 30여 년간 중국이 특별 경제 구역을 설정하여 외국 투자자를 끌어들여온 방법까지 다양했다.41

그 교육 프로그램에 참가했던 사람들의 말에 따르면, 과거와 달리 중국은 위기를 신속하게 관리해내고 효과적으로 장기적인 목표를 추구할 수 있는 중국식 시스템의 강점을, 서구권 국가들의 지지부진한 모습과 극명하게 대조시키는 모습을 보여주었다고 한다. 물론 중국이 권위주의 국가라는 점은 정확히 말해주지 않았지만 말이다. 이러한 교육 프로그램에 참여하기 위해 중국에 여러 차례 방문한 바 있는 베트남 관료는 시간이 흐름에 따라 그러한 교육 프로그램의 성격이 어떻게 변화했는지 짚어주었다. 그의 말에 따르면, 10년 전에 비해 훨씬 더 자신감에 가득 찬 오늘날의 중국 관료들은, 규모 있는 투자를 성공적으로 이끌어낸 중국 도시의 사례를 하나씩 열거하며, 각 시의 정부가 모든 허가 및 기타 요구사항을 어떻게 맞춰주었는지, 또 어떻게 정상적인 승인 절차를 건너뛰어가며 원하는 프로젝트를 이루어지게 했는지에 대해 설명한다고 한다. 중국 관료들 중 일부는 이러한 국가 주도의 투자를 인도 혹은 부유한 민주주의 국가의 것과 비교하면서, 그러한 국가들 중 많은 곳에서는 아주 적은 액수의 투자를 유치하는 일에도 얼마나 많은 승인을 힘들게 얻어내야 하는지 강조하는 것이다. 중앙아시아에서 온 다른 참석자는, 그 교육 프로그램에서 공산당이 거의 완벽하게 통제하고 있는 중국식 사법 체계에 대한 교육이 얼마나 늘어났는지 언급했다. 교육을 받은 사람들이 귀국하고 나면, 자국의 사법 체계에 중국의 것과 유사한 통제 방식을 도입하는 것이다.

베이징은 또한 수많은 개발도상국을 상대로 밀접한 정당 대 정당 관계를 구축해나갔다. 이러한 관계를 이용해 중국의 정치적·경제적 개발 모델을 홍보하는 일은 점점 더 늘어가고 있다. 베트남의 관료들은 적어도 20여 년에 걸쳐 중국을 방문하였고 자연스럽게 중국식 전략에 뿌리를 두고 베트남의 개발 전략 중 많은 부분을 수립해나갔다.42 최근, 중국 관료들은 인접 국가인 몽골의 주요 정치인들과 함께 몽골의 개발 계획을 세웠다. 몽골은 1989년 민주화되었지만 부패와 낮은 경제성장률로 인해 민주주의에 대한 대중의 환상이 점점 사라지고 있는 나라이다. 중국의 관료들은 또한, 여권 성향의 주요 정당인 통합러시아당과 협력

관계를 형성했다. 통합러시아당의 지도자들은 중국이 어떻게 경제를 개방하면서도 정치적인 통제력을 포기하지 않을 수 있었는지에 대해 연구하고 싶어 했다. 2009년, 통합러시아당은 베이징의 경제 개발 및 정치적 전략에 대해 배우는 것을 목적으로, 중국의 고위 지도자들과 특별 회동을 열었다.43 중국은 또한 캄보디아 인민당Cambodian People's Party의 지도급 인사들을 다수 초청하여 교육 과정을 진행하였는데, 캄보디아 인민당은 훈 센 총리가 속한 여당이다.44 베이징의 중앙 정부가 가장 큰 원조자 겸 투자자 노릇을 하면서, 캄보디아에는 중국으로부터 막대한 원조 및 투자가 쏟아져 들어왔고, 이렇게 중국 모델이 소개되고 나자 캄보디아의 허약한 민주주의는 가시적인 타격을 입을 수밖에 없었다.45 "이미 캄보디아는 민주주의의 중요한 가치들 중 많은 것을 잃어버렸습니다." 오래도록 정부에서 일해온 캄보디아 고위 공직자의 말이다. "(정부) 사람들은 중국이 얼마나 잘해왔는지 바라보면서, 언제나 중국을 향해 달려갑니다. 그들은 중국이 정치적 반대자들과 상대해야 할 필요가 없는 상태에서 얼마나 빨리 또 쉽게 일을 해낼 수 있었는지 배워서 그걸 (캄보디아로) 가지고 돌아옵니다."46

민주주의를 접어둔 채 경제를 발전시키는 중국 모델을 홍보하고자 하는 노력은, 개발도상국들 사이에서 중국의 소프트파워를 확산시키려는 베이징의 10여 년간의 활동을 통해 다져져왔다. 중국은 중국적인 사고방식과 중국 그 자체를 매력적으로 보이게 해줄 소프트파워를 전파하고자 하는 것이다. 이러한 노력의 일환으로, 중국은 다양한 나라에서 출간되는 신문에 자금을 지원하고 특별 지면을 개설한다거나, 신화통신과 같은 중국 언론사의 배급력과 전문성을 급격하게 신장시키는 등의 전략을 보여주고 있다. 신화통신은 최근 뉴욕의 타임스 스퀘어 한복판에 번쩍거리는 미국 지부를 개설한 바 있다.47 방송사의 자체 집계에 따르면, 오늘날 중국 국영 TV의 국제 채널은 전 세계적으로 6500만 여 명의 시청자를 확보한 상태이다.48 우즈베키스탄부터 탄자니아에 이르기까지, 외국 대학에 공자학원Confucius Institutes을 개설하여 중국 문화의 매력을 확산시키는 것 역시 소프트파워 전략의 일부이다.49 중국의 소프트파워 전략은 중국의 대외 원조 프로그램을 신속하고도 지속적으로 확장하는 것과 긴밀한 연관을 맺고 있으며, 그에 따라 베이징은 현재 캄보디아, 버마, 라오스 같은 다수의 중국 인접 국가들에게는 최대의 원조국이 되어 있는 상태이다. 뉴욕 대학의 바그너 스쿨이 수행한 한 연구에 따르면, 가장 최근까지의 변화를 추적했을 때, 아프리카에 대한 중국의 원조는 2003년부터 2007년까지 8억3800만 달러에서 180억 달러까지 늘어났다.50 중국이 외국에 제공하는 차관에 대해 〈파이낸셜 타임스Financial Times〉가 2010년 내놓은 분석 기사에 따르면, 중국은 2009년과 2010년 세계은행보다 더 많은 액수의 차관을 개발도상국들에 제공하였다. 이는 베이징의 외교력이 늘어가고 있음을 보여주는 명확한 사례라 할 수 있다.51 소프트파워 확충 전략에는 외국인 학생을 포섭하는 것도 포함되어 있다. 개발도상국에서 온 젊은이들에게 장학금을 제공하고, 일하면서 공부할 수 있는 프로그램을 제시하며, 기타 인센티브를 보장하는 것이다. 2000년에서 2009년까지, 중국에서 공부하는 외국인 학생들의 숫자는 대략 5만2천 여 명에서 24만 여 명으로 늘어났다.52

지난 10년 동안, 중국은 다른 개발도상국들을 상대로, 공식적인 그리고 비공식적인 회합의 연결 고리를 만들어왔다. 중국 혹은 개발도상국에서 열린 이러한 모임은 정부 관료와 오피니언 리더들을 함께 초청하도록 고안된 것이었다.53 처음 시작될 무렵, 개발도상국을 상대로 한 이러한 회의의 목적은 중국이 잠재적으로 전략적 파트너의 역할을 수행할 것이며 투자와 무역의 대상이기도 하다는 점을 강조하는 데 있

민주주의는 어떻게 망가지는가

었다. 그러나 지난 5년간 열린 회의는 달랐다. 가령 동남아시아와 아프리카의 지도자들을 상대로 한 회의에서는 중국식 개발 모델을 절묘하게 홍보하고 있었다고 많은 참석자들이 증언하고 있다. 다보스의 세계경제포럼을 중국 중심으로 만들어놓은 것 같은 보아오 포럼Boao Forum for Asia에 참석했던 여러 태국 정치인들은, 최근 몇 년간 회의에서 거론되는 주제들 중 일부가 변하고 있다고 지적한다. 예전에는 세계화와 그 충격에 대한 전반적인 이야기를 하던 자리였는데, 최근에는 세계 금융 위기를 통해 드러난 서구 경제 모델의 추락이라든가, 그러한 위기를 보다 더 잘 견뎌낸 중국식 개발 모델에 대한 이야기를 한다는 것이다. "중국-아프리카 회의Chinese-African summit에 참석하고자 이곳(베이징)에 오는 수많은 아프리카 지도자들은 원조를 받고 교역을 할 수 있는 기회뿐 아니라, 중국식 개발 모델에도 매력을 느끼고 있다." 거의 모든 아프리카 국가 지도자들이 중국-아프리카 회의에 참석하고자 베이징을 방문했던 2006년, 중국의 유명한 학자이며 덩샤오핑의 조언자 중 한 사람이기도 했던 장웨이웨이張維爲는 이렇게 주장했다. 아프리카의 지도자들은, 그들의 경우에는 자유주의적 민주 정부를 수립하는 서구식 개발 모델보다는, 중국식 개발 모델이 더욱 잘 작동할 것임을 깨달은 것이라고 장웨이웨이는 글을 통해 주장한 바 있다.54

소프트파워 강화 정책은 또한 중국의 외교관들을 질적으로 향상시키고자 하는 노력과도 긴밀하게 맞아떨어진다. 중국은 언론 앞에서 수줍어하는 뻣뻣한 관료들로 이루어진 구세대를 대신하여, 영어를 유창하게 구사하며 외국 언론인들과 편안하게 농담을 주고받는 젊은이들로 세대교체를 진행하고 있는 것이다. 한번은 태국에서 일하는 중국인 기자들이, 당시의 주 태국 미 대사였던 랠프 보이스가 태국의 한 유명 토크쇼에 출연하고 있는 모습을 보게 된 일이 있었다. 외교관들 사이에서 보이스는 태국에 대한 지식이 해박할 뿐 아니라 태국을 꽉 잡고 있는 것으로 유명한 인물이었다. 토크쇼에 나와서도 그는 유창하고 우아하게 말을 이어나갔다. 그런데 보이스의 옆에는, 마치 그가 앞서나가는 것을 용납하지 않겠다는 듯, 태국에 파견된 중국 대사가 함께 참석해 있었다. 중국 대사는 유창한 태국어로 말하며 마치 자기 집 안방이라도 되는 양 텔레비전 토크쇼를 이끌어나갔다. 위키리크스에 의해 유출된 외교 전문 가운데 하나를 살펴보면, 심지어 태국에 주재하고 있던 미국인 외교관들조차도, 태국의 관료들이 점점 더 중국과 중국의 개발 정책을 칭송하기 시작했으며 미국식 모델에 대한 관심을 잃어가고 있다는 것을 인정하고 있었다.

지난 2, 3년 동안, 중국식 모델은 세계에서 가장 억압적인 독재자들에게 가장 큰 호응을 얻었다. 이란의 마무드 아마디네자드, 시리아의 바샤르 알아사드, 우즈베키스탄의 이슬람 카리모프Islam Karimov 등은 중국이 어떻게 권위주의적 통치를 현대화했는지 배우고자 했던 것이다. 전해지는 바에 따르면, 이란에서는 어떻게 중국의 비민주적 경제 개발을 이슬람 공화국에 적용할 수 있을지를 놓고 고위 공직자들 사이에서 팽팽한 논의가 벌어지기도 했다고 한다.55 시리아에서도 비슷한 논의가 알아사드를 둘러싼 고위 공직자들 사이에서 벌어진 바 있다고 보도된 가운데, 독재자 멜레스 제나위가 거의 20여 년을 지배하고 있는 에티오피아에서는,* 에티오피아에 중국식 모델을 적용하는 일에 외교부 장관 및 최고위

---

* 멜레스 제나위는 2012년 8월 20일에 사망했다. 저자는 이 책을 2011년경에 집필했으므로 당시까지는 제나위가 생존해 있었다.

민주주의는 어떻게 망가지는가

공직자들이 공개적으로 앞장서고 나섰다.[56]

과거에는 이렇듯 독재 국가들이 중국식 모델에 가장 큰 매력을 느끼는 국가로 언론에 보도되었다. 그러나 최근 들어 베이징으로부터 한 수 배우기 시작한 건 독재자들만이 아니다. 중국의 공격적인 소프트 파워 정책은 개발도상국들 사이에서 민주주의를 넘어서는 위치를 갖기 시작했고, 베이징의 개발 모델은 심지어 이미 어느 정도 민주주의로의 이행이 이루어진, 보다 더 자유로운 나라의 지도자들마저도 매혹하기 시작한 것이다. 인도네시아, 태국, 세네갈, 베네수엘라, 니카라과, 볼리비아 같은 나라에서는 민주주의에 대한 대중적 지지가 약해지면서 중국식 모델에 대한 관심이 쏠리고 있고, 이것은 단지 지도자들뿐 아니라 평범한 시민들에게서도 관찰되는 현상이다. 중국식 모델의 영향력이 커짐에 따라, 이러한 나라들에서 민주주의는 점점 더 약해지고 있는데, 왜냐하면 중국식 모델이란 성장하는 국가가 경제와 정치를 모두 통제하는 것이기 때문이다.

중국이 자국의 개발 모델을 변호하고 나선 것은 상대적으로 최근의 일이기 때문에, 중국식 개발 모델이 전통적인 자유주의적 원리에 맞서 벌이는 도전이 낳는 효과를 완전히 관찰하기까지는 시간이 더 필요할 것이다. 하지만 누구라도 중국식 모델이 개발도상국의 민주주의에 끼치는 직접적인 영향을 관찰할 수 있다. 베네수엘라와 니카라과에서, 베이징은 중국식 모델 및 중국의 지도자들에 대한 호감을 샀다. 2010년 봄, 베네수엘라의 경제가 고개를 숙이고 있을 무렵, 카라카스에 200억 달러의 차관을 제공한 것이다. 중국이 제공한 차관은 우고 차베스가 정권을 지키는 데 도움을 주었다. 물론 그에 대한 명백한 반대의 목소리가 있었고, 차베스는 그 반발을 억누르기 위해 점점 더 노골적으로 반 민주주의적인 방법을 사용하고 있었지만 말이다.[57]

베네수엘라에서 중국이 점점 더 큰 입지를 차지해감에 따라, 차베스는 더욱더 많은 숫자의 고위 외교관과 관료들을 베이징에 파견하였는데, 그들의 목적은 특히 중국의 개발 전략을 검토하고, 그것을 중앙아메리카 혹은 남아메리카에 어떻게 적용할 수 있을지 연구하는 것이었다.58

동남아시아에서도 비슷한 전환이 일어나고 있다. 동남아시아에서는 중국이 소프트파워와 경제적 힘을 바탕으로 영향력을 넓혀가고 있다. 때로는 지나치게 공격적인 군사 정책으로 스스로의 매력을 해치고 있지만 말이다. 훈 센 정권에 원조하던 서구권 국가들이 입지를 잃어감에 따라, 캄보디아에 대한 중국의 영향력이 점점 더 지배적으로 되어가고 있는 것은 잘 알려진 사실이다. 여러 캄보디아 관료들의 말에 따르자면 캄보디아의 훈 센 총리는 그의 정당을 어떻게 활용하여 대기업을 통제하는가부터 시작해 반대파를 지배하기 위해 사법 체계를 이용하는 방식에 이르기까지, 점점 더 중국의 정치적·경제적 전략을 차용하여 본인의 전략을 수립하고 있다고 한다. 캄보디아의 몇몇 활동가 및 인권 문제 전문가들에 따르면, 훈 센과 그의 정당은 독립 언론들을 겁주기 위해 어떻게 명예훼손 및 비방죄 등을 적용할 수 있는지, 주요 기업에 들락거리는 고위 공직자들의 인맥을 어떻게 만들 수 있는지, 거리에서 벌어진 폭동을 직면한 상태에서도 언제나 훈 센에게 충성을 바쳐야 할 개인적 경호원을 포함한 특수 경찰 병력을 어떻게 훈련시키는지 등에 대해, 중국에서 온 자문관들로부터 많은 조언을 들었다고 한다. 게다가 중국은 시위대뿐 아니라 베이징을 곤란하게 할 수도 있는 망명자들을 탄압하도록 훈 센 정부에 압력을 넣어왔다. 위구르는 1천만 명에 달하는 이슬람교 신자들과 터키계 위구르인들이 살고 있는 중국의 서부 지역인데, 2009년 겨울 그 위구르인 몇 명이 집단으로 캄보디아에 망명한 일이

민주주의는 어떻게 망가지는가

있었다. 중국의 관료들은 명백한 물밑 공작을 통해 훈 센 정부에 그 위구르인들을 추방하라고 압력을 넣었는데, 심지어 그 위구르인들은 이미 난민으로 분류가 된 상태였음에도 그랬다. 2009년 12월, 캄보디아 정부는 그 위구르인들을 중국으로 돌려보냈고 중국에서 그들 중 많은 이들이 실종되었다. 그러한 추방이 벌어진 지 얼마 지나지 않아 베이징은 캄보디아를 "우호적 협력의 모델"로 치켜세우고, 거의 10억 달러에 육박하는 새로운 원조 계약을 체결하였다. 이것은 중국이 캄보디아와 체결한 단일 원조 계약으로는 최고 액수를 갱신하는 것이었다.

중국은 또한 법적 근거도 없이 라오스, 베트남, 태국에 압력을 넣어, 위구르인, 파룬궁 수련자, 그 외 중국에서 빠져나온 정치적 망명자들을 중국으로 송환하도록 압박했다. 중국이 자국의 늘어나는 영향력을 이용하여 오랜 세월 동안 망명하는 티베트인들에게 피난처 역할을 해주었던 네팔을 압박해, 티베트인 망명자들을 송환하도록 압력을 넣은 것과 마찬가지이다. 중앙아시아에서 중국은 해당 국가의 경찰, 판사, 그 외의 사법관들을 대상으로 훈련 세미나를 개최하고 있는데, 그러한 자리에 참석한 관료들에 따르면 베이징은 해당 국가가 그 나라의 사법 체계를 이용해 위구르인들을 체포해 송환하도록 압력을 넣고 있다. 심지어 한때는 중앙아시아에서 가장 자유로운 국가였고, 위구르인들을 포함하여 중앙아시아의 친 민주주의 활동가들이 보금자리로 삼고 있던 키르기스스탄에서조차, 위구르인들을 체포하고, 투옥하고, 고문하며, 중국으로 송환시키려는 움직임이 점점 더 강하게 그들을 옥죄고 있다.

실제로 동남아시아 지역에서는 중국식 모델이 주목할 만할 정도로 설득력을 얻고 있다. "물론 (동남아시아) 국가들이 베이징 컨센서스를 따를지 아닐지에 대해 결정을 내리고 공식적으로 발표를 하지는 않았다." 인도네시아의 저명한 학자인 이냐시우스 위보우Ignatius Wibowo의 말이다. "중국 모델은 무의식적 차원에서 흡인력을 지닌다." 그렇지만 이러한 '무의식적' 호소를 측정하는 것은 불가능한 일이 아니다. 동남아시아권을 대상으로 10여 년 전에 시행되었던 정치적 가치에 대한 설문조사 결과를 분석해본 후, 위보우가 내린 결론은 다음과 같다. 수많은 동남아시아 국가의 국민들은 더 높은 경제성장률을 위해서라면, 독재 정권 시절 경험한 바 있으며 지금은 중국에서 운용하고 있는 국가 주도의 경제 개발 체계를 택하고 민주주의적 가치는 기꺼이 포기할 용의가 있다는 것이다. 동남아시아 국가들은 "자유로운 시장과 민주주의에 기반을 둔 개발 전략으로부터, 제한적으로 자유로운 시장과 자유롭지 않은 정치 체계에 기반한 것으로 옮겨갔다"고 위보우는 이야기하고 있다. "'베이징 컨센서스'는 동남아시아에서 확연히 그 기반을 넓혀놓은 상태이다."[59] 아세안에 소속된 10여 개국의 정치적 궤적을 분석한 결과, 위보우는 아주 드문 예외가 있긴 하지만, 여러 정치적 지표를 연속선상에 놓고 파악해볼 때 각국의 정치적 모델은 지난 10여 년간 자유주의적 민주주의로부터 벗어나 중국식 모델로 향하고 있었음을 밝혀냈다. 그 이유는 그 동남아시아 국가들이 중국의 성공을 목격하였으며 서구의 실패와 그것을 견주어 보았기 때문인 것으로 보인다. 수많은 동남아시아 국가의 지도자들과 최고위 관료들은 중국을 본 따 만든 개발 전략 모델을 차용하려 하고 있다. 그것에는 전략적 산업에 대한 국가의 통제권을 되찾아오고, 정치적 의사 결정 구조를 다시 중앙으로 집중시키며, 사법 체계를 국가 권력의 도구로 활용하고, 정당 하나에 의한 통치를 재확립하는 등, 민주적 발전을 저해하는 모든 변화가 포함된다. 거의 전 세계 모든 국가를 분석의 대상으로 삼는 EIU의 가장 최근 연구 역시 위보우의 주장을 뒷받침해주고 있다. 국제 금융 경제 위기로 인하여 "일부 신흥 시장에서 권위주의적인 자본주의를 제시하는 중국식 모델의 매력이 증가했다"고, 그리하여 민주주의가 주춤하게 되었다고 분석하고 있는 것이다.

태국의 경우를 예로 들어보자. 태국의 정치인, 관료, 심지어 언론인들은, 중국의 비민주주의적인 정부 의사 결정 모델과, 태국의 혼잡스럽고 때로는 폭력적이기까지 한 유사 민주주의를 비교 선상에 올리기를 즐긴다.60 지난 5년간, 도시에 거주하는 태국의 중산층과 그들이 선호하는 정당은 정치적 주도권을 되찾아오면서 점점 더 중국과 유사한 통제 도구들을 사용하고 있다. 이러한 통제 도구에는 중국과 유사한 인터넷 감시 및 차단 시스템을 만들어내는 것, 왕궁이 판사들에게 사법적 지침과 '지시'를 내림으로써 사법부를 왜곡시켜, 향후 현 집권당에게 위협이 될 수 있는 잠재적 적대자들을 약화시키는 것 등이 포함된다.61 물론 태국의 정치적 변화가 보여주는 모든 측면이 중국식 모델로부터 나왔다고 말할 수는 없다. 하지만 수많은 태국의 관료들은 2006년 쿠데타 이후, 사법부를 어떻게 이용할 것인지, 인터넷을 어떻게 통제할 것인지, 그 외의 정치적 도구들을 어떻게 사용할 것인지에 대해 중국으로부터 어느 정도 영감을 받았다고 지적하고 있다. 태국의 사법부는 너무도 큰 영향력을 갖게 되었고, 너무도 명백하게도 모든 종류의 정치적 반대 운동을 옭아맸기에, 일부 반대파 정치인 및 작가들은 태국이 '사법 독재국가'로 향하고 있다는 불만을 내놓기 시작했다.62

중국의 만유인력과도 같은 흡인력과 소프트파워는 동남아시아를 벗어난 다른 아시아 지역 국가들의 민주주의에도 영향을 미치고 있다. 동아시아 국가들이 얼마나 민주주의에 충실한지를 다룬 아시아 바로미터 설문조사를 연구한 정치학자 추윤한은, "동아시아에서 권위주의는 민주주의의 진지한 경쟁자로 남아 있다"고 지적한다. 동아시아 정치에서 권위주의는 결코 사소한 부분이 아닌데, 왜냐하면 진정한 정치적 변화 없이 경제적 성공을 일구어낸 중국의 능력으로 말미암아, 중국을 여행하거나, 중국 기업과 함께 일하거나, 중국산 물건을 구입하거나, 중국 관료들을 초빙하는 다른 동아시아 국가 사람들에게 중국식 모델이 확실한 대안으로 가시화되고 있기 때문이다.63 그가 지적하는 바와 같이 중국은 향후 점점 더 동아시아의 무역과 경제적 통합의 중심이 될 것이며, 더 많은 힘을 얻게 될 것이다. "새롭게 민주화된 (아시아) 국가들은 비민주적인 국가들과 점점 더 경제적으로 상호 관계를 맺고 의존하게 될 것"이라고 추윤한은 지적한다. 가장 신뢰하는 세계 지도자가 누구냐는 질문에 대해 20여 개 국가 사람들이 중국의 후진타오胡錦濤 주석을 1위로 꼽은 것은, 중국의 경제 성장과 아시아에서의 영향력을 전제로 한다면 그다지 놀랄 일이 아닐 것이다.64

중국식 개발 모델은 민주적인 자본주의와 마찬가지로 수많은 결함을 가지고 있음을 분명히 해둘 필요가 있다. 중국식 개발 모델은 부패를 통제하고 어리석은 지도자들이 권력을 행사하는 일을 막는 데 부족한 면이 있고, 국가의 권력을 견제하는 기능이 부족하다. 또 중국식 모델은 사려 깊고 현명한 독재자의 존재에 의존하는 경향이 있는데, 그런 사람은 매우 드물다. 정치적으로 판단이 빠르며 앞날을 내다보고 중국의 경제 개혁을 설계했던 덩샤오핑이 한 명 있다면, 권력을 그저 부도덕적인 축재를 위해 사용한 모부투 세세 세코나 김정일 같은 사람은 열 명쯤 있을 것이다. 비록 중국이 최근 거둔 성공으로 인해 눈에 잘 띄지 않았지만, 이러한 결함은 장기적으로 볼 때 베이징에 대한 국제적 반감을 불러일으키게 되는데, 그러한 반동은 수많은 개발도상국의 민주주의자들에게 힘을 실어줄 수도 있다. 우리는 그 내용을 뒤에서 살펴보게 될 것이다. 중국에서는 경제 개발의 빛을 쬔 도시 지역과 소외된 내륙 농촌 지역 간의 불평등이 커지고 있으며, 그러한 불평등은 농촌 지역 거주민들로 이루어진 저항의 물결, 혹은 대규모 이주를 통한 사회 불안정을 통해 드러난다. 이는 중국의 경제 기적을 불구로 만들어버릴 수 있는 위협 요소가 되고 있다. 1970년대 말, 아시아에서 가장 평등한(혹은 가난한) 나라였던 중국은, 오늘날 동아시아에서 가장 불평등한 나라 가운데 하나가 되어 있다. 그러나 현재의 상황만을 놓고 볼 때, 중국은 자국의 발전 모델을 조용히 다른 나라에게 전파하고자 하는 시도에서는 상대적으로 성공을 거두고 있다.

독재자들의 역습

8.

성공적이지만 민주적이지는 않은 경제 개발 모델을 제시하면서, 중국 및 그 밖의 독재 국가들은 은연중에 오늘날의 강력한 반민주주의 물결에 힘을 실어주고 있을지도 모른다. 하지만 중국, 러시아, 좀 더 외연을 넓히자면 베네수엘라와 이란은 때때로 그보다 더 나아가고 있다. 우크라이나와 키르기스스탄 같은 나라에서 벌어진 색깔혁명처럼, 세계적으로 밀어닥친 네 번째 민주화의 물결이 국경까지 다가오자, 근심하던 베이징과 모스크바는 이웃 나라들에 일어나고 있는 민주주의를 망가뜨리기 위한 다양한 전략을 개발해낸 것이다.1 그리고 우크라이나, 키르기스스탄, 캄보디아를 포함하여 적지 않은 인근 국가들에서는, 독재 권력이 갓 시작된 민주주의를 억압하면서 얻어낸 놀라울 정도의 경제적 성과를 만끽하고 있기도 하다.

　1980년대 말부터 2000년대 초까지만 해도, 이웃 나라들의 민주화를 가로막는 일은 모스크바나 베이징의 우선 과제가 아니었다. 경제 사

민주주의는 어떻게 망가지는가

정이 악화된 탓에, 그리고 중국의 경우에는 1989년 천안문 사태를 폭력적으로 진압한 이후 국제적으로 고립된 처지가 되었기 때문에, 러시아와 중국 모두 1990년대에는 자국의 경제 상황을 안정된 기반 위에 올려놓고, 투자자들을 안심시키며, 국내의 정치적 안정을 되찾는 일에 전념할 수밖에 없었던 것이다. 서방 국가들은 두 나라의 국경까지 영향력을 미치고자 하고 있었으며, 중국과 러시아는 거북살스러울 수밖에 없었다. 나토는 이전에 바르샤바 조약에 가입했던 국가인 폴란드를 끌어들이면서 러시아의 문턱까지 다다랐고, 우크라이나와 나토 가입에 대한 논의를 시작했다. 한편 아시아에서 미국은, 가령 베트남과 같이 한때 적이었던 국가들을 향해 다시 문호를 열기 시작했을 뿐 아니라, 남중국해 및 중국과 인접한 수역의 소란한 상황을 통제한다는 이유로 바다에도 손을 뻗치고 있었다.2 심지어 러시아의 수많은 자유주의자들은 자국이 국제통화기금이나 가트(관세무역일반협정General Agreement on Tariffs and Trade, GATT)에 가입하기를 원했지만 워싱턴은 수차례에 걸쳐서 거절하였는데, 이것은 모스크바를 고립시키는 차원을 넘어 크렘린 내의 자유주의자들을 약화시키는 결과를 낳았다.3

다수의 오피니언 리더들을 포함해 다수의 러시아인은, 나토의 확장을 소비에트 몰락 이후 러시아에 대한 우위를 확보하고 러시아를 약화시키려는 서구의 전략으로 보았다. "러시아를 나토 기반의 유럽 안보 시스템으로부터 배척하는 것은 러시아를 벼랑 끝으로 몰아붙일 것이라고, 심지어 친 서방적인 자유주의자들조차 근심했다." 러시아의 국제 문제 분석가인 드미트리 트레닌Dmitri Trenin의 말이다.4 "우리는 나토의 확장이 필수적이라고 생각하지 않으며, 그러한 정책은 냉전으로 귀결될 수 있다고 본다"고 러시아의 외교부 장관인 세르게이 라브로프Sergei Lavrov는 말했다.5 러시아인들은 이미 나토의 세력 확장으로 인해 화가 난 상태였다. 그래서 2000년대 중반, 중앙아시아와 캅카스 지방에서 일어난 색깔혁명에 미국이나 유럽의 민주주의 홍보 단체의 지원이 일부 있었을 때, 러시아인들은 그것이 러시아를 약화시키기 위한 서방 세계의 최신 음모라고 주장했던 것이다.

　　푸틴이 대통령이 되고 난 후, 중국과 러시아는 공히 동아시아와 중앙아시아의 민주주의가 해당 지역의 안정을 깨뜨리고 어쩌면 위험한 반 러시아, 반 중국 정서를 불러일으킬지 모른다는 두려움을 뚜렷이 드러냈다. 그 공포가 전적으로 비이성적인 것만은 아니었다. 말레이시아나 인도네시아 같은 일부 동남아시아 국가, 조지아 같은 중앙아시아 및 캅카스 지역의 경우가 그랬다. 그런 국가에서 중국계 혹은 러시아계 소수자들은 인구의 대다수에 비해 더욱 부유하거나 더 큰 정치적인 영향력을 가지고 있었고, 그래서 대중은 언제나 분노에 찬 상태였다. 새로운 민주적 체계 속에서 자유를 얻게 된다면, 그 다수파들은 수적 우세를 이용해 중국계 혹은 러시아계 소수자들을 억압할지도 모를 일이었다. 1960년대 중반, 인도네시아에서 비교적 자유로운 선거가 치러지던 시절, 군중은 수만 명의 중국계 인도네시아인들에게 공산주의자라는 딱지를 붙이고 학살했다(결과적으로는 50만 여 명이 살해당한 것으로 알려져 있는데, 이들이 전부 중국계 인도네시아 사람이었던 것은 아니다. 중국은 탈출을 원하는 중국계 인도네시아인들에게 피난처를 제공해주었다). 1965년에서 1966년까지 이어진 학살극 이후에 집권한 수하르토의 독재 정권은 이러한 민족적 갈등의 많은 부분을 힘으로 억눌렀다. 그러나 1998년 수하르토 정권이 무너지고 난 후 인도네시아가 민주주의로의 개혁에 나선 초창기, 군중은 다시 한 번 자카르타와 기타 도시에 모여 있는 중국계 인도네시아인들을 공격했다. 그들은 중국인들의 집과 직장을 불태웠으며, 전해지는 바에 따르면 중국계 여성들을 강간하고 살해했다

고도 한다.6

물론 많은 민주주의 국가에서는 정치적 자유가 신장된다고 해서 꼭 소수자가 억압당하는 결과가 도출되거나 하지 않는다. 1950년대부터 1970년대까지 군사 독재를 경험했던 태국의 경우, 그 기간 동안 중국인들은 사회적으로 표적이 되었고 중국어를 가르치는 것이 금지되어 있었지만, 민주주의의 시대가 열리면서 중국계 후손들은 복된 새 시대를 맞이하게 되었던 것이다.7 중국계로서의 정체성을 감춰왔던 정치인들은 이제 공공연한 찬사의 대상이 되었다. 2005년, 태국의 총리인 탁신 친나왓은 수많은 이들의 이목을 집중시키며 그의 조상들의 고향으로 알려진 중국 남부를 방문하였는데, 이것은 이전 세대의 태국 지도자들의 경우에는 상상할 수조차 없는 일이었다.8

　　어쩌면 베이징과 모스크바는 푸틴 시대의 러시아 시스템이나 중국 공산당의 고위직처럼, 마치 강력한 경영자처럼 일하는 권위적인 지도자가 있는 상태를 더 편안하게 느끼는 것처럼 보이기도 한다. 최근까지도 워싱턴에 체류했던 중국 관료들 중 많은 이들은 미국식의 감시와 견제 시스템을, 좀 더 간략히 말하자면 왜 미국 대통령은 자기가 하고 싶은 것을 쉽사리 마음대로 할 수 없는지를 이해하지 못했다. 예컨대 최근까지도 베이징은 미국 의회 및 그 밖의 민주적인 국가의 입법부에 어떻게 로비를 해야 하는지에 대해, 자국의 관료들을 거의 훈련시키지 않았던 것이다. 의회를 무시하고 있다 보니 베이징은 훨씬 작은 경쟁 국가인 의회를 지배하는 영향력 게임에서 대만에게 밀려났으며, 워싱턴의 캐피털 힐에서 벌어지는 중요한 전투에서도 연전연패하고 말았다. 가령 2005년, 거대 석유 기업인 중국해양석유총공사CNOOC는 미국 석유 회사인 유노컬Unocal을 인수하려 시도했으나 실패하고 말았던 것이다.9 의회에서 로비하려는 노력이 부족했던 탓에, 중국의 관료들은 중국해양석유총공사가 유노컬을 인수하는 일이 미국에 심각한 국가 안보 위기를 초래하지 않을 것이라고 설득하는 일에 실패했고, 유노컬은 결국 미국 회사인 셰브런텍사코Chevron Texaco에 인수되었다.10

중국과 러시아라는 두 권위주의적 국가들이, 그 지역에서 일어난 민주화의 물결이 자국으로 번져옴으로써, 궁극적으로는 1989년 천안문 사태처럼 개혁을 요구하는 전국적 운동을 낳지 않을까 근심한 것 또한 명백했다. 그것은 전적으로 비합리적인 공포라고는 할 수 없었다. 1989년, 동유럽에서 시작된 변화의 물결은, 바로 옆집에서 본 것을 토대로 자국의 개혁 모델을 만들었던 몇몇 국가의 시민들로 인해, 점점 번져나갔다. 게다가 중국과 러시아에는, 이웃 나라의 민주화로 인해 그 나라의 인종적 소수자들이 더 큰 자유와 자율성을 얻는 모습을 지켜보고 동요할지도 모르는 소수 인종 집단이 다수 포진해 있었다. 1990년대 중반의 체첸 공화국처럼, 만약 이런 외곽 지역이 베이징이나 모스크바를 상대로 반기를 들 경우, 국가의 긴밀한 통합에 위협이 될 수도 있었다. 터키와 같이 투르크족이 살고 있는 나라들이 민주화된 것은 신장 자치구의 수많은 위구르인들에게 막대한 영향을 주었는데, 중국 서부의 광대한 신장 자치구에는 인종적으로는 투르크계 위구르인이며 이슬람교를 믿는 이들이 1천만 명가량 거주하고 있다. 20세기 초반에는 사실상 독립된 국가를 꾸리고 살아왔던 위구르인들은 오래도록 중국의 억압을 받아왔는데, 그들은 중앙아시아와 터키로 무역을 하러 떠나거나 유학을 가기도 한다. 중국 바깥으로 나간 위구르인들은 그들과 같은 종족 사람들이 국가를 세워서 그들보다 훨씬 더 큰 표현의 자유, 종교의 자유, 문화적 정체성의 자유를 누리고 있다는 사실을 목격하게 되었다. 신장 자치구는 대중적 불만이 높은 곳이기 때문에, 중국은 이슬람교 신자들의

민주주의는 어떻게 망가지는가

종교 행위를 엄격하게 금지하고, 이맘이슬람교의 종교 지도자의 선정에도 정부가 지배적인 역할을 수행하며, 경전을 누가 외울지에 대해서도, 성지 순례를 가기 위해서도 정부의 허가를 받아야 하도록 하고 있다.[11] "동터키스탄(위구르인들은 신장 자치구를 이렇게 부른다) 밖으로 나오자, 정부에서 종교를 통제할 필요가 없다는 것, 우리가 우리의 신을 숭배할 수 있는 국가를 갖는 것은 위험한 일이 아니라는 것, 그 나라는 그럼에도 민주주의 국가일 수 있다는 것을 깨닫게 되었다."[12] 한 위구르 운동가의 말이다. 소련이 무너진 후 몽골이 민주화되면서, 수많은 몽골계 주민들이 살고 있는 중국의 한 지역인 내몽고네이멍구 자치구에서도 비슷한 열망이 꿈틀거리게 되었다. 또한 베이징과 모스크바는 소수민족 사이에 더 큰 민주주의를 요구하는 움직임이 퍼져나가게 되면 러시아 내의 소수민족이나 중국의 한족 사이에서도 같은 움직임이 퍼질지 모른다는 공포를 느꼈다. 1980년대, 중국에서는 불만이 광범위하게 퍼져나가고 있었다. 1987년과 1988년 티베트에서는 대규모 반정부 시위가 벌어졌고, 한족 중국인 활동가들이 그 뒤를 이었으며, 그러한 전국적인 불만의 기류가 모여 천안문 사태로 이어졌음이 명백해 보였다.[13]

2000년대 중반, 러시아와 중국의 정치적 상황 및 국제적 환경에 다양한 변화가 있었다. 러시아와 중국은 손을 잡고, (적어도 그 나라의 지도부들 입장에서 보자면) 이성적으로 자신들의 앞마당에서 벌어지는 민주주의 운동과 맞서 싸울 방안을 모색했다. 일단 두 거인은 내부적 안정을 되찾았다. 중화인민공화국 역사상 최초의 평화적이고 질서 정연한 정치적 전환이, 덩샤오핑에서 장쩌민으로, 또 장쩌민에서 후진타오로 이어졌는데, 이것은 공산당의 리더십을 더욱 자신감 넘치고 안정적인 것으로 만들어주었으며, 그로 인해 그들은 중국 국경 바깥에서 벌어지는 문제에 보다 집중할 수 있게 되었다.14 중국으로 흘러들어오는 해외 투자는 천안문 사태의 오점을 씻어낼 수 있게끔 해주었으며 그로 인해 공산당의 권력과 정당성은 탄력을 받을 수 있었다.15 1990년대 말과 2000년대 초, 중국 외의 아시아 국가들이 금융 위기로 휘청거리고 있었고, 미국 및 국제통화기금 같은 서구의 기관들이 아시아 위기에 늑장 대응하고 있을 무렵, 중국은 아시아 내에서 더 큰 역할을 자임하고 나섰다. 경제 위기를 심화시킬지 모른다는 우려를 표명하며, 중국 위안화를 평가 절하하라는 요구를 거절하고, 가장 큰 타격을 입은 아시아 일부 국가에 대한 경제적 지원을 더욱 늘려나간 것이다.16 아시아 금융 위기 이후, 아시아의 수많은 국가들은 자국을 돕기 위해 나섰던 중국의 상징적 행동을 결코 잊을 수 없었다. 설령 궁극적으로는 그러한 원조가 위기 극복에 결정적인 도움이 되지 않았다고 해도 그랬다.

러시아의 경우를 살펴보자. 푸틴의 정치적인 권력 독점은 러시아의 민주주의에는 재앙과도 같았지만, 크렘린은 일종의 안정과 자신감을 되찾게 되었는데, 그 자신감이란 구소련 시대의 힘을 되찾자는 분위기를 이끌어내는 것이기도 했다. 국제적으로 유가가 치솟은 것은 석유자원이 풍부한 러시아의 경제가 안정을 찾는 데 도움을 주었다. 2000년대의 후반기 5년 여 동안, 푸틴이 지배하는 러시아는 석유를 통해 얻은 부를 이용해 5천억 달러에 달하는 외환보유고를 쌓았으며, 정부가 지배하는 거대 에너지 기업인 가즈프롬Gazprom을 이용해 모스크바의 대외정책에 반대하는 이웃 국가들을 점점 더 위협했다.17

2000년대의 초반과 중반 중국과 러시아의 지도자들은 더욱더 큰 자신감을 얻어가고 있었지만, 두 권위주의적 대국은 동시에 색깔혁명을 우려하고 있었고, 민주주의의 물결이 국경을 넘어오는 것을 차단하기 위해 더욱 적극적인 행동에 나섰다. (혹자는 2000년 세르비아에서의 폭동을 그 속에 넣기도 하지만) 조지아의 2003년 장미혁명에서 시작된 이른바 '색깔혁명'은 일차적으로 구소련 및 구 동구권 지역에서 발발한, 민주적 변화를 요구하는 평화적인 대중운동이었다. 색깔혁명은 결국 레바논과 버마에 이르기까지 확장되었고, 2010년에는 튀니지에서 재스민혁명이 발발하기에 이른다. 2003년 조지아에서 벌어진 봉기는 (구소련 시절 외무부 장관을 역임했던) 대통령 예두아르트 셰바르드나제Eduard Shevardnadze를 쫓아내고, 친 서방적인 지도자 미하일 사카슈빌리가 선거에서 승리하는 결과를 낳았다. 미국의 (투자자이며) 자선사업가인 조지 소로스는, 구 동구권 지역에 민주적 변화가 이루어져야 한다고 앞장서서 외치면서 몇몇 조지아의 NGO에 자금을 대고 있었는데, 그의 후원을 받은 NGO들은 장미혁명에서 제 몫을 해냈다. 소로스의 후원을 받은 NGO들은 개혁주의적 성향의 정치인을 훈련시키고 시민사회 활동가들의 만남을 성사시키는 데 기여한 것이다. 장미혁명에서 이러한 NGO들이 해낸 역할은 수많은 러시아 정치평론가들에 의해 과장된 바가 없지는 않다. 하지만 그들이 존재한다는 사실은 그 자체만으로도, 조지아에서 벌어진 극적인 정치적 전환과 더불어, 모스크바에 분노와 공포를 불러일으키는 것이었다. 정부의 영향력 아래 있는 러시아 언론은 사카슈빌리를 악마로 묘사했고, 푸틴은 조지아의 새 지도자를 경멸하는 시선을 감추지 않았다(전해지는 바에 따르면 푸틴은 훗날 프랑스 대통령 니콜라 사르코지Nicolas Sarkozy를 만난 자리에서, "사카슈빌리의 고환을 묶어서 매달아"버리고 싶다고 말했다 한다).18

장미혁명은 우크라이나에서 대통령이었던 레오니트 쿠치마Leonid Kuchma를 쫓아낸 오렌지혁명이 발발한 지 1년 후에 벌어진 일이었다. 레오니트 쿠치마는 우크라이나인의 자유를 짓눌러가며 통치하고 있던 독재자였다. 조지아에서와 마찬가지로, 우크라이나에서도 친 서방파이며 시위대가 선호하는 지도자들이 혁명 이후의 선거에서 승리를 거두었고, 그 승리자는 빅토르 유셴코였다. 이 결과를 본 수많은 러시아인은 우크라이나에서의 변혁이 미국의 공작에 의한 것이라고 의심하기 시작했다.[19] (미국 정부는 그저 오렌지혁명 시위대에 대해 수사학적인 찬사를 바쳤을 뿐이며, 민주주의를 위한 국제원조기금National Endowment for Democracy이 우크라이나에 후원금을 일부 제공하긴 했지만, 의회와 백악관은 우크라이나에서 아무런 일도 하지 않았다.) 유셴코는 선거운동 기간 동안 자객에 의해 의문의 독에 중독되어 죽을 뻔한 위기를 겪었으며, 그로 인해 얼굴이 완전히 달라져버렸다. 젊고 생기 넘치던 외모가 물집과 고름으로 뒤덮여서 마치 마누엘 노리에가Manuel Noriega*가 슬라브인이었다면 그렇게 생겼을 법한 모습이 되고 말았지만, 모스크바에 대한 그의 적개심은 이미 충만했던 탓에 그런 일로 인해 더 늘어날 것도 없었다.[20] 독극물을 연구하는 학자들은, BBC와의 인터뷰에서 유셴코에게 사용된 것과 같이 섬세한 독약을 만들 수 있는 연구소는 전 세계적으로 얼마 되지 않는데, 그나마도 거의 대부분이 러시아와 미국에 있다고 말했다.[21]

2005년, 오렌지혁명의 뒤를 이어 키르기스스탄에서 튤립혁명이 벌어지고, 크렘린과 밀접한 관계를 맺고 있던 독재자인 아스카르 아카예프가 축출당했을 때, 모스크바와 베이징은 모두 뚜렷한 당황의 징조를 보였다. "러시아의 지도자들은 구소련 지역 국가들에서 2003년부터 2005년까지 이어진 색깔혁명을 대단히 주의 깊게 바라보았다." 하버드 대학의 러시아 전문가인 진 윌슨Jeanne Wilson의 말이다. "러시아인의 시각

---

* 1934년생. 1983년부터 1989년까지 파나마를 통치했던 독재자. 1989년 미국의 파나마 침공으로 권력을 잃고 미군에게 생포되어 미국의 감옥에서 20년간 복역했다. 얼굴에 곰보가 심해서, 파나마 사람들은 그를 '묵은 파인애플 얼굴'이라고 불렀다고 한다.

에서 볼 때, 조지아의 장미혁명, 우크라이나의 오렌지혁명, 키르기스스탄의 튤립혁명은 미국으로 대변되는 서구권이 구소련 지역 국가들의 정권 교체를 획책하는 움직임으로 보였으며, 그러한 서구권의 야심은 러시아 본토를 향해 닥쳐올 위험을 내포하는 것이었다."22

홍콩의 여러 언론에 따르면, 키르기스스탄의 혁명 이후 중국의 후진타오 주석은 당내 회람용 문건을 제출했다. "포연砲煙 없는 인민의 전쟁 치르기"라는 제목을 달고 있는 그 보고서는, 색깔혁명으로 인해 다른 나라의 정권들이 어떻게 무너졌는지 서술하면서, 그러한 일이 중국 내에서 벌어지는 것을 막기 위해 중국 공산당이 나아가야 할 바를 제시하고 있었다.23 색깔혁명이 일어난 것은 해당 국가들의 정치적 요소 때문이라기보다는, 미국과 미국 정보기관의 손길이 닿았기 때문이라고 파악한 것은 중국의 지도부 역시 마찬가지였다. "색깔혁명이 성공으로 돌아갈 수 있었던 것은 그 뒤에서 미국이 국면을 조작하고 있었기 때문이라고밖에 생각할 수 없다"고, 공산당의 입 노릇을 하는 것으로 잘 알려진 〈인민일보People's Daily〉에서는 한 칼럼니스트의 말을 전했다.24 이러한 시각을 반영하듯, 알려진 바에 따르면 중국 지도부는 조지아, 우크라이나, 키르기스스탄에 첩보원을 보내 왜 혁명이 벌어졌는지 분석하고, 미국의 입김이 닿았는지 확인하고자 했다.25 이후 베이징은 친정부 성향의 싱크탱크들에게 색깔혁명에 대한 분석을 발주했다. 색깔혁명에 대한 어떤 학술 토론 자리에서, 중국 싱크탱크의 전문가와 정보기관의 관료들은 자국의 군중이 봉기할 경우 그것을 어떻게 막아낼 수 있을 것인지에 대해 권고 사항을 제시했다.26

2010년 후반부터 2011년 초반까지 이어진 중동에서의 봉기 역시, 베이징과 모스크바의 심기를 확실히 불편하게 만들었다. 튀니지와 이집트에서 시위가 터져나오기 시작한 것과 거의 동시에, 중국의 공권력은 인터넷 검열을 강화했고, 그래서 중국에서 "이집트"를 검색하면 아주 적은 숫자의 결과만 나오거나 아예 아무것도 나오지 않았다.27 중국의 관료들과 언론에 따르면, 베이징의 고위급 지도자들은 또한 중동의 시위가 중국에 미칠 영향에 대해 논의하기 위해 긴급회의를 열었다고 한다. 중국에서 한 익명의 집단이, 중동의 시위에 화답하며 '재스민혁명'을 요구하는 온라인 청원을 게시했을 때, 베이징은 그 시도를 강경하게 분쇄했다. 베이징은 인권운동가들을 체포하고 외국 언론인의 취재를 제한하는 새로운 규제를 도입하였는데, 이런 규제는 중국에서도 오랜 세월 동안 사용되지 않은 방식이었다. 그러한 규제를 피해 베이징에서 벌어질지 모르는 잠재적 시위의 모습을 감히 다루고자 한 몇몇 해외 언론의 기자들은 중국 공안에 의해 두들겨 맞았다.28 중국의 기자들은 지난 20여 년간 중국 언론인들에 대한 억압적인 분위기가 이렇게 강경해진 적이 없었다고 말했고, 이전까지는 중국에서 활동하는 데 아무런 문제가 없었던 외국인 학자들 또한, 갑자기 무언가 일을 하려고 하면 공권력에 의해 제지당하는 일이 벌어졌다.

가장 최근의 경우까지 조사된 바에 따르면, 중국 공안은 이러한 강경 진압책을 대다수의 도시 거주 중산층에게까지 적용하고 있다고 한다. 중국의 도시 거주 중산층은 1970년대 후반부터 시작된 중국의 개혁 기간 동안 막대한 혜택을 입은 사람들인 만큼, 현 정부를 전복하고자 할 이유가 없는 듯 보임에도 그렇다. 국제정책태도 프로그램에서 2009년 시행한 설문조사에 따르면, 중국은 대다수의 시민이 국제 경제 위기 이후에도 자국의 정부를 지지한다고 밝힌 유일한 나라였다. 경제 위기에 대한 중국 정부의 대응을 묻는 질문에서, 설문조사의 응답자 중 63퍼센트가 자국 정부의 대응이 "대체로 옳았다"고 답했던 것이다.29 또한, 미국에 위치한 동서문화 교류 센터East-West Center가 중국의 시민을 대

민주주의는 어떻게 망가지는가

상으로 수행한 심층 연구에 따르면, "중국의 경제 개혁과 성장이 진척되어갈수록, 자유주의적 민주주의를 추구하고자 하는 대중의 관심은 사라져간다"고 하며, 중국의 대중은 정치 개혁이 경제적·사회적 이익을 위협할 수 있다고 믿고 있다.30

중국의 언론은 정부의 손아귀 안에 있기에, 중동의 시위대를 최대한 부정적으로 다루었다. 중국의 언론은 아랍의 여러 이슬람권 국가에서 시위하는 이들이 혼란을 야기하여 경제 성장을 방해하고 삶의 질도 해칠지 모른다는 식으로 비난했다. 시위대가 끼칠지도 모르는 부정적 영향 중 일부는 이러한 것이었다. 지금까지는 농촌 지역의 가난한 사람들이 보다 부유한 도시로 집단 이주하는 것이 다양한 공식적·비공식적 장벽으로 인해 막혀 있었지만, 그러한 시위로 인해 농촌 지역의 가난한 사람들이 도시로 몰려들고, 그렇게 모여든 사람들이 도시 중산층과 일자리를 놓고 경쟁을 벌이게 된다는 것이었다. "(중동 지역의) 대다수 사람들은 (시위대에 대해) 대단한 불만을 품고 있으며, 소수에 불과한 그들의 활동은 자기 기만적인 소란으로 이어지고 있다"는 것이, 〈북경일보 Beijing Daily〉에 실린 전형적인 사설 중 하나였다.31

1990년대와 비교하면, 2000년대 후반의 러시아와 중국은 모두 자국의 경계까지 밀려드는 민주주의의 물결을 억제하고 싶은 욕구를 실현할 수 있을 만한 방안을 가지고 있었다. 중국의 공격적인 소프트파워 정책은 동남아시아를 넘어 중앙아시아, 심지어 캅카스 지방에까지 영향을 미쳤고, 매년 키르기스스탄이나 캄보디아 같은 나라에서 온 수천 명의 관료들을 교육시키면서, 베이징은 오늘날 여러 외국 정부의 의사 결정에 상당한 영향을 미칠 수 있는 위치에까지 오른 것이다. 중국은 사실상 무無에서 시작해 중앙아시아 지역의 주요 원조국으로 자리매김했다. 키르기스스탄 같은 중앙아시아 나라들 중 상당수는, 자국의 기반 시설을 개발하기 위해, 혹은 그저 경기를 부양하기 위해서라도, 중국의 투자에 의존해야 하는 처지가 되었다.32 중국 건설 회사들은 키르기스스탄에 새로운 도로를 깔고 새로운 파이프라인을 건설했다. 또 미국의 평화봉사단Peace Corps을 본 따 젊은이들을 인접 국가에 파견해 인간 대 인간으로 만나게끔 하는 단체인 중국청년자원봉사단China Association of Youth Volunteers이, 중국의 소프트파워 접근법의 일환으로 추가되었다.33

러시아 또한, 중앙아시아 및 구소련 지역 국가들을 대상으로 소련이 붕괴하고 난 직후 상황보다 훨씬 더 강화된 영향력을 확보해두고 있었다. 크렘린은 가즈프롬을 통해 인접 국가로 흘러들어가는 가스를 통제했으며, 수많은 캅카스 지역 및 중앙아시아 국가의 고위 지도자들은 구소련에서 정치적 경력을 쌓기 시작했던 탓에, 모스크바의 말발과 문화적 영향력이 여전한 영향력을 발휘했다. 유가가 높은 수준으로 유지된 덕에 크렘린의 금고는 두둑해져갔고, 모스크바는 국가 예산을 동원하여 비민주적으로 통치되는 국내의 목소리를 흘려넘길 수 있었다. 미국 기업연구소의 찰리 슈롬Charlie Szrom과 토머스 브루가토Thomas Brugato는 2000년부터 2007년까지의 유가 변동과 크렘린의 대외정책의 강경도 사이에 경험적 상관관계가 있다는 사실을 발견하였는데, 그에 따르면 모스크바는 유가가 오를수록 더욱 강경해졌다.34

색깔혁명을 보며 경계하기 시작한 모스크바와 베이징은 내부 단속을 다져나갔다. 1980년대부터 1990년대 초까지만 해도 베이징은 더 개방적이고 민주적인 정치 체계로 이행하는 것에 대해 정부 최고위층 사이에서 오가는 활발한 토론을 허용하고 있었다. 그런데 2003년 후진타오가 주석이 되고 난 후 이러한 토론은 거의 사라져버렸고, 공산당은 주요 기업, 최고위 관료 및 정책 결정자, 언론인, 그 밖의 여론 주도층에 대한 통제를

민주주의는 어떻게 망가지는가

확고히 해나갔다. 후진타오의 선임자는 1980년대에 덩샤오핑 아래에서 일을 했고 1989년 천안문 사태에서 축출당한 적도 있는 자오쯔양趙紫陽이었는데, 후진타오는 자오쯔양과 비슷한 수준의 자유주의적 성향을 보이는 몇몇 지도자들을 구금하기도 했다.35 중국은 또 외국의 NGO들이 불만의 기폭제가 되지 않도록 하기 위해 그들을 분쇄해버렸다. 2005년 이후 베이징은 자국의 NGO에 대하여 훨씬 강한 제약을 가하기 시작했는데, 그리하여 중국의 치안 병력은 민주주의를 홍보하는 미국 단체들의 지원을 받는 상당수 중국 NGO들의 사무실을 급습하여 수천 곳이 문을 닫게 만들었다.36 상하이 사회과학원Shanghai Academy of Social Sciences에서 내놓은 한 보고서에 따르면, 중국 정부는 그들이 말하는 "안정 유지"를 위해 매년 도합 5140억 위안미화 600억 달러 이상의 비용을 쓰기 시작했는데, 이는 국가 예산에서 군사비 다음으로 큰 지출이다.37 또한, 2009년 7월 우루무치에서 위구르인들이 벌인 시위 이후, 베이징은 서유럽보다 넓은 중국 서부 지역의 인터넷 및 외국과의 휴대전화 통화를 거의 10개월가량 차단해버림으로써 해당 지역을 통신의 사각지대로 만들어버렸다.38 몽골계 사람들이 새로운 저항의 물결을 만들어낸 2011년 초, 중국은 내몽고 자치구에 대해 같은 방식의 제제를 가했다.

사실상 선거가 없는 중국의 대응은 이런 방식이었고, 크렘린의 경우는 달랐다. 색깔혁명 이후 크렘린은 친 크렘린, 친 푸틴 성향의 난폭한 청년 운동인 나시Nashi를 만들어냈고, 러시아의 야당이 서구의 지원을 받는다고 몰아붙이며 러시아에서 색깔혁명이 일어나는 것을 막아야 한다는 식으로 세를 규합했다. 그렇게 되자, 진작부터 규모도 작고 구석에 몰려 있었던 야당이 선거에서 이기기는 더욱 어렵게 되어버렸다.39 친 푸틴 성향의 청년 활동가들은 그나마 활동 중이던 야당 지도자들을 목표로 삼아서, 조롱하거나 빈번한 공격을 가했다. 한편, 수차례의 전쟁을 거치며 체첸의 수도인 그로즈니Grozny의 많은 지역을 점령하면서, 푸틴 치하의 크렘린은 모스크바에 충성을 바치는 람잔 카디로프Ramzan Kadyrov를 체첸 공화국의 대통령 자리에 앉혀놓았다. 체첸을 다스리면서 카디로프는 성장과 안정의 균형점을 찾아냈지만, 그 업적의 많은 부분은 그가 반독재 세력, 반 크렘린 세력을 무자비하게 억압하면서 이루어진 것이었다.40

그러나 이런 일들은 그리 놀랍거나 사실상 새로운 것이라고 보기 어려웠다. 독재 정권으로서, 모스크바와 베이징은 더욱더 창의적으로 자국 내 권력을 유지하는 방법을 오래도록 고안해왔던 것이다. 그러나 2005년 이후로는 상황이 달라졌다. 두 독재 국가는 그들의 반민주주의 투쟁을 해외로까지 이어나갔다. 가장 먼저, 중국과 러시아는 색깔혁명을 깎아내리고자 시도했다. 색깔혁명은 진정한 대중운동이 아니라 독립국가의 주권을 침해하는 서구의 정권 교체 시도라고 주장했던 것이다. 조지아, 우크라이나, 키르기스스탄에 벌어진 일들에 대해 그런 식으로 주장하는 데는 사실 근거라고 할 만한 게 없었지만, 부시 정권이 이라크 침공의 이유로 민주주의 전파를 거론했던 덕분에, 전 세계의 많은 이들에게는 그럴싸한 말로 받아들여졌다. 중국은 다른 나라가 티베트나 대만 문제에 참견하는 것을 원치 않았기에, 오랜 세월에 걸쳐 개별 국가의 주권을 사수하는 것을 대외정책의 근간으로 삼아왔다. 그리하여 이라크 전쟁이 시작되었을 때 중국은 수많은 나라들보다 앞장서 반 부시 운동의 선봉에 섰다. 이라크 전쟁을 민주주의 전파와 연결시키면서, 백악관은 미국이 해왔던 민주주의 전파의 이름에 먹칠을 했다. 그뿐 아니라, 러시아와 중국에 주권 수호라는 방어 논리를 제공하고 그 두 나라가 색깔혁명을 의문시할 수 있을 만한 빌미를 주었다.

2005년 5월, 러시아의 외교부장관인 이고리 이바노프Igor Ivanov는 독재 정권을 옹호하기 위해 주권의 방어 논리를 제시하는 전략을 선보였다. 그는 한 인터뷰에서 색깔혁명이 적법한 지도자들을 몰아낸 "반헌법적" 행위이며 결국에는 국제 시스템의 불안정과 더 큰 정치적 억압을 낳을 뿐이라고 주장했다.41 크렘린의 또 다른 고위 관료인 블라디슬라프 수르코프Vladislav Surkov는 훗날 독일의 시사주간지 〈슈피겔Der Spiegel〉과의 인터뷰에서 색깔혁명은 그저 다른 이름의 쿠데타일 뿐이라고 말하기도 했다.42 러시아의 의회인 두마Duma는 곧 이러한 주장을 받아들여 오렌지혁명의 불법성에 대해 토론하는 자리를 마련하고는, 유럽평의회Council of Europe에 대표자들을 파견해 그 문제를 제기하고 나섰다.43 러시아의 감시자 역할을 자처하는 토머스 앰브로지오Thomas Ambrosio에 따르면, 정부가 지배하고 있는 러시아 언론은 곧 오렌지혁명 시위대를 "오렌지 바이러스" 또는 "오렌지 병"으로 부르며 가세했다.44 물론 러시아의 지도자들 역시 합법적인 방식으로 선출되지 않은 독재자를 쫓아내는 혁명과, 가령 2006년 태국에서처럼, 공정하게 선출된 지도자를 쫓아내는 것이 어떻게 다른지, 그 차이를 굳이 구분하지 않았다. 크렘린의 입장에서 보자면 권력을 가진 정부는 자동으로 합법적인 것이었기에, 그런 정부를 몰아내는 일은 잘못된 일일 수밖에 없었다. 이바노프의 주장은 국제적으로 여전한 호응을 불러일으키고 있었다. "예전과 달리, 유엔을 분열시키는 가장 중요한 논쟁거리는 공산주의와 자본주의의 대립이 아니다. 국가의 주권이다." 유엔에서 가장 영민한 관찰자 중 한 사람인 제임스 트럽James Traub의 말이다. 심지어 독재자들이 색깔혁명을 막으려고 시도했던 것처럼 우스꽝스러운 경우에도, 러시아와 중국은 '주권'을 옹호하는 편에 섬으로써 유엔 내에서 지지를 얻었다. 그들을 지지한 나라들 중에는 독재 국가는 아니지만, 외세의 간섭을 받았던 역사적 경험이 있는 수많은 개발도상국이 포함되어 있었다.45 사실 관계를 명확히 해두자면, 유엔은 2000년대 말 보호책임원칙Responsibility to Protect, 혹은 R2P를 채택했다. 전쟁 범죄, 대량 학살, 인간성에 반하는 범죄가 일어날 경우 국제 사회가 해당 국가의 주권을 침해하면서 개입할 수 있다는 원칙이었다.46 그러나 수많은 개발도상국은 보호책임원칙의 개념에 대해 미적지근한 지지를 보였고, 그러한 개발도상국들과 독재 국가의 권력자들은 보호책임원칙이 도입되고 최종적으로 채택되기까지 발목을 잡고 늘어졌다.

인도네시아는 민주화가 되고 난 후에도 중국과 러시아의 주권 논의를 지지하는 사례를 제공하는 나라이다. 인도네시아는 냉전 시기의 전장이었다. 극우파, 이슬람교도들의 조직, 공산주의자들의 갈등으로 인해 유혈 사태가 벌어졌는데, 신뢰할 만한 여러 자료에 따르면 그로 인해 1965년과 1966년 사이에 150만 여 명이 사망했다.47 심지어 오늘날까지도 인도네시아의 파푸아 같은 주에서는 치안 병력이 사람들을 고문하고, 어디론가 끌고 가 실종시키며, 살해한다고 고발당하고 있지만, 자카르타의 민주적인 정부는 그러한 사실을 대수롭지 않게 넘기고 있다.48 그러므로 인도네시아의 지도자들은 오늘날에도 중국과 러시아의 주권 개념을 옹호하고 있는 것이다. 2005년, 인도네시아의 대통령 수실로 밤방 유도요노가 중국을 방문했을 때, 두 나라의 지도자들은 모두 입을 모아 그들의 국내 사정에 대해 외부의 행위자들이 "끼어드는" 것에 대해 강한 반감을 드러냈다. 인권단체들이 인도네시아의 치안 병력에 의한 인권 탄압을 비판하는 것이든, 외국 정부가 티베트와 신장 자치구 문제에 대해 실질적인 개혁을 요청하는 것이든 말이다.49

중국과 러시아라는 두 개의 강국을 여타 중앙아시아 국가들과 묶어주는 지역 모임인 상하이협력기구Shanghai Cooperation Organization를 통해, 중국과 러시아는 색깔혁명뿐 아니라 전반적인 민주적 변화들을 두고 주권 침해라고 주장했다. 2005년의 한 회담 자리에서, 상하이협력기구는 "모든 사람들에게는 나름대로 개발의 길을 택할 수 있는 권리가 전적으로 보장되어야 한다"고 발표함으로써, 색깔혁명을 우회적으로 비판했다.50 상하이협력기구는 색깔혁명을 '테러리즘'과 같은 것으로 매도하였는데, 이것은 색깔혁명 시위대에 맞서는 독재자의 싸움을, 미국이 국제적으로 전개한 테러와의 전쟁과 동일 선상에 놓은 것이다. 이미 국제적으로 알려진 조직에서 이러한 성명을 발표함으로써, 독재 국가의 권력자들은 주권의 절대성을 옹호하는 자들로서 더욱더 큰 국제적 명성을 다졌다. 상하이협력기구가 원하는 바는 각국 정부 사이에서 말만 오가는 좌판을 하나 더 늘리는 것이 아니었다고 앰브로지오는 설명한다. "새로운 가치 체계와 규범을 구현해내고 중앙아시아 지역의 향후 개발을 조율할 만한 기구가 되고자 했다. …… (유라시아에서) 민주주의를 촉진하고자 하는 이들은 또 다른, 상당히 뜻밖의 층위에서 저항과 맞닥뜨리게 될 것이다. 각국 정부들 자체가 민주주의에 반대할 뿐만 아니라, 국제적인 차원에서도 민주주의에 맞서는 저항이 나타나는 것이다."51

상하이협력기구는 또한 노골적으로 선거 민주주의를 일종의 서구의, 외래의 관념으로, 중앙아시아와는 본질적으로 잘 맞지 않는 것으로 묘사했다. 그리하여 색깔혁명이 중앙아시아 지역에서 불거졌을 때, 상하이협력기구의 관료들은 그러한 시위가 어떤 면에서는 중앙아시아의 전통과 부합하지 않는다고 주장할 수 있었던 것이다.

그 외의 사례를 살펴보면, 중국은 독재자들이 대중적인 저항과 마주할 수 있도록 힘을 북돋워주거나, 심지어 독재자들이 정치적 반대자들과 비판 세력을 분쇄하고 체포하는 데 도움을 주기도 했다. 도드라지는 사례를 하나 꼽자면, 2005년 우즈베키스탄에서 벌어진 대규모 시위를 들 수 있다. 우즈베키스탄의 도시 안디잔Andijan에서 시위를 강경하게 진압하는 과정에서 정부군은 무차별적으로 시민들을 향해 발포하였고, 적어도 수백 명이 살해당했다. 그에 대응하여 우즈베키스탄의 활동가들은 자국 정부가 학살을 인정하고 개혁에 나서도록 압력을 넣어달라고 외국 정부들을 향해 요청했다. 미국뿐 아니라 다른 아시아 국가들도 나서서 그 요구에 부응했다. 하지만 중국의 대응은 정반대였다. 학살이 벌어진 지 얼마 지나지 않아, 베이징은 그러한 시위 진압이 필요한 일이었다고 칭찬하고는, 우즈베키스탄의 지도자 이슬람 카리모프를 국가 원수 자격으로 공식적으로 초청해 축포를 쏘며 환영했다. 중국이 확고하게 그 독재자의 편임을 보여주는 것이었다. 더욱 위험한 것은, 중국이 해당 지역의 다른 나라들에도 손을 써, 우즈베키스탄을 빠져나가는 그 어떤 망명자도 받아주지 않도록 만들었다는 것이다.

한편, 러시아 및 카자흐스탄 같은 독재 국가들은 유럽안보협력기구Organization for Security and Cooperation in Europe에서의 지위를 이용해 인권과 민주화에 쏠린 유럽안보협력기구의 관심을 돌려, 테러 예방이나 안보 작전과 같은 쪽으로 향하게 하려 했다고, 이 기구의 여러 포럼에 참석한 다양한 참가자들은 증언하고 있다.52 이러한 변화는 심각한 결과를 낳을 수 있다. 유럽안보협력기구는 이전까지 선거를 감시하는 데 주도적인 역할을 하던, 공정하고 자유로운 선거가 이루어지지 않을 경우 비판을 가할 수도 있었던 단체 중 하나였기 때문이다.53 마찬가지로, 일설에 따르면 크렘린은 유럽평의회 총회에 파견된 대표단을 통해 친 러시아적 성향을 지니는 우크라이나 지도자들에 대한 비판은 깔아뭉개는 대신 오렌지혁명을 지지하는 우크라이나 정치인들을 비판했다고 한다.54 러시아는 또한 구소련에 속하던 여러 나라들과 함께, 그 나라들의 선거를 감시하는 자기들만의 선거 관리 체계를 갖추었다. 그러나 국제적으로 통용되는 대부분의 선거 관리 체계와는 달리, 러시아가 만든 것은 카터 센터Carter Center 같은 NGO들 가운데서 임의로 뽑은 단체에게 선거 관리를 맡기는 것이 아니라, 대신 크렘린의 신뢰를 얻은 소수의 이너서클에 의존한다. 앰브로지오가 발견한 바와 같이 구소련 지역에서 치러지는 대부분의 선거는 이렇듯 크렘린과 결탁한 집단이 그 선거가 자유롭고 공정하게 치러졌음을 판단하게 되어 있는데, 그 집단의 발표는 종종 같은 선거에 대해 서구권의 감시단체가 내놓은 보고서와 극명한 대조를 이루곤 한다.55 유럽의 선거 감시단체들이 이러한 투표를 비판할 때면, 크렘린과 구소련 지역의 다른 독재자들은 그들이 자체적으로 실행한 선거 감시 결과를 자유로운 선거가 실행되고 있다는 증거로 들이밀면서, 유럽인들이 부정확한 기준을 들이대고 있다고 항변했다. "각기 다른 결론이 나오면 러시아는 그 누구도 이기지 못할 '너는 이렇게 말했고, 나는 이렇게 말했고' 식의 말꼬리 잡기 토론을 벌이며 외부 감시자들의 공신력을 떨어뜨릴 수 있었다." 앰브로지오의 말이다.56

중국과 러시아는 각 지역의 민주주의를 약화시키기 위해 더욱 구체적인 행동을 취했다. 만약 우크라이나 같은 나라에서, 기존에 나라를 운영해온 독재 정권에 비해 민주주의 정부가 덜 효율적이고, 더 부패해 있으며, 경제 개발에 있어서 더욱 무능하다는 것을 보여줄 수 있다면, 베이징과 크렘린은 민주주의의 가치를 깎아내릴 수 있을 것이다. 그러면, 대중이 독재주의 통치가 돌아오는 것을 받아들이도록 설득해낼 수도 있을 것이다. 그렇게 독재가 돌아오면, 그 어떤 지역에서 민주화 열기가 일어나더라도 중국과 러시아에까지 도달하지 못하게 만들 수도 있다는 것이다.

러시아의 여당인 통합러시아당은, 오렌지혁명에 거의 동조하지 않았던 친 러시아 성향의 우크라이나 지도자 빅토르 야누코비치와 협력을 위한 협상을 체결했다.57 야누코비치의 정당이 다음에 치를 선거를 크렘린이 도와주는 것이 이 협상 내용에 포함되어 있었다. 모스크바는 훗날 야누코비치의 대통령 선거운동에 조언을 주기 위해 크렘린의 지원을 받는 정치 컨설턴트를 붙여줬을 뿐 아니라, 심각한 투표 조작으로 우크라이나 선거를 흔들어버림으로써 친 러시아 후보의 승리를 보장하겠다는 의지까지 드러냈다.58 2005~2006년 겨울, 크렘린은 한 걸음 더 나아갔다. 오렌지혁명에 우호적인 유셴코가 우크라이나 정부를 운영하게 되자, 모스크바는 우크라이나에 공급되던 천연가스의 가격 할인을 중단했다. 서유럽 국가들은 크렘린이 천연가스를 이용한 위협을 그만두도록 했지만, 그럼에도 크렘린이 우크라이나에 제시한 새로운 가격은 이전에 비해 두 배나 높았다. 이후, 크렘린은 우크라이나와의 국경선을 문제 삼고 우크라이나에 살고 있는 러시아 어 사용자들의 권리를 강조함으로써 우크라이나 정부에 위협을 가했는데, 많은 이들이 크렘린의 이러한 행보는 향후 우크라이나의 정치에 개입하기 위한 방편이라고 생각했다.* 키예프에 자리를 잡고 있는 오렌지혁명 이후의 우크라이나 정부는 국정 운영 능력이 썩 좋지 않았고, 러시아의 도움도 있었던 덕에, 야누코비치는 힘을 얻을 수 있었고 결국 2010년 대통령 자리에 올랐다. 야누코비치는 권력을 다지기 위해 오렌지 정부 출신의 수많은 고위 관료들을 체포하였는데, 그중에는 전직 총리인 율리아 티모셴코가 포함되어 있었다. 또한 그는 우크라이나에서 활동하고 있는 외국 NGO 및 자국 NGO들에 대한 수사를 개시하였고, 자신을 긍정적인 방향으로만 묘사하도록 언론에 압력을 넣었다. 야누코비치에 대한 모스크바의 지원은 더 이상 강해질 수가 없는 정도였다. 야누코비치의 전임자 시절 모스크

---

* 실제로 러시아는 2014년, 본격적으로 우크라이나 정치에 개입하여 크림 반도를 병합했다.

민주주의는 어떻게 망가지는가

바는 우크라이나에 판매하는 천연가스의 가격을 끌어올리기 위해 노력해왔지만, 야누코비치와 크렘린은 보조금을 통해 러시아산 천연가스를 우크라이나에 계속 낮은 가격으로 공급하는 계약을 다시 한 번 체결했다. 이 계약은 우크라이나의 경제 부흥에 도움을 줄 것이며, 결국에는 오렌지혁명 이후 대통령궁을 차지했던 분파주의적인 민주주의자들보다는 권위주의적인 지도자가 더욱더 경제 성장에 기여할 수 있음을 국민들에게 보여주게 될 것이었다.59

　　조지아, 키르기스스탄, 그 밖에 몰도바 같은 구소련 국가들에서, 크렘린은 색깔혁명을 뒤엎거나 새로운 혁명이 발생하는 것을 막기 위해 우크라이나의 경우처럼 직접적으로 개입했다. 사실상 그 과정에서 러시아는 미국의 민주주의 홍보 단체나 소로스 같은 후원자들보다 훨씬 더 심각하게 해당 국가들의 주권을 침해했다. 크렘린이 뒤를 봐주고 있으며, 민주주의 활동가들에 대한 공격적인 행태로 잘 알려진 청년 집단인 '나시'는 중앙아시아 국가들에까지 지부를 확장하였으며, 그 밖에 다른 친 크렘린 성향의 청년 집단 역시 키예프의 청년 집단과 협력하겠다는 계약을 체결한 바 있다.60 유럽에서 가장 가난하지만 점점 더 민주화되고 있었던 몰도바의 경우, 크렘린은 동맹국인 우크라이나를 이용해 몰도바에 압력을 넣었다. 두 나라 사이에 있는 우크라이나를 이용해 몰도바의 수출품이 러시아에 당도하지 못하도록 가로막았고, 민주주의에 대해 회의적인 성향의 정당을 키워주기 위해 다방면으로 수를 쓴 것이다. 키르기스스탄에서는 러시아에서 파견한 고문관들이 크렘린의 정치 통제 모델을 해당 국가에서도 구현할 수 있도록 도움을 주었다. 신뢰받는 국제기구 중 하나인 국제위기감시기구에 따르면, 이렇듯 러시아의 영향력이 늘어가는 데에는 다음과 같은 이유가 있다. "키르기스스탄의 의회 민주주의가 절름발이가 되었기 때문이다. …… 이것은 블라디미르 푸틴의 통치 모델이 어떻게 중앙아시아에서 복제되고 있는지에 대한 좋은 사례이다." 2010년, 키르기스스탄의 4개 주요 정당의 최고위급 정치인들은 주기적으로 모스크바를 여행하면서, 크렘린으로부터의 재정적 지원 및 지지의 말을 얻기 위한 경쟁을 벌였다.61

조지아의 사카슈빌리가 부시 정권에서 가장 선호하는 정치인 중 하나였을 때, 크렘린은 색깔혁명이 주권에 대한 침해이며 민주주의의 후퇴라며 강하게 비난했다.62 그리고 2005~2006년 겨울, 러시아가 우크라이나에 제공하는 보조금으로 인해 낮은 가격에 공급되던 천연가스를 끊어버린 지 몇 주 후, 러시아에서 조지아로 향하던 천연가스관에서 폭발이 일어났다. 조지아 사람들은 예외적으로 추운 겨울을 보내는 동안 공포에 휘둘려야만 했다.63 조지아 정부에 변화를 강요하는 일에 푸틴은 계속 실패해왔다. 2006년, 푸틴은 크렘린을 분노하게 만드는 일에서 즐거움을 느끼는 것처럼 보이는 사카슈빌리의 유인책에 말려들어, 조지아에 대한 경제 봉쇄를 가하는 등 긴장감을 고취시켰다. 2008년 8월, 조지아 군대와 분리주의자 반군 사이의 무력 충돌을 빌미 삼아 러시아는 조지아를 침공했고, 조지아의 수도에서 고작 몇 킬로미터 떨어진 지점까지 진격했다. 러시아의 공습은 조지아의 항구를 차단하고 최초의 분쟁 지점을 넘어서는 곳까지 탱크를 배치하는 수준에 이르렀다. 이 침공은 조지아에 교훈을 안겨주었을 뿐 아니라, 다른 민주화된 국가들에도 모스크바가 그들을 어떤 식으로 처리할 수 있는지 보여주는 역할을 했다. 단지 러시아와 조지아 사이의 국경선이 교란되는 것을 수습하기 위한 수준을 한참 넘어섰던 것이다. 조지아의 남부 오세티아South Ossetia에 살고 있는 러시아계 주민들을 보호한다는 것이 러시아의 군사 개입 명분이었지만, 수년 전부터 러시아의 군대와 정보기관들은 남부 오세티아에 살고 있는 러시아계 주민들 사이에 분리 독립주의 정서가 싹트도록 부추기고 있었다. 그곳 주민들에게 러시아 여권을 나눠주고 있었으며, 그 외에도 다양한 방식을 동원해 해당 지역을 조지아에서 분리시키려 했음이 명백하다고 수많은 유럽 인권단체들은 다양한 보고서를 통해 밝힌 바 있다.

　어쩌면 중국과 러시아가 모두 민주주의의 의미를 자신들의 입맛에 맞도록, 조지 오웰 소설에 나오던 것처럼 굴절시킴으로써 민주주의가 그 의미를 잃어버리고 독재자들이 원하는 바로 그것으로 변하고 있다는 것이야말로, 그 두 나라가 인접 국가에 직접 개입하는 것보다 훨씬 더 해로운 일일지도 모른다. "이렇게 민주주의를 주장하는 자들이 많은데도 민주주의의 의미가 퇴색된 적은 드물다"고 '휴먼라이츠워치'의 2008년 보고서는 지적한다. "오늘날, 민주주의는 법적 정당성의 문제 그 이상도 이하도 아니게 되어버렸다. …… 민주주의의 인기는 증가하고 있지만, 민주주의를 주장하는 국가들에 대한 신뢰도는 그에 발맞춰 높아지지 못하고 있는 상황이다. …… 그러한 상황을 보여주는 것은 (독재적인) 통치자들은 민주주의의 수사법에 통달했지만 정작 민주주의는 그들이 통치를 하는 원리와 거의 관련이 없다는 사실뿐만이 아니다."64

　푸틴 치하의 크렘린은 수많은 러시아 학자들의 도움을 받아 '주권 민주주의'라는 개념을 개발해냈다. 주권 민주주의는 크렘린에 푸틴 독재의 이념적 밑받침을 제공해주는 것이었다. 푸틴의 가장 가까운 보좌관 중 한 사람의 정의에 따르면, 주권 민주주의는 중앙 집중화된 국가를 전제로 한다. 그리고 시민사회는 정부 관료들을 감시하기 위한 국가의 도구 노릇을 하며 국가로부터 독립되어 존재하지 않는, 그런 '민주주의'인 것이다.65 크렘린의 전략가들에 따르면 주권 민주주의는 또한 모든 국가가 자신들만의 '민주주의'를 선택할 수 있는 자유를 누리는 것이다. 설령 그것이 독재자가 깔고 뭉갤 수 있는 가짜 선거로 유지되고 있다고 해도 말이다. 지도자의 '주권'은 그가 표방하는 '민주주의'의 공정성에 대한 외국의 비판을 무시할 수 있도록 해준다. 민주주의의 외양을 유지하기 위해 2006년 크렘린은 심지어 공정러시아당A Just Russia이라는 가짜 야당을 만들어, 러시아 정치를 지배하고 있으며 크렘린의 지원을 받는 통합러시아당과 경쟁하는 듯한 모습을 연출했다.66

심지어 크렘린은 민주주의 홍보에 초점을 맞추고 활동하는 국제 NGO를 만들어내기까지 했다. 외국인들이 볼 때 마치 미국 민주주의기금 같은 서구 단체들의 거울상처럼 보이게 하려는 것이었다. 그러나 이러한 러시아의 'NGO'들은 실제로는 자국에서 새로운 색깔혁명이 일어나는 것을 막고자 하는 외국의 지도자들에게 지원을 해주고 자금을 대주는 역할을 수행했다.67 키르기스스탄에서 러시아는 다양한 NGO들이 출범하도록 암묵적인 도움을 주었다. 그중에는 '인민민주주의협력'처럼, 대부분의 시간을 키르기스스탄의 야당 정치인들과 미국을 비난하는 데 할애하는 단체들이 포함되어 있었다.68 우크라이나에서는 '러시아프레스클럽Russian Press Club'이라는 단체가 NGO로 가장하고 자국의 선거에 러시아가 개입할 수 있도록 도왔다.69 모스크바는 또한 중국이 오래도록 사용해온 수법을 베껴 왔다. 미국에서 인권 문제에 대해 비판하는 목소리가 나오면, 미국에 의해 벌어졌던 인권 침해, 가령 노예제와 같은 역사적 사실을 들먹이며 응수하였던 것이다.70 2008년, 러시아는 '민주주의협력기구'라는 'NGO'를 출범시켰다. 그 단체의 목적은 미국과 프랑스 같은 서구권 국가들의 인권 지수를 감시하는 것이었다. 민주주의협력기구는 러시아식 '민주주의'를 홍보하며 민주주의를 전파하기 위한 미국의 노력을 깎아내리는 기사 및 보도 자료를 꾸준히 생산해냈다.

중국의 지도부 또한 민주주의의 의미를 바꿔놓고 싶어 한다. 한 분석에 따르면, 2007년 10월에 열린 제17차 중국공산당 중앙위원회에서, 중국의 주석 후진타오는 '민주주의'와 '민주적'이라는 단어를 대략 60여 차례나 사용했다고 한다.71 후진타오가 매년 내놓는 인권 보고서인 '중국 인권의 진보' 또한 그러하다. 베이징은 경제적 권리 및 중국의 평균적인 사람들이 얻게 될 물질적 이득에 초점을 맞춘 인권 개념을 제시하였는데, 이것은 역사적으로 볼 때 사회적이고 정치적인 자유에 초점을 맞추고 있던 전통적인 인권 개념을 뒤트는 것이다.72 인권 개념의 초점을 경제적인 이득으로 옮겨놓는 것은, 캄보디아의 훈 센이나 베네수엘라의 우고 차베스처럼, 선거로 뽑힌 수많은 독재자들에 의해 반복되었다. 국제적인 감시단체인 프리덤 하우스에서 지적한 것처럼, 차베스는 (칭송받아 마땅한) 베네수엘라의 경제 성장, 가령 가난한 사람들의 숫자가 줄어든 것 등을 지속적으로 자신의 공로로 떠벌리면서, 그것이 바로 그 나라에서 인권이 개선되고 있다는 징표라고 이야기해왔다. 그가 대통령으로 집권한 이래 베네수엘라 사람들의 정치적 권리는 뒷걸음질 쳤는데, 경제적 성장은 그러한 정치적 퇴행에 대한 논쟁을 회피하는 수단이 되어주기도 했다.73 유엔인권이사회United Nations Human Rights Council, UNHRC에서, 중국도 그와 유사하게 인권에 대한 전통적인 개념 정의를 뒤바꾸려고 시도했다. 또한 인권단체나 그 외 시민사회 조직들은 이사회에 인권 보고서를 제출할 수 없으며 오직 정부만이 유엔인권이사회에 보고서 제출이 가능하도록 규정을 변경하려 한 것이다.74

　　캄보디아의 훈 센이나 말레이시아의 나집 툰 라작Najib Tun Razak처럼 선거로 뽑힌 독재자들은 인권 문제에 대한 중국의 대응 방식을 정확히 흉내 내기 시작했다. 마치 중국처럼, 그들은 자국민에게 경제적 발전과 경제적 자유를 안겨준 것이 정치적 억압으로 인해 발생하는 그 어떤 우려도 뛰어 넘는 것이라 주장하고 있는 것이다.

9.

신흥 강국들의 실패

세계에서 가장 큰 민주주의 국가로, 10억이 넘는 인구와 함께 셀 수 없을 만큼 다양한 민족 집단, 계급, 언어 사용자들을 한데 묶고 있는 인도, 그 인도의 공직자들은 자신들의 조국이 근본적이고도 뿌리 깊은 민주주의 국가라는 것에 대해 오래도록 자부심을 드러내어왔다. 또한 중국과 인도가 점점 국제 무대에서 경쟁자로 부각되는 것과 더불어 중국의 눈부신 사회 기반 시설, 신속한 의사 결정, 높은 경제성장률이 인도의 기를 죽이고 있기 때문에, 델리인도의 수도는 민주주의에 대한 헌신을 갖가지 수사를 통해 강조해왔다.

그러나 버마의 활동가인 마이요Myo는 민주적인 인도가 권위주의적인 중국과 그리 다를 바 없다고 생각한다.1 어쩌면 더 나쁠 수도 있다. "적어도 중국에 대해서는, 그들이 독재자를 지지할 것이라고 예상 가능하니까, 놀라운 일이 아니다." 마이요는 말했다. "하지만 인도의 경우, 독재자를 지지할 것이라고는 기대하지 않았기에, (버마의 활동가들은) 뒤

민주주의는 어떻게 망가지는가

통수를 맞은 것이다."

　　버마에서 민주주의 활동가로 오랜 세월 지하 생활을 한 끝에, 망명자 신세가 된 마이요는 2000년대 중반 고국을 떠나 외국으로 향했다. 조국을 떠나기 전, 마이요는 라임과 양배추와 계란 조각으로 맛을 낸 모힝가 국수를 후루룩거리고 있는 손님들로 가득 찬 랑군의 작고 어두운 국수 가게에 앉아 있었다. 그는 누구도 대화를 엿듣기 어려울 법한, 가게의 깊숙한 구석에 처박힌 테이블을 골랐다. 마이요는 랑군의 한 출판사에서 일하고 있었지만, 버마의 잡지들이 다루는 것은 축구나 버마의 랩 음악 같은 비정치적 주제에 집중되어 있었기에, 그는 정치적 메시지를 은밀히 집어넣어야만 했다.2 "그건 버마 사람이라면 누구나 다 하는 게임이지만, 어느 정도 지나면 지치고 맙니다." 쌀국수에 기름을 약간 넣어 저으며 마이요는 말했다. "언젠가는 단순한 기사를 쓰면서 어떻게 검열을 속여넘겨야 할지 고민하지 않아도 되면 좋겠습니다."

　　버마를 떠나 인도로 향하던 그 무렵, 마이요는 세계에서 가장 큰 민주주의 국가인 인도가 이웃의 독재 국가에서 민주주의와 인권을 위해 싸워온 활동가를 환대해줄 것이라고 기대했다. "인도로 향하기 전, 나는 인도가 버마의 활동가를 대단히 반겨준다고 들었습니다. 특히 (버마에서 반정부 시위가 벌어졌던) 1988년 이후 그랬다고 해서, 아직도 그럴 것이라고 기대하고 있었습니다"라고 그는 말했다. 하지만 마이요는 틀렸다. 1990년대에는 몇몇 인도 관료들이 버마의 민주주의 활동가를 돕기 위해 나섰고, 특히 그 자신이 주도적인 인권 옹호자였던 당시 인도의 국방 장관 조지 페르난디스George Fernandes는 몇몇 버마 망명자들을 자기 가족 소유의 거처에 머물게 해주기도 했다.3 그러나 2000년대로 넘어오자, 델리는 인도의 대 버마 정책을 180도 전환했다. 버마의 군사정부를 비난하는 대신, 인도는 이른바 '동방 정책Look East'을 표방하며 버마의 군부 지도자들을 상대했다. 군부의 우두머리 탄 슈웨Than Shwe 장군이 국빈 자격으로 초청되어 마하트마 간디 기념관에 방문하는 일이 전혀 역설적이지 않다는 듯이 진행되기도 했다.4 인도는 버마 정권이 벌이고 있는 무지막지한 인권 침해에 대한 국제적 제재를 무시하고는, 버마의 산업 중에서도 특히 값어치가 높은 석유 산업에 대한 인도의 투자를 증진시키는 정책을 시작했다. 델리는 버마에 무기도 제공하기 시작했다. 2007년 가을, 버마의 가장 큰 도시인 랑군의 거리에서 수천 명의 승려들이 항의 시위를 벌이고 있는 동안, 인도의 석유부 장관은 군부가 만들어낸 새로운 수도인 네피도Naypyidaw에서 석유와 천연가스에 대한 새로운 협정에 서명을 하고 있었다.5 인도의 석유부 장관은, 어차피 가혹한 무력에 의해 진압당할 운명을 앞두고 있는, 랑군에서 진행 중인 대규모 시위에 대해서는 아무런 언급도 하지 않았다.

탄 슈웨가 간디 기념관을 방문한 후, 국제사면위원회의 한 버마 전문가는 다음과 같은 촌평을 남겼다. "이것은 처음부터 끝까지 모두, 받아들이기 어려운 일이다. …… 인도는 세계에서 가장 오만방자하게 인권을 유린하는 독재자 중 한 사람이, 군중을 이끌어 억압적인 식민 통치를 평화적으로 이겨내도록 해냈던 사람의 유산에 때를 묻히도록 허락하고 말았다. 혹은, 인도는 그러한 방식으로, 말하자면 버마의 간디 역할을 하고 있는 (버마의 야당 지도자인) 아웅 산 수 치에 대한 지지를 상징적으로 철회한 것이나 다름없다."6 지난 역사를 돌이켜보면, 국제사면위원회는 이와 비슷한 비판을 전 세계의 거의 모든 주요 신흥 민주주의 국가를 상대로 쏘아붙일 수 있다. 가령 남아프리카공화국의 넬슨 만델라는 민주주의와 인권을 대외정책의 근간으로 삼겠다고 공언하였지만, 오랜 세월에 걸쳐 이웃 국가인 짐바브웨의 무가베가 잔혹한 독재를 펼치는 모습을 그저 묵인하고 있었다.7 국력이 점점 더 강해지는 만큼 이란의 독재자 마무드 아마디네자드나 인접 국가 베네수엘라의 우고 차베스 같은 독재자들과 더욱 좋은 관계를 형성하고 있는 브라질 또한, 국제사면위원회의 비판 대상이 되었어야 마땅했을 터이다.8

2000년대, 그리고 2010년대 초까지, 서구의 관료들은 여전히 브라질, 인도네시아, 남아프리카공화국 같은 커다란 신흥 민주주의 국가들이 언젠가는 해당 지역을 넘어 전 세계적으로 인권과 민주주의를 옹호하는 나라가 될 것이라는 희망을 품고 있었다. 이 지역 강국들은 자국의 민주주의를 획득하기 위해 싸워왔으며, 주변국에서 민주적 시스템이 강화되는 것이 얼마나 중요한 일인지 잘 알고 있었으므로, 일부 서구의 관찰자들은 이 국가들이 민주주의의 전도사 노릇을 하게 될 것임을 자연의 섭리처럼 여기기도 했다. 그러나 인도의 대 버마 정책을 보면 알 수 있다시피, 이러한 희망은 대부분 너무도 순진한 것으로 판명되게 마련이다. 가령 네덜란드나 캐나다 같은 나라들과 달리, 인도나 인도네시아 같은 국가는 냉전 시기 동안 수십 년에 걸쳐 외세의 개입으로 인해 고통을 받아왔으며, 그러한 나라의 지도자들은 타국의 주권을 침해할 수 있는 그 모든 정책에 대해 회의적인 태도를 취하기 쉽다. 그리고 더 많은 경우, 이러한 주요 신흥 민주주의 국가들은 그 주변의 민주화되지 않은 나라들과 전략적 이해관계를 같이하는 경우가 많다. 그렇게 민주적이지 않은 나라들 역시, 저 먼 곳의 서구와 마찬가지로, 함께 잘 지내야 할 이웃이기 때문이다.

냉전이 끝나면서 전 세계적으로 새로운 민주화의 물결이 가속화되긴 했지만, 미국과 그 밖의 서구권 국가들이 적극적으로 나서서 인도 같은 신흥 민주주의 국가들을 민주주의 전도사 대열에 끼워넣으려 시도한 것은 1990년대 말부터 2000년대 초의 일이다. 인도 같은 다양한 신홍 민주주의 국가들과 함께 손잡고, 클린턴 행정부는 민주주의공동체 Community of Democracy의 출범을 도왔다. 민주주의공동체는 2000년 폴란드 에서 첫 국제 회합을 갖기도 했다.9 민주주의공동체는 전 세계에 민주 주의적 규범의 확장과 정착을 돕는 역할을 할 것이라는 기대를 모았으 며, 그 세를 확장하여 2004년에는 유엔에서 일종의 민주주의의 간부회 의 역할을 하도록 되어 있었다.10 하지만 워싱턴의 요청에도 불구하고, 인도는 유엔 민주주의 간부회의의 수장 노릇을 하지 않겠다고 거부했 다.11

민주주의공동체는 몇 가지의 공통적인 민주주의적 규범을 확립했 고, 유엔에서는 선거를 감시하고 자유를 촉진하기 위한 다른 단계를 돕 는 시민사회 조직을 위한 기금을 마련했다.12 대충 그 비슷한 무렵, 그 외 수많은 나라의 시민사회 조직과 일하고 있던 미국 민주주의기금은 세계민주주의운동World Movement for Democracy을 발족시켰다. 이미 민주주 의가 확립된 나라에서 활동하는 민주주의 활동가들뿐 아니라, 독재 국 가에서 활동하는 민주주의적 성향의 단체에 속한 활동가까지 아우르고 자 한 것이다. 2010년 봄, 자카르타에서 열린 세계민주주의운동 회의에 서, 인도네시아의 대통령인 수실로 밤방 유도요노는 수사적으로 합당 한 모든 표현을 쏟아냈다. "궁극적으로 21세기의 본능은 민주주의적 본 능임을 저는 확신합니다." 유도유노는 선언했다. "그 어떤 정치적 체제도 이 본능을 거스를 수는 없습니다."13 또한 인도네시아는 매년 열리는 발 리 민주주의포럼Bali Democracy Forum을 주최하였는데, 그것은 다양한 신흥 민주주의 국가의 대표단이 모여 각자의 경험을 교환하고 상대방으로부 터 배울 만한 것들을 공유하는 자리였다.14

2008년, 당시 애리조나 주의 상원 의원이었던 존 매케인John McCain 은 민주주의 국가 간의 협력을 강화해줄 일종의 민주주의연맹League of

Democracies을 제안할 예정이었다.15 민주주의연맹 개념은 그 전부터 대외 정책 전문가인 제임스 린지James Lindsay와 이보 달더Ivo Daalder에 의해 그 윤곽이 제시된 바 있다. 그들은 "민주주의의 대화합Concert of Democraries" 이라면 민주주의를 전파하고 인권을 보호하는 것뿐만 아니라, 안보, 경제적 도전 등 다자적 협력이 필요한 일을 함께 해낼 수 있을 것이라고 주장했다.16 이러한 대화합은 항구적인 기반 설비를 갖춘 딱딱한 형식의 무엇이라기보단, 민주주의 국가들의 비공식적 모임에 더 가까운 것이 될 것이라고 그들은 지적했다.

브라질, 인도, 인도네시아 같은 신흥 강국들을 이러한 국제적 민주주의 파트너십의 일부로 간주하는 것은 너무도 당연해 보였다. '민주주의의 대화합'이라는 개념은, 적어도 이론적으로는, 더 효율적인 다국가 간 협력을 촉진할 수 있을 것이기 때문이었다. 신흥 강국들의 이러한 협력을 통해, 민주주의를 전파하는 것이 세계 각 지역에서 정부 전복을 노리는 미국의 숨은 계획이라는 공포를 줄여나갈 수도 있을 것이었다. 그뿐 아니라, 미국이나 그 밖의 서구 민주주의 국가보다는 각 지역에서 영향력을 발휘하는 국가들이 훨씬 민주주의의 성장에 도움을 줄 수 있다. 미국은 1997년부터 버마에 경제 제재를 가했는데, 그 이후 버마에 대한 미국의 영향력은 현저히 약화되었다. 반면 인도, 태국, 인도네시아 등 버마에 인접한 세 민주주의 국가는 경제 제재를 가하지 않았고, 군부 독재 치하의 버마와 제법 많은 양의 무역을 하며 안보 관계를 형성했다.17 남아프리카공화국은 짐바브웨에 전기, 식량 원조 등을 제공하며 생명줄 노릇을 했다. 짐바브웨의 로버트 무가베가 사악한 미국과 영국이 내정에 간섭하고 있다고 근거 없는 비방을 아무리 퍼붓더라도, 그에 아랑곳없이 프리토리아남아프리카공화국의 행정 수도는 하라레짐바브웨의 수도에 더 큰 힘을 실어주고 있었던 것이다.18 대서양 서안에서 워싱턴이 벌여온 역사에 근거하여, 라틴아메리카의 지도자들은 미국의 영향력이 점점 더 심대하게 늘어가고 있다고 상상하고 있었지만, 정작 영향력을 넓혀가고 있던 것은 브라질이었다. 경제력이 커지고 있는 가운데 좌파적 성향을 지니는 지도자들이 집권하여, 특히 사회주의적인 배경을 지닌 베네수엘라의 우고 차베스나 니카라과의 다니엘 오르테가Daniel Ortega 같은 이들에게 영향을 미치고 있었던 것이다.

때로는 민주주의연맹 같은 개념을 탄생시킨 열정에 그럴듯한 근거가 있는 것처럼 보이기도 했다. 민주주의연맹 같은 새로운 국제 민주주의 조직이 성장하고 있는 가운데, 때로는 일부 신흥 강국들이 이웃 국가들의 편에 서주었던 것이다. 1990년대 말, 추안 릭파이Chuan Leekpai 총리 정권하의 태국은 버마의 군부 독재에 대해 그 이전에 어떤 정부가 들어섰을 때보다 훨씬 더 강경한 태도를 취했다. 버마로부터 거리를 두지 않는 다른 동남아시아 국가들과 달리, 추안이 이끄는 태국 정부는 버마 군부의 인권 유린을 비판하고 아웅 산 수 치와 그가 이끄는 민족민주동맹National League for Democracy을 실질적으로 지원하기 시작했다.19 미국 관료들이 들은 이야기는 이렇다. "총리로서 그는 절대 버마를 방문하지 않았다. …… 그는 (버마) 지배 세력에 그 어떤 지지나 정당화의 근거도 제시하지 않고자 했던 것이다."*

그러나 이것은 극히 드문 경우에 해당한다. 버마에 대해 '잘못한 것이 안 보임' 정책을 취하고 있는 인도는, 이웃 국가 스리랑카에 대해서는 '손을 놓아버리기' 접근법을 취했다. 마힌다 라자팍사Mahinda

---

* 저자는 해당 발언의 출처를 생략하고 있으나, 원문은 위키리크스에서 확인 가능하다. http://www.wikileaks.org/plusd/cables/05BANGKOK1933_a.html 참조.

　　　　　　　　　　　　　민주주의는 어떻게 망가지는가

Rajapaksa 대통령이 집권하고 있는 스리랑카는 2009년 봄 타밀 호랑이 반군 운동을 분쇄하고자 시도하는 과정에서, 스리랑카의 언론, 시민사회, 야당을 대대적으로 파괴하였으며, 주로 스리랑카 북부에 살고 있는 타밀 족 시민들을 향해 무분별하게 총탄을 쏟아부었다.20 인도는 유엔에서 인권위원회의 협상 테이블을 엎어버렸는데, 인권위원회의 결의안이 라자팍사의 행동을 비난하는 쪽으로 향할지도 모르기 때문이었다.21 대신 인도는 스리랑카 정부에 대한 찬사를 늘어놓았다. 타밀 호랑이와의 전쟁이 끝난 후의 뒷수습을 잘했다는 것이었다. 그러는 동안에도 스리랑카 정부는 항복한 타밀 호랑이 반군들을 불법적으로 처형하고 있었을 뿐 아니라, 수만 명의 타밀 족 민간인들을 감옥과 다를 바 없는 수용소에 몰아넣고 있었다.22 그리고 추안이 2001년 총선에서 탁신 친나왓에게 패배하자, 태국은 다시 한 번 버마 군부와의 거리를 밀접하게 끌어당겼으며 이웃 국가에서 벌어지는 인권 침해에 대해서는 그저 모르쇠로 일관했다. 탁신은 그의 정부가 "버마를 냉각된 상태에서 끌어내기 위해 노력"했으며 오히려 버마 군부에 민주적 전환을 위한 초안을 제시하도록 압력을 넣었다고 주장했다. 하지만 탁신이 말한 초안이란, 군부가 선호하는 정당이 버마에서 권력을 잡도록 상황을 몰아가는 역할을 했다고 국제 인권단체들로부터 두루 비판을 받은 것이었다.23 태국은 또한 탁신 정부 기간 동안 버마와의 무역을 극적으로 늘렸고 투자도 활성화했다. 2003년에서 2008년 사이, 버마의 대 태국 수출은 두 배로 늘어났는데, 특히 천연가스의 수출이 도드라졌다.24

2006년, 탁신을 몰아내는 쿠데타가 벌어지고 난 후, 군부의 지지를 받았던 새로운 태국 정부는 이전의 버마 정책을 이어나갔다. 2010년 태국 기업들은 버마에 건설되는 새로운 대형 항구 건설에 133억 달러가량을 투자하였는데, 이것은 인접국에 대한 태국의 투자 중 가장 큰 규모였다.25 실제로 2010년과 2011년, 버마는 연 단위로 볼 때 역사상 가장 큰 규모인 2백억 달러가량의 해외 투자를 얻어냈다. 그 투자금 중 많은 부분이 인접 국가에서 흘러들어왔는데, 그중에는 인도, 태국, 대한민국 같은 민주주의 국가들이 포함되어 있었다.26 태국은 베트남전쟁이 벌어지던 시절 인도차이나 반도에서 발생한 수만 명의 난민에게 피난처를 제공해준 나라였지만, 2009년에는 3천 여 명의 몽Hmong 족을 라오스로 돌려보냈다. 비엔티안라오스의 수도에서 공산주의자들과 맞서 싸웠던 몽 족은 강제 귀국을 당하면 처형당할 위험에 처한 상황이었다.27 실상도 그랬다. 라오스는 강제 귀국당한 몽 족들 중 많은 이들을 강제수용소로 보이는 지역으로 이주시켰고, 해당 지역에 해외 기자들의 방문을 금지시켰다. 몽 족 난민 중 일부는 문자 그대로 사라져버렸다.28

　　태국과 인도처럼, 남아프리카공화국, 터키, 브라질 역시 때로는 인권과 민주주의의 편에 서서 미사여구를 입에 담곤 한다. 아파르트헤이트가 끝나고 난 후, 수많은 인권 활동가들은 남아프리카공화국의 집권당이 된 아프리카민족회의에 큰 희망을 걸었다. 아프리카민족회의는 백인의 지배에 맞서 싸우는 동안 남아프리카공화국에 인권 차원에서 압력을 넣는 국제단체들로부터 큰 도움을 받았기 때문이었다. 만델라의 지휘 아래 아프리카민족회의가 통과시킨 헌법은 세계에서 가장 진보적인 헌법 중 하나였으며, 남아프리카공화국의 지도자들은 아프리카 대륙 곳곳에서 벌어지는 분쟁을 종식시키고자 중재자 노릇을 하기도 했다. 아프리카민족회의의 지도자들은 때로, 짐바브웨 같은 독재 국가를 비난하거나, 버마나 스리랑카 같은 다른 나라에서 벌어지는 인권 유린도 규탄했다.29 그러나 최근 프리토리아는 유엔과 아프리카 국제기구들 속에서 자국의 영향력을 발휘해 짐바브웨의 정권을 보호하고자 나섰을 뿐 아니라, 유엔 안전보장이사회에서 버마의 인권 유린을 비난하는 결의안을 채택하는 데 반대표를 행사하기도 했다.30 하라레를 방문하던 중 짐바브웨의 공동 정부에 대한 질문이 들어오자, 남아프리카공화국의 대통령 제이컵 주마Jacob Zuma는 기자들을 향해 "그렇게 개방적이며 상호 협조적인 정부 아래 명백한 진보가 이루어지고 있는 것은 매우 고무적인 일"이라며 명랑한 대답을 내놓았다. 하지만 짐바브웨에서는 무가베가 치안 병력을 동원해 야당인 민주변화운동Movement for Democratic Change의 인사들을 침묵시키거나 살해하고 있었다.31 주마의 답변을 듣고 기쁨을 감추기 어려웠는지, 무가베는 주마의 뒤를 이어 이렇게 선언했다. "공동 정부는 살아 있으며 잘 돌아가고 있다."32 휴먼라이츠워치는 집중적인 조사 끝에, 무가베의 지지자들은 여전히 여타 정당을 지지하는 사람들을 구타하며, 야당을 침묵시키기 위해 범죄 혐의를 목청 높여 외치고, 중립적인 입장의 판사, 기자, 시민사회 활동가들을 박해하고 있다는 내용의 보고서를 발표했다.33

2011년, 주마는 짐바브웨에 대해 아주 약간 강경한 태도를 취하는 듯했다. 2011년 3월, 한 아프리카 국가들끼리의 모임에서 야당에 대한 국가 폭력은 반드시 중단되어야 한다고 선언했던 것이다. 주마의 최고위급 보좌관 중 한 사람인 린디웨 줄루Lindiwe Zulu는 "(짐바브웨의) 국민은 민주주의를 원한다"고 선언했다. 짐바브웨에서 선거 문제를 조사한 이들이 제출한 보고서에 따르면, 짐바브웨의 유권자 명부에는 적어도 2백만 명 이상의 등록되지 않은 유권자들이 포함되어 있으며, 이들 대부분은 무가베의 정당을 '지지'하는 것으로 보인다. 그럼에도 불구하고 주마는 여전히 짐바브웨가 자유롭고 공정한 선거를 치를 수 있도록 압력을 넣기 위한 확실한 행동을 거의 취하지 않고 있다.

프리토리아는 또한 리비아의 무아마르 카다피의 폭력적 정권을 끝내기 위한 국제적인 시도에 반대하였고, 수단의 지도자 오마르 알바

시르Omar Al-Bashir를 국제형사재판소에 인간 존엄에 반하는 범죄 혐의로 기소하고자 하는 국제적 노력을 무시했다. 또 케냐부터 나이지리아에 이르는 신생 아프리카 민주주의 국가에서 벌어지는 무지막지한 인권 침해에 대해 대체로 침묵을 지켜왔다.34 심지어 카다피 정권이 이미 무너졌고, 독재자와 그의 가족들이 도주하고 있던 중에도, 주마 정권은 리비아에 들어선 과도 정부를 승인하지 않고 거부하였으며, 아프리카연합 African Union의 과도 정부 승인이 지체되는 데 주요한 역할을 했다. 남아프리카공화국의 지도자들은 심지어 2009년 달라이 라마가 노벨상 수상자 모임을 위해 자국에 방문하는 것에 대해서도 반대하였는데, 아마도 중국의 분노를 두려워했기 때문으로 보인다. 이러한 결정은 남아프리카공화국의 노벨 평화상 수상자인 데즈먼드 투투Desmond Tutu 대주교의 분노를 자아냈다.35

브라질의 대통령 룰라 다시우바Luiz Inacio 'Lula' da Silva는 몇몇 극악무도한 인권 침해에 대해 반대의 목소리를 냈고, 간통 혐의로 돌로 때려 죽이라는 판결을 받은 이란 여성에게 망명자 신분을 부여하기도 했다. 하지만 룰라 정권은 대부분의 경우 다른 나라에서 벌어지는 민주주의 및 인권 관련 이슈를 무시해왔다. 위키리크스에 의해 공개된 미국 대사관의 외교 전문 중 일부에 따르면 룰라는 베네수엘라의 지도자인 우고 차베스에게 강경한 반미 성향을 드러내는 수사법을 자제할 것을 요청했지만, 그가 차베스에게 독재적인 경향을 조절하라고 요청했다는 내용은 찾아볼 수가 없다.36 남아메리카 무역 블록은 인권을 존중하는 완전한 민주주의 국가에게만 개방되도록 되어 있는데 어떻게 베네수엘라가 거기에 참여할 수 있는지에 대해 한 〈뉴스위크Newsweek〉 기자가 질문을 던지자, 룰라는 이렇게 대답했다. "베네수엘라가 민주주의 국가가 아니라는 예시를 단 하나라도 대보라." 차베스가 저지른 독립 언론 파괴, 노동조합 파괴, 정치적 경쟁자에 대한 박해 등을 그 기자가 거론하자 룰라는 아무렇지 않다는 듯 말했다. "그것은 (베네수엘라) 정부가 한 일이 아니다."37 다른 곳에서 룰라는 차베스를 두고 "지난 100년간의 베네수엘라 대통령 중 최고의 인물"이라 평하기도 했다.38 또한 룰라 자신이 노동조합 지도자로 경력을 시작했고 브라질이 상대적으로 더 억압적이었던 시절 야당 정치인으로 활동했음에도, 룰라는 쿠바에서 벌어지는 인권 침해에 대한 라틴아메리카의 비난에 동조하는 것을 명백하게 거부해왔다. 쿠바의 유명한 정치범 중 한 사람인 오를란도 사파타 타마요Orlando Zapata Tamayo가 단식투쟁에 들어갔을 때, 룰라는 타마요의 단식투쟁을 조롱하는 듯한 태도를 취했다. 민주화 활동가를 마치 감옥에서 명성을 얻고자 하는 범죄자처럼 묘사한 것이다(결국 올란도 사파타 타마요는 단식투쟁을 시작한 지 두 달 반이 지난 시점에 사망하고 말았다). 쿠바의 지도자인 라울 카스트로Raul Castro와의 만남에서 룰라는 단식투쟁 혹은 그 외의 인권 침해에 대해 아예 언급조차 하지 않았다.39 이란의 마무드 아마디네자드 정권은 2009년 중반 터져나온 녹색 혁명 운동을 분쇄하고, 수백 명의 반대자들을 투옥한 후 불법적으로 고문하였으며 심지어 가장 첨예한 반대 입장을 표한 지도자들 중 일부를 살해하기까지 하였지만, 아마디네자드에 대한 룰라의 입장은 터키의 그것과 궤를 같이했다.40 룰라는 터키의 총리였던 레제프 타이이프 에르도안Recep Tayyip Erdogan과 함께 이란을 방문한 적이 있다. 그들은 이란의 핵 개발 프로그램에 대한 해결 방안을 조율하기 위해 방문하여 아마디네자드로부터 환대를 받았던 것이다. 수많은 전문가들은 룰라와 에르도안의 방문이 그저 이란에 핵무기를 개발할 시간을 더 벌어줬을 뿐이라고 믿고 있다.41 룰라의 후임자인 지우마 호세프Dilma Rousseff는 브라질의 군사 독재 시절 기소된 적이 있었던 인물로서, 가령 이란에서 벌어지는 것 같은 인권 침해에 대한 룰라의 명백한 옹호적 태도로부터 한 걸음 물러섰다. 그러나 지우마는 차베스와는 밀접한 관계를 유지했으며, 베네수엘라의 지도자에 대해서는 거의 비판하지 않는다.

모든 신흥 강국들이 이렇게 손을 놓고만 있는 것은 아니다. 유럽 연합에 가입한 국가들 중 가장 크고 강할 뿐 아니라 내적으로도 민주주의 혁명을 겪었던 나라인 폴란드는, 벨라루스 같은 중부 혹은 동부 유럽 국가들의 개혁주의자들에게 힘을 실어주기 위해 자국의 영향력을 활용한다. 2010년에서 2011년 겨울, 벨라루스 정부가 반정부 운동을 분쇄했을 때, 폴란드의 지도자들은 그 억압에 대해 항의했고, 유럽연합에 벨라루스에 대한 강경한 처벌을 요구했다. 그중에는 벨라루스 지도자들의 여행 제한 및 계좌 동결까지 포함되어 있었다. 폴란드는 또한 검열되지 않은 뉴스를 벨라루스에 방송해줄 라디오 및 TV 방송국에 자금을 제공하기도 했다.[42]

그러나 폴란드의 사례는 예외적인 것이다. 브라질과 남아프리카공화국이 오히려 더 '규범적'이다. 이와 같은 나약한 정책은 때로 국제적 비난을 불러일으키기도 한다. 버마의 군부를 돕고 있다는 이유로 국제 사면위원회가 인도에 대한 제재를 요구했던 것처럼 말이다. 심지어 전임자의 역사적인 대 인도 포용 정책을 계승하고 싶어 했던 오바마조차도, 2010년 가을 인도 방문 도중 델리를 향해 부드러운 경고의 목소리를 낼 수밖에 없었다. "솔직하게 말해도 된다면, 국제 무대에서, 인도는 때로 이런 (버마 같은) 문제들 중 일부에 대해 소극적인 것 같다." 자신을 초청해준 나라의 곤란한 기색을 무릅쓰고 오바마는 말했다.[43] (오바마 정부는 훗날 자체적으로 버마 정부와의 교섭 프로그램을 진행하게 되지만, 그들의 접근법은 보다 조심스러웠다. 버마에 대한 신규 투자에 가하는 제재를 유지했으며 버마로 흘러들어가는 미국 구호단체들의 자금을

민주주의는 어떻게 망가지는가

최소화했다.) 그러나 인도에 대한 가장 날카로운 비판은 인도로부터 영향을 받는 나라의 국민들로부터 나왔다. 신흥 민주 강국에 더 큰 희망을 걸고 있었던 마이요 같은 사람들 말이다. "나는 인도에 대해 큰 슬픔을 느낀다. 인도가 우리의 편에 서 있다고 생각할 수 있다면 참 좋았을 것이다. 그것이 마하트마 간디와 자와할랄 네루의 길을 따르는 일이었을 것이다."〈인디언 익스프레스Indian Express〉 지와의 인터뷰에서 아웅 산 수 치가 한 말이다. 태국에서 수년 동안 난민처럼 살면서, 태국 정부가 버마 장군들의 장단에 맞춰주는 장면을 지켜보았던 한 버마 망명객의 말을 들어보자. "태국 사람들은 이곳(태국)의 민주주의를 위해 저항하지만, 버마의 민주주의를 위해 우리가 죽어가는 것은 보고만 있을 뿐이다."45

신흥 강국들이 국제적인 인권 혹은 민주주의 문제에 대한 관심을 버리는 것은, 단지 아웅 산 수 치나 마이요 같은 활동가들의 노력에 해를 끼치는 선에서 끝나는 일이 아니다. 남아프리카공화국, 브라질, 터키 같은 국가들은 민주주의를 전파하려는 국제적 노력에 있어서 제한된 역할만 떠맡으려 하거나 아예 아무 역할도 하지 않으려 한다. 그 결과 독재자들은 민주주의를 전파하고자 하는 노력을 서구의, 혹은 외세의 내정 간섭을 위한 활동으로 비하할 수 있게 된다. 심지어는 그것을 냉전 시기에 이란, 과테말라, 칠레 등에서 서구의 정보기관들이 좌파 정권을 전복시키기 위해 저질렀던 공작 활동과 비교하기까지 한다. 차베스 정권의 세계관을 퍼뜨리는 역할을 종종 담당하는 베네수엘라계 미국인 변호사인 에바 골링거Eva Golinger에 따르면, 민주주의 전파는 강압적인 정권 교체에 대해 미국이 내놓은 최후의 변명거리로, 이러한 시각은 수많은 독재 정권 지도자들에 의해 증폭되고 있다.46 같은 구도가 계속 반복됐다. 서구의 강국들이 리비아를 공습했던 2011년 겨울과 봄, 그들의 목표는 무아마르 카다피 정권과 싸우는 반군을 돕는 것이었지만, 수많은 신흥 민주주의 강국들은 군사 개입에 대해 거칠게 반발하면서 카다피의 가장 가까운 친구들이 숨을 쉴 만한 공간을 틔워주었다. 가령 베네수엘라의 지도자 우고 차베스가 리비아에 대한 군사 개입을 신제국주의라며 비난했던 것처럼 말이다.47 예컨대 터키는 리비아에 대한 군사 개입에 강력하게 반발했다. 터키의 총리 에르도안은 그것을 "생각조차 할 수 없는" 그리고 "난감한" 일이라고 칭했다. 남아프리카공화국도 마찬가지로, 카다피를 끌어내리기 위한 과정에서 벌어진 전쟁 범죄에 대한 조사를 요구하고 나섰는데, 이것은 카다피가 40여 년간 무지막지한 인권 침해를 저질러왔을 뿐 아니라 차드에서 라이베리아에 이르기까지 사하라 사막 이남 지역의 분쟁에 불을 붙이는 역할을 해왔다는 것을 무시하는 처사였다.

민주주의 협력 프로젝트Democracy Coalition Project와 브루킹즈 연구소Brookings Institute의 테드 피콘Ted Piccone이 함께 진행한 연구에 따르면, 유엔에서의 투표 패턴을 분석해볼 때 이러한 신흥 강국들이 주권 불가침의 원칙을 엄격하게 사수하는 쪽에 이끌리는 경향이 있다는 것이 확연히 드러난다.48 유엔 총회, 인권위원회, 안전보장이사회에서 인도가 투표한 기록을 보면, 인도는 아주 가끔 민주주의를 지지하는 듯하지만, "민주주의는 다른 나라에 의해 도입되어서는 안 된다는 원칙을 고수"하며, 국제적인 개입을 선호하지 않는다는 것이 연구 결과 밝혀졌다. 인도네시아가 주도하고 있는 아세안에서 자카르타는 인권 보호의 구체화를 강하게 밀어붙이는 입장이었지만, 투표를 분석해보면 그들은 유엔에서 벌어지는 거의 모든 인권 사안 및 민주주의 전파에 대한 사안에 반대하는 모습을 보여준다. 브라질의 투표 패턴은, 좀 더 예측하기 어렵기는 하지만, 불간섭을 옹호하는 쪽으로 기울어져 있다. 비록 피콘의 연구에는

민주주의는 어떻게 망가지는가

"민주주의와 인권을 지지하는 것은 (브라질이) 향후 해당 지역에서의 리더십을 확고히 하는 데 도움을 줄 것이다"라고 덧붙여져 있지만 말이다. 터키는 1990년대와 2000년대, 민주주의를 전파하기 위한 서유럽 및 미국의 지원으로부터 확실한 도움을 받은 바 있다. 그러나 터키는 2011년, 시리아 같은 아랍 국가에서 자국 국민에 대한 잔혹 행위를 자행하는 것에 대해 비판적인 입장을 강하게 표명했음에도 불구하고, 유엔에서 한 표를 행사할 때에는 대체로 인권 관련 사안을 강하게 밀어붙이기를 주저하는 모습을 보여주었다. (2011년 10월, 터키의 외무부장관 아흐메트 다우토을루Ahmet Davutoglu는 유엔이 시리아의 자국민 탄압을 강하게 비난하지 않는다고 비판하며 다음과 같이 말했다. "시리아에서 벌어지고 있는 일은 시리아의 국내 문제가 아니다. 그것은 인류의 비극이 되어가고 있다.")49 남아프리카공화국은 어쩌면 유엔 투표 기록 연구에서 가장 실망스러운 사례가 될지도 모르겠다. 유엔의 투표 현장에서, 아파르트헤이트를 이겨낸 남아프리카의 지도자들은 독재 정권들과 한편에 서는 모습을 자주 보여주었다. 그러한 독재 국가에서 벌어지는 민주화 운동을 대체로 무시하는 경향을 띠었던 것이다.50 인도와 인도네시아처럼, 남아프리카공화국 역시 다른 나라에서 벌어지는 인권 유린에 대한 정밀 조사를 요구하는 그 모든 결의안에 대해 대체로 기권표를 던져왔다. 특히 북한이나 수단처럼, 해당 정부가 인권에 반하는 거대한 범죄를 저질렀을 가능성이 크며, 어쩌면 대량 학살이 벌어졌을지도 모르는 사안에 대해서조차 그렇다. 남아프리카공화국은 유엔 인권위원회에서 버마에 대한 특별 세션을 여는 것에 대해서도 반대의 뜻을 표했는데, 버마는 인권 침해에 있어서 북한이나 수단과 마찬가지로 높은 순위권에 오르내리는 그런 나라이다.51 피콘이 조사한 신흥 민주주의 강국들 중, 버마나 수단 같은 국가를 비난하는 결의안에 대해, 혹은 이러한 독재 국가의 인권 침해를 감시하는 일을 의무화하는 결의안에 찬성표를 지속적으로 던져온 것은, 오직 대한민국뿐이었다.52

비판의 대상이 되는 것과는 별개로, 이러한 신흥 민주주의 강국들이 보여주는 행동은, 해당 국가의 내부 정치를 염두에 둘 때 어느 정도 이해되는 측면이 있다. 중국 같은 독재 국가에서 앞장서서 내세우고 있는 개별 국가의 주권은 신성불가침의 영역이라는 개념은, 신흥 민주주의 강국들 사이에서도 큰 반향을 얻고 있는 것이다. 인도나 인도네시아 등 신흥 민주주의 강국 중 상당수는 냉전 시기의 반제국주의 운동인 비동맹주의 국가 사이에서 주도적인 역할을 해왔으며, 그리하여 잠재적으로 선한 이유가 있다 하더라도 다른 나라의 주권을 침해할 수 있을 만한 국제적인 공조에 대해 극히 불편한 감정을 느낀다.53 "국제적인 반식민주의의 압력으로 인해, 새롭게 독립한 인도는 (냉전 기간 동안) 국제 문제에 대한 정치적 담론에 있어서 지속적으로 반제국주의적 입장을 취하는 쪽으로 굳어져왔다." 인도 전문가인 C 라자 모한C Raja Mohan의 말이다.54 유엔이 파키스탄 편으로 기울어 있던 동안 인도는 소련과 동맹을 맺었다. 1990년대 초, 소련이 몰락하고 인도의 국가 주도 경제 개발 모델이 파산에 이르면서, 인도의 지도자들 사이에서는 비동맹주의와 사회주의에 대한 믿음이 다소간 흔들렸다. 하지만 인도의 엘리트, 특히 인도 좌파의 고령층 구성원들은 그럼에도 불구하고 서구가 주도하는 국제적인 노력에 대한 반감을 유지했다. 특히 주권의 절대성을 수호하는 경향은 여전히 강하게 남아 있다. 더 중요한 것은, 중국, 인도네시아, 그 외의 민주적이건 아니건 수많은 신흥 강국들과 마찬가지로, 인도 역시 여전히 자국의 영토를 단일하게 규합하는 문제로 고심하고 있다는 것이다. 특히 카슈미르Kashmir 지역 문제에서 그렇다. 그러므로 인도는 그 어떤 국제적 노력에 대해서도, 설령 그것이 민주주의나 인권에 대한 것이라 해도, 어쩌면 그 불똥이 자신들에게 튀어들지 않을까 주저하게 되는 것이다.

인도의 태도는 결코 유별난 것이 아니다. 인도네시아나 터키 같은 신흥 강국들은 자국이 품고 있는 인권 침해 문제에 대한 비판을 피하고 싶어 한다. 가령 치안 병력이 거주민들을 가혹하게 억압하고 있는 인도네시아의 동부 지역인 파푸아 문제라든가, 터키의 쿠르드 지역 같은 경우가 그렇다. 제이컵 주마나 그의 후계자인 타보 음베키Thabo Mbeki 등 아프리카민족회의 지도자들은, 냉전 기간 동안 미국이 아파르트헤이트를 처벌하기 위한 의회 입법에 반대해왔던 것을 잘 기억하고 있다. 심지어 서구 국가들은 아파르트헤이트 시절 일부 과학자들이 아프리카민족회의 지도자들을 독살하기 위한 정부 프로그램과 관련되어 있었음에도 불구하고, 그 과학자들과 관계를 맺기 위한 시도를 한 적도 있다.55 아프리카민족회의의 지도자들 중 많은 이들이 서양에 대한 큰 반감을 품게 된 것은 결코 놀랄 일이 아니다. 타보 음베키와 가까운 몇몇 조언자들 중에는, 과학자를 포함한 외부 세력에 대한 공포심에 사로잡혀, 그들이 아프리카민족회의를 파괴하기 위해 다양한 시도를 한다고 믿는 사람도 있다. 그러한 비생산적인 공포는, HIV가 에이즈의 발병 원인이라는 사실을 의심하거나 마늘과 레몬으로 이루어진 전통 처방을 통해 HIV를 치료할 수 있다는 생각으로 이어지기도 한다.56 오늘날의 신흥 강국 가운데 냉전 기간 동안 서구 개입에 희생되었던 국가들은 이뿐만이 아니다. 아이젠하워 정부는 1950년대 후반 인도네시아의 수카르노Achmed Sukarno 정권을 몰아내겠노라고 나섰던, 수하르토의 반군에 힘을 실어주었던 것이다. 그러므로 인도네시아처럼, 탈냉전 시대의 젊은 정치적 리더들로 세대교체가 이루어지지 않은 나라에서는, 공격적인 민주주의 전파 활동 및 그에 수반하는 해당 국가의 주권 침해에 대한 시각이 여전히 곱지 않을 수밖에 없다. 그러한 의혹의 눈초리는 일부 인도네시아 자유주의자들이 발리 민주주의포럼 같은 시도를 지지하고 있다 해도 사라지지 않는다.

서구에 대한 의구심이 남아 있는 것과 더불어, 수많은 신흥 강국의 지도자들은 민주주의나 인권뿐 아니라 다른 문제에 있어서도, 자국의 이해관계가 이미 잘 정착된 민주주의를 누리는 국가의 이해관계와는 반드시 맞아떨어지지 않는다는 것을 깨달았다. 심지어 민주주의를 전파하고 인권을 옹호하는 경우에도, 그러한 일을 하는 기관 및 기구들은 냉전 기간 동안 서구 국가들에 의해 만들어진 것이며, 브라질이나 인도 같은 나라들은 거의 관여하지 못했다. 만약 민주주의 국가들이 독재 국가들의 주권에 도전하고자 한다면, 남아프리카공화국, 브라질, 인도 같은 나라들은 독재 국가들의 주권을 침해하는 것이 어떤 경우에는 적절하며 어떤 경우에는 그렇지 않은지를 결정하는 일에 참여할 수 있는 권리를 원한다. 그러한 권한이 주어지지 않는 한, 프리토리아나 브라질리아는 유엔 투표장에서, 심지어 버마나 이란 같은 독재 국가의 경우라 하더라도, 주권을 수호하는 쪽에 한 표를 던질 것이다. 소위 BRIC브라질, 러시아, 인도, 중국이라는 이름의 모임에서, 각 소속 국가들은 이미 정착되어 있는 수많은 국제기구에 대해 의문을 던졌다. 그런 의문 중에는 유엔 안전보장이사회의 구성이라든가, 달러를 세계 기축 통화로 사용하는 것 등이 포함되어 있었다.57 BRIC 회원국 중 두 나라만이 독재 국가였음에도 불구하고, 나머지 두 민주주의 국가들 역시 기존의 국제적 질서에 도전하는 일에 마찬가지로 열렬히 호응했다.

인도는 개발도상국으로서, 환경을 오염시키는 일에 대해 선진국만큼 강한 제재를 받고 싶어 하지 않는다. 그렇기에 인도는 중국과 손을 잡고, 미국 같은 선진국이 온실가스 배출 감소에 더 큰 영향을 하도록 밀어붙였다. 또한 두 나라는 자국이 경제 성장 저하를 감수하지 않는 한 탄소 배출량 제한을 감당할 수 없다며 공동 전선을 폈다. 인도는 또한 중국, 사우디아라비아, 그 외 독재 국가들과 한편에 서서, 국제 금융 위기를 관리하는 과정에서 국제통화기금이 발휘하는 영향력을 축소하려고 시도하기도 했다.58

이러한 많은 사례를 놓고 볼 때, 신흥 민주주의 강국들은 해당 지역의 환경 문제에 대해, 말하자면 영국이나 노르웨이처럼 신경을 쓰지 않는다. 또한 그들은 해당 지역의 불안정을 감수하기보다는 안정적인 독재 국가가 이웃이 되는 것을 선호한다. 영국이나 노르웨이 정부는 오늘날 스웨덴이나 아일랜드 문제가 영국 혹은 노르웨이의 골칫거리가 될까 봐 걱정할 필요가 없다. 그러한 상황은 인도나 남아프리카공화국의 입장에서 보자면 사치일 뿐이다. 인도와 버마 사이의 국경이 혼란스러워지자 무장 반군 세력이 대거 등장했는데, 그러한 무장 세력 중 일부는 인도 동북부의 분리 독립을 추구하면서 무기를 밀매하고 인신매매를 자행하며 마약을 거래한다. 남아프리카공화국과 짐바브웨 사이의 국경은 촘촘하게 관리되지 못하고 있으며 그 틈에서 거대한 인신매매 조직이 활동하고 있다.59 그리고 이미 각 지역에 어느 정도의 불안이 존재하기 때문에, 신흥 민주주의 국가의 지도자들은 그 이상의 변화를 추구하는 일을 극도로 경계할 수밖에 없다. 그러한 변화가 궁극적으로는 대다수의 사람들의 복리에 부합하더라도 그렇다.

버마나 짐바브웨에서 민주주의를 외치는 사람들은, 그러한 독재 정권들이 그 본성상 불안정성을 야기한다고 주장할 수 있다. 대대적인 난민 행렬은 인접 국가의 자원을 축내고, 대중적 불안의 물결과 마약 거래 같은 불법적 경제 활동은 때때로 국경을 넘어서까지 번진다. 실제로, 적어도 1백만 여 명의 버마 난민이 태국으로 떠난 상태이며(실제 숫자는 그보다 더 많을 것이다), 2백만 여 명의 짐바브웨 사람들이 국경을 넘어 남아프리카공화국으로 들어갔다.60 하지만 버마나 짐바브웨가 수출하는 위험을 뻔히 바라보면서도, 방콕이나 델리나 프리토리아의 지도자들은 정치적 변화로 인해 혼란과 불안정이 더욱더 커질 가능성에 대한 공포를 여전히 가지고 있다. "(태국과 버마 국경의) 현재 상황은 좋지 않지만, 그건 지난 수십 년 동안 대체로 비슷했다." 한 태국 관료의 말이다. "그 누구도 그 난장판에 손을 대고 싶어 하지 않는다."61

물론 어떤 경우에는, 신흥 민주주의 강국 내의 어떠한 세력들이 독재 국가들과 밀접한 관련을 맺고 있어서, 그로 인해 민주주의 전파나 인권 옹호를 지지해야 할 이유를 찾지 못할 수도 있다. 예컨대 태국의 군부와 경찰은 오래도록 버마와의 국경에서 활동해왔으며, 그들은 버마 내부와의 연결망을 통해 국경을 넘어 천연자원과 마약을 유통시기도 했다. (1950년대, 태국 경찰 총장 파오 스리야논다Phao Sriyanonda는 아시아에서 가장 규모가 큰 아편 유통인인 것으로 밝혀졌다.)62 브라질의 건설 회사들은 베네수엘라에서 큰 규모의 사업을 여럿 벌였는데, 그러한 사업의 배후에는 반드시 차베스 정권의 비호가 필요할 수밖에 없다.63 이러한 이해관계에는 서구 민주주의 국가들도 얽혀 있다. 미국 석유 회사들은 적도기니Equatorial Guinea에서 사업을 하는데, 그 과정에서 자원 중심 국가의 폭력적인 정권을 지지하게 된다. 프랑스의 석유 회사들은 가봉과의 관계를 돈독히 하면서, 가봉의 전제군주적 정권과 안락한 관계를 누리고 있다.64 그러나 민주주의의 역사가 오래된 나라들의 경우, 튼튼한 기반을 가지고 있는 인권단체, 민주주의 전파 단체, 폭로 저널리스트, 그 외 시민사회 조직이 있기 때문에, 기업들이 독재 정권과 맺고 있는 관계는 종종 벽에 부딪치고 균형을 찾는다. 미국 석유 회사들은 적도기니에 투자할 수 있지만, 〈마더 존스Mother Jones〉 지가 그들의 거래를 추적하는 기사를 써낼 것이고, 인권단체들은 그 기사를 의회의 손에 넘겨 적도기니에 대한 조사에 착수할 것이기 때문이다. 프랑스 석유 회사들 역시 가봉에서 사업을 벌일 테지만, 파리와 런던에 기반을 둔 석유 투명성 조사 단체들은 이러한 기업들의 활동에 조명을 들이댈 것이다. 그러나 태국, 남아프리카공화국, 혹은 브라질처럼 민주주의의 역사가 길지 않거나 민주주의가 취약한 나라에서는 시민사회와 언론의 힘이 반드시 강해져 있다고 말하기 어려우며, 그에 따라 독재적인 이웃 국가와 거래를 하고 싶어 하는 강력한 집단들이 더욱 쉽게 우위를 점한다. 태국의 경우, 심지어 버마에서 군부가 벌이는 사업 같은 것에 대해서도, 군부의 일에 언론에서 비판을 하면 기자에게 신체적 위험이 닥쳐올 수 있다.

민주적 변화에 대한 우려는 이런 것들이었다. 민주적 변화가 그 지역에 불안정성을 불러올 수 있다거나, 민주주의를 앞장세우는 정부에 의해 인도, 브라질, 남아프리카공화국의 기업 집단이 피해를 입을 수 있다거나, 민주주의를 전파하는 것이 자국의 지도자를 너무도 미국과 가깝게 만들 수 있다는 식이었다. 이러한 모든 우려는 신흥 민주주의 국가에 자원과 우호 관계를 제공할 수 있는 버마, 베네수엘라, 이란 같은 국가의 독재자들과 맞서는 과정에서 현실이 될 수밖에 없었다. 1990년대 초, 조지 페르난디스 같은 일부 인도 관료들이 버마의 민주화 운동을 강하게 지지하고 있던 시절, 델리의 인도 정부는 어느 정도까지 버마 정부의 불만족에 개의치 않을 수 있었다. 당시만 해도 버마의 군부는 인종차별적인 사회주의 시기가 끝나고 난 후 해외 투자를 얻기 위해 분투하고 있었으며, 인도의 잠재적인 경쟁자인 중국은 버마 내에서 어느 정도 규모가 될 만한 경제적 입지를 확보하고 있지 못했기 때문이다. 그러나 2000년대 초, 인도는 대 버마 정책을 극적으로 변경하여 군부 장군들과 접촉하였는데, 그러한 변화에는 버마의 석유, 가스, 대형 항구, 기타 요소들을 놓고 벌이는 중국과의 경쟁에서 패배할지 모른다는 두려움이 크게 자리 잡고 있었다. 2000년대와 2010년대 초, 중국의 기업들은 버마에서 매년 대략 24만 배럴의 석유와 120억 제곱미터 분량의 가스를 중국으로 송출하는 석유 파이프라인을 건설했다. 그보다 규모가 작은 중국 기업들은 버마 북쪽의 사업을 지배하기 위해 달려들었다. 전자제품, 공산품, 그 외 모든 최종 생산품을 버마로 수입하고, 보석, 원목, 그 외 천연자원을 중국으로 수출하는 사업을 벌인 것이다.65 버마에 항구를 건설한 중국 기업들은 인도 활동가들에 대한 정보를 수집하는 중국의 첩보 활동에도 도움을 줄 수 있게 되었는데, 이것은 인도를 중국의 항구로 둘러싸는 더 큰 계획의 일부가 될 수 있었기에 일부 인도의 국제 전략가들은 공포를 느꼈다.66

전략적·경제적·외교적으로 패배하고 있음을 우려한 인도는 버마에 대한 입장을 변경했다. 이웃의 거대한 민주주의 국가의 정책 변경을 본 버마 정권은 인도가 받을 수 있는 혜택을 보장해주었지만, 중국이 버마에 대해 가지고 있는 것과 같은 경제적 영향력을 인도가 가져갈 수 없다는 것은 분명했다. 인도는 버마에 몇 개의 수력발전소 댐을 건설할 수 있는 권리를 얻었고, 중국과는 다른 버마의 항구 하나의 시설을 현대화할 수 있는 기회도 부여받았다.67 "이것은 우리에게 큰 전략적 승리다." 인도의 에너지 및 상업부 장관인 자이람 라메쉬Jairam Ramesh는 인도 매체의 기자에게 말했다.68

신흥 민주주의 국가로서 민주주의를 전파하는 일에만 너무 초점을 맞추다 보면 경제 및 전략적 문제에 있어서 중국에게 뒤처질지 모른다는 공포는, 버마와의 관계에서 끝나는 일이 아니었다. 베이징은 스리랑카에도 새로운 항구를 건설하고 있었고, 인도는 중국의 영향력이 늘

민주주의는 어떻게 망가지는가

어나는 것을 우려했다. 그리하여 콜롬보스리랑카의 행정 수도의 스리랑카 정부가 타밀 호랑이 반군과의 전투가 지리멸렬해지고 있는 가운데 대대적인 인권 탄압을 사주했을 때, 델리의 인도 정부는 침묵을 지키는 쪽을 택했다.69 또 키르기스스탄이나 카자흐스탄 같은 중앙아시아 국가의 국민 중 많은 이들은 터키인들과 역사적으로, 문화적으로 관련을 맺고 있다. 그러므로 터키는 이런 나라들에서 늘어가는 중국의 영향력을 억누르고 싶어 했는데, 그것은 중앙아시아 국가들에서 벌어지는 인권 탄압에 대한 앙카라의 외교적 기조가 달라진 이유일 수밖에 없다. 심지어 터키는 꾸준히 자국을 모범적인 이슬람 민주주의 국가로 자리매김해왔는데도 그렇다. 마찬가지로 중국은 사하라 사막 이남 아프리카에서 상당히 규모가 큰 투자를 급속도로 전개해감에 따라, 불과 20여 년 전만 해도 거의 존재감이 없었지만 지금은 아프리카 대륙의 가장 큰 무역 파트너이자 자금과 원조를 제공하는 나라가 되어 있다. 이러한 변화는 남아프리카공화국과 인도 등, 아프리카에서 영향력을 발휘하는 여타 신흥 강국들의 입장 변화를 불러왔다. 만약 그들이 앙고라나 콩고 같은 나라에서 인권과 민주주의를 우선순위로 둔다면, 이미 중국이 수십 억 달러를 투자하고 있는 그 나라에서 벌어지는 상업적 경쟁에서 중국에 밀릴 수밖에 없을 것이기 때문이다.70

델리, 프리토리아, 브라질리아, 그 외 신흥 강국들의 수도에서 벌어지는 일을 살펴보자. 일부 오피니언 리더들은 장기적으로 볼 때 민주주의가 자국의 경쟁력에 도움이 될 것이며, 민주주의를 추구하는 것은 중국으로부터 벗어나고자 하는 이들과 상대할 때 경쟁력이 될 수 있으니, 중국을 따라하면 중국이 절대 할 수 없는 일에 대한 가치를 깎아먹는 셈이라고 주장한다. "우리는 (버마의) 군부 독재자들을 후원한다는 측면에서 중국과 아무런 차이가 없는 것처럼 보인다." 한때 인도의 정보기관에서 고위 관료로 일했으며, 현재 전략 분석가로 일하고 있는 B 라만 B Raman의 말이다. 저자가 만나본 버마의 활동가들 역시 비슷한 의견을 가진 것 같았다. 그들은 왜 인도가 대 버마 정책에서 중국과 같은 방식으로 맞서려 하는지 의아해했다. 인도는 언젠가, 아마도 버마의 정권을 잡을 개혁운동가들의 관심을 더 자연스럽게 얻어낼 수 있을 텐데 말이다.71 다른 것을 다 떠나서, 버마의 군부 독재를 후원하는 중국 정부로 인해, 또한 버마의 중심부에 몰려드는 중국 비즈니스맨들로 인해, 버마에서는 반 중국 정서가 심화되고 있다. 상징적인 사건을 꼽자면 2001년 봄 버마의 도시 만달레이에서 벌어진, 거의 폭동에 가까웠던 폭력 사태가 있다. 그것은 버마인과 중국인 보석 거래상 사이의 말다툼에서 촉발된 것이었다.72 민주주의 활동가들은 자국의 지도자들이 그 나라의 민주적 유산을 되돌아보기를, 혹은 자국 내에서 군사 독재와 맞서 싸웠던 역사를 돌이켜보기를 요청하고 있다. 또한 그들은, 장기적으로 볼 때, 짐바브웨나 이란 혹은 버마 같은 나라의 시민들이 현재의 억압적인 통치를 이겨내고 자유를 스스로 쟁취하고 나면, 독재와 맞서 싸우던 시절 같은 편에 섰던 나라들을 기억하고 보상을 해줄 것이라고 주장하기도 한다. 하지만 과연 그렇게 장담할 수 있을까? 다른 것을 다 떠나서, 아프리카민족회의의 지도자들이나 브라질 노동조합의 지도자들은 최종적으로 대통령궁에 입성하고 나자, 다른 나라의 민주주의자들을 까맣게 잊어버렸는데 말이다.

민주주의는 어떻게 망가지는가

서구의 실패

우리가 확인한 바와 같이, 21세기 초반의 민주주의는 다방면에서 심각한 위협을 당하고 있다. 힘을 얻은 독재자들, 보수화되어가는 중산층, 민주주의를 전파하는 일에 관심이 없는 신흥 강국들 등이 그러한 위협의 원인이다. 민주주의가 궁극적으로는, 언젠가는 모든 국가의 최종적인 목표가 될 것이라는 이념은 여전히 지배적인 것으로 남아 있다. 인류의 진보가 불가피한 일이라는 발상은 계몽주의가 시작된 이후 수 세기에 걸쳐 존속해왔으며, 그 이상은 20여 년 전 프랜시스 후쿠야마에 의해 명료하게 표현된 바 있다. 거의 모든 주요 서구 국가지도자들은 역사의 진보가 불가피하다는 생각을 여전히 공유하고 있다. 심지어 세계적으로 민주주의가 후퇴하고 있던 지난 10년 동안, 서구 국가들은 전 세계에서 벌어지는 민주주의의 싸움에 실제로 도움을 주고 나설 의지가 없었는데도 그러하다. 오바마 대통령은 2010년 유엔 총회 연설에서 민주주의의 불가피성에 대한 개념을 설파하였으나, 그가 중동에서 민주주의의 불가피성을 실현하기 위해 대통령직을 걸 준비가 되어 있었던 것은 아니었다. "역사는 자유의 편에 서 있다." 모여 있는 세계 지도자들을 향해 오바마는 말했다. "그 어떤 다른 정부 형태보다도, 민주주의는, 우리의 시민들에게 약속된 것이다."1

우리가 다음 장에서 살펴볼 것처럼, 장기적으로 볼 때 민주주의는 어쩌면 최선의 정치 체제일 수 있다. 국민들에게 필수적인 자유를 제공할 뿐 아니라 장기적으로 번영을 가능케 하는 사회적 투명성과 법의 지배를 제공하기 때문이다. 민주주의는 1930년대와 1960년대 그리고 다른 시대에도 독일이나 라틴아메리카 혹은 그리스처럼 국제적인 영향력을 지닌 미숙한 민주주의 국가에서, 내부의 쿠데타나 다른 정부의 전복 시도 등으로 인해 역풍을 맞아왔다. 그럼에도 불구하고 민주주의는 살아남았는데, 그런 이유로 오늘날의 여러 개발도상국에서도 살아남으리라 예단하는 것은 잘못된 생각이다. 정치학자 아자르 가트Azar Gat가 민주주의의 역사에 대한 연구를 통해 지적했다시피, 제2차 세계대전에서 (소련을 제외한) 연합군이 승리한 것은 그들이 민주주의 국가로서 더 우월한 도덕적 지위를 갖추고 있었던 덕분이 아니다. 연합군이 승리한 것은 그들이 세계를 이끄는 산업국가들이었으며, 그들과 맞선 두 나라인 독일과 일본은 중간 규모의 산업국가로, 연합국의 인구 혹은 공업 생산력에 미치지 못하고 있었던 덕분이다.2 마찬가지로 1980년대 말 소련이 붕괴한 것 역시 소련에 정치적 자유가 부족했기 때문이 아니었다. 비록 소련의 붕괴는 동유럽 국가들의 민주적 변화에서 촉발되었지만, 소련은 언제나 오작동하던 비자본주의적 경제 모델이 한계에 도달했기 때문에 죽음에 이르고 말았다.

더 중요한 것은, 오늘날의 민주주의가 지난 두 차례의 거대한 퇴행보다 더 큰 도전에 직면해 있다는 것이다. 비록 냉전이 오래전에 끝나면서 미국과 그 외 서구 국가들이 전 세계의 독재자들을 지지하도록 만들 었던 전략적 요소들 중 일부는 사라져버렸지만, 급성장하는 중국을 포 함하여 많은 경제 강국들이 독재자들에게 힘을 실어주고 있다. 국제 경 제 위기, 서구의 몰락, 신흥 민주주의 국가의 나약한 리더십 역시 민주 주의의 발전을 저해한다. 특히 미국의 민주주의 전파 노력이 근시안적이 고 경직되어 있는 한, 이러한 도전을 이겨낼 수 있을 만한 손쉬운 해법 은 등장하기 어려울 것이다.

왜 현재의 반민주주의적인 물결이 1930년대, 1960년대, 그리고 1970년대 초반의 반민주주의적 역풍보다 더욱 심각한 것으로 보이는지, 우리는 이 책에서 몇 가지 이유를 다루었다. 그러나 오늘날 민주주의에 가해지 는 위협을 살펴보는 동시에, 서구권의 국가들이 어떻게 자국의 민주주 의를 신장하는 노력에서마저도 실패하고 있는지 알아보는 것이 더욱 중 요하다. 혹자는 민주화의 세 번째 그리고 네 번째 물결이 중요하다고 강 조할 것이다. 중동과 아프리카의 몇몇 나라들처럼 이전까지는 민주화의 물결 속에서 어떤 역할도 맡은 바 없는 나라들이 참여하면서, 더욱 넓 고 다양한 국가들이 합류한 가운데 민주화의 물결이 진행된 것이 그 이 유라고 말이다. 물론 어떤 면에서 이러한 확산은 민주주의의 힘을 강화 해주는 것이다. 만약 유럽과 북아메리카에 위치한 나라들만이 우리가 1 장에서 정의한 민주주의의 좁은 개념에 명확하게 들어맞는다고 가정해 보자. 하지만 전쟁이나 정치적 변화로 인해 상황이 급변할 가능성은 언 제나 존재하며, 그럴 경우 민주주의는 지구에서 깨끗하게 쓸려나갈 것 이다. 오늘날 그러한 일은 벌어지지 않을 것이다. 왜냐하면 민주주의가, 어떠한 형태로건, 적어도 전 세계적으로 퍼져 있기 때문이다. 그러나 우 리가 살펴본 바와 같이 민주화의 세 번째와 네 번째의 물결을 겪으면서 민주주의는 지난 시절보다 훨씬 더 빠르게 많은 나라들로 번져나갔다. 그런 나라들은 독립을 얻은 지 얼마 되지 않았거나, 여전히 안정적인 경제 성장을 위한 토대를 마련하지 못했거나, 상당히 가난한 채로 머물러 있거나, 법의 지배가 확립되지 못한 탓에 민주화가 오히려 더 부패를 만연하게 하는 곳들이다. 민주화의 세 번째와 네 번째 물결에 동참한 나라들은 민주적 기반이 너무도 약한 탓에, 민주화의 첫 번째 물결과 두 번째 물결에 참여했던 나라들에 비해 정치적 역풍에 훨씬 취약하다. 민주화의 첫 번째와 두 번째 물결을 탔던 나라들은 1930년대와 1960년대의 역풍을 맞기 전에 오랜 시간에 걸쳐 변화를 굳히고 안정화된 민주적 제도를 확고히 할 시간을 가질 수 있었던 것이다.

아주 최근에 민주주의 대열에 합류한 나라들의 취약성으로 인해, 민주주의가 시작된 후 역풍을 맞기까지의 기간도 짧아졌다. 이전의 정치적 복고의 도래와 비교하면 그렇다. 또한 오늘날에는 정치적 복고가 너무 빨리 도래하는 탓에, 갓 태어난 민주주의 국가들은 더 심각한 피해를 입곤 한다. 민주화의 세 번째 물결에 올라탄 태국 같은 나라에서는, 완고하고 보수적인 중산층이 공격적인 군부와 손을 잡고 가장 온건한 형태의 개혁마저도 무위로 돌리는 것이 가능해지기까지 10년이 걸렸다. 하지만 아랍의 봄을 겪은 나라들, 가령 이집트 같은 나라에서는 그와 같은 퇴행이 고작 반년도 걸리지 않았다. 동유럽에서 민주화의 세 번째 물결에 올라탔던 나라들의 경우, 노동계급에 속했던 이들은 민주주의 시대, 베를린장벽 이후의 시대에도 경제적으로 자신의 삶이 나아진 바 없다는 것에 분노했고, 10년 혹은 그 이상 이어진 민주주의에 대한 불만이 커져갔다. 결국 러시아나 우크라이나 같은 몇몇 나라에서는 민주적인 자유를 약화시키는 대신 높은 경제성장률과 안정을 약속한 권위주의적 지도자들이 복귀하기에 이른다. 말라위나 인도네시아 같은 네

　　　　　　　　　민주주의는 어떻게 망가지는가

번째 민주주의 물결에 속하는 국가들에서는 경제 성장이 평등하게 이루어지지 않는 것에 대해, 부패가 늘어가는 것에 대해 불만이 퍼져나갔고, 민주화 이후 고작 10년도 채 지나지 않아 독재 정권에 대한 대중적 향수가 늘어갔다. 이집트, 리비아, 튀니지에서는 최초의 봉기가 벌어진 지 고작 1년 만에, 낮은 경제성장률, 범죄, 혼란, 늘어만 가는 부정부패가 이미 중산층과 상류층 사이에 독재 정치에 대한 향수를 불러왔다.

민주화가 진행되는 데 외부 행위자가 미치는 역할은 과대평가될 수도 있지만, 사실 외부 행위자는 상당한 역할을 수행할 수 있다. 역사적으로 미국의 영향력이 컸던 나라들, 예컨대 태국이나 라이베리아 같은 곳에서 민주주의 전파를 위한 미국의 노력은 적잖은 영향을 미쳤다. "몇몇 지역에서 민주주의를 미국의 경제적, 안보적 이익과 더불어 실제로 확립해야 할 크고 분명한 목표로 삼는 것은 …… 이러한 국가 혹은 지역에서 민주주의란 정상적인 것이며, 충분히 기대할 만한 일이라는 관념이 확립되도록 하는 데 도움이 된다"고 카네기 국제평화재단의 토머스 캐러더스는 말했다. 더불어 1990년대에 미국이 수많은 나라에서 개혁적인 성향의 시민단체들에 도움을 준 것은 민주주의의 확산에 기여하였으며, 때로는 미국의 외교적 개입이 에콰도르나 파라과이 같은 나라에서 쿠데타의 위협을 막는 역할을 하기도 했다고 그는 지적한다.3 실제로, 밴더빌트 대학Vanderbilt University에서 수행한 1990년대 미국의 민주주의 원조에 대한 연구를 살펴보면, 개발도상국의 민주주의를 위한 미국의 지원은 전반적으로 해당 국가에서 성공적으로 민주화가 이루어질 수 있도록 속도를 높여주는 역할을 했다.4 한편 1990년대의 유럽연합은 점점 더 공격적으로 민주주의를 전파하고 있었으며, 유럽연합에 가입한다는 것 자체가 주는 매력 또한 있었기 때문에, 동구권 국가들은 개혁적인 정책을 유지하면서 자국의 법을 유럽연합의 진보적인 기준에 부합하도록 대체할 만한 강력한 동기를 가질 수 있었다. 냉전이 끝나고 난 후 유럽연합은 또한 폴란드처럼 과거 동구권 블록에 속하던 나라들에 상당한 경제적 지원과 더불어 새로운 정치적 기구를 설립하는 데 필요한 전문가를 제공하고, 그러한 나라들이 민주주의를 향해 나아가는지에 대해서도 감독했다. 이것은 향후 그 나라들을 유럽연합으로 통합하기 위한 준비 단계이기도 했다.5

그러나 서구의 국가들은 민주주의를 전파하는 과정에서 치명적인 실수를 너무 자주 저질렀다. 서구 국가들은 해당 국가에서 주기적으로 총선이나 대선이 치러지는지, 인도네시아의 수실로 밤방 유도유노나 라이베리아의 엘런 존슨설리프Ellen Johnson Sirleaf처럼 카리스마 있으면서도 개혁 지향적인 지도자가 출현하는지, 새로운 민주주의 국가가 마치 만병통치약처럼 모든 곳에 들어맞는다고 전제되어 있는 민주화의 발전 단계들을 이행하고 있는지 등에만 관심을 기울였던 것이다. 이러한 만병통치약 민주화 전략은 해당 지역의 문화적·경제적 여건과 맞아떨어지는 경우가 거의 없었다. 게다가, 미국을 포함한 서구권 국가들은, 선거의 질적 측면이 제대로 보장되어 있기는 한지, 선거 외 다른 제도들이 얼마나 튼튼하게 작동하고 있는지, 그들이 선호하는 '우두머리'가 얼마나 다층적인 면모를 지니는 인물인지에 대해서는 간과하는 경우가 많았다. 그리고 어쩌면 가장 중요한 것인데, 해당 국가에서 민주화에 대한 지지도가 얼마나 높은지에 대해서도 신경을 쓰지 않았던 것이다.

정기적으로 선거가 이루어지고 있다는 것에만 초점을 맞추면, 많은 경우 해당 개발도상국이 성공적으로 전진하고 있는지 여부에 대해 손쉬운 결론을 내릴 수 있게 된다. 그리고 서구는 이러한 허약한 민주주의에 대해서도 상대적으로 쉽사리 만족했다. 민주주의 이론가 래리

민주주의는 어떻게 망가지는가

다이아몬드는 다음과 같이 지적했다. "비록 …… 정치학자들은 '선거주의의 오류'를 경고하고 있지만, 미국과 미국의 민주주의 동맹국들은 그러한 인공적인 형태의 민주주의에도 너무나 만족하며 거기에 안주한다."6 어떠한 개발도상국을 민주주의 국가로 간주하면, 서구권 국가들은 그 나라와 동맹을 맺거나, 원조를 제공하거나, 혹은 투자를 할 때에 필요한 정당성을 얻을 수 있다. 그런데 수많은 개발도상국의 시민들은 독재에서 민주주의로 전환되는 과정에서, 정기적인 선거가 열리는 것을 민주주의의 새 시대를 열기 위한 최우선 과제라고 여기지는 않는다. 설령 그 선거가 자유롭고 공정하게 치러진다 하더라도 말이다. 호스니 무바라크 정권이 무너지고 두 달 후에 퓨 리서치 센터는 이집트인을 대상으로 설문조사를 진행했다. 그에 따르면 "공개적으로, 복수의 정당이 경쟁하는 선거"를 민주주의의 최우선 과제로 생각하는 이집트인은 응답자의 절반에 지나지 않았다. 반면 거의 80퍼센트에 달하는 이집트인들은 "공정한 재판"을 가장 중요한 요소로 꼽았으며, 80퍼센트가 넘는 사람들은 "경제적 조건의 개선"이 가장 중요하다고 대답하고 있었다.7

선거를 민주적 변화가 전부 이루어진 지표로 생각하고 너무도 쉽게 받아들이는 현상이 존재한다는 것을, 나는 1990년대 말과 2000년대 초 캄보디아에서 처음 깨달았다. 당시 그곳에서 일하던 비영리단체 직원들은 거의 매일 저녁 프놈펜의 한 술집에 모였다. 초콜릿처럼 느리게 흐르는 메콩강 옆에서, 얼음으로 차게 식힌 타이거 맥주를 마시며 얇게 썬 생강과 작지만 매운 맛을 내는 고추로 향을 돋운 닭고기 요리를 즐겼던 것이다. 1999년 선거를 향해 치닫던 중이었기 때문에, 캄보디아의 인권단체들과 야권 정당들은 다양한 공정 선거 침해 사례를 보고하고 있었다. 그중에는 상대편 정당 선거운동원을 구타하는 것부터 집권당에 투표하도록 사람들을 매수하기 위해 마을 지도자에게 돈을 건네는 것까지, 다양한 사례가 포함되어 있었다. 이러한 공정 선거 침해의 유형들은 1990년대 들어 캄보디아에서 널리 퍼지게 되었는데, 캄보디아에는 크메르 루주가 벌인 대량학살의 기억이 남아 아직도 겁에 질리고 트라우마에 빠진 사람들이 많았으며, 폭력적 성향이 높았고, 무기는 넘쳐났다. 마을 사람들이 좀도둑을 죽을 때까지 때렸다는 둥, 두 사람 사이에 의견 갈등이 생기자 도끼를 꺼내들어 해결했다는 둥, 캄보디아의 신문들이 보도하는 범죄 소식은 공포 영화 각본처럼 보일 지경이었다.8

캄보디아에서 활동하는 모든 원조 단체 직원들은 1990년대 초 대대적인 유엔 원조 프로그램이 시작될 때부터 캄보디아에서 살고 있었다. 유엔의 원조 프로그램은 도합 30억 달러 이상의 비용을 사용하고 있었으며 그 금액은 서구의 원조국들로부터 나오는 것이었다. 그들은 이러한 공정 선거 침해에 대해 익히 들어왔다. 일부는 캄보디아의 마을을 여행하며 직접 그런 광경을 보기도 했다. 캄보디아를 재건하고자 하는 무지막지한 노력은, 어떤 면에서는 크메르 루주 시대에 아무 것도 하지 않았다는 서구권 국가들의 죄의식에서 비롯한 것이었고, 다른 일부는 캄보디아를 새로운 전략적 동맹으로 끌어들이고자 하는 욕망에서 비롯한 것이기도 했다. 원조 단체 직원 중 많은 이들은 1993년, 당시 총리였던 집권당의 훈 센이 실제로는 총선에서 졌지만, 실제로 선거에서 이긴 세력을 힘으로 위협하여 공동 정부를 구성하도록 만들었다는 사실을 기억하고 있었다. 당시로부터 고작 2년 전인 1997년으로 돌아가보면, 국제공화주의연구소에서 일하던 일군의 미국인들이 야당인 삼랑시당Sam Rainsy's Party의 지지자 200여 명을 대상으로 한 공격에 휘말린 적이 있었다. 누군가 삼랑시당 지지자들을 향해 네 발의 수류탄을 던졌고, 폭발로 인해 적어도 16명이 사망하였으며 100명 이상이 부상당했다. 거리에는 잘려나간 손발과 신체 부위가 즐비했다.9 이것은 사전에 기획된 공격인 것처럼 보였다. 국제공화주의연구소에서 캄보디아 미션을 지휘하던 사람 또한 그 공격으로 인해 심각한 부상을 입었다.

그러나 캄보디아의 선거를 둘러싸고 벌어지는 문제들, 전반적인 혼돈, 공정 선거 침해, 폭력배 동원처럼 모든 캄보디아의 정치적 국면을 특징짓는 수준에까지 이르던 그 문제들을 누군가 꺼내들면, 그 누구도 책임감 있는 모습을 보이지 않았다. 전혀 즐겁지 않은, 때로는 포악스럽기도 한 캄보디아 정치의 성격으로 대화의 화제가 향하면, 사람들은 맥주를 내려놓거나 프놈펜에 거주하는 외국인들의 최신 뒷담화로 넘어가거나, 캄보디아의 민주주의를 재건하려는 대규모의 노력이 실패하고 있음을 인정해야 했던 것이다. 훗날의 아프가니스탄에서와 마찬가지로, 캄보디아에서도 전국적인 선거를 치르고, 개혁적인 지도자를 앞세우고, 연이어 선거가 치러지며 법안을 통과시키고, 그 밖에 이전까지 금기시되었던 개혁을 추진하는 등의 절차가 시도되었다. 이런 절차는 소련에서 벗어난 국가들을 민주화하는 과정에서 개발된 것이었다. 하지만 구소련 국가들과 캄보디아는 유사한 점이 거의 없었다. 캄보디아는 지역 단위의 행정력과, 기본적인 교육 및 민주적 절차에 있어서, 동유럽 국가들보다 훨씬 뒤떨어진 상태에 있었던 것이다. "이들(캄보디아 사람들)이 크메르 루주 시대 이후 얼마나 발전했는지 보라." 한 원조 단체 직원이 말했다. "인상적인 성과를 거뒀다는 것만큼은 인정해야 한다. 설령 이 나라의 선거에 문제가 있다 하더라도, 캄보디아 사람들은 대량학살 이후 한 세대 만에 선거를 치르고 있다." 또 다른 해외 원조 단체 직원이 말을 꺼냈다. "물론 캄보디아에는 문제가 있다." 그는 집권당에게 반대한다는 것이 사형 선고와 다를 바 없는 결과를 낳을 수도 있는 마을을 돌아다니며 적잖은 시간을 보낸 사람이었다. "하지만 캄보디아 사람들은 여전히 선거를 치르고 있다."

　물론 과거와 비교한다면, 특히 이 경우에는 역사상 가장 큰 대량
학살을 저지른 정권 중 하나가 지난 다음이니, 때로 선거전 기간 동안
폭력과 부정한 방법이 동원된다 하더라도 그것은 대량학살에 비하면
일보 전진이라고 할 수도 있겠다. 하지만 언제까지 캄보디아가 그런 낮
은 기준으로 평가를 받아야 하는가? 만약 캄보디아의 정치적 문화가 점
점 더 폭력적이고 억압적인 것으로 변한다면, 장기적으로 그 나라에서
자유로운 선거가 치러질 수가 있겠는가? 서구의 원조 제공자들은 어째
서 캄보디아에 구소련 소속 동유럽에서 개발된 민주화 단계를 밀어붙였
는가? 동구권 국가들은 캄보디아에 비해 훨씬 부유했고 안정적이었으
며, 민주주의를 경험해보기도 한 나라였는데 말이다. 서구의 원조국들
은 보스 정치가를 세우는 것 외에 다른 정치적 선택지를 남겨두지 않
은 채, 어떻게 훈 센에게 전폭적인 신뢰를 보낼 수 있었단 말인가?

　캄보디아에 있을 때 대외 원조 전문가들에게, 혹은 캄보디아의
인권 활동가들에게 이러한 질문을 던졌을 때, 그 누구도 대답하려 들
지 않았다. 1990년대 말, 내가 이러한 경험을 한 이후로, 캄보디아가 그
수준에서 더 나아진 것 같지는 않다. 원로 언론인 조엘 브링클리Joel
Brinkley는 캄보디아의 현 문제를 심층적으로 조사하여 『캄보디아의 저주
Cambodia's Curse』를 펴냈는데, 거기서 그는 유엔과 기타 서구 원조 제공자
들이 캄보디아에서 여전히 "선거주의의 오류"에 빠져 있음을 보여주었
다. 서구는 캄보디아의 상태가 나아지고 있다는 증거를 오직 선거가 치
러지고 있다는 것에서만 찾았을 뿐, 자유로운 사회의 토대가 되는 다른
요소들을 그저 무시해버린 것이다. 캄보디아 정부가 주기적으로 선거를
치르고 있는 한, 심지어 그 선거에는 공정한 경쟁의 요소가 전혀 없는
데도, 서구의 원조 제공자들은 캄보디아 정부에 원조금을 지급하는 방

식으로 지지를 보내면서 다른 요소들은 거의 무시해버렸다. 2010년, 해외 원조 제공자들은 캄보디아에 10억 달러가 넘는 돈을 기부하였는데, 같은 시점 그 나라에 부패가 더욱 심각하게 창궐하고 있다는 것은 그러한 결정에 영향을 거의 미치지 못했다. 이렇듯 외부로부터의 영향이 단절된 사이, 캄보디아의 보스 노릇을 하는, 장기 집권 중인 훈 센 총리와 그의 부하들은 나라를 송두리째 약탈하며, 값진 땅의 많은 부분을 중국에 팔아넘기고, 불평등한 법과 불법 행위를 하는 깡패들을 동원해 반대파를 탄압하고 있었다.

　　캄보디아에 야당은 1990년대, 유엔이 개입하기 시작한 초기까지 존재했다. 그러나 훈 센의 캄보디아 인민당은 지속적으로 압박을 가했고, 그로 인해 야당들은 무너지고 말았다. 그리하여 캄보디아 인민당은 마치 예전의 맥시코를 지배하던 제도혁명당Partido Revolucionario Institucional처럼 입법부를 지배하는 단일 정당이 되고 만 것이다. 어떤 야당 정치인들은 그저 간단히 매수되어버렸다. 정치학자 더글러스 브링클리는, 집권당으로 옮겨간 야권 정치인들이 특정한 정부 부처의 어떤 분야를 지배할 수 있는 권한을 넘겨받으면 그 권한을 바탕으로 공공의 금고에 손을 대는 경로를 거치는 게 일반적이라고 말했다.

　　한편, 완전히 면책특권을 누리는 강력한 권력을 지닌 자들도 있다. 그들은 땅을 긁어모으고, 공공의 자금을 제 것으로 만들며, 심지어는 농민을 살해하고도 형사 기소를 당하지 않는다. 2008년 8월에 벌어진 어떤 사건은 너무도 일반적인 사례라 할 수 있다. 훈 센 총리의 조카 하나가, 캐딜락 에스컬레이드 SUV를 타고, 오토바이를 타고 가던 한 남자를 쳤다. 피해자는 팔과 다리가 뜯겨나갔는데, 훈 센 총리의 조카는 그를 사람들이 몰려든 수도의 거리 한복판에 버려두고 갔고 결국 피해자는 과다 출혈로 숨졌다. 오토바이 운전자의 사체를 수습하는 동안, 헌병

대가 나타나더니 훈 센 총리의 조카를 달래주면서, 범죄 현장을 외부에서 알아채기 어렵도록 그 SUV의 번호판을 떼어 가버렸다.[10]

캄보디아가 선거주의의 실패를 잘 보여준다면, 한 사람의 거물에게 의존하는 방식이 얼마나 큰 재앙을 낳을 수 있는지는 아프가니스탄이 가장 잘 보여준다고 할 수 있겠다. 이론적으로 아프가니스탄은 오바마 정부 외교 정책의 중심에 놓여왔던 곳이다. 오히려 태국, 러시아, 베네수엘라 같은 나라들이 안정성, 도시화, 몇몇 민주적 제도의 역사 등 민주화를 시작할 만한 요소들을 더 많이 가지고 있으며, 아프가니스탄은 그에 부합하는 요소가 거의 없음에도 말이다. 탈레반과의 전쟁에서 승리를 거둔 직후부터, 미국은 하미드 카르자이Hamid Karzai에게 모든 희망을 걸었다. 미국은 가족과 함께 서구에서 수십 년간 살아온 카르자이가, 파슈툰 족의 의회에 서구 자유주의의 이상을 접목시키리라 믿었던 것이다.[11] 라이베리아, 나이지리아, 인도네시아, 그 외 많은 개발도상국의 경우와 마찬가지로, 미국의 관료들은 충분한 시간을 들여 아프가니스탄 내의 여론 주도자들과 관계를 맺고 그들을 연구하는 일에 실패했으며, 탈레반의 몰락 이후 손을 잡을 만한 잠재적인 민주적 동맹을 폭넓게 찾아내지도 못했다. 그 결과, 백악관은 개혁적인 지도자로 추정되는 누군가, 즉 카르자이가 존재한다는 것에 아프가니스탄 개혁의 모든 희망을 걸 수밖에 없게 된 것이다.

　　카르자이의 권력은 전국적인 대선 및 총선을 통해 정당화될 수도 있었고, 그랬다면 카르자이와 서구 모두 그것을 아프가니스탄이 발전하고 있다는 명백한 증거로 제시할 수 있었을지도 모른다. 하지만 서구는 카르자이에게만 초점을 맞추고, 조작되고 자금이 유용되기도 한 전국선거를 통해 카르자이의 권력을 정당화했다. 그러한 집중은, 가령 이스라엘의 민주주의가 진행되던 초기 단계에서 결정적인 역할을 했던, 독립적인 목소리를 내는 안정된 사법부를 형성한다거나, 인도네시아를 바꿔낸 비 지역 단위의 지방분권적 마을 선거라든가, 대만의 민주화가 진행되던 초기 단계에 대거 발흥한, 활기 넘치는 비정부단체들처럼, 더욱 깊게 뿌리내린 민주적 기관을 공고히 하는 데 방해가 되었다. 미국과 나토는 아프가니스탄의 전 지역에서 자그마한 규모의 프로그램을 일부 개발하기도 했지만, 군사적 공세를 펼치고, 카르자이를 지원하고, 정기적인 전국 단위의 선거를 치르는 것과 비교되며 가치 절하당했다. 정기적인 선거는 아프가니스탄 사람들과 미국인들, 그리고 언론이 보기에, 민주주의를 향한 전진을 과시하는 표식이었기 때문이다.

실제로 아프가니스탄은 마치 인도네시아처럼, 마을과 지방 단위의 선거를 통해 지역의 지도자들에게 더 많은 권한을 부여하는, 지방분권형 통치를 시행하기에 완벽한 나라였다고 볼 수도 있다. 아프가니스탄은 지르가Jirga라고 하는 족장 회의를 통해 지역 단위로 논의하고 통치하는 전통을 가지고 있었으며 민족적인 구성도 다양한 편이었으니, 인도네시아가 지리적으로 넓게 퍼져 있다는 점을 빼고 나면 사뭇 유사한 면이 있었던 것이다. 실제로 아프가니스탄의 지역 지도자들 중 많은 이들은 2000년대 중반 그러한 형태의 지방분권적인 민주주의를 정착시켰고, 그 과정에서 해외 원조 기구의 도움을 더러 받기도 했다. 지역 개발 위원회를 구성한 이 작은 그룹들은 중앙 정부가 무시해버리곤 했던 지역 단위의 기반 시설 개발 프로젝트를 관리하고, 지역 단위의 사회복지 문제를 제시하고, 때로 법적 분쟁이 생길 경우 지역 법정을 수립하기도 했다. 지역 개발 위원회는, 중앙 정부와 극소수의 해외 비정부단체로부터 들어오는 아주 적은 자금에도 불구하고, 큰 인기를 불러모았다. 〈이코노미스트The Economist〉가 보도한 바에 따르면, 아프가니스탄의 몇몇 지역에서는 지역 개발 위원회에 들어갈 중앙 정부의 지원금이 1년째 끊기자, 마을의 노동자들이 합심하여 해외 NGO에 원조를 해달라고 청원하기까지 할 정도로 지역 개발 위원회의 인기가 높다고 한다.12 그러나 전해지는 바에 따르면 카르자이는 지역 위원회가 자신의 권력에 대한 위협이 될 수 있다고 본 듯하다. 그리고 이러한 지역 단위의 노력으로 만들어지는 새로운 우물과 더 실질적으로 활동하는 지방 정부 활동 감시 등은 국제 언론의 관심을 거의 끌지 못한다. 이런 성과를 통해 미국의 대중에게 아프가니스탄 정책이 어떻게 되어가고 있는지를 설명하기는 더욱 어려운 일인 것이다.

어쩌면 민주주의를 전파하고자 하는 시도가 실패하고 있다는 것은 그다지 중요한 일이 아닐지도 모른다. 하지만 1960년대와 1970년대 초반에 불어닥쳤던 민주화의 역풍과 달리, 오늘날의 취약한 민주주의 국가들은 성공적으로 자본주의를 추구하면서도 민주화의 길을 걷지 않는 새로운 성공 모델을 알고 있다. 정치학자 가트가 지적하는 바와 같이, 제2차 세계대전 이후부터 아주 최근까지는 그러한 대체 모델이 존재하지 않았다. (성공적인 경제 모델이라 할 수 없는) 공산주의 대신 자본주의를 택하고자 하는 작은 나라들에게는 민주화를 받아들이는 것 외에 대안이 없었다.13 그러나 우리가 살펴본 바와 같이, 이제는 그렇지 않다. 작은 나라들은 이제 중국을, 혹은 좀 더 가깝게는 베트남이나 아랍에미리트연합국, 카타르, 그 외 경제적으로 성공을 거둔 권위적인 통치 국가를 모방할 수 있기 때문이다. 그 결과 자유시장경제의 성장과 민주화를 잇는 고리가 끊어졌다. 미국에서는 공화당과 민주당의 갈등으로 의회가 교착 상태에 빠졌고, 일본은 20여 년간 마비 상태가 이어졌고, 유럽연합은 금융 위기를 타개할 효과적인 방법에 대한 동의를 이끌어낼 능력을

민주주의는 어떻게 망가지는가

보여주지 못하는 등 서구 국가들의 통치 능력이 저하됨에 따라, 민주주의를 추구하지 않는 대안적인 정부 구성은 더욱 매력적으로 보일 수밖에 없다. 더군다나 서구의 시민들 스스로가 자신들의 고유한 통치 모델에 대한 믿음을 잃어가고 있는 것처럼 보인다. 그러한 불만은 '점령하라' 운동에서 티 파티 운동Tea Party movement까지, 그리스와 이탈리아에서 벌어지는 무정부주의적 폭력 반정부 시위에 이르기까지, 좌와 우를 막론한 대중 시위를 낳고 있다. 찰스 쿱찬Charles A. Kupchan이 민주주의 통치성의 위기와 권위주의적 모델의 부상에 대해 쓴 에세이에서 지적하고 있다시피, 서구 국가들은 필연적으로 중국의 전략 중 일부를 따라해야만 할 상황이다. 가령 "(정치적·경제적 몰락을 막기 위해) 전례 없는 규모로 경제 개발 전략을 세우는 것. …… 적어도 지금으로서는, 국가 주도형 자본주의는 명백한 장점을 지니고 있다."14 또한 서구의 지도자들이 곤경에 빠져 있으며, 서구식 생활의 기준이 무너지고 있고, 서구의 시민들이 항의하며 시위를 벌이고 있다면, 개발도상국의 시민들로서는 대체 왜 그들이 서구식 민주주의를 지지하는 자들의 목소리에 귀를 기울여야 하는지 의아해질 수밖에 없다고 쿱찬은 지적하고 있다. 민주주의 전파를 주요 업무로 삼아온 한 국무부 관료의 말을 들어보자. "우리는 심지어 (의회에서) 예산안 하나도 통과 못 시키고 있는데, 어떻게 우리가 얼굴에 철판을 깔고 아프리카나 중동의 국가들을 향해 더 나은 정부 시스템을 개발해야 한다고 말할 수 있단 말인가?"15

장기적으로 보자면, 투명성과 개방성의 부족으로 인해 권위주의적인 자본주의 국가의 성장은 가로막히게 된다. 가령 중국은 이미 부패가 너무도 창궐한 나머지, 한 중국인 학자는 그로 인해 정부가 지출하는 비용이 매년 860억 달러에 이른다고 추산하고 있다. 두바이의 금융 시장과 부동산 시장에는 투명성이 부족하며, 그것은 아랍에미리트가 2000년대 말 대대적인 내부 충돌을 겪는 데 한몫을 했다.16 여전히 단기적으로 보자면 대부분의 권위주의적인 자본주의 국가들, 특히 중국은 상대적으로 성공적인 경제 성적을 자랑해왔다. 그러므로 작은 나라들은 민주적 자본주의와 권위적 비자본주의 사이에서 무엇을 선택할지 고민할 필요가 없는 것이다. 작은 나라들은 더 이상 보수적인, 앞서 우리가 살펴봤듯 이제는 민주주의에 대해 심각한 회의를 품은 중산층을 고려할 필요가 없다. 작은 나라의 지배자들은 정치적 경쟁자 모두에게 자유를 허락할 필요 없이 경제 성장을 즐길 수 있는데, 이것은 점점 더 매력적인 선택이 되는 것이다. 보수적인 태국 중산층이 만든 단체인 '민주주의를 위한 인민연합'의 구성원 중 많은 이들은 가투 및 기타 시위를 통해 민주주의를 불구로 만들고 '선출되지 않은 지도자'의 귀환을 요구했으며, 중산층인 그들이 노동계급의 대중적 힘을 상대할 필요 없이 자신들의 사업을 운영하고 부를 유지할 수 있도록 허용하는 중국식 개발 모델에 대한 선호를 드러냈다.17 중국식 모델을 찬양하는 분위기는 말레이시아, 싱가포르, 인도네시아, 캄보디아, 그 외 많은 나라의 중산층으로부터 들려오고 있다.

아랍의 봄이 발생한 후 그 후폭풍으로, 2011년 이후 경제 성장이 고꾸라진 이집트에서도 이러한 분위기가 감지된다. 이집트의 경제가 주저앉은 것은 어떤 면에서 이집트 경제에 핵심적인 역할을 차지하던 여행자들이 불안에 떨며 발길을 끊었기 때문이기도 하고, 다른 면에서는 범죄, 뇌물, 불확실성으로 인해 기업 및 재능 있는 사람들이 이집트에서 탈출해버렸기 때문이기도 하다. 그러나 카타르 같은 페르시아만 국가들의 성공을 바라보며, 또한 이집트에서 점점 더 영향력 강한 투자자가 되어가는 중국을 바라보며, 이집트의 기업가들 사이에서는 그들이 무바라크 시절에 더 풍요로운 삶을 살았던 게 아닌지 의아해하는 목소리가 점점 힘을 얻고 있다고, 워싱턴 근동정책연구소the Washington Institute for Near East Policy의 전문가 데이비드 쉔커David Schenker는 말한다. 그 독재자도 결국에는 2000년대 들어 자유주의적인 경제 개혁을 추진했던 것이다. 몇몇 이집트 경제 엘리트들은, 무바라크가 몰락하고 난 후 개방된 정치 시스템보다는 관용의 폭이 훨씬 좁아지겠지만, 그래도 훗날 중국식 독재 정권을 수립하는 것이 그들에게 더 나을지에 대해 고민하고 있다고 쉔커는 지적한다.18

냉전 시절에는 미국 편과 소련 편으로 진영이 나뉘어, 미국은 자이르현 콩고나 인도네시아 같은 친미 독재자들의 편에 서기도 했다. 그러한 냉전 시기의 경험은 이제 지나간 추억이 되었지만, 그것 외에도 다양한 전략적 상황이 변했다고 해서 민주주의에 대한 분위기가 반드시 호의적으로 변하게 되는 것은 아닌 듯하다. 테러와의 전쟁은 여러 면에서 냉전과 유사한 상황을 낳았다. 워싱턴은 말레이시아나 모로코 등, 해당 국가의 지도자들이 더욱 손쉽게 죄수들을 무기한 잡아넣고 용의자에게 가혹한 심문을 가할 수 있는 독재 국가들에게, 새로운 지원을 제공했던 것이다.19 최근 말레이시아 정부는 공정하고 깨끗한 선거를 요구하는 시위를 진행 중이던 수백 명의 반정부 활동가들에 대한 대대적인 소탕 작전에 들어갔는데, 그리하여 전경들은 오래도록 활동해온 야당 지도자인 안와르 이브라힘을 포함한 시위대에게 폭력을 행사했다. 하지만 미국과 그 외 서구권 국가들은 거의 신경도 쓰지 않았다. 클린턴 정부는 말레이시아 정부의 내부치안법Internal Security Act에 대해 강한 비판을 퍼부었었다. 말레이시아 중앙 정부는 그 법에 따라 사람을 무기한 감금할 수 있기 때문이다. 하지만 부시와 오바마 정부는, 말레이시아의 그러한 능력이 테러와의 전쟁에서 요긴한 도구로 변했기 때문에, 비판의 입을 닫아버렸다.

아프가니스탄은 다시, 심지어 미국이 그러한 '전략적' 판단으로 인해 얻는 것이 거의 없음에도 불구하고, 아주 긴급한 사태에는 민주주의가 뒷전으로 밀려날 수 있다는 것을 보여주었다. 아프가니스탄의 2009년 선거를 몇 개월 앞둔 시점부터, 카르자이와 그의 동맹자들이 선거를 조작할 것임은 이미 명백했다. 그들은 전 외교부 장관이며 카르자이보다 더욱 안정적이고 개혁 지향적이라고 알려진 압둘라 압둘라Abdullah Abdullah가 승리할 가능성을 박탈하고자 했던 것이다. 카르자이는 자신에게 우호적인 인물들만을 골라 선거관리위원회를 구성해놓았고, 선거 당일 모든 지역 대표들이 단 한 사람의 후보에게, 즉 카르자이에게 투표할 것임은 명백해 보였다. 투표소에서 심지어 투표함을 공개적으로 개봉하지도 않은 채 투표 결과를 집계한 사례도 다수 존재한다.20 한 독립적인 선거 감시 기구는 130만 표가 명백한 조작표라고 결론을 냈는데, 그 중 90만 표가 카르자이의 것이었다.21 선거가 시작되기 전, 아프가니스탄 정부는 독립적인 선거 감시 기구를 만들기 위한 실질적인 노력을 거의 기울이지 않았다. 선거와 관련된 폭력 행위를 일소할 사법 시스템이나 공개적인 투표 장소를 마련하기 위한 전국적인 실행 방안조차 없었다. 수많은 후보자들이 범죄 경력이 있으며, 일부는 살인 경력까지 있었으나, 그러한 사실을 통제하기 위한 그 어떤 법적 장치도 마련되어 있지 않았다. 실제로 대부분의 유권자들은 선거 시스템을 신뢰하고 있지 않았다는 것이, 2009년 선거 기간 동안 유엔에서 지정한 기관 중 하나인 아프가니스탄 선거불만접수위원회Afghanistan Electoral Complaints Commission의 스콧 워든Scott Worden이 한 분석을 통해 드러났다.22

　　그러나 백악관과 아프가니스탄에 주재 중인 미국 외교관들은 그 선거를 민주주의의 승리라고 묘사했다. 비록 온갖 부정행위를 통해 자신이 손쉽게 이길 상황을 만들어놓기는 했지만, 그래도 카르자이가 압둘라와 경선을 치렀다는 것이 그 이유였다. 주 아프가니스탄 캐나다 대사인 윌리엄 크로스비William Crosbie는 2010년 초, 미국인들에게 카르자이가 2009년 대통령 선거에서 했던 것과 같은 짓을 2010년 총선에서 하지 못하게 하려면 "카르자이와 맞설 준비를 해야 한다"고 말했다고 한다.23 대부분의 미국 관료들은 이 조언을 무시했으며, 미국 고위 지도자 가운데 2009년 아프가니스탄 대선에서 벌어진 사기와 기만을 비난하는 사람은 한 명도 없었다.

실제로도 미국은 카르자이가 혼자서도 효과적인 반 테러 작전을 수행하며, 탈레반에 대한 적대적 관계를 공고히 하고, 일종의 질서를 유지해낼 수 있으리라는 믿음을 유지했다. 수많은 개발도상국에서와 마찬가지로, 미국의 관료들은 한번 '위대한 사람'에게 판돈을 걸고 나면, 판돈을 두 배로 키우거나 한 번 받고 또 두 배로 높여야 한다고 생각했던 것 같다. 미국의 전략적 목표와 아프가니스탄 민주주의의 미래를 위해, 한 발 물러서서 사태를 관찰해보고자 하는 의지는 거의 없었다.24 미국의 관료들은 심지어 카르자이가 아프가니스탄 남부 대부분의 지역에 대한 통제권을 자신의 동생에게 넘긴 후에도 그 믿음을 버리지 않았는데, 카르자이의 동생은 (그가 반란군에 의해 살해되기 전부터) 아프가니스탄에서 가장 큰 마약 밀수업자 중 한 사람으로 꼽혔다. 카르자이에 대한 미국 관료들의 신뢰는 그가 다른 마약 밀수업자들이 대규모로 아편을 유통시키는 것을 그저 무시하거나, 붙잡아도 사면하는 와중에도 이어졌는데, 카르자이의 이러한 행동은 아프가니스탄의 아편 생산량을 줄이고 대안적인 경제 전략을 수립하는 나토의 프로그램을 방해하는 것이기도 했다.25 리더십의 공백을 틈타 탈레반은 점점 더 강고해졌으며, 카르자이는 반군과의 싸움을 점점 더 미국과 미국의 나토 연합군의 손으로 떠넘기면서, 사실상 탈레반이 점점 더 넓은 영역의 통제권을 가져가도록 수수방관한 것이다.

오바마 정부는 마치 그 전의 부시 정부와 마찬가지로, 또 다른 종류의 민주주의 전파 문제에 너무도 자주 빠져버렸다. 민주주의가 그들의 삶에서 무엇을 해줄 수 있을지에 대해, 그리고 미국이 실제로 무엇을 도와줄 수 있을지에 대해, 개발도상국 지도자들이 자국민의 기대치를 조율하도록 이끌지 못한 것이다. 가령 개발도상국의 지도자들이 민주주의 전파를 일종의 끝나지 않는 선거운동처럼 진행할 수 있도록, 그와 유사한 다른 경로를 택할 수 있도록, 백악관이 나선 경우도 거의 드물다. 민주주의 전파를 선거운동처럼 진행한다는 것은, 말하자면 이런 것이다. 개발도상국에서 민주주의가 시작되었을 때, 특히 민주주의의 초창기 무렵이라면, 민주주의가 대중의 생활수준에 무슨 이득을 가져다줄 수 있고, 정부가 어떻게 효율적으로 변할 수 있는지에 대해, 대중의 기대치를 조절하기 위해 노력해야 하는 것이다. 그것은 또한 이제 세상에는 민주주의 대신 택할 수 있는, 중국 같은 권위주의적인 국가 모델이 진지한 대안으로서 존재함을 인정하는 것이다. 또 서구에서 벌어지는 통치의 위기가 개발도상국들에게 자유주의적 민주주의의 매력을 반감시키는 요인으로 작동한다는 사실을 인정하는 것이기도 하다.

그러나 미국의 대통령 및 개발도상국의 수많은 지도자들은 너무도 자주, 민주주의가 전 지구를 휩쓸 것이고, 평범한 사람들에게도 엄청난 정치적인 그리고 경제적인 이익을 가져다줄 것처럼 약속했을 뿐만 아니라, 그렇게 변화하는 데는 미국이 굉장한 도움을 줄 것인 양 이야기해왔다. 부시 대통령은 그의 두 번째 임기 취임 연설에서 이렇게 말했다. "미국의 정책은 모든 국가와 문화권에서 민주주의 운동과 민주적 제도의 성장을 확인하고 지원하는 것이다. …… 미국에서 자유가 살아날 수 있는지의 여부는 해외에서 자유가 성공할 수 있는지와 점점 더 밀접한 관계를 맺는다. 우리가 사는 이 세상에 평화를 실현하기 위한 최선의 희망은 전 세계에 자유가 확산되는 것에 달려 있다고 하겠다."26 2005년 콘돌리자 라이스Condoleezza Rice 국무부 장관은 이집트 방문 중, 미국은 앞으로 아랍의 독재자를 지원하는 정책을 포기할 수도 있다며 다음과 같이 약속했다. "우리는 모든 사람들의 민주적 열망을 지지한다. …… 대신 우리는 다른 이들이 스스로의 목소리를 찾고, 스스로의 자유를 확보할 수 있도록 돕는 것을 목표로 삼는다."27 부시, 그리고 훗날 오바마 역시, 민주주의가 개발도상국에서 퍼져나가면 그것은 국가 내의 갈등을 평화롭게 종식시키고, 새로운 번영의 물결을 이끌며, 불평등을 줄여줄 것이라고 연거푸 주장했다.

이렇게 민주주의 불패 신화를 길러냈던 것이 훗날 문제가 되었다. 이집트의 타흐리르 광장에서 최초의 봉기가 발생한 지 몇 달 지나지 않아 퓨 리서치 센터에서 시행한 한 설문조사에 따르면, 절반이 넘는 이집트 사람들은 민주화가 이집트에 더 큰 풍요를 안겨줄 것이라고 믿고 있었다. 56퍼센트의 이집트 사람들은 무바라크가 물러난 바로 그 다음 해부터 경제가 좋아질 것이라고 기대하고 있었다. 실제로는 무바라크야말로 그의 통치가 저물어갈 무렵 상대적으로 자유주의적인 경제 정책을 추구하고 있었는데 말이다.28 마찬가지로, 2000년대 초 아프리카 국가들을 대상으로 한 수많은 연구에 따르면, 대다수의 사람들은 민주주의가 경제성장률을 높여주고 사회적 불평등을 완화시켜줄 것이라고 믿고 있었던 것으로 드러난다. 그러나 우리가 살펴본 바와 같이, 민주화된 경제 성장이 시작되면, 초창기에는 새롭게 권력을 잡은 정당이 포퓰리즘적 경제 정책을 밀어붙이고 경제 성장의 콩고물을 주워 먹기 위한 경쟁을 벌이기 때문에, 부패는 더욱 심화되고, 사회적 갈등 역시 더욱 격해질 수 있다.

　　오바마 정부와 부시 정부 모두, 민주주의의 초기 단계에는 이러
한 문제가 생길 수 있다는 것을 알고 있었다.29 민주주의 전파 업무에
종사하는 수많은 미국 관료들은, 민주주의가 초기 단계에서 독재 정권
에 비해 필연적으로 높은 경제성장률을 보여주는 것은 아니라는 수많
은 연구 결과를 이미 읽은 상태였다. 그들 중 일부는 케냐나 발칸 반도
국가들처럼 민주주의가 시작되는 단계에 국내의 갈등이 더욱 심해졌던
나라에서 근무한 경험도 있었다. 민주주의로의 전환을 갓 시작한 나라
는, 블라디미르 푸틴이나 슬로보단 밀로셰비치Slobodan Milosevic 같은 공격
적인 지도자들에게 재갈을 물릴 수 있을 만큼 안정적인 제도적 기반이
없는 한, 국가주의에 휩쓸리기 쉽고, 민족적 분쟁에 노출되며, 계급 간
갈등이 불거지게 마련이다.30 이것은 에드워드 맨스필드Edward Mansfield나
잭 스나이더Jack Snyder 같은 학자들의 책과 논문을 통해 제시되었으며,
실제로 미국의 고위직 중 일부는 그러한 저작들을 읽었다. 그러나 서구
의 관료들도 개발도상국의 지도자들도 모두, 민주주의가 가져다줄 변화
에 대한 대중적 기대치를 조정하고자 하지는 않았다.

　　민주주의가 시작된 초기의 현실이 그토록 실망스럽게 보인 것은,
어떤 면에서는 개발도상국 사람들이 지니고 있던 기대치가 너무 높아서
일 수도 있다. 이것은 우리가 보았던 말라위나 필리핀, 러시아 같은 나라
에서 민주주의에 대한 대중적 지지도가 2000년대부터 2010년대 초까지
왜 급락했는지 설명할 수 있는 주된 이유가 된다. 심지어 중부 혹은 동
부 유럽에 속한, 필리핀 같은 경우보다 훨씬 부유한 나라들 또한 그렇다.
2000년대 말에서 2010년대 초 경기가 하강하자, 유럽연합에 가입하고
민주주의를 시행하는 것이 경제를 안정화하는 데 도움을 줄 것이라는
대중의 과도한 기대와 현실이 어긋난 탓에, 수많은 중부 및 동부 유럽

국가들에서는 민주주의에 대한 대중적 지지도가 급락해버렸던 것이다.

　　그와는 반대로, 독재 이후 첫 세대의 지도자들이 대중의 기대치를 조절하기 위해 진지한 노력을 기울였던 국가의 경우, 국민은 대체로 경제성장률이 그리 높지 않게 나오고 사회적 불평등이 빨리 해소되지 않으며, 효율적인 경제 개혁이 자리를 잡기까지 오랜 시간이 걸리는 것을 비교적 기꺼이 받아들이는 경향이 있다. 예컨대 남아프리카공화국의 경우, 1994년 넬슨 만델라는 대통령이 되고 난 후 곧바로 일련의 연설을 통해 급속한 토지 재분배 프로그램을 시작하지 않을 것이며, 백인들의 자본은 남아프리카공화국 경제의 필수 요소로 남아 있게 될 것이고, 아파르트헤이트 시기에 형성된 심각한 불평등을 교정하기 위해서는 오랜 세월이 걸릴 것임을 명확히 했다. 남아프리카공화국의 빈민은 물론 이런 연설을 듣고 환호성을 지르지 않았으며, 그들 중 일부는 시행되기로 예정된 토지 재분배보다 훨씬 더 급진적인 정책을 요구하기도 했다. 하지만 만델라 정부에 대한 대중적 지지는 견고하게 유지되었고, 더욱 중요한 것은 (아마도 누군가는 만델라를 향한 엄청난 대중적 호의 덕분이라 하겠지만) 남아프리카공화국에서 민주주의는 가장 선호할 만한 정치 체제로서의 위치를 지킬 수 있었다는 것이다. 이것은 만델라의 임기 내내, 그리고 그보다 훨씬 대중적 인기가 없었던 후계자인 타보 음베키 대까지 이어졌다. 설문조사를 해보면 가난한 남아프리카공화국 사람들은 민주주의가 평등한 성장을 견인하는 대신, 대부분 소수의 새로운 흑인 중산층을 낳는 데 그치고 말았다는 것에 분노를 표했지만, 그래도 그들은 여전히 민주적 통치를 지지했다. 또한 설문조사에 임하는 이들은 종종 그들 또한 민주적 변화가 느리게 일어난다는 것을 이해한다고 대답했는데, 이것은 만델라가 강조한 메시지 그대로였다. 심지어 음베키의 후계자인 제이컵 주마 정권에 이르러서는 재분배 정책의 부족으로 인해 주마 정부 및 주마 개인에 대하여 더욱 큰 대중적 항의 시위가 벌어졌지만, 그래도 그러한 불만이 남아프리카공화국의 민주주의 자체에 대한 심각한 위협으로 이어지지는 않았다.

몇몇 국가의 지도자들이 가난한 이들을 먹여 살리는 데 실패하고 있을 때, 부시 및 오바마 정권은 민주주의 확산이 최대한 많은 이들을 포괄하도록 이끌지 못함으로써, 성공적인 민주화를 위해 반드시 필요한 노동계급을 더욱 소외시켰다. 이러한 사회 통합의 실패는 단지 한 사람의 거물에게 모든 것을 몰아줬다는 것 이상을 의미한다. 미국 국제개발처 USAID 및 요르단 현장에서 일하는 미 대사관 직원들은 한 가지 사실을 분명히 알게 되었다. 설령 요르단에 시민사회라는 것이 있다 한들, 요르단 정부가 원하지 않는 민주주의 촉진 프로그램은 작동하지 않고 쓰레기통으로 향할 뿐이라는 것을 말이다. 미 국무부에서 근무한 후 프리덤 하우스에서 민주화 보조 전문가로 활동하는 톰 멜리아Tom Melia의 말이다.31 실제로 2009년에 발표된 프리덤 하우스의 보고서에 따르면, 미국의 관료들은 "주재국의 정부에서 선호하지 않는 시민사회 및 인권운동 지도자들과 거리를 두는 경향을 보여왔다"고 한다.32 그런데 시민사회의 개념상, 시민사회의 지도자라면 정부와 대립각을 세울 수밖에 없는 것 아닌가. 오바마 정권하의 오늘날 백악관은 해당 국가 정부에 의해 등록되지 않은 경우 그 어떤 시민단체에도 지원금을 주지 않고 있다. 해당 국가들의 정부는 바로 그렇게 정부 등록 자체를, 그들이 선호하지 않는 시민사회 단체를 솎아내기 위한 방법으로 사용하고 있음에도 말이다.33

　　미국의 외교관들은 개발도상국에 방문하면 해당 국가의 정당들과 폭넓게 만나기를 꺼리는 경향이 있다. 프랑스나 독일, 혹은 캐나다 같은 나라에서는 그렇지 않다. 그런 나라에서 미국 외교관과 관료들은, 가령 캐나다의 자유당 같은 현재의 야당과도 정기적인 교류를 한다. 그런데 가령 태국의 타이락타이Thai Rak Thai처럼, 노동계급을 대변하며 영어를 잘하지도 못하고 미국에 대해 아는 바도 부족한 사람들이 지도부를 맡고 있는 정당은, 보다 전통적인 자유주의적, 세속주의적, 엘리트주의적인 정당에 비해 서구의 관료들로부터 무시를 당하는 경향이 있다. 그러나 태국의 경우에서 볼 수 있다시피, 이렇듯 더욱 대중주의적인 경향을 띠는 정당은 해당 국가의 대중에게 더욱 폭넓은 지지를 받기 때문에 그 나라의 민주적 체제 속에서 비교적 쉽게 승리할 수 있으며, 그 경우 미국의 외교관들 및 미국의 민주주의 전파 노력은 새롭게 권력을 잡은 정당에 대해 무방비 상태가 되어버린다. 국무부 차관 커트 캠벨Kurt Campbell은 2009년과 2010년 태국을 방문했을 때, 종종 집권당인 민주당이 아닌 다른 대중주의적 정당의 지도자들과도 만남을 시도했다. 수많은 민주당 지도자들은 캠벨이 반대파와 아침 식사를 함께하는 것에 대해 반발했는데, 그들은 미국 관료들이 정부 고위직 외에 다른 사람들과 만나는 것은 전례가 없는 일이라고 했다. 그들의 말이 옳았다. 캠벨의 아침 식사는 특이한 일이었고, 그의 방향을 따른 미국인들은 극소수에 지나지 않았던 것이다.34

이러한 근시안적 행태는 수많은 나라의 노동계급 사람들에게, 미국은 워싱턴과 친숙한 사람이 승리하지 않는 한 민주화를 지지하려 들지 않는다는 인상을 주었다. 개발도상국에서 오직 하나 혹은 두 개의 엘리트 주도형 정당에만 집중하는 미국의 근시안적 태도는 보수적인 중산층이 나서서 선거로 뽑힌 지도자를 몰아내고자 할 때 최악의 경우로 이어진다. 그러한 극히 반 헌법적인 노력을 미국이 암묵적으로 지지하는 것이다. 2006년, 탁신 친나왓 정부에 대한 태국 중산층의 불만이 차곡차곡 쌓이고 있을 때, 미국의 관료들은 쿠데타의 가능성에 대한 공개적 언급을 삼갔다. 하지만 그중 많은 이들은 사석에서 태국의 지인들에게, 탁신이 교체된다 해도 그러면 군부와 대중이 선호하는 아피싯 웨차치와의 민주당이 권력을 차지하게 될 것이니 꼭 재앙이라고 볼 수만은 없다는 이야기를 하고 다녔다.35 당시 주 태국 미 대사였던 랠프 보이스는 쿠데타의 가능성을 명확히 예견하였으며 워싱턴 및 그 외 서구 대사관에서 근무하는 관료들에게 그 사실을 알렸다. 그러나 심지어 쿠데타가 발생하고 난 다음인 2006년 9월이 되어서도, 미국은 태국을 제재하기 위한 노력을 거의 기울이지 않았으며, 태국 군부와의 합동 군사 훈련을 꾸준히 지속했고, 태국의 고위 지도자들은 미국의 이러한 행동을 쿠데타에 대한 지지로 해석했다. (미국은 태국과의 관계 수준을 낮출 것이라는 암시를 슬쩍 던졌을 뿐이다.) 위키리크스에 의해 공개된 외교 전문 중 일부를 살펴보면, 주 태국 미 대사는 거사가 치러지고 난 후 쿠데타 지휘자와 은밀한 만남을 가졌다. 비록 미 대사는 쿠데타에 대해 호의적인 입장이 아니었지만, 워싱턴은 태국 정부를 가혹하게 처벌할 뜻이 없다는 것도 잘 알고 있었다. 그렇기에 그는 쿠데타의 지휘자들에게 미국 및 기타 서방 정부들에게 아직 태국이 민주주의의 궤도 위에 올라 있다는 것을 최대한 빨리 보여주어야 한다는 조언을 했고, 그 결과 미국과 태국의 외교적 관계는 완벽하게 복원되었다.36

마찬가지로, 부시 정부는 2002년 베네수엘라에서 우고 차베스 정권을 무너뜨리고자 했던 쿠데타 시도에 대해 비판적인 언급을 하지 않았다. 쿠데타 세력이 허물어지기 전, 당시 백악관 언론비서관이었던 애리 플라이셔는 차베스에 대한 쿠데타를 비난하는 듯하더니 재빠르게 쿠데타 지도자들에게 법적 정당성이 있다며 환영의 뜻을 밝혔던 것이다. 그때부터 차베스는 미국의 대 베네수엘라 정책을 단호하게 비민주적인 것이라 비판할 수 있게 되었고, 원조 프로그램 혹은 그 밖의 민주

민주주의는 어떻게 망가지는가

적 조력을 통해 차베스에 반대하는 중산층과 엘리트를 넘어 더 폭넓은 베네수엘라 사람들에게 다가가고자 하는 미국의 그 모든 시도를 비난하게 되었다. 이후, 2011년 오바마 정부는 또 다른 지역에서 같은 실수를 저지르는 위험을 무릅쓰게 되었다. 오바마 행정부의 관료들이 사적인 자리에서 기자들을 만나 오바마 정부는 모로코와 튀니지, 그리고 그 밖의 아랍권 국가에서 이슬람 정당들이 승리를 거두고 있다는 것을 달가워하지 않는다는 이야기를 떠벌린 것이다. 그런데 당시는 이러한 정당들이 세속적이고 자유주의적인 민주주의 규범을 준수할 의사가 있는지 판단할 수 있을 만큼 충분한 시간이 흐르지도 않았었고, 보다 더 강경한 이슬람주의 정당과 비교적 온건한 이슬람주의 정당을 구분하지도 못했던 시점이었다.

설령 백악관의 민주주의 전파 전략이 완벽했다 하더라도, 모든 정책이 실현되기 위해서는 자금의 뒷받침이 필요하다. 그러나 조지 W. 부시의 두 번째 임기 취임 연설에서 잘 드러나듯 너무도 많은 수사가 남발되는 가운데, 그에 상응하는 재원이 뒷받침되거나 적어도 재원이 현명하게 사용되는 경우는 없었다. 부시 정부는 임기 대부분의 기간 동안 민주주의 전파를 위한 예산을 증액해왔지만, 드러나는 숫자만 놓고 보면 이라크 전쟁에 들어간 비용을 민주주의 전파 비용으로 집계했다는 것을 간과하게 된다. 이것은 마치 민주주의에 대한 부시의 화려한 수사가 불법 구금 및 고문으로 이어진 것과 마찬가지이다. 민주주의 전파를 군사 개입 및 정권 전복과 사실상 등치시켜버린 부시 정부의 정책은, 워싱턴에 맞서는 정부는 일방적으로 미국에 의해 제거될 수 있다는 인상을 줌으로써 민주주의 확산이라는 개념을 오염시켜버렸다. 2004년, 미국 해병대가 팔루자에서 혈전을 벌이고 있을 때, 부시 스스로가 이렇게 말했다.

"만약 누군가가 민주주의의 행진을 멈추려고 한다면, 우리는 그들을 찾아내 죽여버릴 것이다!"37

부시 정부는 워싱턴에 머무는 개발도상국의 반체제 인사들을 포용하는 입장이었다. 이것은 적어도 개발도상국의 중산층과 엘리트 오피니언 리더들 중 일부와의 관계를 진정시키는 데 도움이 되는 전략이었다. 반면 오바마 정부는 이상하게도 워싱턴 내의 반체제 인사들에게 냉담한 입장인 것으로 보이는데, 이것은 태국, 말레이시아, 중국, 이집트 같은 나라의 오피니언 리더들을 더욱 소외시킬 따름이다. 2009년 여름, 테헤란에서 대대적인 녹색 봉기가 벌어지면서 수많은 고위급 이란 반체제 인사들이 워싱턴에 도착했을 때, 그들은 오바마 정부의 고위 인사들 중 그 누구와도 회동을 가질 수 없었다.38 마찬가지로, 위구르, 티베트, 쿠바, 그 외 국가에서 탈출한 반체제 인사들 역시 오바마 정부의 고위급 인사들과는 만나기가 쉽지 않았다. 위구르에서 달라이 라마와 비슷한 위상을 지니고 있는 라비야 카디르Rebiya Kadeer는 조지 W. 부시와도 접견을 했던 인물이지만, 오바마 정부 들어서는 국무부 하위 관료들 수준으로 밀려나고 말았다.39 심지어 달라이 라마가 워싱턴을 방문했던 2009년은 그가 처음으로 워싱턴에 방문한 것이었고 미국 대통령을 접견한 지 거의 20년이 다 된 시점이기도 했는데, 그럼에도 불구하고 오바마 정부는 대통령과의 만남을 허용치 않았다.40

오바마 정부가 부시의 호전적인 입장에서 벗어나, 민주주의의 확산을 꾀하되 새로운, 보다 덜 전투적인 태도를 취하기로 한 것이라면, 이것은 현명한 판단일 수 있다. 조지 W. 부시와의 차별성을 꾀하고자 하는 개인적 욕망도 있었고, 정부 부채에 발목이 묶여 정치적 입지가 약했던 탓에, 버락 오바마는 자연스럽게 실용주의적이며 합의 중심적인 입장으로 향할 수밖에 없었다. 역사학자 월터 러셀 미드Walter Russel Mead

민주주의는 어떻게 망가지는가

는 오바마 정부의 대외정책에 대해 장문의 에세이를 썼다. 오바마 대통령은 "미국의 개입을 제한함으로써 미국이 짊어져야 할 비용과 위험을 최소화하고자 하고, 미국이 자국 내에서부터 민주주의와 평화의 모범이 되는 것이 민주주의를 확산하기 위한 최선의 방법이라고 믿는" 토머스 제퍼슨적 전통에 빠져들고 말았다고 지적한 것이다.41

그러나 새로운 대통령 역시, 자신의 수사에 걸맞은 효율적 자원 동원에는 실패한 모양새이다. 2009년부터 2011년까지, 오바마 정부는 민주화 진행의 최대 접전지 몇몇 곳에서, 핵심적인 민주주의 전파 프로그램의 예산을 거듭 삭감하는 모습을 보였다. 심지어 그러한 프로그램 중 적잖은 것들이 대내적으로 또 대외적으로 높은 평가를 받고 있었으며 그에 걸맞은 결과를 이끌어내고 있었음에도 그랬다. 백악관은 회계연도 2011년과 2012년에 국무부에 5백 여 개의 직위를 새로 만들기 위한 예산을 요청했는데, 그 자리는 대부분 영사領事부와 관련된 것이었다. 백악관은 이집트에 들어가는 민주주의 촉진 자금을 지속적으로 삭감했다. 2009년에는 2500만 달러였지만 그것은 2010년에 절반, 2011년에 또 절반으로 줄어들었고, 그 와중에 폭넓은 용도로 활용되는 국무부의 민주주의 기금Democracy Fund은 2011년 초 21퍼센트 삭감되었다. 국무부는 또한 가장 중요한 정부 출연 민주주의 전파 단체인 미국 민주주의기금에도 칼을 대, 2011년 약 12퍼센트의 보조금 삭감을 단행했다.42 "오바마 정부는 미국 민주주의기금 위원회를 들여다보더니, 예산을 깎을 만한 영역을 뒤졌고, 민주주의 지원과 관련한 예산을 깎기로 결정했으며, 다른 영역에 우선권을 부여했다. 다른 예산이 모두 깎이는 와중에 민주주의 지원 관련 예산도 잘려나간 것이 아니었다." 훗날 국무부로 적을 옮긴 프리덤 하우스의 톰 멜리아가 한 말이다.43 백악관은 또한 국가안보위원회의 고위 직책을 없애버렸는데, 그 직위는 부시 정부 시절 민주주의 전파 업무에 큰 역할을 하고 있던 자리였다.44 국무부에서 민주주의, 인권 및 노동 부보좌관을 역임하게 된 마이클 포스너Michael Posner는, 그 일을 맡기 전까지 미국 내의 인권 침해를 감시하는 일을 주된 업무로 삼고 있었던 사람이었다.45 그 자체는 나쁜 일이 아니다. 부시 정부는 실로 해결해야 할 거대한 과제들을 남겨두었으니 말이다. 하지만 민주주의를 전파하는 일에 집중해야 할 국무부의 고위직들이, 실제로는 그 자리에 앉기 전 해당 업무 영역에 대한 경험이 거의 없다는 것은 그리 좋은 일이 아니다.

　분명히 해두자. 정부의 재정은 힘겨운 상황이었고, 2010년부터는 의회가 공화당의 손에 넘어가면서, 오바마 정부는 뜻대로 움직이기 어려운 입장이었다. 또한 백악관에서 매번 실적이 좋지 않거나 별로 유용하지 않은 프로그램을 위해 민주주의 전파 기금을 깎았다고 말한다면 그건 사실이 아니다. 하지만 많은 경우 그랬다. 종합해보면, 2012년 예산안에서 해외 원조 자금은 줄어들었고, 2013년 예산안에서 다시 늘어날 가능성은 그리 높지 않다는 것을 의회 직원들이 확인해주었다. 게다가 백악관은 친구들과 동맹국으로부터 많은 도움을 받아내고 있지도 못했다. 유럽의 민주주의 활동가들이 오래도록 염원해왔지만, 2011년, 스스로의 재정 위기에 발목이 잡힌 탓에, 유럽연합은 유럽판 미국 민주주의 기금을 창설하고자 하는 합의를 이끌어내지 못했다.46 반기문 유엔 사무총장은 민주주의를 옹호하는 목소리를 내는 것을 불편해하는 듯하며, 종종 부드러운 입장을 취한다. 가장 고분고분하지 않은 나라들을 상대할 때, 반기문 총장은 대체로 한 발 물러선다. 그는 버마 정부가 반정부 지도자인 아웅 산 수 치와의 만남을 허용치 않자, 2009년과 2010년, 아무 말 없이 버마를 떠났다.47 코피 아난이 유엔 사무총장일 때에는 그와 대조적이었다. 그는 유엔 인권조사단의 입국을 거부하는 독재적인 지도자들을 향해 강한 비판적 입장을 드러냈던 것이다.

그러나 모든 해외 원조 영역에서, 민주주의 전파를 위해 사용되는 예산은 언제나 연방 예산의 우수리에 지나지 않았다. 또한 의회에서 거론되는 일도 그리 많지 않았는데, 왜냐하면 민주주의 전파는 모든 해외 원조 프로그램들 가운데 언제나 의회 및 지역구에서 가장 인기 있는 주제인 동시에 내부적으로 또 외부적으로 수많은 회계 감사의 대상이 되어왔기 때문이다. 실제로, 예산안을 다루는 공화당의 상원 및 하원 의원의 보좌관들과 이야기를 해보면, 만약 정부가 민주주의 예산을 높게 책정하거나 안정화하기 위해 강하게 밀어붙였더라면 그들 역시 동참했을 것이라고 이야기한다.48 "만약 오바마 정부가 우리와 함께할 뜻이 있었고, 민주주의 원조를 위한 예산을 복원(말하자면, 유지)하기를 원한다고 명확히 밝혔다면, 예산을 만드는 데 문제가 있었을 것이라고 생각하지 않는다." 경력 많은 한 의회 직원의 말이다. "민주주의를 위한 돈을 깎고, 시위대와 활동가들을 위한 예산을 삭감하는 사람처럼 보이고 싶어 하는 이는 아무도 없다."49

오바마 정부가 민주주의 전파 프로그램의 예산을 유지하거나 심지어 증액하던 시절에도, 이런 프로그램은 미 국제개발처나 국무부가 만든 공식에서 벗어나 해당 지역 사람들의 요구에 부합하는 방향으로 전환하지는 못하고 있었다. 필자는 동티모르, 모잠비크, 보스니아처럼 상이하게 다른 국가에서 시행되고 있는 미 국제개발처의 프로그램 12개를 비교해보았다. 예외를 찾아볼 수 없이, 개발 프로그램 문서, 개발 프로그램의 우선순위, 실제로 적용되는 방법론 등이 모든 나라에서 똑같았다. 민주주의 전파 프로그램이 성공적으로 진행되려면 유연성을 갖춰야 하고, 지역적 조건을 수용해야 하며, 더 넓은 지역의 행위자들을 끌어들여야 할 것이다. 그러나 미 국제개발처나 국무부의 프로그램에서 그런 일은 벌어지지 않았다.

이 조사 결과는 특별히 이상한 일이 아니다. 런던 대학교University of London의 매슈 앨런 힐Matthew Alan Hill이 미국의 민주주의 전파 노력에 대해 수행한 연구를 살펴보면, 미 국제개발처는 사안별 접근 전략을 거의 택하지 않았다. 이미 관료적 시스템 속에서 선례를 남긴 절차를 그대로 사용하면 훗날 비판받을 일이 없어진다는 게 아마 그러한 전략을 답습하는 이유일 것이다. "아프가니스탄에는 4년간 가뭄과 기근이 닥쳐왔고, 보스니아에 비해 절대 빈곤층이 훨씬 많지만, 보스니아는 내전 기간 동안 총 인구의 절반이 넘는 사람들을 잃어버렸다. …… 이러한 차이에도 불구하고 개별적인 사례에 같은 전략을 동원함으로써 민주주의가 발전할 수 있을 것이라는 가정법이 성립되어 있었던" 것을, 그는 발견했다.50 "프로그램의 세부 사항(말하자면, 현장에서 수행되는 세부 사항들)은 거의 같았다." 또, 카네기 국제평화재단의 토머스 캐러더스는 미 국제개발처와 수차례 협업을 해본 끝에, 민주주의를 전파하고자 하는 미국의 노력은 절차에 발목이 묶여 있으며, 그로 인해 "경직성, 완고함, 혁신 부족, 기계적 적용의 패턴으로부터 벗어나지 못하고 있다"고 지적했다.51

새로운 기술이 확산되면 그것이 정치적 변화라는 골치 아픈 짐을 떠안아줄 것이라고 가정한 채, 때로 오바마나 서구의 지도자들은 민주주의 전파의 임무를 그저 떠넘기려 하는 듯한 모습을 보여준다. 실제로 많은 서구의 지도자들과 저술가들은 기술을 민주주의의 세 번째 물결과 네 번째 물결을 불러온 새로운 요인이자 그것을 강화하는 요소로 강조하며, 기술이 자유를 향한 길을 닦아줄 것이라고 주장한다. 휴대전화, 인

민주주의는 어떻게 망가지는가

터넷, 스카이프 같은 인터넷 통신기술, 페이스북 같은 소셜 미디어 사이트들은, 이론적으로 활동가들이 많은 수의 대중을 신속하고 편리하게 조직할 수 있도록 도와주며, 정부의 검열에서 벗어나 의사소통을 할 수 있게 해준다. 어떤 면에서 보자면 서구의 지도자들은 기술에 세상을 바꾸는 힘이 있다고 믿고 싶은 것처럼 보인다. 세계화와 맞물린 기술의 발전은 그들을 굴레에서 벗어나게 만들어주기 때문이다. 만약 인터넷이 세상을 바꾼다면, 워싱턴이 해야 할 일은 그저 외국에서의 인터넷 자유를 지지하는 것뿐이다. 태국이나 말레이시아처럼 미국 정부가 해당 국가의 정부와 긴밀한 관계를 맺고 있는 나라에서, 진정 민주주의를 위해 싸우는 활동가들을 공개적으로 지지해야 하는 어려운 선택을 할 필요가 없어지는 것이다.

　　한발 더 나아가, 기술 낙관론자들은 인터넷과 모바일 통신의 확산으로 인해 정부가 대중이 접하는 정보를 검열하는 것은 거의 불가능해졌다고 믿고 있다. 영리한 네티즌은 언제나 온라인을 통해 혹은 해외에 연락을 함으로써 자유롭게, 검열되지 않은 정보에 접할 수 있을 것이기 때문이다. 이론적으로, 새로운 기술은 또한 민주주의 활동가들이 폭넓은 대중과 생각을 공유하는 일을 쉽게 만들어준다. 텔레비전이나 인쇄 매체 같은 전통적인 플랫폼을 사용할 필요가 없기 때문이다. "네트워크로 연결된 대중은 점점 더 많은 정보를 접하고, 공적인 발언에 참여할 수 있는 기회도 더 많이 얻게 되며, 집단적인 행동을 감행할 만한 풍부한 능력을 갖게 된다." 가장 잘 알려진 기술 낙관론자 중 한 사람인, 뉴욕 대학교의 클레이 셔키Clay Shirky의 말이다. 2000년, 당시 대통령이던 빌 클린턴은 이렇게 말했다. "새로운 세기에 자유는 …… 케이블모뎀을 타고 확산될 것이다." 다른 서구권 지도자들도 이러한 낙관적 시각에 동참했다. 클린턴의 뒤를 이은 조지 W. 부시 역시 "만약 중국에 인터넷이 연결된다면, 자유의 요정이 램프에서 튀어나올 것"이라고 장담했으며, 오바마 대통령 치하에서 힐러리 클린턴 국무부 장관은 전 세계적으로 인터넷의 자유를 촉진하기 위한 새로운 단체를 발족시켰다. 그 출범식에서 힐러리 클린턴은 이렇게 선언했다. "수많은 측면을 놓고 볼 때, 오늘날처럼 정부가 자유로웠던 적은 없었다. 역사상 그 어느 시기보다, 더 많은 생각을 더 많은 이들에게 전파하기 위한 더 많은 방법이 존재한다. 심지어 독재 국가에서조차 정보망은 사람들이 새로운 사실을 발견하고 정부를 향해 더 많은 책임을 물을 수 있도록 도움을 주고 있다."52 심지어 일부 사이버 활동가들은 2010년 노벨 평화상 후보로 인터넷을 추천하였는데, 이론적으로 인터넷이 전 지구적 정치 환경에 변화와 충격을 주었다는 것이 그 이유였다.53

언론 또한 기술에 대한 열광으로부터 자유롭다고 말할 수는 없었다. 인터넷의 보급을 사실상 정치적 개방성이 늘어나는 것과 등치시키면서, 모든 정치적 저항이나 시민들의 집회 현장에서 새로운 기술이 사용되는 장면을 눈에 불을 켜고 강조해왔던 것이다. 심지어 중동에서의 정치적 변화 가능성에 대해 늘 회의적이었던 〈뉴욕타임스〉 칼럼니스트 토머스 프리드먼마저도, "인터넷과 세계화는 열린 사회를 만드는 호두까기 도구처럼 기능한다"고 칼럼에 쓰기도 했다.54 프리드먼의 동료인 칼럼니스트 니콜라스 크리스토프Nicholas Kristof는 "21세기의 분쟁은 단적으로 …… 한편에서 깡패 같은 정부가 총알을 날리고 다른 한 편에서는 젊은 시위대가 트윗을 날리는 것이다"라고 했다.55

민주주의를 위해 활동하는 사람들에게도, 또 독재 정부에게도, 기술이 가져다주는 충격은 대단히 큰 것이다. 기술은 민주주의를 발전시키도록 만들어진 도구로 취급해서도 안 되며 강력한 독재의 도구로 취급해서도 안 된다. 기술은 양날의 칼이 될 수 있는데, 기술 이상주의자

민주주의는 어떻게 망가지는가

들 가운데 이러한 전망을 가지고 있는 사람은 거의 없다. 인터넷이나 휴대전화를 통해 대중 집회를 조직해낸 몇몇 활동가의 성공 사례가 이러한 열광에 불을 지피고 있다. 2001년 초 반부패 시위를 조직한 활동가들은 문자메시지를 통해 행진을 이끌었는데, 이것은 훗날 마닐라에서 시위를 하는 사람들이 따르는 일종의 전범이 되었다.56 우크라이나와 조지아에서 벌어진 오렌지혁명 그리고 장미혁명에서, 많은 활동가들은 시위대를 조직하기 위해 휴대전화와 문자메시지를 활용하였다. 2009년 몰도바에서 명백한 조작 선거가 치러지고 난 후, 시위대는 문자메시지, 페이스북, 트위터 같은 마이크로블로깅 사이트를 이용해 적법한 정부를 되찾기 위한 대규모 시위를 조직해냈다.

2010년부터 2011년까지 이어진 겨울, 튀니지, 이집트, 그리고 바레인의 활동가들은 반정부 시위를 조직하고 벤 알리와 호스니 무바라크의 부패와 억압적 통치를 정리한 기사를 배포하려는 목적으로 소셜 미디어와 모바일 기술을 활용했다. 2011년 1월, 벤 알리 정권은 무너지고 그는 외국으로 망명을 떠났다. 무바라크 정권이 무너진 후 얼마 되지 않은 시점이었다.57 활동가들은 튀니지의 중심 지역에 "페이스북 고맙다"라고 써진 벽화를 그리기도 했다. 구글의 현지 법인 관리자인 와엘 고님 Wael Ghonim은 반 무바라크 시위가 낳은 영웅 중 한 사람이 되었는데, 그는 무바라크의 치안 병력에 의해 일주일 이상 구금되기도 했다.59

그 외 아랍-이슬람권 국가의 활동가들 역시 휴대전화, 소셜 미디어, 문자메시지 등을 비슷한 방식으로 활용하였고, 구글 같은 주요 기술 기업은 전 세계의 민주주의 활동가들에게 도움이 되도록 설계된 도구를 개발하는 부서를 출범시키기도 했다.60 2010년 초, 개발도상국의 몇몇 활동가들은 조직을 위해 새로운 기술을 활용하는 최선의 방법을 공유하기 위해 다른 나라를 방문하기도 했다.61

인터넷, 소셜 미디어, 모바일 통신기술이 민주적 변화에 미치는 영향은 너무도 미묘하며 복잡하므로, 이 책에서 깊이 다룰 수는 없다. 그런 질문에 대답하려면 책 한 권이 더 필요할 테니 말이다. 그러나 소셜 미디어, 인터넷, 휴대전화가 몇몇 개발도상국에서 민주화 운동가들이 민주주의를 추구하는 데 도움을 주었던 것과 마찬가지로, 때로는 정부가 활동가들을 감시하고 검열하는 일을 가능하게 하였으며, 때로는 민주화의 확산을 사전에 멈추기도 했다는 것을 명확히 해둘 필요는 있겠다.

단지 인터넷 접속이 확산된다는 것만으로 더 자유로운 정치나 민주적 통합이 보장되는 것은 아니다. 기술은 많은 경우 민주적 변화가 갓 시작되는 초기 단계에 가장 큰 영향력을 발휘한다. 민주화 운동가들이 소셜 미디어나 휴대전화를 활용해 대중적 시위를 조직하거나 다른 주요 활동가와 접촉하게 해주기 때문이다. 신기술은 사람들을 일상적인 삶에서 끌어내며, 신기술을 이용한 시위는 기존의 것에 비해 장기적인 헌신을 요구하지 않는다. 그러나 이미 민주주의를 향한 변화가 시작된 사회에서는, 민주적 통합을 위해 지속적으로, 근면하게 활동하는 개혁 성향의 시민적 대변인이 필요하다. 정부의 투명성을 감시하고, 시민단체를 시작하며 독립적인 언론 활동을 하고, 정부 관료, 판사, 그 외 공무원들에게 지속적으로 압력을 가하는 사람 말이다. 새롭게 떠오르는 기술은 지난 시대의 조직화 방법론처럼 친밀한 관계를 형성해주지는 못하기 때문에, 이 시점에서는 효율성이 떨어진다. 소셜 미디어 등 신기술로 만들어진 느슨한 결합은 정부의 압력이 가해지면 쉽사리 끊어지곤 한다. 타운홀 미팅, 지속적인 대중 시위, 지역 관료 선거 등 민주주의를 위해 필수적이지만 정기적으로 수행되어야 하는 따분한 과제들이 있는데, 신기술 중심의 모임은 시민을 이러한 활동에 묶어놓을 수 있을 만큼 단단하지 않다. 작가 말콤 글래드웰Malcolm Gladwell은 이러한 경향에 '슬랙티

비즘slacktivism'이라는 이름을 붙여 조롱했다. 과거의 집회 조직은 사람들이 집 문 밖을 나와, 또 다른 장소에서 모임을 갖고, 신체적인 위험을 당할 수도 있는 집회에 참석해야 했지만, 오늘날에는 그러한 진입 장벽이 매우 낮아졌기 때문에 사람들은 인터넷을 통해 집단 활동에 대수롭지 않게 참여하게 되었다는 것이다. "소셜 미디어 플랫폼은 약한 결속을 중심으로 이루어져 있다. 트위터는 누군가를 팔로우하거나 누군가가 나를 팔로우하는 매체인데, 그 사람들과 나는 단 한 번도 안 만나봤을 수도 있다." 글래드웰의 글이다. "약한 결속이 높은 위험을 무릅써야 하는 실천으로 이어지는 경우는 드물다."62 『인터넷이라는 환상: 인터넷 자유와 그 이면The Net Delusion: The Dark Side of Internet Freedom』을 쓴, 잘 알려진 기술 회의론자인 예브게니 모로조프Evgeny Morozov는 자신의 조국인 벨라루스의 경우를 통해 이러한 약한 연대가 불러오는 결과를 제대로 경험했다. 그는 벨라루스의 활동가들이 "정치를 멀리서, 익명으로, 저렴하게 실행할 수 있게 해주는" 것처럼 보이는 인터넷에 초점을 맞췄다는 사실을 깨달았다.63 그러나 그가 발견한 바에 따르면, 벨라루스의 그 어떤 소셜 미디어나 온라인 조직도 정부의 지배와 맞설 능력은 없었으며, 지속적이고 반복적인 실천을 통해 정부에 진지하게 도전장을 내밀 수 있는 풀뿌리 운동을 형성해내지도 못했다.

권위주의적인 정부, 심지어 훈 센이나 푸틴, 차베스처럼 선거로 뽑힌 독재자들 또한 그 점을 점점 깨달아가고 있다. 기술의 발전은 인상적인 거리 시위를 만들어내지만, 그것을 빼고 나면 약한 결합만 남을 뿐이며 그러한 약한 결합은 얼마든지 유리하게 활용하거나 분쇄해버릴 수 있다는 것을 말이다. 태국에서는 인터넷의 확산으로 노동자들의 권리, 환경 문제, 부패, 아직은 막강한 태국 왕가의 미래 같은 일부 주제에 대하여 어느 정도 수준의 토론이 가능해졌다. 하지만 반정부 시위대가 방콕에서의 시위를 조직하는 데 새로운 기술을 사용했다는 것을 빼고 나면, 과연 그것이 정부의 입장에 반대하는 이들에게 정치적으로 도움이 되었는지는 확실치 않다. 정부에 항의하는 서한을 쓰거나 매주 집회에 참석하는 등, 정기적인 활동에 참여하도록 사람들을 독려할 때에는, 친구나 이웃에게 전화를 하는 등의 고전적인 방식이 더욱 효과적인 것으로 밝혀졌다는 것을 태국의 반정부 활동가들 역시 인정하지 않을 수 없었다. 대부분의 태국 가정에 보급되어 있는 인터넷은, 강경한 국가주의자, 왕당파, 친정부적 활동가들에게도 웹을 통해 더 많은 정보에 접속할 수 있는 기회를 제공해주었다. 그들은 인터넷을 이용해 태국 왕가의 미래를 논의하려 했다거나, 심지어 왕가에 대하여 극존칭을 사용하지 않았다는 이유만으로, 반정부적 정치인들을 공격하거나 체포당하게 만들었다.64 2010년과 2011년 사이에 있었던 아랍의 봄에서, 수많은 아랍의 독재 국가들 역시 반정부 지도자들을 향해 비슷한 방식의 공격을 수행했다. 바레인 정부는 페이스북을 이용해 주도적인 인권 활동가인 모하메드 알마스카티Mohammed al-Maskati를 공격하는 지저분한 공작을 벌였고, 수단 정부는 민주주의를 요구하는 운동의 목적과 회합 등에 대한 거짓 정보를 페이스북을 통해 유포하는 방식으로 반정부 운동에 공격을 퍼부은 것으로 알려져 있다.

수많은 권위주의적 통치자 및 선출된 독재자들은 또한 웹사이트를 감시하고 필터링하는 방식을 고도로 정교하게 발전시켰다. 대체로 이러한 방법론은, 사람들이 인터넷을 이용해 조직화하거나 검열되지 않은 뉴스에 접근하는 것을 차단하기 위한 중국의 포괄적인 기술인 '인터넷 만리장성Great Firewall'에 기반하고 있다. 동유럽의 반체제 인사들처럼 얼굴을 맞대고 만나는 고전적인 의사소통 방식과 달리, 인터넷으로 맺어진 결합은 필터링 및 사이트 차단만으로도 활동가들의 조직을 성공적

민주주의는 어떻게 망가지는가

으로 막아낼 수 있을 정도로 약하다는 사실을 종종 드러내어 보여준다. 한 태국 시민단체의 분석에 따르면, 태국 정부는 현재 10만 여 개의 웹사이트를 차단하고 있다. 이론적으로는 이러한 차단이 오직 태국 왕가에 해를 끼치는 온라인 담론에만 적용되어야 하지만, 실제로는 더 광범위한 정치적 반대의 목소리를 검열하는 데 쓰이고 있다.65 왕실을 공격하는 내용을 차단하도록 되어 있는 태국의 인터넷 법률은 너무도 광범위하게 적용될 수 있는 탓에, 사실상 어떤 인터넷 사용자라도 법에 걸릴 수 있다. 그 법은 모든 사용자에게 겁을 주기 때문에, 태국의 인터넷 사용자들은 왕실에 대해 언급하는 웹사이트뿐 아니라 태국 정부에 대한 비판에 몰두하는 웹사이트 역시 피하고자 하는 경향을 보이게 된다. 심지어 정치적 압력을 받는 것에 익숙해져 있다고 생각하는 태국의 학자들과 작가들마저도, 스스로 온라인에서 말하고 글 쓰는 내용을 신경 쓰게 된다고 이야기한다.66

말레이시아 같은 초기 민주주의 국가들 역시, 야당이나 그 외 시민사회 단체들이 온라인에서 조직되는 것을 막기 위해 비슷한 방식의 온라인 차단을 시도했거나 고려하고 있다. 혹은 정부에 반대하는 단체의 웹사이트나 게시판을 막기 위해 '서비스 거부' 공격을 사용하기도 한다.67 싱가포르는 수많은 인터넷 사용자를 잠재적 대상으로 삼는 광범위한 인터넷 관련 법률을 제정하면서, 정부와 관련된 인터넷 사업자가 사용자들의 인터넷 계정을 훔쳐보고 있다는 것을 때때로 대중에게 알려줌으로써 대중의 편집증적 공포를 강화시켰다.68

몇몇 권위주의적 정권 혹은 선출된 독재 정권들은 또한 정부의 후원을 받는 논객들을 동원하여 온라인 담론을 조종하고 정치적 반대자들에게 위협을 가한다. 결과적으로 민주주의 활동가들은 더 이상 인터넷을 독점하고 있지 못하다. 서구에서와 마찬가지로, 신흥 민주주의 국가들에서 대부분의 인터넷 사용자들은 정치적인 이유에서가 아니라 게임을 하고, 축구 경기 결과를 확인하고, 음악을 다운받고, 포르노를 보기 위해 인터넷에 접속한다. 그리고 정부는 인터넷에 친정부적인 글이 범람하게 함으로써 민주화 운동가들의 블로그나 다른 계정들을 덮어버릴 수 있다. 혹은 그저 단순히 생각 없는 오락거리를 창출해냄으로써 일반적인 사람들이 온라인에서 정치에 집중하지 못하게 하는 것 역시 가능하다. 인터넷은 이런 식으로 집중력을 잃어버리기에 딱 알맞도록 만들어져 있다. 캐스 선스타인Cass Sunstein 같은 필자들이 지적했다시피, 인터넷은 잘못되고 신뢰하기 어려운 정보를 전달하는 데 부분적으로 최적화되어 있다. 인터넷에는 사실 확인 기능이 없으며 비슷한 믿음을 가지고 있는 사람들이 각자의 생각을 확인해주는 정보를 찾아 헤맴으로써, 말하자면 '메아리 효과'를 만들어내는 경향이 있기 때문이다.69

러시아는 대중의 관심을 돌리고 혼란스럽게 하는 용도로 인터넷을 사용하는 기법에서 완벽에 도달한 것처럼 보인다. 러시아에는 자유주의자들을 공격하고 푸틴을 찬양하는, 크렘린의 자금을 받아 운영되는 '인터넷 군대'가 있으며, 크렘린은 또한 구글을 모델로 삼고 있지만 모스크바가 판단하기에 국가에 위협이 된다고 생각하는 콘텐츠를 필터링하는 '국산 검색 엔진'을 만들어내는 것을 검토하고 있다고 한다.70 또한 크렘린은 정부가 운영하는 온라인 게시판을 만듦으로써 블로거들을 정부의 편으로 끌어들이는 다양한 전략을 개발해냈다. 모로조프가 『인터넷이라는 환상』에서 지적하고 있듯이, 러시아 정부는 단지 블로거들을 끌어들이고 있을 뿐 아니라, 굉장히 재미있으면서도 명백하게 국가주의적이고 친정부적인 온라인 오락 프로그램을 폭넓게 생산해내는 역할도 수행하고 있다. 이러한 오락거리 중에는 아름다운 금발머리의 여성 블로거인 마리아 세르게예바Maria Sergeyeva가 있는데, 그는 블라디미르 푸턴을 찬양하는 와중에, 패리스 힐튼이나 그와 유사한 미국의 유명 인사들처럼 자신의 개인적인 삶을 블로그에 올린다.71 "어떤 시점에서, 규모의 경제가 끼어든다." 모로조프의 말이다. "(정부를 온라인에서 홍보하는) '인터넷 알바'들의 출현은 어떤 면에서 분명히, 진정으로 정권을 옹호하는 자들의 숫자를 늘리며, 이렇게 새롭게 개종한 자들은 자기 나름의 방식으로 포교에 나서는 것이다."72

더 나쁜 것은, 본인의 개인 홈페이지나 페이스북 페이지를 만듦으로써, 활동가들이 자기 자신에 대한 일종의 '신상 파일'을 만들어낸다는 것이다. 지난 시절에는 그런 정보를 얻기 위해 정부의 요원들이 동원되어 몇 달에서 몇 년씩 걸리는 미행 및 도청 등을 통해 얻은 정보를 하나씩 끼워 맞추는 수고를 해야 했다. 반정부 인사를 추적하는 것도 쉬워졌다. 정보 요원들은 반체제 인사들의 집이나 그들이 드나드는 술집 등에서 벌어지는 실제 모임에 잠입하는 대신 온라인을 통해 그 모임을 추적할 수 있으니 말이다. 예컨대 이란과 시리아에서 시위를 벌인 사람들 중 많은 이들은, 반정부 시위를 벌이는 동안 자국의 중앙 정부에서 집회 지도자들의 페이스북 페이지 및 온라인 신원 조사를 통해 자신과 친구들을 찾아낼 수 있을 것이라고 생각하고 있었다.73 마찬가지로 태국에서도, 많은 활동가들은 정부가 그들을 추적하기 위해 소셜 미디어를 감시하고 있으며, 어떤 경우에는 군부의 비호를 받는 현 정부에 반대하는 사람들을 잡아넣기 위해 그것을 활용하고 있다고 믿고 있었다.74

이전에 불어왔던 민주화의 물결에서 사용되었던 기술은 정부 입장에서 볼 때 그들의 목적에 맞도록 차용하기가 그리 쉽지 않았다. 민주주의 활동가들과 민주주의를 지원하는 국가들은 새로운 기술이 최대한 기존의 통신기술이 가지고 있었던 강한 결합 및 효과적 소통 기능을 고스란히 유지할 수 있게 하는 방법을 개발하기 위해 고심했다. 1989년 이전에 동부 유럽의 반체제 인사들은 팩시밀리와 단파 라디오를 사용했다. 이것은 기본적으로 불온 문서와 시위 정보를 알리던 구식의 인쇄 매체를 업그레이드한 것에 불과했지만, 이러한 방식을 쓸 때는 정부가 민주주의 활동가들에 대한 방대한 자료를 수집할 수가 없었다. 독재 국가에서 시민들은 정부가 통제하는 라디오 및 텔레비전이 지루하다고 느끼며 대체로 무시해버린다. 한편 팩시밀리는 정부가 통제하는 라디오 및 텔레비전보다 훨씬 더 현대적인 방식이었지만, 독재 국가의 정부들은 그들의 프로파간다와 오락물로 온 나라를 뒤덮는 목적에 사용하기에는 팩시밀리가 완벽하지도 적합하지도 않은 방법이라는 것을 깨달았다. 사람에서 사람으로 전해지는 구두 메시지, 그 가장 오래된 방법이, 소규모의 친구와 이웃으로 이루어진 모임에서는 가장 효과적인 통신 수단으로 남아 있었다. 가까운 친구나 이웃이 누군가를 모임에 참여하도록 불렀다고 해보자. 그렇다면 초대받은 이가 활동의 일원이 될 가능성은 매우 높다. 왜냐하면 초대받은 사람은 그를 불러준 친구나 이웃과 높은 확률로 계속 관계를 유지할 가능성이 크고, 그러한 활동가 단체에 소개를 받아 들어가는 것은 진정한 의미에서 폐쇄된 공동체에 속하는 경험을 주는 것이기 때문이다. 실제로 최근 정치학자 애론 스트라우스Aaron Strauss와 앨리슨 데일Allison Dale은 유권자의 마음을 돌려세우는 데 있어서 문자메시지나 이메일은, 특히 친구나 친지가 아닌 낯선 사람이 보낸다면, 유권자를 동원하는 데 있어서 상대적으로 비효율적이라는 사실을 밝혀냈다. 이메일 및 그와 유사한 도구들이 유권자를 동원하는 데 비효율적이라는 결론을 내리는 연구는 그외에도 다수 존재한다. 그러나, 만약 활동가들이 소셜 미디어나 휴대전화를 통한 네트워크를 활용해 보다 전통적인 조직화 도구와 유사한 효과를 낼 수 있도록 하는 방식을 찾아낸다면, 권위주의적인 정부는 훨씬 더 큰 공포를 느낄 것이다.

11.

미래를 위한 처방

세계 곳곳에서 새롭게 민주주의를 시작한 나라들은 실패해왔다. 이것은 10여 년간 지속되어온 경향이며, 중동에서의 민주화 봉기가 큰 충격을 안겨주었음에도 불구하고, 바뀌지 않았다. 더욱 분명해진 것은, 이름만 민주주의인 나라를 지배하는 수많은 '선출된 독재자'들로 인해 오늘날 권위주의적 통치가 새롭게 힘을 얻고 있다는 것이다. 그것은 대부분의 서구 국가에서는 받아들이기 어려운 사회적·정치적·경제적 자유를 제공하는, 억압적이거나 유사민주주의적인 신종 통치 체제하에서, 오늘날 전 세계적으로 수십 억 명의 사람들이 살아가야 한다는 말이다. 그것은 단지 정부에 비판적인 의견을 온라인에 올린다는 이유만으로도 태국의 웹사이트 관리자와 블로거들이 앞으로도 계속 재판을 받고 장기간 복역해야 한다는 뜻이며, 벨라루스의 반정부 활동가들이 계속 '실종'되고, 러시아의 언론인들이 계속 친정부적 깡패들에 의해 두들겨 맞거나 심지어 살해당할지도 모른다는 의미나 다름없다.[1] 또한 리비아, 시리아, 이집

민주주의는 어떻게 망가지는가

트, 튀니지, 바레인 같은 아랍 국가들에서 누가 궁극적으로 권력을 잡든 간에, 그 지도자는 보다 더 손쉽게 정적을 탄압하기 위해 억압적인 방법을 동원할 수 있으며, 태국이나 우크라이나 같은 나라를 지배하는 이들과 마찬가지로 '선출된 독재자'로 돌변할 수 있게 된다는 의미이다.

많은 개발도상국에서 중산층이 점점 보수화되고 있는 가운데, 언론인, 노동조합 지도자, 야당 정치인, 그 밖에 위협당하고 있는 시민사회의 지도자들은 그들을 지켜주고, 사면을 얻기 위해 싸워주고, 해외 언론과 국제 사회에 그들이 받는 탄압을 알려줄 수 있을 만한 지지자를 찾는 데 점점 더 큰 어려움을 겪고 있다. 또한 많은 선진국들은 자국 내의 문제에 정신이 팔린 상태이다. 심지어 중동 사람들이 자국의 압제자들에 맞서 봉기했음에도 불구하고, 미국 내의 여론조사 결과에 따르면 대부분의 미국인은 정부가 아랍-무슬림 세계에서의 역할을 축소하기를 바라고 있었다. 아랍-무슬림 세계의 인권운동가, 언론인, 근본적인 개혁을 추구하는 사람들은 그만큼 국제 사회에서 그들을 위해 나서줄 이들을 잃고 있는 셈이다. 1990년대에 태국에서 인권운동가들이 공격을 당했을 때는, 태국의 중산층이 주도하는 시민사회 조직 중 다수가 우려를 표명하며 지지 입장을 밝혔지만, 2000년대 초가 되자 중산층은 점점 더 권위주의적 통치자들의 편에 서게 되었다. 1990년대에는 인권운동을 지지했던 바로 그 시민단체들마저 가난한 이들, 인종적으로 소수에 속하는 이들을 위한 활동가들의 단체가 공격당할 때 눈을 감아버렸던 것이다. 선진국들은 자국의 경제 위기 및 통치 문제에 사로잡힌 나머지, 심각한 인권 문제로 치닫곤 하는 위기들을 때로 무시해버린다. 30여 년 전 미국으로 이민을 온 미국 시민권자 조 고든은 2011년 고국인 태국에 방문했다. 그런데 그는 태국 왕가를 비판적으로 검토하는 책의 일부를 번역했다는 '범죄' 혐의로 구속되고 말았다. 조 고든의 사례를 밀접하게 추적한 복수의 전직 미국 관료들에 따르면, 그의 사례는 인권단체들과 심지어 미 국무부로부터도 매우 낮은 수준의 지원을 받았을 뿐이다. "말하자면, 국무부는 조 고든에 대해 너무도 관심이 없었다." 한 전직 미국 관료의 말이다. "그들은 태국 정부의 심기를 거스르고 싶어 하지 않았으며, (1990년대처럼) 확실한 입장을 가지고 있다고 생각하지도 않았기에, 조 고든을 태국에서 빼 오거나 그 밖에 다른 어떤 행위도 하고자 하지 않았다."2

몇몇 일화에서 그치지 않고, 이러한 민주주의의 후퇴가 인간의 조건에 미치는 영향을 탐구한 연구가 몇 편 존재한다. 전 지구적으로 언론 관련 사항을 감시하는 단체인 언론인보호위원회The Committee to Protect Journalists에 따르면, 2008년, 2009년, 2010년은 사상 가장 많은 기자들이 생명의 위협에 노출된 해였다. 언론에 대한 공격이 증가한 것과, 전 세계적으로 민주주의가 후퇴한 시기가 일치하는 것이 단지 우연은 아닐 것이다. 러시아나 필리핀처럼 언론인에게 가장 위험한 나라가 된 곳들은, 민주주의가 퇴행해버린 나라들이기도 하다. 언론인보호위원회는 수많은 국제기구, 특히 유엔이 언론인에 대한 위협 앞에서 한심하게도 침묵을 지키고 있음을 지적한다.3 실제로 반기문 유엔 사무총장은 세계 지도자들과 만나는 자리에서, 민주주의와 인권을 그저 수사의 차원에서 거론하는 것마저도 불편해하는 듯 보인다. 유엔에서 문화를 담당하는 단체인 유네스코는 심지어 테오도로 오비앙Teodoro Obiang의 이름을 따고 그로부터 자금 지원을 받는 상을 제정하였는데, 오비앙은 오랜 세월 동안 아프리카의 산유국인 적도기니를 지배해온 독재자이며 세계에서 가장 심하게 언론 자유를 억누른 사람으로 손꼽힌다.4 (오비앙의 손아귀에 있는 국영 언론은 오비앙이 "전능하신 그분과 영원한 관계를 맺고 있으며" 하여 그 누구라도 원하기만 한다면 죽여버릴 수 있다고 선포하

는 기념비적 보도를 한 바 있다.)5

그 밖의 국제적 혹은 지역 감시단체들 역시 민주주의의 후퇴가 가져다주는 인간적 고통을 보여주고 있다. 캄보디아의 인권단체인 리카도 LICADHO와 국제 감시단체인 프리덤 하우스는, 캄보디아의 민주주의가 전반적으로 후퇴함에 따라 인권 옹호자들이 겪는 협박, 구타, 심지어 살인의 빈도가 높아졌음을 밝혀냈다.6 태국의 인권단체들은 2006년 이후 차단된 웹사이트의 숫자가 급격히 증가했음을 발견했는데, 2006년은 태국에서 마지막 쿠데타가 일어난 해이기도 하다.7 아마도 가장 신뢰받는 국제 감시단체일 휴먼라이츠워치는 인권 활동가들에 대한 공격 및 개발도상국에서 시민사회 단체를 대상으로 한 위협이 2011년 들어 전 세계적으로 급격히 증가했음을 발견했다. 다시 말해보자. 휴먼라이츠워치 및 다른 단체들이 지적하는 활동가들에 대한 폭력의 증가 및 민주주의의 후퇴는 우연이라고 보기 어렵다. 수많은 나라에서 민주적 보호 장치가 약해지면서 인권 활동가들이 위험에 노출되고 있는 것이다.8

그러나 이런 인명 문제를 넘어서서 생각해보자. 이러한 반민주주의 르네상스는, 미국이나 그 외 기반이 잘 다져진 민주주의 국가에 경제적으로 또 전략적으로 실질적인 영향을 미칠까? 실제로, 민주화에 실패하는 나라들은 미국 입장에서는 좋지 않은 전략적 파트너가 되고 마는데, 왜냐하면 그런 나라들은 내부적 정치 투쟁에 함몰되어 그들 나름대로의 일관된 대외정책을 추진하지 못하게 되기 때문이다. 그런 나라를 하나 꼽자면 태국이 있다. 태국은 공식적으로 미국과 무역 협정을 맺고 있으며 아시아에서 미국의 가장 안정적이고 믿음직한 전략적 파트너로 여겨져왔다. 그러나 부시 행정부 및 오바마 행정부는 모두, 반 테러 작전, 자유무역 협정, 남중국해의 해군 균형 등 수많은 중요 사안에 있어서 태국 정부와 협업하는 데 어려움을 겪고 있다. "태국과 미국의 관계는 기본적으로 제자리걸음에 머물고 있으며, 1960년대 혹은 1970년대와 같지 않다." 전 주 태국 미 대사인 랠프 보이스의 말이다. "우리는 (태국에서) 정권이 바뀌는 과정에서 어떤 정책이 지속될지 알 수 없으며, 그러한 동맹 관계는 말라죽어가는 것이다."9 오바마 정부는 이제 수많은 중동 국가에서도 비슷한 유형의 불확실성과 맞서야 한다. 심지어 백악관 내의 가장 강경한 민주당원들도, 이스라엘, 무역의 자유로운 흐름, 석유에 대한 접근권 등 미국의 전략적 우선 사항들이 중동에서의 변화로 인해 단기적으로 위협받고 있지 않은지 의심하기 시작했다.

민주주의가 만병통치약은 아니며, 심각한 결과를 초래할 수 있다는 것을 확실히 해두어야 한다. 때로 독재 국가들은 민주적인 나라들보다 더 빠른 성장을 보여줄 수 있다. 우리는 민주주의의 혜택에 대한 밑도 끝도 없는 낙관주의에 대해 다시 생각해야만 한다. 그러한 낙관주의는 서구의 정책 결정자들이 내놓는 연설이나 독재 정권과 싸우는 시위대 사이에서 대단히 흔히 발견된다. 독재자들은 때로 민주주의 체제에서는 저항에 부딪칠 수도 있는 어려운 결정을 내리기도 한다. 가령 중국은 재생 가능 에너지에 수천 억 달러 이상을 투자하기로 결정했는데, 민주주의 체제에서라면 기존의 에너지 산업 및 그들이 고용한 로비스트들의 무자비한 공격에 시달려야 했을 것이다.10 그러나 개발도상국에 민주화가 가져다주는 단기적 영향과 장기적 영향을 구분하는 것이 중요하다. 단기적으로 볼 때 민주주의는 어떤 형태의 독재와 비교해볼 때 불안정할 수 있지만, 장기적으로 볼 때 궁극적으로는 두 번째와 세 번째 민주화의 물결에 동참했던 나라들이 만끽하는 것과 같은 안정을 얻을 수 있는 것이다. 실제로 민주화의 두 번째 물결에 참여한 나라들은 수십 년에 걸쳐서 균형 잡힌 성장을 추구하고, 불평등과 맞서며, 대중의 의견에 적절하

　　　　　　　　　　　　　민주주의는 어떻게 망가지는가

게 대응해왔는데 이는 그들이 독재적 통치를 유지했다면 누리기 어려웠을 장기적 안정을 가져다주었다. 민주화의 두 번째 물결에 참여했던 나라들 중 오늘날 안정된 민주주의를 이루지 못한 나라는 5퍼센트도 채 되지 않으며, 그들이 훗날 지금의 상황으로부터 후퇴할 가능성도 없는 듯하다.11

민주주의가 가져다주는 장기적인 이득을 이해하고, 미국이 민주주의를 전파하는 과정에서 무엇을 도와줄 수 있는지에 대한 합리적인 기준과 기대치를 설정하기 위해서는, 경제성장률뿐만 아니라 사회적 건강을 측정하는 다른 지표를 필수적으로 살펴야 한다. 그렇게 평가한다면, 장기적으로 볼 때 민주적 정부가 더욱 폭넓은 개발과 안정이라는 선택지를 제시한다는 것이 명확해진다. 가령, 어떤 국가가 국민 건강과 사회복지를 우선시하고 있는지 확인할 수 있는 가장 좋은 지표 중 하나인 영아 사망률을 살펴보자. 정부 형태와, 해당 정부가 국민의 복지에 초점을 맞추고 있는지 알 수 있는 지표인 영아 사망률과의 관계를 집중적으로 연구한 정치학자 토머스 즈바이펠Thomas Zweifel과 파트리시오 나비아 Patricio Navia에 따르면, "거의 예외 없이, 민주주의 국가는 독재 국가보다 자국 거주민들에게 더 잘 대해준다"고 한다. 그러므로 민주주의 국가에 거주하는 사람들의 평균 수명이 독재 국가에 사는 사람들보다 더 길다는 것은 놀랄 일이 아닐 것이다.12 민주주의 국가가 사회적으로 압도적인 기능을 보여주는 것은, 유권자들이 정부에 인적 자원에 더 투자하도록 요구하기 때문이다. 이러한 요구는 결사의 자유와 표현의 자유가 더 잘 보장되어 있으며, 민주적 정부는 더 큰 책임을 져야 하기 때문에 수용된다고, 그들은 이론적으로 정리하고 있다. (그 결과 민주주의를 택한 국가는 민주주의를 택하지 않은 국가에 비해 지표상으로 더 높은 인플레이션 수치를 보여주는데, 그것은 민주주의 국가에서는 국민들에게 투자하기 위해 더 큰 재정 적자를 감수하는 탓일 가능성이 크다.13 그 외에도 많은 연구들이 같은 결과를 보여준다. 세계은행은 그들이 차관을 제공해준 나라들에 대하여 분석하였는데, 그에 따르면 조사 대상국 중 결사의 자유와 표현의 자유를 강하게 보장하는 나라들이, 인권 보호가 취약한 나라들에 비해, 22퍼센트 높은 원조금 상환율을 보여주고 있다.14

　　민주주의를 확립한 나라들은 보다 안정적인 경제성장률을 보여주는 경향이 있으며, 민주주의 국가의 경제성장률은 시간에 지남에 따라 비교 대상이 되는 독재 국가들과 거의 비슷한 수준을 기록한다. 민주주의가 가져다주는 득과 실에 대한 가장 포괄적인 분석은 아마도 정치학자 모튼 핼퍼린Morton Halperin, 조지프 시글Joseph Siegle, 마이클 와인스타인Michael Weinstein이 수행한 연구일 것이다. 그에 따르면, 심지어 세계에서 가장 가난한 국가들의 경우에도, 수십 년에 걸쳐 민주주의를 유지하는 것은 "독재 국가에 비해 경제성장률의 변동성이 낮다. …… 민주주의 국가의 경제적 힘은 상대적으로 빠른 진보를 이루면서, 오랜 시간에 걸쳐 꾸준한 성장을 유지할 수 있는(말하자면, 재앙에 가까운 결과를 피할 수 있는) 능력에서 나온다"고 한다.15 그들이 밝혀낸 바에 따르면, 1960년대부터 지금까지 경제성장률 기준으로 볼 때 최하위권에 속하는 20여 개 국가 중, 민주 국가에 속하는 나라는 고작 5개국에 지나지 않는다. 나머지는 전부 독재 정권들이다. 또한 핼퍼린과 동료들이 수행한 연구는, 심지어 민주주의 국가가 심각한 경제적 도전에 직면하고 있을 때에도, 대부분의 독재 국가에 비해 신속하며 효율적인 대응을 한다는 것을 암시하고 있다. 1990년대 말의 아시아 금융 위기의 진행을 추적해보면, 동아시아의 민주주의 국가들은 대체로 독재 국가들 혹은 혼합형 국가들에 비해 위기로부터 신속하게 벗어났다. 이러한 연구가 부분적으로 시사하는 점은, 민주주의가 확립된 국가들은 정부에 대한 신뢰를 다시 확보하기 위한 방안으로 선거를 활용하며, 그 신뢰는 사회 전반으로 펴져 궁극적으로 정부가 주도하는 개혁에 대한 신뢰로 이어지고, 그로 인해 경제의 균형을 다시 찾고 성장의 길로 되돌아갈 수 있다는 것이다.16

현재 닥쳐온 세계적인 경제 침체 속에서 과연 민주주의 국가들이 더 빨리 회복할지는 좀 더 지켜봐야 할 일이겠지만, 지난 역사는 낙관적인 희망을 품을 만한 이유를 몇 가지 제시해준다. 심지어 민주화가 덜 진행되었더라도, 해당 국가의 역사상 가장 정치적으로 개방적이었던 시점에 인적 자원에 투자하고 평범한 사람들의 삶을 개선하는 데 노력한 국가들 역시 마찬가지이다. 예컨대 경제학자 야셩 황Yasheng Huang이 지적한 것처럼, 중국은 1980년대에 현대 중국 역사상 가장 진보적인 정치 개혁을 추진하였는데, 그 혜택은 농부, 소상공인, 대도시의 기업 등 광범위한 계층으로 퍼져나갔다. 당시 중국에서는 후야오방胡耀邦, 자오쯔양 등 상대적으로 진보적인 고위 인사들의 주도 아래, 대부분의 후임자들이 극구 반대할 만한 개혁들을 추진해나갔다. 후야오방과 자오쯔양 시절, 중국 사람들의 개인 소득은 GDP보다 빨리 성장했으며, 실제로 소득 분배율은 더욱 평등해졌다. 그러나 1989년 천안문 사태 이후 중국은 1980년대의 수많은 정치적 개혁을 뒤집어버렸다. 중국은 지방자치를 위한 수많은 계획을 중단시켰고, 시민사회 단체에 대한 단속을 강화하였으며, (후야오방은 이미 사망했으므로) 자오쯔양을 포함한 수많은 진보파를 숙청하고, 국영 언론에 대한 통제를 다시 강화했다. 공산당은 정부 조직 내에 존재하던 수많은 위원회를 없애버렸는데, 그런 위원회는 어느 정도 정부 정책에 대한 피드백을 제공하는 역할을 하던 것들이었다. 야셩 황은 1990년대와 2000년대 초, 중국의 경제 성장이 지속되고 있긴 했지만, 평범한 사람들이 느끼는 경제 성장의 질은 보다 더 자유로웠던 1980년

대만큼 높지 않았음을 발견했다. 소득 불평등은 심화되고, 부는 도시로 집중되고, 문자해독률이나 백신 접종률 등 사회복지를 반영하는 지표는 실제로 악화되었는데, 이것은 중국이 매년 8에서 10퍼센트의 경제성장률을 보이는 사회임을 감안할 때 충격적인 일이다.17 중국의 GDP에서 노동이 차지하는 비중은 1980년대와 비교했을 때 줄어들었다. 공산당이 점점 더 정치와 경제의 통제권을 쥘수록, 정부가 폭넓은 대중의 요구에 부응해야 할 필요성은 점점 더 줄어드는 것이다. 지방에 사는 농부들과 소상공인들이 자본을 얻기도 어려워졌다. 세수가 중앙으로 집중되면서 지방에 대한 사회 기반 시설과 복지 투자가 줄어들었다. 돈이 넘쳐나는 도시들은 거대한 프로젝트를 진행하며 막대한 돈을 날리지만 그 누구도 제지하지 않게 되었다.18

2010년대의 중국은 그 높은 경제성장률에도 불구하고, 삶의 질이라는 측면에서 볼 때 많은 면에서 후퇴하고 있다. 중국의 소득 불평등은 현재 아시아에서 가장 높은 수준이며, 역사적으로 소득 불평등이 가장 심했던 브라질 같은 라틴아메리카 국가들과 비슷해지고 있다. 그러나 베이징으로 원정을 와서 중앙 정부를 향해 의견을 들어달라고 목소리를 높이거나, 지방에서 자주 발생하듯 폭력시위를 벌이는 것 외에, 대부분의 중국인은 정부에 대한 불만을 표현할 수 있는 다른 방법이 없다. 농부 및 기타 노동계급이 겪고 있는 극도의 가난은 날로 심해지고 있으며, 대출을 받고자 하는 사기업들은 국영 기업들과의 경쟁에서 날로 늘어가는, 혹은 공산당이 쌓아두는 다양한 장벽에 가로막힌다. 경제성장이 지속되고 있지만 자본은 점점 엉뚱한 곳에 투자되고 있기에, 중국의 경제적 미래에 먹구름을 드리운다. 실제로 이탈리아의 바리 대학교University of Bari의 경제학자들과 BBVA 은행 그룹이 수행한 연구에 따르면, 2000년대 말 중국의 국영 기업들은 중국의 전체 경제 중 고작 25

퍼센트를 차지하고 있음에도 불구하고, 중국 은행들의 총 대출 중 대략 65퍼센트를 가져갔다. 실적이 좋지 않은 국영 기업들에게 자금을 대주면서, 중국 은행들은 사실상 중국의 예금자들의 돈을 불필요한 저리로, 그러한 대출을 받을 만큼 실적이 좋지도 않은 기업들에게 이체해주고 있는 셈이다. 물가가 치솟고 있으며 은행은 낮은 예금 금리를 제공하니, 대부분의 중국인에게 있어서 예금은 그들의 삶의 질과 마찬가지로 해마다 깎여나가는 셈이다.

비록 베이징의 공산당은 현명한 경제 정책을 펼친다는 명성이 높지만, 중국에서 자원의 분배가 잘 이루어지고 있지 않다는 것은 직관적으로 볼 때 그다지 놀라운 일이 아니다. 독재자들의 행동을 제약할 만한 요소가 많지 않기 때문에, 그들은 푸트라자야Putrajaya 같은 것에 막대한 돈을 퍼부을 수 있다. 푸트라자야는 말레이시아를 1980년대와 1990년대에 걸쳐 통치한 독재자 마하티르 모하맛Mahathir Mohamad이 낳은 망상의 산물로, 말레이시아에는 새로운 수도를 건설할 필요가 없었음에도 불구하고 만들어낸 거대한 새 도시이다. 오늘날 푸트라자야는 텅 비어 있다. 텅 빈 호화 호텔들이, 영원히 오지 않을 IT 투자자들을 기다리고 있는 하이테크 유령 도시가 된 것이다.

한 사회의 건강 및 행복 수준을 나타내는 지표를 비교하면, 민주주의 국가들은 심지어 정치적 변화에 따르는 비용을 감안하더라도, 장기적으로 볼 때 독재 국가들보다 나은 모습을 보여준다. 유엔 인간개발 프로그램의 보고서와 미국외교협회에서 필자가 속한 팀의 연구자들 및 본 필자가 찾아낸 자료를 종합해보면, 극소수의 예외가 있긴 하지만, 민주주의는 문자해독률, 기초적인 건강 복지 접근권, 안전한 식수를 확보할 수 있는 권리, 초등학교 진학률, 영양실조에 걸리지 않은 사람들의 숫자 등에서 비슷한 소득 수준을 가진 독재 국가들보다 나은 모습을 보여준다. 이 차이는 많은 부분 민주주의 국가의 개방성에 기인한다. 민주주의 국가는 그러한 심각한 문제들에 대한 정보뿐 아니라, 민주적으로 선출된 지도자가 이러한 기초적인 삶의 질을 개선하지 못했을 때 맞닥뜨리는 결과에 대해서도 인식을 공유하고 있다.19 위기의 시대에 이러한 개방성이 어떤 가치를 지니는가에 대한 최초의 연구는 지금으로부터 무려 30년도 더 된 것으로, 인도의 경제학자 아마티아 센Amartya Sen의 기근과 정치 체제에 대해 쓴 유명한 에세이이다. 심지어 기근 같은 심각한 위기에 맞닥뜨렸을 때조차, 민주주의적인 정부는 시민들이 굶주리지 않도록 하면서 그 위기를 더욱 잘 관리한다는 것을 아마티야 센은 보여주었다. 민주주의 국가는 스스로의 실수로부터 배우고 개량해나갈 유인 동기를 더 많이 가지고 있으며, 정보를 수용하고 반응하도록 설계되어 있기에, 민주주의 국가는 기근이나 기타 재난을 그저 무시하고 지나갈 가능성이 대단히 낮음을 아마티야 센은 보여준 것이다.20 핼퍼린, 시글, 와인스타인은 정보를 받아들이고 대응하는 이러한 능력을 민주주의적 정부의 '수평적 수직적 대응'이라고 부르는데, 이것은 민주 국가가 독재 국가와 달리 정권의 힘에 대한 견제 수단을 가지고 있으며 정권을 유지하기 위해서는 인구의 대다수로부터 지지를 받아야만 하기에 발생하는 일이다. 심지어 가장 가난한 나라들이라 하더라도, 민주주의 국가에 사는 사람들은 비슷한 소득 수준을 가진 독재 국가의 시민들보다 더 긴 기대 수명을 보여주는데, 이것은 많은 부분 민주주의가 모든 종류의 위기에 적응하여 관리할 수 있기 때문이며, 공공복지에 대한 민주주의 국가의 투자 때문이기도 하다. 세계은행의 자료를 검토한 끝에 핼퍼린과 그의 동료들이 발견한 바, 가난한 민주주의 국가의 시민들은 가난한 독재 국가의 거주자들보다 8에서 12년 정도 긴 기대 수명을 보여주는데, 미국외교협회의 연구자들이 수행한 더 최근의 연구에 따르더라도 기대

수명 격차는 7년에 이른다. 여전히 주목할 만한 차이가 있는 것이다.

장기적으로 볼 때 민주주의가 사회적 복리를 증진시키고, 지속적인 성장을 가능케 하며, 더 책임 있는 국정 운영을 가능하게 하는 것이 사실이라면, 민주주의는 또한 해당 국가를 미국의 보다 나은 전략적 동반자로 만들어주지 않을까? 이 경우에도 마찬가지로, 정답은 두 극단의 중간에 있다. 어떤 비용을 지불해서라도 동맹국의 안정을 얻고자 했던 냉전 시대의 외교 정책과, 민주주의가 언제나 미국에게 더 나은 외교 파트너를 가져다줄 것이라는 지나친 낙관주의의 사이에 있는 것이다. 베트남, 사우디아라비아, 파키스탄 등 미국은 다양한 지역에서 민주주의를 채택하지 않는 중요한 전략적 동반국을 보유하고 있다. 반대로 워싱턴이 껄끄러운 관계를 유지하고 있는 베네수엘라나 볼리비아 같은 나라들은 민주주의 국가 혹은 민주주의와 독재의 혼합 정체를 보여준다. 우리가 확인해온 바와 같이, 단기적으로 볼 때 정치적 개방성은 불안과 불확실성을 낳고 그로 인해 해당 국가는 덜 안정적인, 따라서 덜 매력적인 외교 상대가 된다. 마치 태국이 정치 시스템의 붕괴로 인해 그렇게 되었듯이 말이다. 오늘날 이집트에서는 온건파와 강경파 이슬람주의자들이 모두 총선을 통해 상당한 권력을 얻었는데, 이들은 보다 반미주의적인 성향을 보이며 대체로 자유주의적이지도 않지만, 대중적으로는 널리 인기를 얻고 있다. 이러한 집단에 대해서도 같은 논리가 적용될 수 있다. 베네수엘라나 볼리비아 같은 나라에서 실제로 그러한 일이 벌어졌듯이, 민주주의의 힘은 외국 기업의 투자나 거래를 가로막는 해묵은 법률을 개정하도록 이끌어낼 수도 있는 것이다.

　　미국과 상대하는 국가들을 넓은 범주에서 비교하다 보면, 대체로, 그리고 시간이 흐를수록, 민주주의 국가들은 더욱 효율적으로 일하며 미국과 이해관계를 공유하는 경향이 있음을 우리는 확인할 수 있다. 나토는 세계에서 가장 오래도록 유지되고 있는 동맹인데, 성공적인 동맹 관계의 많은 부분은 가입국들이 민주주의 문화를 공유하고 있다는 것에서 나온다.

혹자는 나토의 회원국 대부분이 부유한 서구권 국가들이며, 따라서 정치 체제 외에도 많은 것을 공유한다는 점을 반례로 지적할지 모른다. 문화, 언어, 생활 방식까지 공유한다는 것이다. 하지만 우리는 그 외의 지역적 혹은 국제적 조직의 경우도 확인해볼 수 있는데, 국가들의 범주를 넓히고 나토 회원국들을 빼더라도, 평균적으로 민주주의 국가들은 미국과 보다 협력적 관계를 맺고 있다. 지난 수십 년간의 유엔 안전보장이사회 기록을 살펴보면, 미국이 주도하는 결의안에 대하여 민주주의 국가들이 찬성하는 횟수는 독재 국가들이 찬성하는 경우보다 세 번 정도 더 많았다. 이 비율은 유엔 전체로 확장했을 때나 유엔 인권위원회에서의 투표에서도 대략 비슷하게 유지되었다. 다시 한 번 강조하지만, 이러한 결과는 모든 민주주의 국가가 언제나 더 믿음직한 동맹 역할을 해준다는 뜻은 아니다. 프랑스 및 기타 강력한 서구권 국가들은 미국이 2000년대 초 이라크에 대한 전쟁을 선포할 때 큰 장애물 노릇을 했으며, 인도는 미국이 세계무역기구WTO에서 미국 주도의 의제를 띄우고자 할 때 수차례에 걸쳐 주된 방해자 노릇을 했다. 하지만 투표 패턴을 분석해보면, 대부분의 경우 민주주의 국가는 비슷한 이해관계를 공유한다. 심지어 인도나 브라질 같은 몇몇 신흥 민주주의 강국은 종종 유엔에서 민주주의나 인권 관련 의제를 지지하지 않는 모습을 보여주지만, 그럼에도 여전히 독재 국가들보다는 그러한 의제를 지지하는 경향을 보인다.

지역별 조직들의 투표 패턴을 조사해봐도 비슷한 경향이 발견된다. 아시아의 주요 국제 조직 중 하나인 아세안에는 필리핀이나 인도네시아 혹은 싱가포르 같은 민주주의 국가들이 포함되어 있으며, 캄보디아나 태국, 말레이시아 같은 나라들은 혼합 정체를 지니고 있다. 버마나 라오스 같은 나라는 독재 국가이다. 아세안은 합의 중심으로, 어떤 주제건 내부적인 논의를 통해 결론에 도달하는 경향이 있지만, 지난 10년간 회원국 중 가장 민주적인 국가들이라 할 수 있는 필리핀, 싱가포르, 인도네시아는 미국이 해당 지역에서 주도적으로 끌고 가는 많은 문제에 대해 지지의 목소리를 냈다. 가령 해적 소탕을 위한 노력이라든가, 동남아시아의 무역 강화라든가, 동남아시아에서 미국 국방력을 다시 끌어올린다거나, 남중국해의 자유로운 항해를 보장하는 문제 등에서 그렇다. "우리는 해당 지역에서 그러한 나라들과 공통점이 가장 많다. 공통점을 가지고 있다면 함께 앉아서 머리를 맞대고 문제를 해결하기가 더 쉬워진다. 연합 전선을 세울 수 있는 것이다." 랠프 보이스 전 대사의 말이다. "캄보디아 혹은 베트남 같은 국가들과 함께하는 건 훨씬 어렵다."21

유엔 및 지역적 국제단체에서 미국과 같은 편에 서서 지속적으로 표를 던져온 많은 개발도상국 민주주의 국가들은, 비록 민주화를 저해하는 효과를 낳기는 하지만, 민주화를 향한 합의가 반미주의 감정을 이겨낼 수 있다는 일종의 희망을 안겨준다. 예컨대 필리핀과 대한민국의 경우, 1980년대와 1990년대 민주주의로의 이행을 거치면서 엄청난 반미 감정이 솟구쳐올랐다. 지난 시절 미국이 독재 정권을 비호한 것과, 해당 국가에 미군 기지가 배치되면서 생긴 결과였다. 이것은 오늘날 이집트 및 기타 중동 국가에서 반미 감정이 쏟아지는 이유와 거칠게나마 유사성을 찾을 수 있는 현상이다. 필리핀 사람들은 마닐라에 위치하고 있던 두 개의 미군 기지를 밖으로 쫓아냈고, 그동안 한국에서는 좌파 성향의 반미주의 정치인들이 인기를 끌며 궁극적으로는 노무현이 대통령이 되었다. 그러나 시간이 흐르면서 필리핀과 한국의 반미 정서는 사그라들 었다. 인도네시아, 태국, 칠레, 남아프리카공화국과 같은 신생 민주주의 국가들에서처럼 말이다. 이것은 오늘날 중동과 미국의 관계에 대해 희 망을 던져주는 현상이다. 인도네시아나 필리핀처럼 새롭게 민주주의를 시작하는 나라들에서 가장 강경한 반미주의 단체 중 일부는 이슬람주 의 조직이거나 정당인데, 그런 단체들마저 서서히 수사법의 수위를 낮 춰나가고 있다. 왜냐하면 그들 역시 전국 단위의 선거에서 폭넓은 유권 자에게 호소해야 하며, 경쟁자들은 예전과 달리 엉성하게 조직된 상태 가 아니기 때문이다. 〈민주주의 저널〉에 게재된 한 연구는 이슬람주의 정당의 활동을 30여 년에 걸쳐 추적했는데, 그 결과 이슬람주의 정당들 이 얻는 득표는 독재가 끝난 후 치러진 최초의 선거를 정점으로 대체로 추락하는 경향을 보이며, 그 정당 역시 점점 더 온건화되는 경향을 보여 준다.22

또한 시간이 흐를수록, 신흥 민주주의 국가의 오피니언 리더들 역 시 점점 깨닫게 된다. 자국이 워싱턴과 맺어왔던 기존의 관계에 어떤 오 류가 있든, 그들의 조국은 민주주의 국가로서 미국과 분명히 핵심적인 가치를 공유한다는 것을 말이다. 특히 미국을 중국이나 기타 독재 강국 들과 비교해본다면 더욱 그렇다. 가령 필리핀의 경우, 1980년대와 1990 년대 초까지 노동조합과 그 밖의 좌파 성향 시민단체들은 가장 극명한 반미주의적 성향을 보이는 집단이었다. 하지만 시간이 흐르면서 그들은 미국의 시민단체 및 노동조합과 지속적인 교류를 하게 되었다. 그리고 필리핀에 대한 중국의 영향력이 점점 강해지면서, 한때 반미주의적이었 던 필리핀의 시민단체 및 노동조합의 지도자들은 점점 논조를 바꾸어 나갔다. 필리핀에서 영업 중인 중국 기업들에 의한 노동 탄압 및 환경오 염이 점점 심해지자, 그에 저항하는 과정에서 필리핀의 시민단체 및 노동조합 지도자들 중 많은 이들은 미국의 노동조합 및 기타 시민단체들과의 비공식적 연결 고리를 만들어나갔다. 실제로 20여 년 전 미군 기지는 필리핀 열도를 떠나라고 외쳤던 정치인과 활동가들 중 일부는, 오늘날 중국에 맞서는 대항군 역할을 기대하며 미군에게 필리핀으로 돌아오라고 요구하고 있는 상황이다.23

또한 민주주의 국가들은 시간이 흐를수록 투자자들이 요구하는 투명성과 안정된 성장을 제공하는 경향이 있다. 세계은행그룹World Bank Group이 최근 내놓은 비즈니스 하기 좋은 국가 순위의 상위 10위는 모두 민주주의 국가가 차지하고 있다. 하나의 예외가 있다면 홍콩인데, 홍콩은 중국에 의해 지배되고 있지만 민주주의적 시스템의 많은 부분을 유지하고 있는 독특한 사례이다.24 심지어 굉장한 예외적 사례로 보이는 중국마저도, 겉보기에는 외국인 투자자들에게 이상적인 환경을 제공할 듯하지만, 실제로는 그렇게 이상적이지만은 않다. 중국에 도착한 외국인 투자자들은 (적어도 대부분의 다국적 기업들이 투자하는 해안가 지역에서는) 물리적 기반 시설들이 환상적으로 건설되어 있고, 합작 벤처의 설립이 가능할 뿐 아니라 투자가 신속하게 이루어지며, 지역 정치도 걸리적거리지 않게 해주는 등의 진흥정책을 받고 좋아한다. 하지만 시간이 흐르면 대체로 독재 시스템 역시 실제로는 외국인 투자자들에게 최선의 환경이 아님을 깨닫게 되는 것이다. 중국 정부가 제시하는 수많은 진흥책에 대한 실질적인 공적 보조가 없다면, 외국 투자자들은 언제나 자신들의 사업이 시위의 대상이 되거나, 관료들에 의해 가로막히거나, 혹은 단순히 취소되어버릴 위험을 언제나 떠안아야 한다. 왜냐하면 중앙 정부의 행동을 제약할 수 있는 방법이 거의 없기 때문이다. 게다가 중앙 정부가 민주적 선거를 통해 정당성을 획득하고 있는 상황이 아니기 때문에, 중국 정부는 민족주의를 부추기는 등의 방법으로 대중적 지지를 끌어올릴 방법을 늘 염두에 두고 있다. 그러한 민족주의적 감정은 쉽사리 외국 투자자들과 외국인 전반을 과녁으로 삼아 중국 기업들을 보호하기 위한 부당한 판결이나 월권적인 국유화 등을 불러올 수 있는 것이다. 평상시 유럽연합과 중국의 관계를 가깝게 하기 위한 치어리더 노릇을 해왔던 주 베이징 유럽연합상공회의소European Union Chamber of Commerce in Beijing는, 2009년 중국 정부가 외국인 투자자들을 점점 더 민족주의적 태도로 대하고 있는 것에 대해 놀라우리만치 날카로운 비난 성명을 내놓았다. 유럽연합상공회의소는 긴 보고서를 통해, 중국이 새로운 무역 장벽 및 다른 형태의 보호무역주의를 시작하고 있으며, 심지어 중국 정부는 외국 회사들이 명백히 더 매력적인 제안을 제시하더라도 중국 회사들과 계약을 체결한다고 지적했다.25

워싱턴은 신흥 민주주의 국가들과 함께하는 과정에서 여러 도전에 직면하고 있지만, 그럼에도 불구하고 장기적으로 볼 때 그런 신흥 민주주의 국가들의 정치적 개방성과 투명성은 그들을 태생적으로 보다 나은 미국의 파트너로 만들어줄 것이다. 심지어 오늘날 미국은 인도나 남아프리카공화국 같은 나라와 무역이나 기후변화 같은 몇몇 이슈에서 견해 차이를 보이지만, 장기적으로 볼 때 민주주의 국가들은 보다 협력해서 일하는 경향이 있다. 해당 국가의 의사 결정 문화는 독재보다는 민주주의와 더욱 흡사한 모습을 보이기 때문이다. 냉전 시대의 적대 관계가 이어진 탓에 미국은 인도와 종종 긴장 관계에 놓여 있었지만, 그럼에도 불구하고 미국은 델리에서 벌어지는 정책 결정을 보다 쉽게 이해할 수 있었다. 설령 그 정책 결정이 미국의 이익에 부합하지 않는 것이라 해도, 어떤 정책이 베이징에서 어떻게 만들어지는지 이해하는 것보다는 쉬웠던 것이다. 심지어 최고급 중국 소식통들에게도, 중국 정부가 어떤 과정을 거쳐 차기 고위 지도자를 선출하는지는 수수께끼이니 말이다. (2011년 기준으로) 중국의 부주석이며 후진타오의 후계자로 내정된 시진핑習近平*은 어떻게 그 위치를 점할 수 있었는가? 미국 정부 내의 최고급 중국 전문가들조차 그저 짐작만 할 뿐이다.26

장기적으로 볼 때 신흥 민주주의 국가들이 대체로 미국과 더욱 협조적인 관계를 유지하기 때문에, 미국은 핵심적인 전략적 이해관계가 걸린 지역에서 사우디아라비아처럼 민주주의를 선택하지 않는 파트너에 매달려야 할 필연적 이유가 없다. 해당 국가의 민주주의 발전을 위해 노력하지 않는다면 단기적으로 볼 때 그 나라의 정치적 변화를 저해할 뿐만 아니라, 해당 국가와 안정적이고 확실한 관계를 만들 수도 있는 기회를 놓치게 된다. 개발도상국과 장기적인 관계를 수립하고자 할 때, 워싱턴은 적어도 이런 점을 고려해야 할 것이다.

우리는 지금까지 개발도상국의 민주주의가 어떻게 위축되어왔는가를 살펴보았다. 대부분의 경우 그 책임은 개발도상국 스스로에게 있다. 이러한 민주주의의 위축을 되돌리기 위한 책임은 일차적으로 태국이나 러시아 등 민주주의의 위축을 경험해야 했던 나라의 지도자들과 시민들에게 있을 것이다. 결코 쉬운 일은 아니겠지만, 그들이 다음과 같은 중요한 단계를 거친다면 민주주의의 후퇴를 저지하는 데 도움이 될 수 있을 것이다.

---

* 2015년 현재 중국의 국가주석

기대치를 조절하라

우리가 이미 살펴보았듯이, 수많은 신생 민주주의 국가에서 시민들은 더 큰 사회적·정치적 자유에 대한 기대를 품게 되며, 그러한 기대 사항 중 일부를 얻게 된다. 이러한 기대 그 자체가 문제의 일부라고 말할 수는 없다. 하지만 시민들은 때로 민주주의가 성장과 평등을 동시에 가져다줄 것이라는 높은 기대를 품곤 하는데, 이러한 기대는 달성되지 못하는 경우가 많다. 마치 선거운동을 할 때와 마찬가지로, 민주주의가 시작된 초기에 대한 대중들의 기대치를 조절하는 것은 민주주의에 대한 대중들의 지지를 유지하고 '독재에 대한 향수'를 방지하는 데 필수적이다. 우리는 이미 아파르트헤이트 이후 1세대 남아공 지도자들이 어떻게 대중들의 기대를 조절했는지를 살펴보았다. 그들은 토지 재분배와 일자리 창출 면에서 온건한, 달성 가능한 수준의 경제적 성장을 약속했고 그것을 지켰다. 극소수의 신흥 민주주의 국가 지도자들 역시 그와 유사한, 현명한 길을 걸었다. 1990년대 말부터 2000년대 초까지, 리덩후이李登輝와 그의 후임자인 천수이벤은 민주주의를 정착시키고 대만의 독립성을 확보하는 과정에서, 그러한 선택에는 적어도 단기적으로나마 경제적인 대가가 따를 수 있음을 인정했다. 다른 식으로 말하자면, 그들은 유권자들에게 툭 터놓고 이야기했던 것이다.

경제 성장이 멈추는 것을 방지하라

개발도상국 민주주의 국가에서 아마도 가장 중요한 일은 경제성장률이 정체에 빠지거나 후퇴하는 것을 방지하는 일일 것이다. 우리가 앞에서

민주주의는 어떻게 망가지는가

살펴보았듯이, 개발도상국 민주주의 국가의 노동계급 시민들이 민주주의에 대한 환상을 잃어버리는 것은 그 무엇보다 경제 성장이 멈추거나 불평등이 급격하게 확산되기 때문에, 혹은 양쪽이 다 악화되기 때문이다. 현재 진행 중인 전 지구적 경제 침체는 민주 정부에 대한 믿음을 훼손시키고 있다. 실제로 민주주의 정부들이 모이는 세계적인 규모의 협력체인 민주주의공동체는, 경제적 정체가 민주주의에 대한 가장 큰 위협임을 반복적으로 경고하고 있다. 이 책에서 다룬 수많은 '선출된 독재자'들은 해당 국가에서 정치적으로 또 경제적으로 보다 진보적이었던 정부가 심각한 경제 침체로 인해 인기를 크게 상실하지 않았다면 결코 집권하지 못했을 것이다. 가령 태국의 탁신 친나왓은 2001년 처음으로 총선을 통해 총리가 되었는데, 그의 승리는 그가 막대한 부를 이용해 온 나라를 잘 만들어진 광고로 뒤덮어버린 것에 많은 부분 힘입은 것이었다. 하지만 탁신의 승리는 탁신보다 인권과 민주주의에 있어서 훨씬 더 나은 입장을 가지고 있던 추안 릭파이가 이끌던 당시 태국 정부의 아시아 금융 위기 대응에 대해, 많은 이들이 불만을 품고 있었기에 가능했던 것이기도 하다. 실제로 추안 릭파이 정부는 태국을 금융 위기로부터 끌어내기 위한 다양한 초기 단계를 밟고 있었지만, 유권자들은 어찌됐건 태국의 경제가 제자리걸음이라는 사실에 분노하여 정권을 심판하였고, 탁신의 광고는 추안과 그의 내각이 경제적으로 무능하다고 가차 없이 깎아내렸다.

물론 개발도상국이건 선진국이건 모든 국가는 심각한 경제 불황을 피하기 위해 노력한다. 그러나 경제 성장이 멈추는 것은 신흥 민주주의 국가의 정치적 생존에 치명적인 영향을 미친다. 따라서 선진국과 원조 단체들은 그들이 제시하는 경제 정책이 개발도상국의 경제에 단기적일지라도 악영향을 미칠 가능성은 없는지 심각하게 고민해볼 필요가 있다. 그러한 경제적 후퇴는 민주화의 성공에 해를 끼칠 수도 있는 것이다. 1990년대 말부터 2000년대 초까지 대부분의 아시아 개발도상국에 적용되었으며 2000년대 말부터 2010년대 초 일부 동유럽 및 발트해 연안 국가들에 적용된 긴축정책은, 정부 부채를 줄여주고 예산의 균형을 되찾아주며 일부 방만한 국영 기업의 군살을 줄여주는 순기능을 물론 수행한다. 하지만 동시에 그러한 정책은 한시적으로나마 경제성장률을 낮춘다. 이러한 경기 침체는 선진국에서라면 그저 다음 선거에서 집권당이 바뀌거나 대통령에 반대하는 시위가 열리는 정도의 영향을 미칠 뿐이다. 하지만 충분히 안정적이지 않은 신생 민주주의 국가의 경우, 경제성장률이 낮아지고 불황이 찾아오는 것은 민주주의라는 개념 자체에 대한 불신을 불러일으키고, 독재 시절의 향수를 불러오며, 탁신, 블라디미르 푸틴, 우크라이나의 빅토르 야누코비치 같은 독재자들의 귀환을 불러오기도 한다. 이러한 독재자들은 높은 경제성장률의 대가로 개인적·정치적 자유의 억압을 요구하고 나서는 것이다.

개발도상국들에게 경제적 침체를 강요하는 천편일률적인 긴축정책을 요구하는 대신, 국제 사회는 개발도상국의 지도자들이 보다 비정통적인 방법을 시도할 수 있도록 할 필요가 있다. 예컨대 아시아 경제 위기 기간 동안 말레이시아의 지도자였던 마하티르 모하맛은 국제 금융 기관들과 세계적인 은행가들, 그 외 선진국의 재무장관들을 향해 날선 비판을 쏟아부었다. 그들이 설정해둔 자본 통제 때문에 말레이시아의 자본이 밖으로 흐르지 못해 자국의 경제가 안정되지 않는다는 것이었다. 돌이켜 생각해보면 마타히르의 방법론은 정통파 처방이 아니었으며 많은 비난을 받았지만 제 기능을 한 것으로 보인다. 결코 비정통파 경제학의 전당이라고 부를 수는 없는 아시아개발은행Asian Development Bank은 아시아 금융 위기를 추적하는 연구를 내놓았는데, 그에 따르면 말레이시아의 자본 통제는 그 나라의 경제를 안정화시키는 데 효과적이었다고 한다.

중산층의 협력을 유지하라

개발도상국의 경제 침체는 모든 계층에 영향을 미치지만, 중산층은 특히 민주주의로 인해 가난한 이들이 사유재산권을 침해하고 그동안 중산층이 폭을 넓혀온 경제적·사회적 권리를 전반적으로 침해하는 지도자를 선출하게 되지는 않을지 걱정하게 된다. 태국, 파키스탄, 필리핀, 그 외 많은 나라에서 이러한 중산층은 민주주의에 대한 환상을 멀찌감치 내다버리고는 선출된 지도자가 마음에 들지 않을 경우 그를 쫓아내기 위한 초헌법적 노력을 기울여왔다. 우리가 살펴보았듯이 이러한 중산층 비즈니스 커뮤니티의 협조가 사라지고 나면, 그 개발도상국은 민주주의가 후퇴할 뿐 아니라 경제적으로도 퇴행을 거듭하게 된다. (마치 베네수엘라를 떠난 사람들처럼) 재계의 지도자들은 나라를 떠나거나, (자신들이 가지고 있는 자본 중 많은 액수를 이웃의 싱가포르에 묵혀두는 인도네시아의 재계 지도자들처럼) 다른 나라에 투자를 하게 되는 것이다.

중산층의 지지를 유지하기 위해서는 몇 가지 중요한 단계를 거쳐야 한다. 첫째, 신흥 민주주의 국가에서 유권자의 대다수는 가난한 이들이 차지하고 있으므로, 선출된 지도자들은 그들이 단지 선거 제도의 공정함뿐 아니라 사유재산에 대한 보호, 법의 지배, 거래할 수 있는 권리, 기타 상업적인 권리를 수호할 것임을 중산층과 엘리트 경제인들이 확신할 수 있도록 치열한 노력을 기울여야 한다. 선출된 지도자들은 상대적으로 빈곤층을 위한 경제 정책을 추구할 수 있다. 그 정책이 불평등과 극단적인 빈곤을 해소하기 위한 것이며, 극단적인 재분배를 지향하거나 이미 확립된 경제적 권력을 위협하려 들지 않는다는 것을 중산층에게 납득시킬 수 있는 한 그러하다.

그 균형을 잡는 것은 쉬운 일이 아니다. 그러나 브라질의 룰라 다 시우바 대통령은 두 차례에 걸친 집권을 통해 정확히 이러한 일을 해냈다. 중산층의 지지를 유지하면서도 빈곤층을 위한 정책을 펼친 것인데, 그가 펼친 빈곤층 정책은 여러 모로 탁신 친나왓 같은 사람들의 정책과 유사한 측면이 있다. 2003년 처음 집권했을 때 룰라는 좌파 대중선동가로서 명성을 날리고 있었다. 그는 노동조합 운동가 출신이며 오랜 세월에 걸쳐 브라질의 보수적인 독재 정권과 맞서 싸웠다. 집권 후 룰라는 그가 내걸었던 진보적인 선거 공약을 실현하기 위한 중요한 발걸음을 내디뎠다. 주요 국유 기업들에 정부 차원의 혜택을 주며 지침을 내린다거나, 새로운 빈곤층 보조 프로그램을 통해 극도의 가난을 해소한다거나, 초등 교육에 막대한 정부 자원을 집중하는 것 등이 그랬다. 하지만 동시에 룰라와 그를 보좌하는 대부분의 고위직들은 정통적인 통화 정책을 수립하고, 칠레처럼 높은 경제성장률을 보이는 나라들과의 무역 협정을 강화하고, 규제를 줄이는 등, 전임 정권의 자유주의적 거시경제 정책을 유지했다.27 상파울루의 기업 집단을 만족시키기 위해 개인적인 고통을 감내해야 했던 것이다. 룰라의 재임 기간에 경제성장률은 치솟았고 브라질은 극도의 빈곤으로부터 탈출하기 시작했다. 그가 임기를 마치고 떠날 때 그는 중산층을 포함한 브라질 사람들에게, 현대 역사상 가장 인기 있는 대통령으로 남을 수 있었다.

룰라가 펼친 정책들은 브라질의 불평등을 줄이는 데 도움이 되었고, 그 결과 그는 브라질의 민주주의를 안정화하는 데 또 다른 기여를 한 셈이 되었다. 에단 캡스타인Ethan Kapstein과 네이선 컨버스Nathan Converse

가 〈민주주의 저널〉에 실은 연구에 따르면, 개발도상국을 폭넓게 관찰해볼 때 이런 현상이 나타난다고 한다. "민주주의가 궁극적으로 뒤집히는 나라에서 불평등은 확연히 높은 수치로 확인된다. 마찬가지로, 민주주의가 유지되는 나라보다 뒤집히는 나라에서의 불평등이 평균적으로 수치상 더 높게 나타난다."28 말하자면, 개발도상국의 소득 불평등이 심화되면 그 나라의 민주주의가 생존할 가능성을 깎아먹는 것이다.

선출된 독재자들이 성공할 수 없는 구조를 창출하라

중산층의 지지를 붙들어두기 위한 한 가지 방법으로, 신흥 민주주의 국가들은 탁신이나 우고 차베스 같은 '선출된 독재자'들이 떠오르는 것을 막을 수 있는 강력하고 더욱 효과적인 방법을 찾아야 한다. 선출된 독재자를 막는 몇 가지 가능한 방법을 꼽아보자면, 상위 심급의 법원을 창설한다거나, 거의 개정이 불가능한 헌법을 제정한다거나, 중대한 선거 조작이나 고위 정부 지도자들 사이에서 일어나는 뇌물 수수, 그 외 정부 관련 범죄들을 엄단하는 것 등이 있겠다.

　　마찬가지로 신흥 민주주의 국가들은 '선출된 독재자'의 출현이 보다 쉽지 않도록 고안된 선거 제도를 고려해볼 필요가 있다. 태국처럼 선출된 독재자가 등장하는 나라들은 대부분의 경우 두 개의 거대 정당이 지배하는 의회 시스템을 가지고 있으며, 법원이나 기타 기관들의 힘이 약한 탓에 총리가 실질적인 독재자 노릇을 할 수 있는 구조를 가지고 있다. 그러므로 총리의 권력을 축소하는 것은 궁극적으로 선출된 독재자가 등장할 가능성을 줄이는 일이 된다. 오늘날의 싱가포르처럼 대통령/총리의 이원집정제를 택하여 선출된 대통령(혹은 부탄이나 캄보디아 같은 나라에서는 왕)이 총리를 경계하기 위한 최소한의 권력을 갖는 경우를 생각해볼 수 있다. 실제로 캡스타인과 컨버스가 확인한 바에 따르면, 123개국을 조사해본 결과 행정부에 대한 견제 권력이 약한 나라들은 견제가 강한 나라보다 두 배가량 높은 확률로 체제가 전복되었다.29

군대로부터 손을 끊으라

우리가 이미 살펴보았듯이, 민주적으로 선출된 지도자에게 실망한 개발도상국의 중산층은 다른 대안을 찾아나선다. 대부분의 경우 그 대안이란 군대의 무력 개입을 의미하며, 혹은 태국이나 필리핀처럼 군부가 실제로 쿠데타를 벌이지 않더라도 군부의 손에 강한 정치적 힘을 쥐어주는 경우로 이어질 수도 있다.

물론 헝가리의 경우처럼 중산층이 민주화의 환상에서 완전히 벗어났다 하더라도 군부가 시민사회의 통치에 완전히 무릎 꿇을 수도 있다. 하지만 실제로는 수많은 개발도상국에서 군부가 여전히 주요한 정치적 행위자로 남아 있으며 민주주의에 대한 환상을 잃어버린 중산층에게 잠재적 대안으로 기능한다. 가령 태국의 경우, 군부 지도자들은 빈번하게 민간 정부를 비판하며 그들이 많은 문제를 훨씬 더 잘 처리할 수 있다고 주장하는 것이다. 정치에 개입하는 군부가 없다면 중산층이 그들의 불만을 밀어붙일 만한 상대가 거의 남지 않게 된다. 민주주의에 대한 중산층의 불만이 선출된 정부의 전복으로 이어질 가능성은 줄어드는 것이다.

여전히 여러 도전에 직면하고 있긴 하지만, 인도네시아는 군부에 대한 민간의 통제를 극적으로 성공시켜왔다고 평가할 수 있다. 수하르토 치하에는 이른바 '드위풍시Dwifungsi'라 하여 군부가 국방에서뿐 아니라 국내 정치에서도 주도적인 역할을 수행해야 한다는 사상을 앞세워, 군대는 국가의 핵심 기관 노릇을 했다. 군부는 수하르토 시절 의회에서 일정 비율의 의석을 가져갔으며, 아체 특별구나 티모르처럼 인도네시아의 먼 지역을 담당하는 사령관들은 마치 부족장이라도 된 양 권력을 휘둘렀다.

(파푸아를 제외하고) 수많은 분쟁 지역에서 군대를 철수시키고, 군대를 정치권력의 중심에서 배제하며, 새로운 장교들 사이에서 군대는 정치와 별개의 것이라는 관념이 확산되면서, 인도네시아는 군대에 대한 시민사회의 실질적 지배가 확립되어가고 있음을 깨닫게 되었다. 수많은 인도네시아의 오피니언 리더들은 이를 인도네시아의 민주화가 이룬 가장 큰 성취라 칭송한다. (물론 인도네시아의 현임 대통령은 전직 군 장성 출신이지만, 그는 수하르토처럼 군부의 영향을 받거나 밀접한 관련을 맺고 있지는 않다. 그는 민간인으로서 행동하며 민간 사회의 이익을 우선으로 여긴다.) 인도네시아 정치의 문민화는 유도요노 같은 인도네시아 지도자들이 군부의 힘을 줄이려고 노력한 가운데, 인도네시아 정치권에서 광범위하게 벌어진 구조적 변화와, 군부에 대한 대중적 불만이 맞물려 이루어진 결과이다. 수하르토 이후 집권한 민간인 지도자들은, 인도네시아에서 군부가 가지고 있는 명성을 유지하기 위해서는 군부 스스로가 정치로부터 거리를 두어야 한다고 지속적으로 군부를 설득해왔다. 인도네시아의 민간인 지도자들은 또한 2000년대 초, 몇 개의 핵심적인 결정을 내렸다. 그 결과, 군대와 경찰이 분리되었다. 대중은 그로 인해, 반 테러 작전을 비롯한 국내 문제에 대해서는 경찰이 책임을 진다는 것을 확실히 알게 되었다. 대중은 경찰 특공대가 인도네시아에서 가장 위험한 테러 집단 중 하나였던 제마 이슬라미야를 저지하는 것

을 보며 경찰을 신뢰하게 되었다. 이러한 성공은 많은 부분 경찰이 폭넓은 정보망을 구축하고 대중으로부터 제보를 받은 덕에 이루어진 것이었다. 궁극적으로 인도네시아 정부는 군부가 누려온 가장 큰 특권이라 할 만한, 의회 내 군부의 의석을 없애버렸다. 여전히 민간 지도자들은 은밀하게 군부와 접촉하여 군부의 경제적·정치적 이익을 빼앗는 대신 그 보상으로 국방 예산을 점차 늘려줄 것이라 약속하고 있다. 실제로 2003년에 대략 11억8천만 달러였던 인도네시아의 국방 예산은 2010년에 36억 달러를 넘겼다.30

같은 시기, 인도네시아의 민간인 지도자들은 군복을 입은 세력에게 분명한 약속을 했다. 만약 군대가 이러한 변화에 잘 따라준다면 분명한 특혜와 권리가 군대에 주어질 것이라고 말이다. 인도네시아의 이러한 현실적인 접근법은 궁극적으로 이집트나 시리아처럼 역사적으로 군대가 사회에서 큰 역할을 맡아온 국가에서도 되풀이될 필요가 있을 것이다. 비록 2000년대 초, 이후에 그 어떤 정부가 들어서더라도 수하르토 집권 기간 동안 티모르, 아체 특별구, 파푸아 등의 지역에서 공산주의자, 이슬람주의자, 그 외 정치적 반대파에 대해 저질러졌던 인권 침해를 이유로 군 장성들을 기소하지 않겠다는 법률이 제정되긴 했지만, 인도네시아의 민간인 지도자들은 분명히 군의 사회적 영향력을 축소해나갔다고 말할 수 있다.

중국 모델을 이해할 것

중국이 세계 경제 불황을 헤쳐나가는 동안 서구에서는 정부의 통치 위기가 닥쳐왔기에, 개발도상국들에게 중국 모델은 더욱 매력적으로 다가

올 수밖에 없었다. 우리는 이미 중국식 모델이 수많은 개발도상국에서 독재자부터 넓은 의미의 오피니언 리더들까지, 많은 이들에게 호소력을 보이는 장면을 확인했다. 그들은 중국 정부가 내리는 강하고 현명하며 신속한 의사 결정의 질과, 자국의 나약한 정부를 비교하곤 하는 것이다. 특히 중국식 모델은 동남아시아에서 큰 호응을 얻었는데, 동남아시아 대부분의 국가의 오피니언 리더들은 사업 혹은 여행 목적으로 중국을 방문하면서 중국의 엄청난 경제적 성장을 개인적으로 목격한 사람들이 기도 했다.

그러나 심지어 동남아시아에서도, 대부분의 정부 지도자 및 오피니언 리더들은 중국식 모델에 대해 올바르게 이해하고 있지 못하다. 만약 중국식 모델을 이해한다면 그것을 그리 높게 평가하지 않을 것이다. 개발도상국에서 중국으로 온 외교관 중, 중국어에 능통하거나, 베이징이나 상하이 밖으로 여행을 하면서 극단적인 소득 불평등을 포함해 중국이 맞닥뜨린 수많은 문제들을 직접 확인할 만한 재정적 수단 및 개인적 능력을 지닌 사람은 극소수에 지나지 않는다. 중국 모델과 중국 그 자체에 대해 보다 섬세하게 이해하고자 한다면, 개발도상국들은 그들의 외교적 우선순위를 일부 수정해야만 할 것이다. 대부분의 동남아시아 국가의 경우, 최고위급 혹은 가장 뛰어난 외교관은 결국 미국이나 서유럽 국가로 부임된다. 냉전 시대의 유산이라 하겠다. 그 결과 중간급 외교관들이 전체 경력 중 거쳐가는 과정으로 중국을 선택하지만, 그들 중 중국에 여러 차례 머무는 이는 소수에 지나지 않는다.

이러한 관행이 바뀌어야 한다. 개발도상국, 특히 아시아의 개발도상국들은 중국으로 향하는 외교관에게 런던이나 워싱턴으로 향하는 외교관과 같은 수준의 권한, 급여, 지원을 제공해야만 한다. 그래야 중국에 대해 잘 알고 섬세한 맥락을 조율할 수 있는 공직자 집단이 탄생할 수 있다. 그러한 지식을 바탕으로 개발도상국들은 독재와 자본주의를 결합시킨 중국식 모델이 과연 중국 스스로를 위해서도 장기적으로 통용될 수 있을 만한 것인지, 그것이 자국에도 이식 가능한 것인지, 진정한 판단을 할 수 있을 것이기 때문이다.

부패와의 전쟁을 선포하라

우리가 살펴보았듯이 민주주의로 전환하는 과정에서 발생하는 모든 문제 중 부패의 확산이야말로, 경제 활동을 하고자 하는 열정과 민주주의에 대한 대중적 지지 모두를 가장 크게 해치는 위험 요소라고 할 수 있다. 한때 부패가 오직 중앙에만 고도로 집중되었던 사회에서 그것이 두루 확산될 경우, 실제로는 그렇지 않음에도 불구하고, 대중은 부패가 하늘을 찌른다고 생각하게 된다. 젊은 민주주의 국가에서는 언론이 보다 자유로워지면서 정부의 부정부패에 대해 더 많은 보도를 내놓게 되는데, 그러한 효과가 맞물려 대중이 정부가 심각하게 썩어가고 있다고 인식하게 되는 것은 갓 민주주의를 시작한 나라에서 보편적으로 겪는 문제이다. 신흥 민주주의 국가 중 장기간에 걸쳐 성공적으로 부패를 줄여나가는 데 성공한 나라들은 대체로 정치 체제로서의 민주주의에 대한 높은 대중적 지지를 향유하고 있다. 부패에 맞서는 전략 중 하나는 고위 관료와 공직자들에게 높은 연봉을 지급하는 것으로, 이것은 싱가포르에서 시도되었던 접근법인데, 싱가포르는 장관의 연봉을 민간 영역의 고소득 전문직 급여와 비슷하게 맞춘다. 관료와 공직자들에게 높은 급여를 지급함으로써 정부는 고위층의 부패 성향을 줄일 수도 있을 것이다. (물론 이러한 급여도 깎여나갈 수 있다. 최근 싱가포르의 지도자들은 경제가 어렵다는 이유로 연봉 삭감에 나섰지만, 그래도 그들이 받는 돈은 미국 대통령이 받는 것의 두 배가량에 이른다.)31

고위 관료와 공직자에게 높은 급여를 지급하는 방법과 함께 압력으로부터 헌법적으로 보호받는 독립적인 반부패 감시기구를 둘 수도 있을 것이다. 이러한 방식은 몇몇 개발도상국에서 시도하고자 하는 것이다. 반부패 감시기구는 독립적인 조사권을 반드시 가져야 하며, 국제투명성기구 같은 조직에서 파견된 외국 전문가를 포함하여 구성함으로써 보다 확실한 독립성을 추구할 수도 있을 것이다. 외국의 전문가를 부패 감시기구에 포함시키는 것은 너무도 급진적으로 보일 수 있다. 혹은 주권 침해처럼 보이기도 한다. 외국인 조사관이 개발도상국의 부패를 감시하게 하는 것이니 말이다. 하지만 그것은 전혀 급진적인 발상이 아니다. 기업 또한 그와 유사하게 자체적인 외부 의견을 보장해줄 만한 독립적인 임원을 이사진에 포함시키고 있는 것이다. 몇몇 개발도상국은 이미 그러한 독립적인 반부패 감시기구를 출범시켰다. 석유 자원이 가져다주는 부가 갓 시작된 민주주의를 부패시킬 수 있다는 것을 깨달은 동티모르는 석유를 통해 마련한 재원으로 국부 펀드를 만들었다. 그러나 여타의 수많은 개발도상국들과 달리, 동티모르는 교육과 기타 사회복지에 대한 투자를 제외하고는, 그 국부 펀드를 현 시점에서 상당량 이상 사용하는 것을 금지하는 법을 만들었다. 그리고 동티모르 사람들과 외부 전문가로 이루어진 감시단이 구성되어 그 펀드가 잘 관리되고 있는지 확인하며 펀드의 사용에 대해 정기적인 보고서를 제출한다.32

개발도상국들의 민주주의가 후퇴하는 것을 막는 과업에서, 미국 또한 어떠한 역할을 수행하게 될 것이다. 서구의 노력이 민주주의를 전파하는 데 가장 크고 결정적인 요인은 아니지만, 우리가 이미 봐온 것처럼 서구의 노력은 중요한 비중을 차지할 수 있으며, 그러한 노력이 부재하거나 잘못된 방향으로 이루어질 경우 정반대의 결과가 초래되기도 하기 때문이다. 독재 정권에 대한 최근의 한 연구에 따르면 독재는 "서구의 개입이 제한될 수밖에 없으며 서구와의 연결 고리가 약한 지역"에서 가장 잘 살아남을 수 있다고 한다.33 실제로 민주화의 두 번째, 세 번째, 그리고 아마도 현재진행형인 네 번째의 물결 속에서, 서구의 압력과 원조는 수많은 나라들에 국가의 모델과 자금, 수사적인 지원을 제공하면서 민주주의가 자리 잡는 데 큰 역할을 수행해왔던 것이다.

　　동시에 미국의 민주주의 전파 전문가들은 그들이 할 수 있는 일이 무엇인지에 대해 보다 이성적인 기대치를 가져야 할 것이다. 민주화의 힘겨운 과업은 최종적으로는 개발도상국의 자력으로 달성되어야만 한다. 그러나 우리가 봐온 것처럼, 개발도상국이 민주적으로 전환되는 과정에서 벌어지는 특정한 국면에는 외부 행위자의 개입이 실질적인 영향을 미친다. 한 걸음 더 나아가자면, 미국은 민주주의 전파에 외교력을 집중함으로써 개발도상국들에 아주 큰 영향력을 미칠 수 있게 된다. 민주주의 전파를 성공적으로 재활성화하려면 미국은 민주주의 전파가 이루어지는 방식에 중대한 수정을 가해야만 할 것이다. 지금부터는 민주주의를 전파하는 방식을 개선하기 위해 필요한 열 가지 중요 사항을 살펴보자.

기회가 오면 잡으라

우리가 살펴본 것처럼, 민주화 과정에서 외부의 행위자는 세 가지 핵심적 지점에서 가장 큰 영향력을 발휘할 수 있게 된다. 첫째, 해당 국가가 여전히 독재 정권 치하인 경우, 외부 행위자들은 비판적인 수사를 내놓거나, 해당국 내에서 민주주의를 지향하는 내부 비판자 집단에 자금 지원을 하거나, 독재에서 벗어나 지향할 수 있는 또 다른 정부의 모델을 독재 국가의 평범한 시민들도 볼 수 있도록 제시할 수 있다. 1980년대에 미국과 서유럽 국가들이 이러한 기능을 가장 확연하게 수행했다고 볼 수 있다. 미국과 소련이 데탕트로 화해 분위기를 조성한 후 수십년에 걸쳐, 미국과 유럽은 동구권 국가의 독재자들에 대한 비난의 수위를 높여나갔고, 동구권 내로 방송을 송출하는 단체들에 대한 지원을 늘려나갔으며, 동구권 지식인들을 상대로 교환 방문 프로그램을 제공했고, 동구권 내에서 노동운동 및 기타 시민사회 운동이 활성화되도록 지원했다. 동유럽과 서유럽의 구분이 아주 약간 흐트러지자, 동유럽의 시민들도 서구의 자유와 번영, 대중문화를 손쉽게 접할 수 있게 되었으며, 그들 중 많은 이들은 열정적으로 서구를 갈망하게 되었다. 다른 식으로 말하자면, 서유럽과 미국의 사고방식 그 자체가 일부 동유럽 사람들에게 호소력을 발휘했고, 궁극적으로는 동구권의 붕괴를 촉진시켰던 것이다.

한 개발도상국이 민주주의로의 이행을 시작하고 나면, 외부 행위자들에게는 확실한 영향을 미칠 수 있는 두 번째 기회가 주어진다. 민주주의로 전환하는 초기 단계에는 대체로 원조에 더욱 의존하게 되며, 정치적 문화와 제도는 여전히 유동적이고, 독재 정권으로의 회귀 가능성이 여전히 남아 있기 때문에, 미국이나 외부의 주요 원조자들이 큰 역할을 수행할 수 있는 것이다. 민주주의로 전환 중인 국가와 함께 외부의 행위자들은 양면적인 역할을 수행할 수 있다. 해당 국가가 독재 통치로 회귀하지 않도록 자금을 투입하고 사람들을 언어적으로 독려하는 역할을 계속 수행하면서, 동시에 시민사회를 발전시키거나, 부패와 맞서 싸우거나, 선거를 치르고 감시하는 등의 핵심적인 활동을 도와줄 전문가를 파견하는 것이다. 막 민주주의로의 이행을 시작한 국가의 민주주의는 너무도 미숙한 상태이기 때문에, 이러한 전문가의 필요성은 훗날보다 그 시점에 훨씬 더 높다고 할 수 있다. 가령 튀니지 같은 나라가 훗날 자국에서 훈련시킨 전문가 집단, 정치가, 노동운동가, 언론인들을 보유하게 된다면, 외국이 제공하는 전문가 프로그램은 더욱 큰 저항에 부딪칠 수도 있다. 한편 미국과 그 밖의 주요 민주주의 국가들은 자국의 원조 자금과 날선 표현을 동원하여 이전 시대 독재 정권의 요소들이 다시 돌아와 권력을 잡지 못하도록 확실히 해둘 수 있을 것이다. 미국은 태국 같은 나라의 군부를 향해 쿠데타를 하지 말라고 경고할 수 있으며, 민주화의 주요 지표가 어떻게 변하느냐에 따라 원조액을 조정할 수도 있고, 개발도상국이 이전 시대의 독재자들에게 합당한 책임을 묻는 시스템을 갖출 수 있도록 함께 작업을 수행할 수 있다. 물론 미국은 오늘날 이집트 같은 나라에서는 극히 인기가 없으므로 조심스럽게 접근할 필요가 있다. 만약 미국이 개발도상국에게 민주적 전환을 요구하는 것이 역효과를 불러일으킨다면, 적어도 잠깐 동안은 침묵을 지키는 편이 나을 것이다.

최종적으로, 개발도상국의 민주주의가 점점 안정화되고 성숙되어 갈수록, 미국과 그 밖의 해외 원조 제공자들은 세 번째 역할을 수행할 수 있게 된다. 그 시점이 되면, 오늘날의 인도네시아, 필리핀, 남아프리카 공화국이 그러하듯이, 민주화의 과정은 뒤집어지기 어려울 것이며 해당국은 전체 국가 예산 중 원조에 의존하는 비율을 낮추게 된다. 그러한 나라는 이제 언론 매체부터 선거 감시와 탐사보도까지 모든 분야에 대한 전문가를 자체적으로 갖추게 된 상태이다. 그 시점에서 미국과 기타 선진국들은 그러한 발전을 인지하고 그들을 G-20이나 기타 국제적인 조직에 참가시켜줌으로써 해당국의 민주화가 굳건해지는 것에 도움을 줄 수 있다. 그 나라들을 민주화의 모델로 칭송하고, 해당국의 기층 수준에서 활동하는 민주주의 전문가들과 동등한 파트너 입장에서 함께 일해나가는 것이다. 그러므로 만약 미국이나 다른 원조자들이 인도네시아의 총선 감시 프로젝트를 발족한다면, 지금은 인도네시아의 민주주의가 단단한 기반 위에 놓여 있으므로, 그렇게 파견되는 외국 직원들은 인도네시아 사람들에게 프로그램의 진행을 맡기고 그저 조언자 내지는 기술적 전문가의 위치에 머물러야 할 것이다. 미국은 또한 인도네시아나 남아프리카공화국 같은 나라를 향해, 민주주의 발전 단계에서 훨씬 뒤떨어져 있는 다른 나라에 '그들의' 전문가를, 선거나 예산 운용, 언론, 그외 많은 분야에서 파견해야 한다는 요청의 강도를 높여나갈 수 있을 것이다.

최선의 결과를 내는 쪽에 지출을 집중하라

미국의 민주주의 전파 프로그램은 효율을 높이기 위해 동시에 더욱 집중된 형식으로 이루어져야 한다. 특히 미국은 최소한의 민주주의 전파 자금을 동원해 최대한의 효과를 낳을 수 있는 것이 명백한 국가들에 초점을 맞춰야 할 것이다. 이것은 쉽게 내릴 수 있는 결정이 아니며, 민주적 변화가 기대되는 나라 중 어딘가로부터 손을 뗀다면 백악관은 비판에 직면하게 될 것이다. 하지만 오늘날은 자원이 한정되어 있으며, 확연히 존재하는 테러리즘과 핵 확산을 막기 위해 그중 많은 액수가 소비될 수밖에 없는 시대이기도 하다. 미국은 민주주의와 인권을 옹호하는 발언의 수위를 낮추지 말아야 한다. 하지만 워싱턴은, 민주적 체제가 가장 심각한 위기에 처해 있으며, 미국의 도움이 더 큰 차이를 낳을 수 있고,

미국이 수많은 원조 제공자들과 함께 원조의 전선을 펼 수 있는 나라에, 필요에 의해 집중할 수도 있을 것이다.

미국과 그 밖의 주요 민주주의 국가들은 민주주의의 씨앗이 가장 잘 영글어 있는 국가들이 어디인지 확인하기 위해 몇 개의 지표를 확인해볼 수 있다. 가령 프리덤 하우스나 EIU는 독재로부터 민주주의로의 이행을 시작한 나라들의 순위를 매겨서 공개하고 있다.34 이러한 지표들을 역사적 자료와 결합하고 뒤섞으면 어떤 국가가 민주적 이행으로의 최적기를 맞이하고 있는지에 대한 분석이 가능해진다. 특정한 소득 수준을 넘어섰지만 불평등이 어느 정도 완만한 수준에 이르고 있으면서, 특정 집단을 배제하지 않고 정부를 구성하고 있는 나라들이 민주적 이행에 가장 적합한 것으로 여겨진다. 이러한 기준으로 개발도상국들을 비교해보면, 민주주의 전파가 가장 희망찬 결과를 약속하는 나라가 어디일지 짚어내는 것이 가능해진다. 이러한 나라들은 어쩌면 가장 가난한 나라는 아닐지도 모른다. 하지만 태국 같은 나라에 민주주의 원조를 제공한다고 해서 인도적 지원이 가장 절실한 나라를 배척하게 되는 것은 아니다. 그리고 장기적으로, 역사적 사례를 놓고 볼 때 이러한 인도주의적 지원은 보다 가난한 나라들이 안정된 민주주의를 이루기 위한 전망을 다지는 데 도움을 주었다.

이러한 판단 기준을 동원해 민주적 지원이 필요한 국가들을 평가함으로써, 미국의 정책 결정권자들은 또한 민주주의 전파 활동이 미국의 전략적 이해관계와 잠재적으로 충돌할 우려가 있을 때 무엇을 우선시해야 할지 결정할 때 보다 나은 판단을 할 수 있다. 어떤 나라가 민주화를 성공적으로 이룰 수 있을지 판단하는 기준을 마련하는 것은, 또한 미국에게 일종의 저울을 제공한다. 저울의 끄트머리에는 북한처럼 역사적 자료 및 현재의 기준을 놓고 볼 때 성공적인 민주화 가능성이 대단히 낮은 나라가 놓일 것이다. 하지만 북한은 미국의 전략적 이해관계에 핵심적인 역할을 한다. 북한은 핵무기를 보유하고 있으며 동북아시아 전체를 불안정하게 만들 만한 힘을 가지고 있다. 그런데 빠른 시일 내에 민주적 변화가 이루어질 가능성은 낮으므로, 북한 같은 나라에 대한 미국의 정책은 전략적 이해관계를 중심으로 형성되어야 하며, 냉철한 눈으로 바라볼 필요가 있다. 저울의 반대편 끝에 놓이는 나라들, 가령 태국 같은 나라들은 역사적으로 민주화의 필수 요소라고 여겨지는 것들을 많이 가지고 있다. 그러므로 태국과 같은 경우 워싱턴에서 민주주의 전파에 초점을 맞추는 것은 말이 되는 일이다. 설령, 가령 독재로 향하고자 하는 지도자를 몰아내는 것 같은 일이 미국의 전략적 이해관계와 배치된다 하더라도 말이다.

그 저울의 중간에 놓이는 나라들의 경우 민주주의 전파와 전략적 이해관계 사이에서 균형을 잡는 것은, 가장 어려운 일이 될 것이다. 가령 이집트 같은 나라는 역사적으로 성공적인 민주화를 이룩한 나라들이 가지고 있는 요소들 중 일부를 충족시키지만, 전적으로 민주적이지는 않은 이집트의 집권 세력은 역사적으로 볼 때 수많은 주요 전략적인 상황에서 가까운 동반자 노릇을 해왔다. 민주적 변화가 이루어질 가능성을 장담하기 어렵고, 이스라엘과의 관계 및 수에즈 운하 등 중요한 전략적 문제가 놓여 있는 상황인데도, 백악관은 이집트의 민주적 전환에 무게를 가득 실어주어야 하는 것일까? 이러한 모든 난제에 대해 일일이 해답을 제시하는 것은 이 책의 범위를 넘어서는 것이다. 하지만 우리가 여기서 살펴본 것처럼, 양적 판단 기준을 동원하여 민주적 변화의 가능성을 검토하는 것은, 적어도 미국의 정책 결정자들에게 미국의 전략적 이해관계를 넘어서는 결정을 내릴 수도 있는 도움을 줄 것이라고 믿는다.

거물 의존에서 벗어나라

이미 살펴본 것처럼, 일단 민주주의가 시작되고 나면 공화당 정부가 됐
건 민주당 정부가 됐건 미국은 개발도상국에서 근본적인 변화를 불러
올 수 있는 것처럼 보이는 단 한 명, 민주적인 성향일 것이라고 여겨지
는 '거물'에게 개혁의 과제를 의존하는 경향을 보인다. 그런 지도자가 드
물게 존재한다. 넬슨 만델라 같은 사람이 그렇다. 그런 이들은 전적으로
개혁에 헌신할 뿐 아니라 도덕적 권위를 갖추고 그의 정당 및 자신이
손잡을 수 있는 정치적 동맹들을 완벽하게 통제한다. 그리고 거의 그 누
구의 도움도 받지 않고 자신의 나라를 변화로 이끌어나간다. 그러나 이
런 특별한 개인은 매우 드문 존재이다. 그런 사람은 만델라 한 사람뿐이
다. 그보다 더 흔한 경우는 이런 식이다. 가령 인도네시아의 대통령 수
실로 밤방 유도요노처럼 전적으로 개혁 지향적인 '거물'이라 하더라도,
나라를 민주주의로 성공적으로 이끌기 위해서는 수많은 요소가 필요
하고, 고분고분 말을 듣지 않는 지난 정권의 지도자, 엄청난 가난, 저항
하는 군대, 그 밖의 많은 요소들에 의해 발목이 잡힐 수 있다는 것이다.
더 나쁜 경우도 있다. 나이지리아의 올루세군 오바산조나 세네갈의 압
둘라예 와데Abdoulaye Wade처럼, 처음에는 개혁 지향적으로 보였던 '거물'
지도자들이 한번 자리를 잡고 나면, 그들이 갈아치운 대상처럼 부패한
독재자로 변해버리는 것 말이다. 이런 일은 어쩌면 그들이 독재자와 너
무 오랜 세월 싸워왔기에 벌어지는 것일지도 모르겠다.

　　미국 정부는 개인에게 개혁을 의존하고 싶은 유혹을 피해야 하며,
나이지리아나 인도네시아 같은 나라에서 한 사람의 지도자를 지지하는
것과 제도적 차원에서의 변화를 지지하는 것을 혼동하지 말아야 한다.
개인에게 개혁의 과제를 다 맡겨버리면 그러한 지도자들은, 다른 것을

다 떠나서, 반부패 활동을 벌이고자 하는 시민사회로 향하는 양질의 대외 원조 프로그램을 끊어버림으로써, 자신에게 닥쳐올 수 있는 불이익을 미연에 방지하려 든다. 민주주의 전파에 있어서 '거물'에게 의존하는 것은 또한 미국의 외교관들이 개발도상국의 다양한 오피니언 리더들의 목소리에 대해 귀를 막아버리게 만든다. 이후 민주주의자가 될 수 있는 수많은 이들과의 접점을 상실함으로써, 미국은 자국이 선호하는 개혁주의자가 선거에서 졌을 때 무방비 상태가 되어버리는 것이다. 최악의 경우 '거물' 선호는 미국이 특정한 편을 옹호하며 개발도상국의 정치에 직접 개입하는 것으로 비쳐질 수가 있다.

선거의 승자를 존중하라─선거가 공정했다면

미국과 여타 주도적인 민주 국가들은 선거의 승자를 존중하는 습관을 들일 필요가 있다. 그 선거의 승자들이 선거 승리를 빌미로, 마치 1930년대 초 독일에서 그랬던 것처럼 독재 정치를 합법화해버리거나 하지 않는 한, 다시 말해 민주주의 사회의 확실한 기준선을 지킨다는 전제하에 그렇다. 만약 민주적으로 치러진 선거의 승자가 민주적 규범과 가치에 대한 믿음을 보여주고 그에 헌신한다면, 미국과 기타 선진 민주 국가들은 그 승리자들을 고립시키거나 쫓아내기 위한 시도를 해서는 안 될 것이다. 선거의 승자를 존중하는 것은 어쩌면 선거에서 승리하긴 했지만 정당의 내부 구조 속에 위험한 사상을 포함하고 있는 이들과 상대해야 한다는 뜻이 될 수도 있다. 그러나 이런 문제적인 정당들이, 많은 나라에서 그 나라의 정치 체제를 파괴하지 않으면서도 권력을 잡아온 것이 사실이다. 예컨대 오스트리아에서는 극우 자유당Freedom Party이 2000

년대 중반과 말엽에 상당한 권력을 손에 넣었다. 인도에서는 수천 명의 사망자를 낸 반 무슬림 운동과 결부되어 있는 인도인민당이 1998년과 2004년에 집권하기도 했다.35 그러나 시간이 흐르면, 마치 인도네시아나 인도 같은 나라에서 그러하였듯이, 극단주의적인 정당의 참가자들은 정치 체제 속에서 그들의 시각을 누그러뜨리는 경향을 보인다. 더 넓은 유권자 층에게 호소하려 하기 때문이다.

그러나 만약 선거가 명백하게 조작되었다면, 혹은 쿠데타 등으로 인해 민주주의가 확실히 전복되었다면, 미국은 보다 더 강경한 입장을 보여야 할 필요가 있다. 예컨대 2006년 태국에서 쿠데타가 발생했을 때 미국은 예정되어 있던 태국과의 합동 군사 훈련을 취소하지 않았고, 태국 군부는 이것을 사실상의 쿠데타 승인으로 받아들였다. "쿠데타 이후 우리가 태국에 취한 최소한의 제재 조치가 쿠데타를 좋아하지 않는다는 신호로 받아들여졌다면, 그 직후 쿠데타 지도자들을 만난 것은 또 다른 신호로 받아들여졌을 것이다."36 태국에서 근무한 바 있는 한 전직 미국 관료의 말이다. 불행하게도 많은 태국 장교들과 그 외 동남아시아 국가의 군인들은 2006년 쿠데타에 대한 미국의 반응을, 군사를 동원한 정부 전복에 대해 미국이 반대하지 않는다는 뜻으로 해석했다. 실제로 2012년 초, 2006년 쿠데타를 지지했던 이들과 거의 유사한 구성을 지니는 보수적인 태국 중산층은 또 한 번 군부를 부추겨 권력을 빼앗으라고 요구하고 나섰다. 그들은 선거로 뽑힌 탁신의 여동생 잉락을 몰아내고자 했던 것이다.37

가령 오늘날 쿠데타의 가능성을 안고 있는 파키스탄의 경우처럼, 미국의 전략적 이해관계가 파키스탄의 민주주의에 대한 고려를 넘어서는 경우도 물론 일부 존재할 수 있다. 오늘날의 미국은 파키스탄의 수도 이슬라마바드에서 쿠데타가 일어난다고 해도 그리 가혹하게 처벌하려

들지는 않을 것이다. 그 처벌을 하려다가 파키스탄과의 관계가 악화되고 미국의 정보망이 망가지며, 드론을 이용해 아프가니스탄을 공격하기도 힘들어지고, 이슬라마바드와의 외교적 끈도 약화될 것이니 말이다. 그러나 설령 그렇게 특별한 경우라 하더라도 워싱턴은 그 나라가 민주주의의 길 위로 돌아올 수 있도록 도움을 줄 수 있다. 쿠데타나 그 밖의 방식으로 민주주의가 전복될 경우, 만약 미국이 그럼에도 전략적인 이유로 해당 국가에 원조를 지속해야 한다면, 미국은 그 원조를 국방부의 승인을 받는 1년짜리 긴급 예산으로 돌려야 하며, 독재 국가에 대한 의회의 원조는 오직 단기 프로그램으로 한정해야 한다.

그러나 선거는 오직 첫 단추임을 깨달을 것

우리가 캄보디아, 러시아, 그 외 많은 나라들의 사례에서 확인한 것처럼, 그저 선거를 치르는 것만으로는 민주주의가 만들어지지 않는다. 지속가능한 민주주의를 효과적으로 전파하기 위해서는 전국적으로 선거를 치르는 것을 넘어서는 많은 투자가 요구된다. 설령 그 선거가 자유롭고 공정하게 치러졌다 해도 마찬가지이다. 예컨대, 원조 제공자들은 원조에 의존하는 개발도상국을 향해, 지난 10여 년간 인도네시아에서 적용되었던 것과 유사한 탈중앙집권화 전략 중 일부를 채택하도록 요구할 필요가 있다. 정치적·경제적 권력이 중앙집권화된 데서 탈피함으로써, 인도네시아는 중앙 정부의 통제로부터 벗어났고, 정치적 절차에 있어서 시민들과 더욱 밀접한 관계를 맺었으며, 분리주의가 준동할 위험을 감소시켰다. 인도네시아에서처럼 마을, 지역, 도시, 도都 단위의 선거를 전국 단위 선거처럼 감시할 수 있도록 기부금과 지원을 제공함으로써, 해외의 원조자들은 개발도상국에서 더 많은 숫자의 시민들이 민주적 절차에 참여하는 데 기여할 수 있게 된다.

해외 원조 제공자들은 또한 민주주의를 돕고자 하는 기부금의 사용처를 재조정할 필요가 있다. 민주적 제도를 확립하는 데 더 많은 액수가 쓰이고, 전국 단위의 선거를 조직하거나 유지하는 데 쓰이는 액수는 줄어들어야 하는 것이다. 민주주의가 개발도상국에서 번창하려면, 그 민주주의에는 우리가 앞서 논의했던 수많은 제도들이 필요하다. 헌법재판소, 반부패 조사위원회, 교육받은 대중, 생기 넘치는 시민사회, 군부의 역할 축소, 그리고, 어쩌면, 더욱 잘 분권된 정치적 시스템 등이 요구되는 것이다. 이러한 토대를 건설하려면 그저 선거를 치르는 것보다 더 많은 시간이 소요되고, 더 지속적인 투자가 요구되지만, 이러한 요소들이야말로 민주주의의 성공에 결정적인 역할을 한다. 민주주의의 토대를 건설하는 방향으로 자금을 전환하는 과정에서, 원조자들은 민주주의 전파를 위해 책정된 예산을 매년 갱신하는 대신 2년에서 3년마다 갱신하는 쪽으로 방향을 재설정할 수 있을 것이다. 이미 스칸디나비아 반도 국가들은 그렇게 하고 있다. 민주주의 전파를 위한 자금을 좀 더 긴 단위로 운용함으로써, 해당 지역의 협력자들과 보다 밀접한 관계를 구축해나갈 수 있으며, 장기간에 걸친 목표를 설정할 수 있고, 자신들의 프로젝트가 성공적인지 아닌지 판단할 수 있을 만한 충분한 시간을 얻게 되는 것이다.

원조국들은 개발도상국의 오피니언 리더들을 대상으로 한 교환 프로그램의 문호를 더욱 넓힐 수도 있다. 개발도상국의 종교 지도자, 시민사회 지도자, 정치인들과 관련된 특정 활동이 있을 경우, 비자 발급에 제약을 줄여주는 것이다. 원조자 역할을 하는 나라의 외교관과 관료들은 개발도상국의 시민사회를 비단 미국의 관료들뿐 아니라 미국 및 기타 서구권 국가들의 시민사회 조직과 연결해주기 위해, 일종의 다리 역할을 해줄 수도 있을 것이다. 예컨대, 최근 들어 주 태국 미 대사관의 외교관들은 전통적으로 태국 외교관들을 대상으로 해왔던 미국의 국무부 및 의회 견학 프로그램의 문호를 확장했다. 언론인, 노조 지도자, 그 외 활동가들을 미국에 초청해, 넓게 볼 때 미국 시민사회에서 그들과 비슷한 역할을 하는 이들과 만날 수 있는 자리를 제공했던 것이다.

더 나은 판단 방식을 찾으라

선거주의를 넘어서는 것은, 미국의 대외 원조 중 조건부로 기부되는 액수를 더욱 늘려나간다는 것을 의미한다. 그것은 마치 부시 행정부 시절 좋은 통치와 원조를 연계시키고자 선구적인 노력을 기울였던 새천년도전협회Millennium Challenge Corporation와 비슷한 기준을 갖는다는 뜻이기도 하다. 역사적 자료는 그것이 올바른 접근법임을 시사한다. 국민들의 참여를 좀 더 촉진하고 국민을 배제하지 않는 바탕이 마련되어 있을수록 민주주의의 성공 가능성은 높아지는 것이다. 일례로 힐턴 루트Hilton Root와 브루스 부에노 데 메스키타Bruce Bueno Mesquita의 연구를 살펴보자. 그들은 다른 그 어떤 지표보다도 정부가 국민을 배제하지 않을수록, 정확히 말하자면 정부의 개방성이 확보되어 있고 시민들이 스스로를 조직하여 전국적 단위에서 의견을 표출하는 수준에 따라, 정권 교체가 자주 일어난다고 보았다. 그것은 민주주의가 안정적이라는 증거가 된다.38

민주주의적 원조를 받는 나라들을 판단하기 위해 올바른 기준을 보다 효율적으로 사용함으로써, 또한 원조가 실제로 효과를 가져올 수 있을 나라들에 한정해 원조를 받는 나라들의 숫자를 제한함으로써, 워싱턴은 해외 원조의 효과를 극대화할 수 있을 것이다. 한 걸음 더 나아가, 피원조국의 숫자를 줄이고 조건에 따라 원조를 조절함으로써, 민주주의 전파 노력이 실제로 성공적인지 아닌지 역시 보다 효과적으로 파악해나갈 수 있을 것이다. 프리덤 하우스, 미국 정부, 〈이코노미스트〉 등이 매년 기준에 따른 평가를 제공한다. 물론 그 어떤 개발도상국에 대해서도, 민주주의를 위한 지원이 얼마나 해당국의 변화에 영향을 미쳤는지 정확히 논하는 것은 불가능하다. 하지만 그러한 판단 기준을 개발하고, 미국의 민주주의 전파 자금의 수위와 그러한 기준들을 매년 맞춰나가다 보면, 정부는 적어도 원조가 가시적인 효과를 거두고 있는지 아닌지 정도는 충분히 판단 가능하게 될 것이다.

민주화 프로그램은 유연하게

개발도상국에서 원조를 요청하는 사람들과 현장에서 일하는 미국 관료들이 가진 모든 불만 가운데 가장 빈번하게 표출되는 것은, 미국의 민주주의 원조 프로그램이 너무 경직되어 있다는 것이다. 이것은 미국 국제개발처 및 독립적인 연구자들이 미국의 대외 원조를 평가하는 과정에서 가장 많이 등장하는 불만 사항이다. 현장에서 일하는 이들과 원조를 받는 당사자들은 워싱턴에서 개발되어 현장에 적용되는 원조 프로그램이 다양한 국가들의 상황에 맞춰 변용되지 못하고 너무도 융통성이 부족하다고 말한다. 미국의 원조 프로그램은 "모든 사람을 위한 프리 사이즈"처럼 만들어진다고 카네기 국제평화재단의 토머스 캐러더스는 지적한다. 그렇게 되는 가장 큰 이유는 이렇다. 하나의 일관된 프로그램을 개발하면 워싱턴에 자리 잡은 대외 원조 기구들과 같이 일하기도 좋고, 원조 프로그램의 형태에 익숙해져 있는 피원조국에 원조를 제공하기도 편리하며, 현장에서 일하는 이들을 재교육하기도 용이해지기 때문이다.

그러나 이러한 유형의 계획은 대체로 잘 작동하지 않는다. 예컨대 1990년대 무렵 발칸 반도의 지방 정부, 중앙 정부, 시민사회를 지원하기 위해 개발된 프로그램을 바탕으로 한 많은 계획이, 거의 수정 없이 아프가니스탄에도 적용되었다. 심지어 아프가니스탄은 미국 국제개발처 및 발칸 반도에서 일했던 다른 기관들과 그다지 유사한 지역이 아니었음에도 그렇다. 민주주의를 전파하고자 하는 시도가 있었던 크로아티아나 태국 같은 대부분의 신흥 민주주의 국가들조차도 아프가니스탄과 비교할 때 소득 수준이나 국민이 참여하는 정치의 역사, 사회의 교육 수준 등에서 훨씬 나은 상황에서 출발했다. 그럼에도 불구하고 미국 국제개발처와 기타 원조 단체들은 민주주의를 위한 준비가 훨씬 잘 되어 있었던 국가들을 위해 개발된 프로그램을, 아프가니스탄의 낙후된 지역에 직접 적용해버렸다.

그러나 이런 사례는 아프가니스탄만 있는 게 아니다. 캄보디아에서 미국과 그 밖의 원조자들은 원조 기구들을 통해, 태국 같은 나라에 적용되었던 기존 프로그램의 틀을 그대로 활용하여, 노동권, 여성의 권리, 언론, 그 밖의 영역을 대상으로 한 프로그램을 실시했다. 그러나 캄보디아는 아프가니스탄처럼 태국에 비해 훨씬 가난하고, 더 낙후되어 있으며, 훨씬 위험한 나라이다. 그 결과, 캄보디아에서 원조자들의 돈으로 운영되던 언론 및 노동권 프로그램들은 종종 실패를 맛보게 되었다. 프로그램 활동가들은 충분히 안전하게 자신의 일을 할 수 없었고, 프로그램에 참여하는 이들은 태국의 피원조자들과 비슷한 수준의 지식을 가지고 있지 못했으며, 만병통치약 사고방식으로 인해 수많은 실패가 창출되고 있었기 때문이다.

미국의 해외 원조 프로그램은, 그것이 미국 국제개발처를 통해 이루어지건 아니면 미국 민주주의기금이나 국제공화주의연구소 같은 원조 기구를 통해 수행되건, 해당 지역의 상황에 맞도록 반드시 조정되어야 한다. 마치 새로운 시장을 개척하기 위해 뛰어드는 기업처럼, 미국 국제개발처 및 다른 원조 기구들은 그들의 자금 중 소액을 떼어내어 그들이 민주주의 전파 프로그램을 진행하고자 하는 국가의 상황에 대한 집중적인 초기 설문조사를 진행해야 한다. 노동 환경, 언론 환경, 정치적 문화 등을 알아봐야 하는 것이다. 새로운 프로그램을 시작하기에 앞서 그들은 또한 미국 원조 프로그램이 다른 원조자의 프로그램을 방해하지 않게 하기 위해, 원조자들끼리 집단 회의를 가져야 한다. 현재로서는 그러한 집단 회의가 캄보디아 등 여러 나라에서 열리고 있다. 그런데 그런 회의는 주요 원조국들이 이미 나름대로의 계획을 수립하고 프로젝트를 실행하기 시작한 후에 열리게 된다. 다시 말해, 서로 중첩되는 프로젝트를 이미 시작한 후에야 회의를 하고 있는 것이다.

다국적 민주주의 기구들과 협력하라

민주주의를 더욱 강력하게 전파하기 위해서는 시민사회를 북돋워주고 민주주의의 질을 높이기 위한 다국적인 노력이 포함되어야만 한다. 가령 유엔 민주주의기금United Nations Democracy Fund이 그런 일을 한다. 유엔 민주주의기금의 자금 중 대략 85퍼센트가 비정부조직에 제공된다.39 유엔 민주주의기금은 2006년에 발족되었지만 자금 부족 상태에 시달리고 있으며 제 기능을 제대로 하지 못하는 상태이다. 이 기금은 극적으로 확대될 필요가 있으며, 미국의 협조를 더 많이 받아 개발도상국의 시민 사회를 돕기 위한 강력한 도구로 재탄생할 필요가 있다. 그 외의 다국적 민주주의 조직들 역시 대체로 자금이 부족하고 상대적으로 잘 알려져 있지 않다. 가령 '발리 민주주의포럼'은 아시아 민주주의 국가들이 아시아의 민주주의를 확고하게 다지기 위한 방안을 논의하는 것을 최우선 목표로 삼는 단체이다. '민주주의공동체'는 세계 모든 지역의 민주주의 국가들이 모여 민주주의의 질을 높이는 방향을 모색하고 정보를 공유하는 단체이다. 그 외에도 다양한 조직이 있다. 미국은 이러한 조직 중 많은 곳에 참여하고 있긴 하나, 최소한의 역할만 수행하는 경향을 보인다. 그러나 최소한의 자금 지원(매년 5백만에서 1천만 달러 이하)과 미국의 참여가 보다 높은 수준에서 이루어진다면, 이러한 단체들 중 몇몇은 민주주의를 전파하는 데 있어서 더 큰 역할을 할 수 있을 것이다. 예컨대 발리 민주주의포럼은 언젠가, 단지 말잔치만 벌이는 수준을 넘어서, 가령 인도네시아 같은 신흥 민주주의 국가가 다른 아시아 국가에서 활동할 전문가들을 키워내는 장으로 변모할 수 있다. 언론인 교육 워크숍, 반부패 세미나, 법적 조언 제공 등의 역할을 하게 되는 것이다.

신흥 강국들을 끌어들이라

우리가 살펴본 것처럼, 인도, 브라질, 남아프리카공화국 등 개발도상국 중 강력한 민주주의 국가들의 대부분은 민주주의를 전 세계적으로 전파하는 일에 끼어들기를 주저하거나, 유엔 같은 국제 무대에서 민주주의와 인권의 편에 서는 것을 주저해왔다. 냉전 시대의 역사적 기억은 논외로 해보자. 신흥 강국들 중 많은 나라들은 주권의 절대성이 침해받을까 우려하며, 민주주의를 전파하는 국가의 대열에 스스로 동참할 경우 무슨 이익이 있을지 확신하지 못하는 모습이다. 하지만 그러면 이러한 신흥 강국들은 짐바브웨, 수단, 리비아, 버마 같은 나라의 독재 정권을 지지하며 그들 주권의 신성함을 옹호해줌으로써, 대체 무슨 이득을 보고 있는 것인가? 미국의 관료들, 신흥 강국의 활동가들이 앞장서서 나서야 한다. 설령 그 신흥 강국들이 아무리 노력한다 한들, 독재 국가들과 경제적 교류를 하고 전략적 동맹 관계를 맺는 데 있어서는 중국을 이길 수는 없다는 것을 알리고 설득해야 하는 것이다. 우리가 살펴본 것처럼 인도는 1990년대부터 정책을 바꿔 2000년대가 끝날 무렵 버마 군부와 밀접한 관계를 맺게 되었다. 물론 대외적으로는 많은 인도 정치인들이 버마의 민주주의 활동가들에 대한 지지를 표하고 있었지만, 인도는 버마의 장군 탄 슈웨를 국빈 자격으로 초청했다. 하지만 버마의 석유 및 천연자원 개발에서 중국은 인도보다 훨씬 더 많은 몫을 가져갔다. 설령 인도가 대 버마 정책을 바꿨다 해도, 인도는 민주주의 국가인 관계로 활동가, 작가, 일부 은퇴한 인도 관료들이 지속적으로 인도의 대 버마 정책을 비판할 수 있었다. 인도가 중국에 비해 적은 몫을 차지하게 된 이유 중 일부는, 그로 인해 버마에 대한 인도의 정책 변화가 느리게 이루어졌으며, 따라서 버마의 군부 장군들이 델리와의 관계를 비교적 불편하게 여겼기 때문일 수도 있다. 반면 중국에는 베이징과 버마 군부의 관계에 대해 공개적으로 비판할 만한 세력이 설 틈이 없으며, 모든 주요국들이 등을 돌리고 있는 가운데, 버마의 최고위층은 중국 정부와의 관계를 훨씬 편안하게 여겼을 가능성이 크다.[40] 중국은 버마의 주요 석유 사업 계약을 따냈을 뿐 아니라 중요한 항구들도 얻어냈다.[41]

인도, 남아프리카공화국, 브라질, 또 그 밖의 신흥 민주주의 국가들은, 여타 개발도상국들에게 자국을 민주적 지배를 확립하는 모델로 제시할 수 있다. 그 경우 상대방 국가가 민주적 변화를 이룩하게 될 때, 모델 역할을 하는 국가는 한 차원 높은 전략적 이득을 거두어가게 되는 것이다. 비록 중국의 경제가 힘차게 움직이며 군사력이 상승하고 있다 해도, 미국과 그 밖의 신흥 민주주의 국가들이 개발도상국에 제공할 수 있는 혜택은 여전히 막대하다는 것을 그들은 스스로 깨달아야 한다. 만약 미국이 필리핀 정부의 인권 침해를 비판한다 해도, 마닐라의 필리핀 정부가 즉각적으로 펜타곤과의 관계를 청산하고 인민해방군과 손을 잡을 수 있는 것은 아니다. 미국이 제공하는 장교 훈련 프로그램, 무기 체계, 그 밖의 군사적 혜택 등은 중국이 제공할 수 있는 것과 비교 불가능한 우위에 있기 때문이다. 또 짐바브웨에서 민주주의의 진정한 실현을 가로막고자 하는 로버트 무가베의 움직임에 대해 남아프리카공화국이 훨씬 강경한 태도로 비판한다 해도, 무가베는 남아공을 버리고 중국의 편에 설 수가 없다. 이미 그런 시도가 있었지만, 짐바브웨와 국경을 맞대고 있는 남아공에서 제공하는 식량, 에너지, 그 밖의 필수품들이 너무도 비싸지기 때문이다.

터키는 이미 민주주의의 모델이 됨으로써 전략적 이득을 취하고 있다. 비록 최근에는 터키에서 정부의 정책에 반대하는 언론인들이 수감되는 숫자가 늘어나고 있기는 하지만 말이다. 아랍-이슬람 세계의 국가들은 독재자를 떨쳐내면서, 안정적인 민주주의와 세속적이고 자유주의적인 통치를 하기 위한 모델을 찾고 있다. 터키는 군부가 지배하는 불안정한 나라에서 안정적이고 활기찬 민주주의 국가로 성공리에 진화했기 때문에, 아랍 국가들이 모색하는 모델 중 '터키 모델'은 많은 경우 높은 순위를 차지할 수밖에 없다.42 이집트의 독재자 호스니 무바라크가 쫓겨난 후, 이집트 사람들이 가장 먼저 조언을 구한 나라 중 하나가 바로 터키였다. 또한 불안이 지속되면서, 중동의 수많은 고위 관료들과 민주주의 활동가들이 앙카라를 방문하여 터키의 성공 사례를 배우고자 나섰고, 자국의 위기를 진정시켜줄 수 있는 지도자들의 명단에 터키의 지도자들을 포함시켰다.**43** 터키의 집권당인 정의발전당AK Party은 이미 이집트의 무슬림형제단과 우호적 관계를 맺고 있었기에, 무슬림형제단이 보다 민주적인 이집트를 만들어가는 데 직접적인 도움을 줄 수 있었다.**44** 워싱턴 근동정책연구소의 터키 전문가인 소너 캐겁테이Soner Cagaptay에 따르면, 앙카라는 "무바라크 이후 이집트에서 잠재적인 후견 세력이 되었다"고 한다. "터키는 이집트의 수도에서 지금까지 상상하지 못했던 힘을 갖게 되었다."**45**

겸허한 태도를 보일 것

설령 민주주의와 인권을 강력하게 옹호하고 있다 하더라도, 기존의 선진국들은 더욱 겸허한 태도를 갖춰야 할 필요가 있다. 그 겸허함이란, 오늘날 서구 민주주의 국가들이 통치성의 위기를 겪고 있음을 인정하고, 그것을 해소하기 위해 노력하는 것을 뜻한다. 우리가 지난 장에서 확인했다시피, 통치성의 위기는 서구 민주주의 국가 내에서 민주주의에 대한 지지를 약화시켰을 뿐 아니라, 서구가 해외에 민주주의를 전파하는 것마저 어렵게 만들었다. 오늘날의 미국을 좀먹고 있는 양당 간의 대립을 해소하고 경제 위기를 극복하는 것은 미국이 해외에서 민주주의를 전파하는 데에도 큰 도움이 될 것이다. 미국의 경제를 바로 세우고, 이민자 문제에 대한 해법을 찾아내고, 최근 몇 년 동안 워싱턴을 마비시켰던 양당 간의 대립과 균열을 해소함으로써, 미국은 개발도상국들에게 보다 더 나은 역할 모델이 될 수 있을 것이다. 동시에 자국의 통치성 문제로 골머리를 앓고 있는 미국과 서구권 국가들, 미국의 지도자들, 개발 도상국에서 일하는 사람들은 미국의 현재 문제에 대해 이야기하는 것을 꺼려서는 안 된다. 2008년부터 2011년까지 미국에서 벌어진 일에 대해 의아한 눈초리를 보내는 사람들을 분명히 만날 수밖에 없기 때문이다. 선진 민주주의 국가 또한 통치성의 문제를 겪을 수 있음을, 그리고 그러한 도전은 공적인 토론, 비폭력적 시위, 정치적 운동 및 선거로 해결될 수 있음을 받아들인다면, 미국의 대통령 선거 기간 중 미국 예외주의를 논할 수밖에 없는 와중에도 미국은 미국 민주주의의 '브랜드 가치'를 떨어뜨리지 않을 수 있을 것이다. 민주주의에는 핵심적인 가치와 규범이 존재하지만 그것을 이룩하는 접근법은 다양하게 존재할 수 있다. 스스로 문제가 있음을 인정하는 태도는 외국인들에게 미국이 그러한 사실을 알고 있다는 뜻으로 받아들여질 것이다.

민주주의와 인권을 옹호하는 수사와 관념은 때로 공허한 것으로 전락한다. 하지만 정치가 목숨을 거는 일이 될 수도 있는 국가의 현장에서 일하며 때로는 희생을 무릅쓰는 활동가들과 만나보면, 그 어떤 탁상공론도 현실로 돌아올 수밖에 없다. 2011년 초, 튀니지와 이집트의 시민들이 환호하며 자신들의 미래를 설계하고 있을 때, 민주주의와 보다 큰 언론 자유를 요구하던 태국의 활동가들은 훨씬 침울한 모습이었다. 태국 정부는 순박한 얼굴을 하고 있지만 강인한 내면을 지닌 젊은 여성인 치라누크 프렘차이퐁Chiranuch Premchaipoen을 구속했던 것이다. 프렘차이퐁은 대중적인 인기가 높지만 논란을 불러오던 정치 관련 사이트 프라차타이Prachatai의 운영자였다.46 정부는 그에게, 정부에 대한 반대를 잠재우기 위해 늘 사용되는, 태국 왕실 모독죄 혐의를 적용했다. 그가 운영하는 사이트의 게시판에 누군가가 익명으로 다소 거친 표현을 사용해

덧글을 달았다는 것이 그 이유였다. 프렘차이퐁은 대체로 낙관론자였으며, 반짝이와 기타 가짜 보석이 잔뜩 장식된 치마를 입는 것으로도 잘 알려진 사람이었지만, 실제로 감옥에 갈지도 모른다는 불안감에 사로잡히자 밝은 모습을 잃어버렸다. 한 인터뷰에서 프렘차이퐁은, 결코 안전하거나 청결하다고 할 수 없는 태국 감옥에서 남은 평생을 살아야 할 가능성이 실제로 다가오고 있다는 것에 대해 기가 질린 모습을 보여주었다.47

　　프렘차이퐁의 사례가 알려지면서 태국의 진보주의자들 사이에서는 논란이 일었다. 그들은 1990년대에 개혁적인 헌법이 통과되도록 힘을 모았던 사람들이지만, 태국의 중산층이 2006년 선거로 뽑힌 독재자 탁신을 몰아내기 위한 쿠데타를 환영하고 나섰을 때에는 그에 참여하기를 주저했던 사람들이었다. 태국의 진보주의자들은 프렘차이퐁을 위해 기부금을 모으고, 외국의 기자들이 그를 만나 인터뷰할 수 있도록 도왔으며, 미국 및 여타 해외 정부가 태국을 비난하도록 촉구했다. 마치 워싱턴이 태국처럼 서구의 전략적 이해관계에 호의적이지 않은, 후퇴하는 개발도상국들에 대한 비판을 내놓던 것처럼 말이다.

　　1990년대에 태국의 진보주의자들은 희망에 가득 차 있었고, 자유로운 정치 체제를 얻기 위해 체포, 뇌물, 혹은 구타의 위협을 무릅쓰면서도 그저 어깨를 으쓱하고 넘어갈 수 있었다. 하지만 오늘날 그들 중 많은 이들은 낙담한 것처럼 보인다. 그들이 희생을 해서 얻어낼 수 있는 것은 명확하지 않은데, 그 와중에 가장 가까운 친구와 친지들이 잡혀들어가는 대가를 치르게 되기 때문이다. 정부에 비판적인 태국의 학자들은 사회적으로 소외당하거나, 런던, 워싱턴, 시드니 등으로 탈출하는 쪽을 택한다. 하지만 탈출을 해도, 그들을 감시하고 보고하는 정부 협력자들이 따라붙는다.48 2010년 봄, 태국 거리에서 유혈 충돌이 벌어졌을 때, 자신의 친지나 친구들에게 무슨 일이 생겼는지 알고자 했던 태국 사람들은, 더 깊게 알려 들지 말라는 경고를 받았다. 혹은 답변을 듣기까지 구금당하기도 했다.49 왜, 어떻게 태국의 민주주의가 일종의 부드러운 독재로 위축되어버렸는지 밝혀내고자 한 태국 언론인들의 발언은 겁에 질린 편집부에 의해 가로막혀버렸다. 혹은 태국 왕실에 대한 존경심이 없는 비애국자라는 비난에 묻혀버렸다.50 점점 악화되어가는 태국의 정치적 상황에 대해 극소수의 외국 언론들이 꾸준히 주목하고 있었지만, 언론사의 예산이 한정되어 있는 탓에 2010년 봄의 유혈 충돌을 취재했던 언론인들 중 많은 이들이 고국으로 돌아가버린 상태였다. 또한 서구의 수많은 정책 결정자들은 중동에서의 시위에도 불구하고 수많은 개발도상국에서 민주주의가 위기에 빠져 있다는 것을 받아들이지 못하고 있었다. 그들에게 방콕에서 한 웹사이트 운영자가 재판을 받는다는 소식, 혹은 이집트 사람들이 거리에서 춤을 추고 있지만 수많은 나라의 민주주의가 후퇴하고 있다는 소식은, 거의 주목을 끌지 못하는 것이었다.

태국에서 이미지는 언제나 결정적인 역할을 해왔다. 설령 내적으로는 분노에 가득 차 있거나, 우울하거나, 헝클어져 있다고 해도 외형적으로는 완벽함을 유지하는 것은 태국 문화의 핵심적인 요소 중 하나이다. 민주주의가 몰락하는 와중에, 태국 정부는 바로 그런 사고방식을 고수하고 있었다. 2010년 봄, 방콕의 중심가에서는 옥상에서 대기 중인 저격수, 화염병, 거리를 가득 채운 육탄전, 큰 사찰 하나를 둘러싼 포위전, 틈틈이 군인들이 쏘는 총에 의해 사찰 바닥에 가득 고인 피웅덩이 등이 난무했지만, 태국 정부는 거의 티를 내지 않았다.51 미국에서 교육받은, 정중한 태도의 태국 정부 대변인은 민주주의가 회복되었다고 주장했다. 방콕은 2004년 쓰나미가 강타하여 5천 여 명 이상이 사망했던 태국 남부의 푸켓섬을 연상케 했다. 효과적인 재건축과 강력한 마케팅 캠페인을 벌여, 푸켓의 호텔들은 평범한 관찰자가 보기에는 그 섬에서 무슨 비극이 벌어졌었는지 알 수 없도록 꾸며놓았고, 관광객들은 다시 푸켓의 술집, 국수집, 마사지실로 몰려들었다. 조금만 신경을 쓰면 희생자들의 가족이 여전히 갈가리 찢겨지고 나뉜 채로 통곡하고 있는 와중에 말이다.

마찬가지로 누구나 조금만 유심히 관찰해보면, 방콕 및 그 외의 태국에서 민주적인 문화와 제도가 파괴되었다는 것을 금방 알아챌 수 있다. 태국에는 일일이 거론하기도 힘든 문제가 가득하며 정치에 대한 대중의 피로감이 팽배하기에, 민주주의를 복원하는 일은 훨씬 더 어려워졌다. "(외국) 사람들은 이곳에서 무슨 일이 벌어지는지 별로 신경을 쓰지 않는다. 중동에서 무슨 일이 벌어지는지에 대해서도 마찬가지이다. 사람들은 태국이 정상으로 돌아왔다고 생각한다. 친숙하고 아름다운 곳으로 잘 알려진 그 태국으로 말이다." 한 태국 학자의 말이다. "그러므로 (태국) 정부는 그냥 그렇게 가는 것이다. 그들은 그냥 그렇게 유지해나가고, 우리는 (태국 사회의) 마지막 폭발을 그저 조금씩 더 미루고 있을 뿐이다." 주름졌지만 팽팽한 그의 얼굴은 그가 최고 수준의 대학에서 직업을 유지하면서 동시에 자신의 신념을 지켜야만 했던, 그렇게 통과해온 세월의 정치적 분위기를 그대로 드러내 보여주고 있었다. "우리는 그저 포기해가고 있습니다."

이 책이 출간을 앞두고 있었을 때* 이집트의 극적인 혁명은 또 다른 전기를 맞이하게 되었다. 2012년 여름, 무슬림형제단 출신이며 선거로 뽑힌 대통령 모하메드 모르시Mohamed Morsi는 이집트의 민주주의와 헌법적 통치를 상대로 극적인 한 방을 먹인 듯하다. 그는 호스니 무바라크가 쫓겨난 후 이집트를 지배했던 군부의 지도자인 모하메드 후세인 탄타위Mohamed Hussein Tantawi 육군 원수를 해임시켰다. 이집트는 60여 년간 군대 및 고위 군인들에 의해 지배되었던 나라였기 때문에, 모르시의 이러한 결정은 충격적인 것으로 받아들여졌다. 동시에 모르시 대통령은 그외의 이집트 군 지도자들 역시 해임시켰다. 그 장교들은 군부의 일원으로 무바라크 정권과 오랜 관련을 맺고 있는 자들이었다. 이집트의 군은

---

* 이 책의 원서는 2013년 3월에 출간되었다.

쿠데타나 그 외 소란을 일으키지 않고 이러한 해임 결정을 받아들였다. 심지어 2012년 초만 해도 이집트의 군부는 실질적으로 의회를 해산시킬 수 있을 정도의 권력을 지니고 있었지만 말이다. 그렇게 해임된 군인들의 자리에, 모르시는 자신과 밀접한 관련을 맺고 있는 두 명의 장군을 앉혀놓았다.

그 과정에서 모르시는 민간인 통치자로서의 힘을 과시했다. 대중에 의해 합법적으로 선출된 자의 힘을 보여준 것이다. 탄타위에게는 그런 힘이 없었다. 수많은 이집트인들은 군부 축출을 환영했다. 심지어 호스니 무바라크의 퇴임 후에도 군부는 킹메이커 역할을 하고자 하는 야심을 보였는데 그것을 종식시킨 듯했기 때문이다. 또한 모르시는 이집트 정치가 더욱 개방적이고 자유로운 시대를 맞이하는 듯 보이게 해주는 다른 결정들도 내렸다. 그는 대통령으로서 웹사이트를 개설하여 시민들이 자신의 업무 수행과 국정 운영에 대해 의견을 제공할 수 있도록 했다. 모르시는 대통령으로서의 권력을 이용해 법정에서 피고인이 더 큰 방어권을 행사할 수 있도록 했는데, 이것은 무바라크가 수십 년에 걸쳐 긴급조치 등을 동원해 시민들을 자의적으로 체포해왔던 나라에서 분명 환영할 만한 변화였다.

모르시는 또한 다른 개발도상국의 민주화 실패로부터 핵심적인 교훈 하나를 배운 것처럼 보였다. 새롭게 구성된 정부가 높은 경제성장률을 보여주지 못한다면, 특히 인구가 폭발적으로 증가하는 시기에, 대중은 곧 민주주의에 대한 인내심을 상실해버린다는 것 말이다. 모르시는 신속하게 국제통화기금 및 이집트의 경제를 회복하는 데 도움을 줄 수 있을 만한 자금을 빌려줄 수 있는 기관을 찾아나섰다. 높은 출생률, 낮은 생산성, 보조금을 퍼주는 정부 운영 행태 등이 맞물려 완전히 경제를 망가뜨리기 전에 움직여야 했던 것이다. 모르시는 심지어 이스라엘에 대해서까지 상대적으로 실용주의적인 접근법을 택했다. 이스라엘과 평화 협정을 맺는 것은 그의 정당 내에서뿐만 아니라 이집트의 대중에 게도 널리 지지받지 못하는 일이었지만 말이다.

그럼에도 모르시의 정책과 행보는 이집트의 중산층 대다수와 소수자들이 가지고 있는 불안감을 아주 조금 종식시킬 수 있을 뿐이었다. 이들은 태국이나 필리핀의 경우와 마찬가지로, 이집트 경제의 대부분을 움직이며 민주주의가 제 기능을 하기 위해 반드시 필요한 종류의 사람들이다. 비록 모르시가 군부와 대립하는 움직임을 보이긴 했지만, 그와 그의 정당, 현재 이집트의 집권당이지만 오래도록 불법 단체였고 탄압을 받아왔던 무슬림형제단은 무바라크처럼 권력을 중앙에 집중시키기 위한 움직임을 모방하고 나섰다. 이집트 정부는 이집트의 가장 대표적인 언론인들을 대통령 모독죄로 기소했고, 가장 유명한 TV 출연자 중 한 사람을 무슬림형제단을 모독했다는 혐의로 역시 기소했다. 이러한 움직임은 무슬림형제단이 헌법에 규정된 자유에 대해 무감각한 게 아니냐는 공포를 고조시켰다. 결국에는 공적 영역을 완전히 지배해버리려 들지 않겠냐는 것이었다. 무바라크 정권이 무너진 후 우후죽순처럼 튀어나온 TV 방송국과 출판 매체의 기자들은 다음 차례가 자신들이 되지 않을까, 감옥에 들어가지 않을 수 있는 소재만을 취재해야 하는 게 아닌가 우려하기 시작했다.

그러한 기소에 대해 처음에는 모르시 본인이 특별한 행동을 하지 않고 있었다. 그러나 시위가 점점 격화되고, 카이로에서 시위를 벌이며 무바라크를 쫓아냈던 바로 그 사람들 중 많은 이들이 시위에 동참함에 따라, 대통령은 재판 전 구금 상태에 있던 언론인 중 한 사람을 석방시켰다. 하지만 그 언론인에 대한 공소가 취하된 것은 아니었다. 한편 무슬림형제단의 다른 지도자들은 기독교인 같은 이집트의 소수 종교 신자들을 향해 경고를 날렸다. 그러한 행동은 무바라크가 쫓겨날 무렵부터 싹터온, 이미 위험성이 노출된 종교적 갈등을 격화시켰고, 결국 몇몇 도시에서 무슬림과 콥트 기독교 신자들 사이에 폭동이 벌어졌다.

결국 모르시와 이집트 민주주의에 대한 대중의 신뢰도는 아무리 잘 쳐줘도 그저 그런 상태를 유지하게 되었다. 그 누구도 무바라크가 돌아오는 것을 바라지 않으며, 이집트에서 이민을 떠나는 사람들의 숫자는 2012년 이후 지속적으로 증가하고 있다. 그 이민자들 중 대다수가 중산층과 소수자들이다. 한편 민주주의에 대한 대중들의 지지는 뜨뜻미지근한 수준에 머물러 있다. 한 주요 연구에 따르면, 대략 40퍼센트의 이집트인은 민주주의가 이집트에 적용될 수 있는 최선의 정치 체제가 아니라고 생각한다. 이것은 이집트에서 개혁이 시작된 것이 아주 최근의 일이라는 점을 놓고 볼 때, 그 짧은 시간에 대중이 정치에 대해 냉소적으로 변했다는 점에서, 특히 우려되는 일이 아닐 수 없다.

민주주의는 어떻게 망가지는가

한국: 1987년과 2008년의 성공과 실패

우리들의 싸움은 하늘과 땅 사이에 가득차 있다
민주주의의 싸움이니까 싸우는 방법은 민주주의식으로 싸워야 한다
하늘에 그림자가 없듯이 민주주의의 싸움에도 그림자가 없다
하…… 그림자가 없다

– 김수영, '하…… 그림자가 없다' 中*

* 김수영, 『김수영 전집 1』, 민음사, 2003

1.

'역사에 가정은 없다'고 운을 떼면 꼭 뭔가 가정법을 끌어들이게 마련이다. 지나간 사건들을 돌이켜보면 아쉬움이 남기 때문일 것이다. 특히 한국의 민주주의를 논함에 있어서 가장 많이 언급되는 아쉬움의 순간은 1987년 대통령 선거가 아닐까 한다. 시민사회와 학생운동, 노동운동 등이 힘을 합쳐 군부 독재를 몰아내는 데 성공했지만, 정작 대선에서는 민주화 세력이 분열하여 민주정의당의 노태우에게 대권을 빼앗겼다는 서사가 그 얼개를 이룬다.

'민주 세력은 분열해서 망한다'거나, '최후의 순간에 단결하지 못해 민주화의 열매를 군부 독재 세력에게 넘기고 말았다'는 식의 이야기를 이 책의 독자들은 적잖이 접해봤을 것이다. 어쩌면 독자 스스로가 그렇게 생각하고 있을지도 모르겠다. '민주화 세력 단결론'은 그렇게 1987년 대선 패배와 함께 시작되어, 오늘날까지도 한국의 정치를 지배하는 주요 담론 중 하나가 되었으니 말이다.

하지만 그게 과연 사실일까? 이미 이 책『민주주의는 어떻게 망가지는가』를 읽은 독자라면, 본 역자가 한국의 정치적 상황에 대해 덧붙이는 이 부록에서 전달하고자 하는 바를 어느 정도 짐작할 수 있을 것이다. 1987년의 '분열'은 분명 즉각적으로 민주화 투쟁에 나섰던 정치 세력이 권력을 잡지 못하게 하는 결과를 낳았지만, 그것을 '실패'라고 단정지을 수는 없다고 나는 생각한다.『민주주의는 어떻게 망가지는가』의 내용을 통해 이 나라, 대한민국의 민주주의에 대해 일종의 '대안 서사'를 구성해보자.

2.

1950년대부터 1960년대까지, 이른바 '제3세계'에 속하던 국가들, 과거 식민 지배를 받던 나라들이 대거 독립을 이루었다. 대한민국의 해방은 그보다 조금 빨랐지만 한국전쟁을 겪었기 때문에, 본격적인 국가 형성에 들어간 시기가 비슷해졌다고 말할 수 있겠다. 여기서 우리는 우리의 역사를 '민족의 아픔'으로만 바라보지 않고, 머릿속에 지구본을 하나 띄워놓고 생각해보기로 하자. 마치 다른 나라의 역사인 양, 그렇게 말이다.

그 경우 해방 직후 대한민국의 역사는 평범한 제3세계 독립국가의 그것과 다를 바 없다. 가장 명망 높은 독립운동가 중 한 사람이 대통령이나 총리가 된다. 소련의 영향권에서는 소련의, 미국의 영향권에서는 미국의 원조를 받아 경제가 유지된다. 자체적인 산업의 발전이나 경제 성장 등은 거의 이루어지지 않는다. 처음에는 민주적으로 선출된 초대 대통령은 권력에 대한 욕심을 버리지 못해 '선출된 독재자'로 변신한다. 이승만이 대통령으로 재임하며 이끌었던 1960년까지의 대한민국의 모습이다. 다른 나라들과 크게 다를 게 없었다.

4.19 혁명과 5.16 쿠데타의 경우도 그다지 특별한 사건이 아니었다. 식민지로부터 독립한 이후 교육을 받은 젊은 세대와, 식민지 시대에 교육을 받고 성장한 구세대의 충돌은 어느 국가에서나 어떤 식으로건 벌어지는 일이었기 때문이다. 이승만 정권이 민주주의에 대한 기대치를 한껏 낮춰놓은 상태에서, 쿠데타를 일으킨 세력의 핵심 인물인 박정희가 정치인으로 급부상한 것 역시, 세계 정치사의 보편적 경향성에서 벗어나는 사건이라 보기 어렵다. 1960년대가 아니라 2010년대에도 그런 일은 비일비재하게 벌어지고 있기 때문이다.

한국의 민주주의가 독특한 경로를 밟기 시작한 것은 1987년 이후의 일이다. 87년 민주화 항쟁은, 다시 한 번 강조하지만 지구본을 놓고 보면, 아시아에 불어닥친 세 번째 민주화의 물결과 맥을 같이 하는 것이었다. 필리핀에서 군사 정권이 무너졌고, 인도네시아도 흔들렸으며, 중국에서는 이후 천안문 사태가 발생했다. 그러나 필리핀과 달리 한국에서는 민주화 세력이 '분열'했고, 즉각적으로 정권을 가져가는 데 실패했다고 평가받는다. 적어도 지금까지 '우리'는 스스로 그렇게 평가해왔다는 말이다.

3.

절대 권력은 절대 부패한다. 유명한 격언이며,『민주주의는 어떻게 망가지는가』를 읽으면서 몇 번이고 되뇌게 되는 그런 말이기도 하다. 대부분의 신생 독립국에서 민주적으로 선출된 독립운동가들이 결국 독재자로 변하는 경향을 보였다는 것을 앞서 우리는 확인했다. 그러한 비극적인 변화는 비단 독립운동가에게만 적용되는 것이 아니다. 민주화 운동가들 역시, 적지 않은 경우, 권력을 잡고 나면 독재자들의 방법론과 무기를 차용하는 경향을 보여 왔다.

이 책을 읽은 독자라면 금방 고개를 끄덕일 수 있을 것이다. 민주화를 이루어내는 데 결정적인 기여를 한 바로 그 사람이, 자신의 권력을 지키기 위해 민주주의를 망가뜨리는 사례가 너무도 많다. 넬슨 만델라가 죽고 난 후의 아프리카민족회의가 대표적인 경우일 것이다. 더 많은 사례들은 책을 통해 확인해보도록 하자.

'독재 세력'과 '민주화 세력'이 일대일로 맞붙어서 후자가 전자를 완전히 꺾어버린다 해도, 그것만으로 민주주의가 완성되는 것은 아니다.

민주주의는 민주화 세력과 독재 세력의 대결이 아니다. 민주화 세력'들' 끼리 서로 정해진 규칙에 따라 공정하게 경쟁하며 정치적 영향력을 확대하고 유지해나가는 과정이다. 단 하나의 민주주의가 이전의 세력과 맞붙어서 이겨버리면, 그 '하나의 민주주의'가 결국 독재로 변하고 마는 것이다.

87년 6월 항쟁 이후의 정국에 대해서도 비슷한 해석을 해볼 수 있다. 지금까지 우리는 '민주화 세력의 분열'로 인해 진정한 민주주의의 실현이 지체되었다는 식으로만 생각해왔다. 하지만 오히려, 그 분열로 인해 상도동계와 동교동계라는 두 민주화 정치 세력이 유지됨으로써, 1997년의 평화적 정권 교체가 가능해진 측면을 배제할 수 없는 것은 아닐까?

다시 한 번 강조하도록 하자. 민주주의는 독재와의 대결이 아니라, 다양한 민주주의'들'끼리의 대결을 전제로 성립하는 정치 시스템이다. 어떤 하나의 민주주의가 다른 민주주의의 존재를 인정하지 않고, 거대한 적과 맞서 싸우겠다는 명분하에 그 외의 모든 것을 흡수해버린다면, 민주주의는 그 존재 근거를 스스로 부정하는 꼴이 되어버린다.

이 책의 저자가 지적하고 있다시피 주기적으로 선거를 치르는 것만으로는 결코 충분하지 않다. 다양한 세력이 사회 속에서 공존하고, 권력을 독점하지 않으며, 상호 경쟁을 통해 개선될 때 비로소 건강한 민주주의가 작동하는 것이다. 그러므로 민주 국가의 모든 세력들은 민주주의를 위해 헌신해야 하지만, 그 민주주의의 모습은 서로 다를 수 있으며, 사실상 달라야 한다. 하나의 민주주의 국가를 이루기 위해 다양한 민주 세력이 요구된다는 것, 단 하나의 민주 세력만이 남으면 그것은 독재와 다를 바 없다는 것, 그것이 『민주주의는 어떻게 망가지는가』가 우리에게 주는 교훈 중 하나다.

4.

우리는 87년 이후 지금껏 한국 사회를 지배하고 있는 '민주 대 반민주' 구도에 대한 적극적 반성과 재평가를 필요로 하고 있다. 1987년 이후 더 이상 군대는 정치에 개입하지 못한다. 군사 쿠데타의 위험은 사라졌다. 주기적으로 선거가 치러지며, 합법적이고 평화적인 방법으로 정권 교체가 두 차례나 이루어졌다. 모든 국민에게 선거권과 피선거권이 보장되어 있고, 국가인권위원회를 포함해 다양한 권력 통제 기구들이 마련되어 있기도 하다. 아시아 전체를 놓고 볼 때 한국이 가장 앞선 민주주의 국가라는 사실을 부정해서는 안 된다는 말이다.

물론 오늘날 대한민국의 민주주의는 후퇴하고 있다. 여러 가지 지표들이 명확히 보여주는 바다. 정치적 변화를 이끌어내기 위한 활력도 점점 떨어지는 중이다. 국가정보원이 대통령 선거에 개입한 혐의에 대해, 1심 재판부는 정치적 중립을 지키지 못한 것은 사실이지만 선거에 영향을 주지는 않았다고 판단한 반면, 이후 2심 재판부는 국정원이 선거에 개입했다고 판결했다. 대법원에서 그 판결이 유지될지 여부와는 별도로, 이미 2심 재판부가 인정한 사실만으로도 우리의 자랑스러운 민주주의는 큰 수모를 겪은 셈이다.

그러나 그러한 현실로부터, 우리가 영원히 '민주 대 반민주' 구도를 반복해야 할 필요성이 자동으로 도출되는 것은 결코 아니다. 한국은 이미 그 단계를 넘어선 지 오래이기 때문이다. 지금 필요한 것은 '어떤 것이 민주주의인가', '어떤 것은 민주주의가 아닌가'를 각 정치 세력이 명확히 밝히고, 이론화하고, 그 이론을 현실에 적용하며 상호 견제와 비판을 주고받는 건강한 정치 문화를 확립하는 것이다.

여기서 우리는 통상적인 민주주의의 절차를 뛰어넘어 민주주의를

민주주의는 어떻게 망가지는가

넘어서는 어떤 '선'을 추구하고자 하는 욕망을 통제해야 한다. 그런 면에서 나는 1987년에 대한 재평가 위에, 또 하나의 도발적인 역사적 가정을 해볼까 한다. 만약 2008년의 촛불시위가 더욱 격화되어, 그 시점에서 이명박 정권이 무너졌다면 어떻게 되었을까?

나 또한 당시의 촛불시위에 숱하게 참여했다. 경찰에 의해 연행될 위기에 처했던 적도 여러 번 있었다. 그때 나는 그 대중 집회를 기회로 삼고 있던 공무원 노동조합의 선전전을 도우며, 촛불시위가 잘 진행되어야 한국의 민주주의가 발전할 수 있을 것이라 믿었다. 2015년 현재, 지금의 나는 당시의 내가 내렸던 판단에 선뜻 동의할 수 없다.

만약 그때 정부가 전복되는 정치적 변화가 발생했다면, 이명박 전 대통령을 지지하고 그를 대통령으로 만든 대중 역시 같은 방식으로 시위를 벌여 정부를 뒤엎으려 했을 것이다. 마치 지금의 태국처럼 끝없는 대중 시위와 쿠데타로 그 어떤 정부도 민주적 절차만으로는 안정을 얻지 못하며, 결국 군부에 손을 내밀어야 하는 상황이 도래했을 가능성을 결코 배제할 수 없다. 물론 이것은 어디까지나 지나간 사건에 대한 가정일 뿐이다. 또한 사회과학은 실험이 불가능한 학문이다. 하지만 우리와 비슷한 시점에 민주화의 길을 걷기 시작했고, 비슷한 시기에 아시아 금융 위기로 경제적 난항에 부딪혔던 태국의 사례는 우리에게 다소 섬뜩한 반면교사처럼 보일 수밖에 없는 것 아닐까.

4.19 혁명을 바라보던 시인 김수영이 옳다. 민주주의의 싸움은 민주주의의 방식으로 이루어져야 한다. 그리고 그 민주주의의 방식은, 단지 많은 수의 사람들이 투표를 하거나 거리에 뛰쳐나오는 것만으로 이루어지지 않는다. 무엇이 '민주적이냐'라고 묻는다면, 어떤 확실한 개념 정의를 묻는다면 그것은 본 역자가 대답할 수 있는 영역을 벗어나는 것이지만, 이것 하나만은 확실하다. 국가가 내란이나 외환에 휩쓸려 있지

않은 한, 정당한 선거로 뽑힌 정부를 시위로 쫓아내는 것은, 그 정당성을 인정받기 매우 어려운 행위라는 것 말이다. 그 최소한의 룰을 누군가가 깨기 시작하면, 민주주의의 퇴행은 걷잡을 수 없을 만큼 빨라질 뿐이다. 2001년, 필리핀에서 벌어진 '피플파워2' 운동이 그 나라에 미친 영향을 생각해보면, 본 역자의 우려가 무엇인지 독자도 어렵지 않게 짐작할 수 있을 것이다.

5.

이 부록에서 본 역자는 두 개의 도발적인 역사적 가정을 해보았다. 1987년 대선이 양자 구도로 치러졌다면 어땠을까. 2008년의 촛불시위에서 정부가 전복되었다면 어떤 결과가 도출되었을까. 『민주주의는 어떻게 망가지는가』를 (아마도) 가장 먼저 꼼꼼하게 읽은 한국인으로서, 나는 두 질문에 대해 모두 부정적인 답을 내릴 수밖에 없었다.

물론 우리는 현실에 만족할 수 없고, 지금 한국의 민주주의가 한두 발자국씩 물러서고 있는 것 또한 사실이다. 하지만 우리가 가지고 있던 근본적인 조건을 훌쩍 뛰어넘게 해줄 수 있을 만한 '도약'의 순간 같은 것은 애초부터 없었다. 1987년의 승리는 다양한 세력들이 연합해 최소한의 목표인 대통령 직선제에 집중했기에 가능했다. 그 세력들이 목표를 달성한 후에도 단일한 대오를 형성하고 있기를 기대하는 것은 사실상 가능하지 않았을 뿐더러 바람직한 일도 아니었을지 모른다. 2008년의 실패에는 다양한 이유가 있겠지만, 시위를 주도하는 지도부가 없고 미국산 쇠고기 수입 협상 외의 다른 의제가 집회를 주도하지 못했던 탓이 컸다. 그 실패가 어쩌면 한국의 민주주의를 최악의 후퇴로부터 막아

민주주의는 어떻게 망가지는가

낸 것일지도 모른다.

중요한 건 지금 우리가 처한 상황을 올바로 이해하는 것이다. 한국의 민주주의는 점점 더 약화되고 있다. 하지만 지금 우리는 최악의 상황을 맞이한 것이 아니다. 최악이라고 말하면서, 어떤 '비상시국'을 함부로 가정하면서, 우리 스스로를 더욱 심한 곤경으로 몰아가고 있다고 봐야 한다. 민주주의의 방식으로, 민주주의를 위해 싸우는, 다양한 민주주의자'들'이 늘어난다면, 대한민국은 아시아 민주주의의 가장 빛나는 성취를 이룩할 수 있을 것이라 믿는다.

2015년 현재, 세계 정세는 또 한 번 급변하고 있다. 미국은 셰일 가스 개발을 통해 왕성한 원유 수출국으로 거듭났으며, 수니파 테러범들을 지원하는 '불량국가'로 낙인찍혔던 이란과 대대적인 핵 협상을 타결했다. 왕년의 영원한 동맹이었던 사우디아라비아는 미국을 향해 큰 당혹감을 표하는 중이다. 중국은 경기 침체를 막기 위해 경기 부양책을 동원하고, 일본은 한 걸음씩 이른바 '정상국가'의 길로 향한다. '중국 모델'은 과연 언제까지 유효할 것인가? 미국의 새로운 중동 정책은 전 지구적으로 어떤 영향을 미칠 것인가?

그 모든 것들에 대해 함부로 넘겨짚을 수는 없다. 하지만 그러한 변화들이 대한민국에, 그리고 북한에 미칠 영향에 대해 우리는 늘 숙고하고 예측하며 적절한 대응책을 모색해야 한다. 우리는 이 나라 대한민국을 더욱 민주적인 국가로 만들어야 할 뿐 아니라, 북한에 대해서도 큰 책임을 짊어지고 있기 때문이다. 모쪼록 이 책이 유독 척박한 우리의 국제 정치 담론의 진전에 도움이 되기를 희망한다.

주*

1장

1. 태국 관료들과의 인터뷰. 저자 진행. 2010년 6월, 워싱턴.
2. Thomas Fuller와 Seth Mydans, "Thai General Shot; Army Moves to Face Protestors," *New York Times*, 2010년 5월 13일.
3. "Bangkok in Pictures," BBC, 2010년 5월 20일, 2010년 5월 접속: www.bbc.co.uk/news/10130473
4. Giles Ungpakorn, "Right-Wing Mob Riots Outside Government," *Asia Sentinel*, 2008년 10월 7일.
5. 전임 주 태국 미 대사와의 인터뷰. 저자 진행. 2010년 4월, 워싱턴.
6. "Not Enough Graves," Human Rights Watch, 2004년 7월 7일, http://www.hrw.org/en/node/12005/section/2
7. "Count Condones Suffocation," Asian Human Rights Appeal, 2010년 11월 접속: http://www.humanrights.asia/news/urgent-appeals/AHRC-UAU-012-2009
8. *Bangkok Post* 기자 및 편집자들과의 인터뷰. 저자 진행. 2005년 3월, 방콕.
9. "Thai Protests Cancel Asiam Summit," BBC, 2009년 4월 11일.
10. James Kelly, "We Can Count on Thailand," 아시아재단(Asia Foundation)에서의 연설. 방콕, 2002년 3월 13일.
11. "Powell Hails Thai Ally in War Against Extremists," *Nation* (Bangkok), 2002년 7월 29일, A1면.
12. *Freedom in the World 1999* (New York: Freedom House, 2000).
13. 붉은 셔츠 시위대 지도자와의 인터뷰. 저자 진행. 2010년 2월. 치앙마이.
14. Thitinan Pongsudhirak, "Meaning and Implications of the General's Rise," *Bangkok Post*, 2010년 10월 5일. 2011년 10월 접속: (*)http://www.bangkokpost.com/opinion/opinion/199699/meaning-and-implementations-of-general-rise
15. "A Dubious Distinction: Thailand Blocks 100,000 Websites," *Bangkok Post*, 2010년 6월 29일. 관련 주제에 대해 더 알고 싶다면 FACT Thailand 참조: http://facthai.wordpress.com
16. 앞의 출처와 같음.
17. 태국 관료와의 인터뷰. 저자 진행. 워싱턴, 2010년 3월.
18. *Countries at the Crossroads 2010* (New York: Freedom House, 2010), 1~3쪽.
19. *Freedom in the World 2011*, 2~13쪽.
20. Arch Puddington, "Freedom in the World 2010: Erosion of Freedom Intensifies," *Freedom in the World 2010*.

---

* 웹사이트 주소 앞에 (*) 표시가 된 링크는 한국어판이 출간된 시점을 기준으로 연결되지 않는 주소입니다. - 편집자 주

민주주의는 어떻게 망가지는가

21. *2011 Annual Report*, International Federation for Human Rights, 2011년 7월 접속: (*)http://www.fidh.org/+-freedom-of-expression-+?lang=en

22. Alina Mungiu-Pippidi, "Eu Accession Is No End of History," *Journal of Democracy*, 2007년 10월, 13쪽.

23. Ivan Krastev, "The Strange Death of the Liberal Consensus," *Journal of Democracy*, 2007년 10월, 57쪽.

24. "Hungary: Media Law Endangers Press Freedom," Human Rights Watch, 2011년 1월 7일, http://www.hrw.org/news/2011/01/07/hungary-media-law-endangers-press-freedom

25. Carlos Conde, "Leftist Activist Is Slain in Philippines," *New York Times*, 2010년 7월 5일, 2011년 10월 접속: http://www.nytimes.com/2010/07/06/world/asia/06phils.html; "Armed Forces as Veto Power: Civil-Military Relations in the Philippines," *Democracy Under Stress: Civil-Military Relations in South and Southeast Asia*, ed. Paul Chambers, Aurel Croissant와 Thitinan Pongsudhirak (Bangkok: ISIS Chulalongkorn University, 2010), 142쪽 참조.

26. Harry Roque(해리 로크)와의 인터뷰. 저자 진행. 마닐라, 2006년 5월.

27. Al Labita, "Philippine Military Waits in the Wings," *Asia Times*, 2010년 11월 11일.

28. 오바마 행정부 인사들과의 인터뷰. 저자 진행. 워싱턴, 2010년 7월.

29. David Kirkpatrick, "Church Protests in Cairo Turn Deadly," *New York Times*, 2011년 10월 9일, A1면.

30. Leila Fadel, "Second Day of Clashes in Egypt Leads to Fears of Second Revolt," *Washington Post*, 2011년 11월 20일.

31. Isobel Coleman, "Tunisia's Election Results," Council on Foreign Relations (Democracy in Development 블로그), 2011년 10월 25일. http://blogs.cfr.org/coleman/2011/10/25/tunisias-election-results/

32. "All Eyes on Al Nahda Party's Strategy," Associated Press(AP통신), 2011년 10월 22일.

33. Yasmine Ryan, "Tunisia's Vocal Salafist Minority," *Al Jazeera*, 2011년 10월 11일, 2011년 11월 접속: http://english.aljazeera.net/indepth/features/2011/10/20111011131734544894.html

34. Rajaa Basly, "The Future of Al Nahda in Tunisia," Carnegie Endowment for International Peace, 2011년 4월 20일, 2011년 10월 접속: http://carnegieendowment.org/2011/04/20/future-of-al-nahda-in-tunisia/6bqw

35. "Tunisia: Police Inaction Allowed Assault on Film Screening," Human Rights Watch, 2011년 6월 30일, http://www.hrw.org/news/2011/06/30/tunisia-police-inaction-allowed-assault-film-screening

36. Husain Haqqani와 Hillel Fradkin, "Islamist Parties and Democracy," *Journal of Democracy*, 2008년 7월.

37. Adam Nossiter, "Hinting at an End to a Curb on Polygamy, Libyan Leader Stirs Anger," *New York Times*, 2011년 10월 29일.

38. Rod Nordland와 David Kirkpatrick, "Islamists' Growing Sway Raises Questions for Libya," *New York Times*, 2011년 9월 14일.

39. Tara Barahmpour, "Libyan Authorities Struggle to Rein in Militias," *Washington Post*, 2011년 10월 6일, A1면.

40. Nordland와 Kirkpatrick, "Islamists' Growing Sway Raises Questions for Libya."

41. Borzou Daragahi, "Democracy Fears over Libya Leaders," *Financial Times*, 2011년 10월 27일, A2면.

42. David Rosenberg, "Arab Spring Fails to Deliver Yet on Human Rights," *Jerusalem Post*, 2011년 9월 1일.

43. Richard Joseph, "Democracy and Reconfigured Power in Africa," *Current History*, 2011년 11월, 325쪽.

44. Michael Schwirtz, "Former Prime Minister Set to Win Kyrgyzstan Vote," *New York Times*, 2011년 10월 31일.

45. "The Discontents of Progress," *Economist*, 2011년 10월 29일, 48쪽.

46. Marta Lagos, "Latin America's Diversity of Views," *Journal of Democracy*, 2008년 1월, 11~12쪽.

47. *2010 Life in Transition Survey* (Brussels: European Bank for Reconstruction and Development, 2011), 3~21쪽.

48. 앞의 책, 3쪽.

49. 앞의 책, 71쪽.

50. Paul D. Hutchcroft, "The Arroyo Imbroglio in the Philippines," *Journal of Democracy*, 2008년 1월.

51. "Ugandan Opposition Pushing for Presidential Term Limit," Reuters(로이터 통신), 2010년 5월 12일.

52. Shaun Walker, "Medvedev Promises New Era for Russian Democracy," *Independent* (영국판), 2009년 11월 13일.

53. Thomas Carothers, *Stepping Back from Democratic Pessimism*, Carnegie Endowment Paper No. 99, Carnegie Endowment for International Peace, Washington, DC, 2009년 2월, 5쪽. http://carnegieendowment.org/files/democratic_pessimism.pdf

54. "Overview," *Freedom in the World 2010* (New York: Freedom House, 2010).

55. Jan Cienski, "Belarus Juggles Lure of West and Relinace on East," *Financial Times*, 2010년 12월 24일, 3면.

56. Rajan Menon과 Alexander Motyl, "Counterrevolution in Kiev," *Foreign Affairs*, 2011년 11/12월호, 137~139쪽.

57. "Malaysia," in Freedom House, *Countries at the Crossroads 2010* (New York: Freedom House, 2010), 401~405쪽.

58. "Malaysian Aide's July Death 'Probably Homicide,'" *Asia Sentinel*, 2009년 10월 21일, 2009년 11월 접속: (*)http://www.asiasentinel.com/index.php?option=com_content&task=view&id=2111&Itemid=178

59. "2009 Human Rights Report: Cambodia," 2010년 3월 11일, U. S. Department of State, Washington, DC.

60. Juan Forero, "Venezuelan Judge Is Jailed After Ruling Angers President Hugo Ch vez," *Washington*

Post, 2010년 4월 25일. 또한, "Venezuela Orders Arrest of Anti-Chavez TV Boss," Reuters(로이터통신), 2010년 6월 11일도 참조.

61. Larry Diamond와 Marc Plattner, eds., *Democracy: A Reader* (Baltimore: Johns Hopkins University Press, 2009), x~xi쪽.

62. Francis Fukuyama, "The End of History?" *National Interest*, 1989년 여름호, 3~16쪽

63. Robert Kagan, *The Return of History and the End of Dreams* (New York: Knopf, 2008), 4~5쪽.

64. 이것은 Freedom House(프리덤 하우스)의 자료를 바탕으로 저자가 계산한 것이다.

65. George H. W. Bush, 의회 연설, 1991년 3월 6일.

66. George W. Bush, "Second Inaugural Address," 2005년 1월 20일.

67. Bill Clinton, "America's Stake in China," *Blueprint*, 2000년 6월 1일.

68. Stewart Patrick, "Irresponsible Stakeholders?," *Foreign Affairs*, 2010년 11/12월호.

69. 민주주의의 초창기 확산에 대해 더 알고 싶다면, 다음 책을 참고할 것. Samuel Huntington, *The Third Wave* (Norman, OK: University of Oklahoma Press, 1991). 새뮤얼 헌팅턴, 『제3의 물결』, 강문구·이재영 옮김, 인간사랑, 2011.

70. "National Security Strategy of the United States," 2010년 5월, (*)www.whitehouse.gov/sites/default/files/rss.../national_security_strategy.pdf. 또한, 백악관 관료와의 인터뷰, 저자 진행, 2009년 11월과 2009년 12월, 워싱턴.

71. 아세안(동남아시아국가연합) 관료들과의 인터뷰, 저자 진행, 워싱턴, 2009년 11월과 방콕, 2010년 2월.

72. "No Candidates Found for $5 Million Leadership Prize," Associated Press(AP 통신), 2010년 6월 13일.

73. Daniel Brinks와 Michael Coppedge, "Diffusion Is No Illusion," *Comparative Political Studies*, 2010년 8월, 1148~1176쪽을 참고할 것.

2장

1. Babatunde Williams, "The Prospect for Democracy in the New Africa," *Phylon*, 1961년 2분기, 174~179쪽.

2. Jeanne Kirkpatrick, "Dictatorships and Double Standards," *Commentary*, 1979년 11월, 2011년 10월 접속: http://www.commentarymagazine.com/article/dictatorships-double-standards/

3. Charles Kurzman, "Not Ready for Democracy? Theoretical and Historical Objections to the Concept of Prerequisites," *Sociological Analysis*, 1998년 12월.

4. 말라위 정치인들과의 인터뷰, 저자 진행, 블랜타이어, 2005년 2월.

5. 이에 대해서는 다음의 책을 참고할 것. Alec Russell, *Big Men, Little People: The Leaders Who Defined Africa* (New York: NYU Press, 2000).

6. Bruce Reynolds, "The OSS and American Intelligence in Postwar Thailand," *Journal of Intelligence History*, 2002년 겨울호, 46쪽. 또한, "Police Describe How Four Men Death Yesterday," *Bankok*

Post, 1949년 3월 6일도 참고.

7. Henry Kissinger, *American Foreign Policy* (New York: Norton, 1977).

8. Francis Fukuyama, *The End of History and the Last Man* (New York: Free Press, 1992), 8쪽.

9. Geoffrey Robinson, *If You Leave Us Here, We Will Die: How Genocide Was Stopped in East Timor* (Princeton, NJ: Princeton University Press, 2009).

10. 앞의 책.

11. "Spain: A Vote for Democracy," *Time*, 1976년 11월 29일.

12. Freedom House(프리덤 하우스)와 Economist Intelligence Unit(EIU)의 자료를 참고.

13. Asia Foundation(아시아재단) 근무자와의 인터뷰, 저자 진행, 방콕, 1999년 1월.

14. Paul Wolfowitz, "The Aquino Legacy Is Peaceful Regime Change," *Wall Street Journal*, 2009년 8월 4일, 2011년 10월 접속: (*)http://professional.wsj.com/article/SB1000142405297020431360457 4328502857058922.html?mg=reno64-wsj

15. Ronald Reagan, "Our Noble Vision: An Opportunity for All," American Conservative Union(미국 보수주의 연합) 연설, 1984년 3월 2일, 2010년 8월 접속: reagan2020.us/speeches/Our_Noble_ Vision.asp

16. National Endowment for Democracy, "About NED," 2010년 8월 접속: (*)http://www.ned.org/ grantseekers/application-procedure; International Republican Institute, "History," 2010년 8월 접속: (*)http://www.iri.org/learn-more-about-iri/history; National Democratic Institute, "What We Do," 2010년 8월 접속: http://www.ndi.org/whatwedo

17. National Endowment for Democracy(미국 민주주의기금) 관료와의 인터뷰, 저자 진행, 워싱턴, 2010년 3월.

18. 앞의 인터뷰.

19. Douglas Brinkley, "Democratic Enlargement: The Clinton Doctrine," *Foreign Policy*, 1997년 봄호, 111~116쪽.

20. 앞의 책.

21. 앞의 책.

22. "National Security Strategy of the United States," 1996년 2월, 2010년 6월 접속: http://www.fas. org/spp/military/docops/national/1996stra.htm

23. "Examining the Clinton Record on Democracy Promotion," Carnegie Endowment for International Peace 심포지엄, Washington, DC, 2000년 9월 12일.

24. Thomas Carothers, "Examining the Clinton Record on Democracy Promotion," Carnegie Endowment for International Peace 심포지엄에서 발표한 보고서, Washington, DC, 2000년 9월 12일.

25. 클린턴 행정부 전 관료와의 인터뷰, 저자 진행, 워싱턴, 2010년 9월.

26. Brinkley, "Democratic Enlargement: The Clinton Doctrine," 111~116쪽.

27. 1975년과 1999년 동티모르에서 벌어진 사건들의 차이를 더 알고 싶다면 이 책을 참고할 것. Robinson, *If You Leave Us Here, We Will Die*.

28. Robert Kagan, *The Return of History and the End of Dreams* (New York: Knopf, 2008), 5쪽.

29. Kishore Mahbubani, "End of Whose History?" *New York Times*, 2009년 11월 12일, 2011년 10월
   접속: http://www.nytimes.com/2009/11/12/opinion/12iht-edmahbubani.html?pagewanted=all

30. Gordon G. Chang, *The Coming Collapse of China* (New York: Random House, 2001) 같은 예를
   참고하라.

3장

1. "HIV/AIDS in Malawi," United States Agency for International Development, 2010년 6월 접속:
   (*)http://www.usaid.gov/our_work/global_health/aids/Countries/africa/malawi.html

2. Kevin Hassett, "Does Economic Success Require Democracy?," *American*, 2007년 5월/6월호,
   2009년 1월 접속: http://www.american.com/archive/2007/may-june-magazine-contents/does-
   economic-success-require-democracy

3. Freedom House(프리덤 하우스)의 자료를 바탕으로 저자가 분석했다.

4. Peter Rosenbul, "Irrational Exuberance: The Clinton Administration in Africa," *Current History*,
   2002년 5월, 195~198쪽.

5. Michela Wrong, *It's Our Turn to Eat* (New York: HarperCollins, 2009).

6. Wahaqb Oyedukun, "Nigeria Democracy Day: Which Date Is More Appropriate," *Leadership*
   (Abuja), 2010년 7월 접속: allafrica.com/stories/200806250400.html

7. Norimitsu Onishi, "Albright Vows to Increase Aid to Nigeria," *New York Times*, 1999년 10월 21일,
   2011년 10월 접속: http://www.nytimes.com/1999/10/21/world/albright-vows-to-increase-aid-to-
   nigeria.html

8. Fareed Zakaria, *The Future of Freedom: Illiberal Democracy at Home and Abroad* (New York: W. W.
   Norton, 2003), 19쪽. 파리드 자카리아 지음,『자유의 미래』, 나상원 외 옮김, 민음사, 2004년.

9. 앞의 책, 106쪽.

10. 앞의 책, 107~113쪽, 그리고 117~118쪽 참고.

11. Robert Kagan, "The Ungreat Washed," *New Republic*, 2003년 7월 7일.

12. Zakaria, *Future of Freedom*, 145~46.

13. 1976년 탐마삿 대학교의 참극과 관련한 추가 정보는 다음을 참조. "Thailand: A Nightmare of
   Lynching and Burning," *Time*, 1976년 10월 16일.

14. Sabeel Rahman, "Zakaria Explores the Tyranny of the Masses," *Harvard Book Review*, 2003년 여
   름호.

15. 캄보디아의 사례에 대한 추가적인 정보는 이 책에서 찾을 수 있다. Joel Brinkley, *Cambodia's
   Curse* (New York: Public Affairs, 2011).

16. George W. Bush, "Renewing America's Purpose," Boeing(보잉 사) 생산 공장에서 연설, 2000년
   5월 17일.

17. William J. Clinton, *Between Hope and History* (New York: Random House, 1996), 36쪽.

18. John Williamson, "A Short History of the Washington Consensus," From the Washington

Consensus Toward a New Global Governance Conference에서 발표한 보고서, Barcelona, 2004년 9월 24~25일.

19. Dani Rodrik, "Goodbye Washington Consensus, Hello Washington Confusion? A Review of the World Bank's Economic Growth in the 1990s: Learning from a Decade of Reform," *Journal of Economic Literature* 44 (4), 973~975쪽.

20. "World Bank Aims to Cut Poverty, Hunger in Half," Associated Press(AP통신), 1993년 11월 30일.

21. World Bank, "Economic Growth in the 1990s: Learning from a Decade of Reform"(Washington, DC: The World Bank, 2005).

22. IMF 데이터 인용.

23. Stephen Carr와의 인터뷰, 저자 진행, 블랜타이어, 2005년 2월.

24. 농업 컨설턴트와의 인터뷰, 저자 진행, 블랜타이어, 2009년 1월.

25. Celia Dugger, "Ending Famine, Simply by Ignoring the Experts," *New York Times*, 2007년 12월 2일, A1면.

26. 말라위 관료들과의 인터뷰, 저자 진행, 블랜타이어, 2009년 1월.

4장

1. 이 주제에 대해 더 알고 싶다면 다음 책을 참고할 것. Dani Rodrik, *One Economics, Many Recipes: Globalization, Institutions, and Economic Growth* (Princeton, NJ: Princeton University Press, 2008).

2. Kevin Hassett, "Does Economic Success Require Democracy?" *American*, 2007년 5/6월호.

3. Adam Przeworski, Michael E. Alvarez, Jose Antonio Cheibub, Fernando Limongi 공저, *Democracy and Development: Political Institutions and Well-Being in the World, 1950-1990* (Cambridge: Cambridge University Press, 2000), 155~157쪽.

4. Dani Rodrik, "Goodbye Washington Consensus, Hello Washington Confusion? A Review of the World Bank's Economic Growth in the 1990s: Learning from a Decade of Reform," *Journal of Economic Literature* 44 (4), 973~974쪽.

5. IMF data World Bank에서 수집, World Development Indicators.

6. ROMIR Monitoring poll, 2003 7월 18일. 2010년 11월 접속: (*)www.cdi.org/russia/johnson/7255-3.cfm

7. Richard Rose, "Learning to Support New Regimes in Europe," *Journal of Democracy*, 2007년 7월, 111~125쪽; 폴란드와 우크라이나 활동가들과의 인터뷰, 저자 진행, 위싱턴, 2011년 4월.

8. Peter Lewis, "Growth Without Prosperity in Africa," *Journal of Democracy*, 2008년 7월, 95~97쪽.

9. *Transition Report 2010*, European Bank for Reconstruction and Development (Brussels: EBRD, 2011), 60~69쪽.

10. Latinobarometro 설문조사, 1995~2009년, latinobarometro.org에서 확인 가능하다.

11. Owen Matthews, "The Breadbasket Becomes the Basket Case," *Newsweek*, 2009년 3월 14일,

2011년 10월 접속: (*)http://www.thedailybeast.com/newsweek/2009/03/13/the-breadbasket-becomes-the-basket-case.html

12. "Poll of 18 African Countries Finds All Support Democracy," WorldPublicOpinion. org, 2010년 6월 접속: http://www.worldpublicopinion.org/pipa/articles/brafricara/209. php?nid=&id=&pnt=209&lb=braf; 또한 Afrobarometer(아프로바로미터) 설문조사, 2008/2009 round of surveys 참고.

13. 아프로바로미터 자료를 분석하는 데 Shelby Leighton의 도움을 받았다.

5장

1. "Philippines Country Profile," BBC, 2010년 11월 접속: news.bbc.co.uk/2/hi/americas/country.../1262783.stm

2. "Philippine Poverty Statistics: Table 4," Philippine National Statistical Coordination Board, 2010년 9월 접속: www.nscb.gov.ph/poverty/2006_05mar08/table_4.asp

3. Benigno S. Aquino Jr., "The Filipino Is Worth Dying For" (reprint), *Manila Times*, 2010년 8월 22일, A1면.

4. Roel Landingin와의 인터뷰, 저자 진행, 마닐라, 2007년 3월.

5. 다음 기사와 같은 사례를 참고할 것. "Gunmen, Eight Hostages Killed in Manila Bus Siege," Reuters(로이터통신), 2010년 8월 23일, 그리고 Joel D. Adriano, "Foreigners Beware in the Philippines," *Asia Times*, 2010년 8월 17일.

6. "Corruption," in "Enterprise Surveys: Philippines 2009," The World Bank, 9, http://www.enterprisesurveys.org

7. Paul Hutchcroft, "The Arroyo Imbroglio in the Philippines," *Journal of Democracy*, 2008년 1월, 148~149쪽.

8. Eliza Diaz, "Aquino Taken to Task over Promises," *BusinessWorld* (Manila), 2011년 6월 28일.

9. Central Intelligence Agency, *The World Factbook*, 싱가포르와 필리핀에 관한 장을 참고, https://www.cia.gov/library/publications/the-world-factbook/

10. Paul Hutchcroft, *Booty Capitalism: The Politics of Banking in the Philippines* (Ithaca, NY: Cornell University Press, 1998), 240~241쪽.

11. Yvette Collymore, "Rapid Population Growth, Crowded Cities, Present Challenges in the Philippines," Population Reference Bureau report, 2007년 8월. http://www.prb.org/Articles/2003/RapidPopulationGrowthCrowdedCitiesPresentChallengesinthePhilippines.aspx

12. Linda Luz Guerrero와 Rollin Tusalem, "Mass Public Perceptions of Democratization in the Philippines: Consolidation in Progress?" in *How East Asians View Democracy*, ed. Yun-han Chu, Larry Diamond, Andrew Nathan, Doh Chull Shin 공저 (New York: Columbia University Press, 2008) 61~80쪽.

13. Chang Yu-tzung, Yun-han Chu, Chong-Min Park 공저, "Authoritarian Nostalgia in Asia,"

Journal of Democracy 3, 2007, 66~80쪽.

14. "Marcos Son Proclaimed Philippine Senator," Associated Press(AP통신), 2010년 5월 15일.

15. Norimitsu Onishi, "Marcos Seeks to Restore Philippines Dynasty," *New York Times*, 2010년 5월 7일, A1면.

16. Philippines Center for Investigative Journalism의 보고서 참고. PCIJ.org

17. Roel Landingin과의 인터뷰, 저자 진행, 마닐라, 2007년 3월.

18. 헌팅턴의 시각에 대한 고전적인 개괄로는 다음 책을 참고할 것. Samuel Huntington, *The Third Wave* (Norman, OK: University of Oklahoma Press, 1993).

19. "Most Folks See Themselves as Middle-Class," *Ad Week*, 2010년 9월 24일. (*)www.adweek.com/.../news/.../e3i0121638c1a14264a1858ae8b0e95981b

20. 이러한 주장에 대해 더 알고 싶다면 다음 책을 참고하라. Amy Chua, *World on Fire* (New York: Doubleday, 2003).

21. *The Expanding Middle: The Exploding Global Middle-Class and Falling Global Inequality*, Goldman Sachs, Global Economics Paper No. 170, 2008년 7월 7일. http://www.goldmansachs.com

22. *The Global Middle-Class: Views on Democracy, Religion, Values, and Life Satisfaction in Emerging Nations*, Pew Global Attitudes Project, 2009년 2월 12일, 2010년 6월 접속: http://pewglobal.org/2009/02/12/the-global-middle-class

23. "The New Middle Classes Rise Up," *Economist*, 2011년 9월 3일.

24. David Beresford, "Row over Mother of the Nation Winnie Mandela," *Guardian*, 1989년 1월 27일, 2011년 10월 접속: http://century.guardian.co.uk/1980-1989/Story/0,,110268,00.html

25. DPP(대만 민주진보당) 활동가와의 인터뷰, 저자 진행, 워싱턴, 2004년 1월.

26. "Former First Lady of Taiwan Admits to Laundering $2.2 Million," Associated Press(AP통신), 2009년 2월 10일.

27. Jonathan Adams, "Three Taiwan Officials Quit in Diplomatic Furor," *New York Times*, 2008년 5월 7일.

28. Joseph Kahn, "U.S. Says No to Overnight Stay for Taiwanese Leader," *New York Times*, 2006년 5월 4일.

29. "Georgia," *Human Rights Watch World Report 2008: Events of 2007* (New York: Human Rights Watch, 2008). http://www.hrw.org/sites/default/files/reports/wr2k8_web.pdf

30. Freedom House(프리덤 하우스)의 자료를 통해 확인한 내용.

31. "The Wrecking of Venezuela," *Economist*, 2010년 5월 13일.

32. 앞의 책. 또한 다음 기사를 참고할 것. Simon Romero, "Venezuela, More Deadly Than Iraq, Wonders Why," *New York Times*, 2010년 8월 22일.

33. "The Wrecking of Venezuela."

34. Simon Romero, "New Laws in Venezuela Aim to Limit Dissent," *New York Times*, 2010년 12월 24일.

35. "IAHCR Concerned," 2010년 3월 24일 배포, 2011년 11월 접속: http://www.cidh.oas.org/Comunicados/English/2010/36-10eng.htm

36. Juan Forero, "Documents Show C.I.A. Knew of a Coup Plot in Venezuela," *New York Times*, 2004년 12월 3일.

37. Heba Saleh, "Security Vacuum Hurts Business," *Financial Times*, 2011년 11월 3일, A2면.

38. Negar Azimi, "In Egypt, the Lure of Leaving," *New York Times Magazine*, 2011년 8월 26일.

39. Isobel Coleman, "Women and Democracy in the New Egypt," Council on Foreign Relations, Democracy in Development 블로그, http://blogs.cfr.org/coleman/2011/07/28/women-and-democracy-in-the-new-egypt, 2011년 7월 28일.

40. Robert Malley와 Hussein Agha, "The Arab Counterrevolution," *New York Review of Books*, 2011년 9월 29일.

41. 앞의 글.

42. 태국 정치인들과의 인터뷰, 저자 진행, 워싱턴과 치앙마이, 2011년 12월.

43. "Fearing Change, Many Christians in Syria Back Assad," *New York Times*, 2011년 9월 27일, A1면.

44. Keith Bradsher, "Protestors Fuel a Long-Shot Bid to Oust Taiwan's Leader," *New York Times*, 2006년 9월 28일.

45. 대만 활동가와의 인터뷰, 저자 진행, 타이베이, 2003년 3월과 2005년 5월.

46. "Chen Shui-Bian Gets Life," *Taipei Times*, 2009년 9월 12일.

47. Noppadon Pattama와의 인터뷰, 저자 진행, 워싱턴, 2010년 5월.

6장

1. Keith Richburg, "Suharto Steps Down, Names Successor," *Washington Post*, 1998년 5월 21일, A1면. http://www.washingtonpost.com/wp-srv/business/longterm/asiaecon/stories/suharto052198.htm

2. "Let Us All Collectively Unite," *Jakarta Globe*, 2009년 8월 14일.

3. International Crisis Group, "Jemaah Islamiah's Current Status," 2007년 5월 3일 발행, 자카르타/브뤼셀.

4. "The US-Indonesia Comprehensive Partnership," 2011년 2월 접속: http://www.whitehouse.gov/the-press-office/us-indonesia-comprehensive-partnership

5. Scott Wilson, "Obama Administration Studies Recent Revolutions for Lessons Applicable in Egypt," *Washington Post*, 2011년 2월 14일, A1면.

6. Barack Obama, "Speech in Jakarta, Indonesia," 2010년 11월 9일, 2011년 1월 접속: (*)http://www.america.gov/st/texttrans-english/2010/November/20101109213225su0.4249035.html

7. Matthew Lee, "Clinton: Indonesia Can Be Democratic Role Model," Associated Press(AP통신), 2011년 6월 25일.

8. "Indonesian Anti-Graft Officials Thieves: Official," Agence France Presse(AFP통신), 2011년 9월 9일.

9. "Former Chief of Indonesia's Anti-Corruption Commission Found Guilty," 2011년 11월 접속:

http://www.demotix.com/news/245158/former-chief-indonesias-anti-corruption-commission-found-guilty

10. Michael T. Rock, "Corruption and Democracy," DESA Working Paper No. 55, United Nations Department of Economic and Social Affairs. http://www.un.org/esa/desa/papers/2007/wp55_2007.pdf

11. 앞의 자료.

12. 앞의 자료.

13. "Crucial 2007 Jakarta Governor's Race Taking Shape," U.S. Embassy Jakarta Cable, 2006년 9월 12일, 2011년 10월 Wikileaks.org를 통해 확인.

14. "Kalla Wins Chair of Golkar," U.S. Embassy Jakarta Cable, 2004년 12월 21일, 2011년 10월 Wikileaks.org를 통해 확인.

15. "Corruption Everywhere," Economist, 2011년 9월 2일. 또한, 인도네시아 지도자들과의 인터뷰, 저자 진행, 워싱턴, 2011년 9월.

16. "Indonesia Most Corrupt of Key Asian Nations: PERC," Reuters(로이터통신), 2010년 3월 8일.

17. "Power to the People! No, Wait!" Economist, 2011년 5월 17일.

18. 아시아에 관심을 가지고 있는 미국인 기업가들과의 인터뷰, 저자 진행, 워싱턴, 2011년 10월.

19. "Google Seeks Exemption in Indonesia's Investment Procedure," Xinhua(신화통신), 2011년 9월 21일.

20. Richard Rose와 Christian Haerpfer, "New Democracies Barometer V: A 12 Nation Survey," Studies in Public Policy 306, University of Strathclyde, Glasgow, 1998.

21. Hamid Mohtadi와 Terry Roe, "Democracy, Rent Seeking and Growth: Is There a U Curve?," Bulletin Number 97-1, University of Minnesota Center for Political Economy, 1997년 5월. http://ageconsearch.umn.edu/bitstream/7485/1/bu970001.pdf

22. 앞의 자료.

23. 더 알고 싶다면 다음 책을 참고할 것. Richard MacGregor, The Party: The Secret World of China's Communist Rulers (New York: Harper, 2010).

24. Mark Magnier와 Tsai Ting, "China Damage Control over Reports of Bling," Los Angeles Times, 2007년 12월 26일.

25. "Indonesia's Suharto Tops 'Worst-Ever' Corruption Charts," Agence France Presse(AFP통신), 2004년 3월 24일. Tom Allard, "Yudhoyono to Address the Nation as Corruption Scandals Spread," Sydney Morning Herald, 2009년 11월 24일.

26. Rock, "Corruption and Democracy."

27. "Indonesia Facebook's Second Largest Market," Asian Correspondent, 2010년 11월 4일, 2011년 1월 접속: http://asiancorrespondent.com/42231/indonesia-facebooks-second-largest-market-as-asia-surpasses-100-million-members

28. 이 조사에 도움을 준 Shelby Leighton에게 감사의 뜻을 표한다.

29. Eric Chang과 Yun-han Chu, "Corruption and Trust: Exceptionalism in Asian Democracies?" Journal of Politics 68 (2006), 259~271쪽.

30. 이 조사에 도움을 준 Shelby Leighton에게 감사의 뜻을 표한다.

31. Daniel Armah-Attoh, E. Gyimah-Boadi, Annie Barbara Chikwanha 공저, "Corruption and Institutional Trust in Africa: Implications ofr Democratic Developement," Working Paper 81호, 2007년 12월. Afrobarometer.org

32. Ronojoy Sen, "The Problem of Corruption," *Journal of Democracy*, 2009년 10월, 89쪽.

33. Paul Collier, *Wars, Guns, and Votes* (New York: Harper Perennial, 2009), 41~42쪽

34. Michael Bratton, "Vote Buying and Violence in Nigerian Election Campaigns," Working Paper 99호, 2008년 6월, 4~7쪽. afrobarometer.org

35. "Understanding Electoral Violence in Asia," United Nations Development Program, Asia Pacific Regional Center, 2011년 6월, 7쪽. (*)http://www.snap-undp.org/elibrary/Publications/Understand ingElectoralViolenceinAsia.pdf

36. Thomas Fuller, "Democracy and Vote Buying Returning in Thailand," *New York Times*, 2007년 11월 25일.

37. U.S. Library of Congress, "Country Studies: Indonesia," 2011년 1월 접속: http://countrystudies. us/indonesia/91.htm

38. 인도네시아 유권자들과의 인터뷰, 저자 진행, 자카르타, 2007년.

39. Aubrey Belford, "Son of Indonesian Dictator Gives Democracy a Shot," *New York Times*, 2011년 7월 7일.

40. "Indonesia's Electorate Smells Graft," *Asia Sentinel*, 2011년 10월 7일, 2011년 10월 접속: (*)http://www.asiasentinel.com/index.php?option=com_content&task=view&id=3834&Itemid=175

41. 앞의 글.

42. Arienta Primanitha, "Indonesians Prefer Suharto to Yudhoyono: Poll," *Jakarta Globe*, 2011년 5월 16일.

7장

1. "Why Grandpa Wen Has to Care," *Economist*, 2008년 6월 12일.

2. Jason Dean, James Areddy, Selena Ng 공저, "Chinese Premier Blames Recession on U.S. Actions," *Wall Street Journal*, 2009년 1월 29일.

3. Scott Snyder와 Brad Glosserman, "Not Too Fast with China," 2009년 11월 13일, 2010년 9월 접속: www.globalsecurity.org

4. Deng Xiaoping의 말을 다음 책에서 인용. Zhongying Pang, "China's Soft Power Dilemma: The Beijing Consensus Revisited," *Soft Power: China's Emerging Strategy in International Politics* ed. Li Mingjiang (Lanham, MD: Lexington Books, 2009), 134쪽.

5. Joshua Cooper Ramo, *The Beijing Consensus*, Foreign Policy Centre 보고서, 2004년 5월. http://fpc. org.uk/fsblob/244.pdf

6. 중국 관료들과의 인터뷰, 저자 진행, 베이징과 워싱턴. 2005년 3월, 5월, 6월 진행.

7. H. E. Fu Yuancong, "Why Does China Remain a Developing Country?," 동티모르에서의 연설, 2010년 10월 6일, Ministry of Foreign Affairs of the People's Republic of China. (*)http://www.fmprc.gov.cn/eng/wjb/zwjg/zwbd/t758927.htm

8. Keith Bradsher, "In Downturn, China Sees Path to Growth," *New York Times*, 2009년 3월 16일, A1면.

9. Bureau of Economic Analysis에서 제공하는 미국 통계, 2010년 11월 접속: www.bea.gov/national/index.htm; Central Intelligence Agency(미 중앙정보국)에서 제공하는 일본 통계, The World Factbook, 2010년 11월 접속: https://www.cia.gov./library/publications/the-world-factbook/geos/ja.html; 중국 통계는 다음의 기사를 참고. "China's Economy Shows Strong Growth in 2009," BBC, 2010년 1월 21일, 2010년 10월 접속: news.bbc.co.uk/2/hi/8471613.stm

10. "Major Foreign Holders of Treasury Securities," U.S. Department of the Treasury, 2010년 11월 접속: www.ustreas.gov/tic/mfh.txt

11. Roger C. Altman, "The Great Crash, 2008," *Foreign Affairs*, 2009년 1/2월호.

12. Thomas Friedman, "Our One Party Democracy," *New York Times*, 2009년 9월 8일, A29면.

13. Katrin Bennhold, "West Unready and Uneasy as China Boldly Emerges," *International Herald Tribune*, 2010년 1월 27일, 13면.

14. Mei Xinyu, "US Much Ado About Nothing," *China Daily*, 2010년 11월 3일, 2010년 11월 접속: www.chinadaily.com.cn/opinion/2010-11/03/content_11494163.htm

15. 중국 공산당이 수행하고 있는 중심적인 역할에 대해 더 알고 싶다면 다음 책을 참고할 것. Richard MacGregor, *The Party: The Secret World of China's Communist Rulers* (New York: Harper, 2010).

16. Randall Peerenboom, *China Modernizes* (New York: Oxford University Press, 2007), 133쪽.

17. 연간 수행되는 외국인 직접 투자에 대해서는 UNCTAD의 투자에 대한 종합 자료를 참고할 것: (*)www.unctad.org/WIR

18. 오바마 행정부 관료들과의 저자 인터뷰. 워싱턴, 2010년 11월.

19. Bloomberg News, "China Overtakes Japan as World's Second-Largest Economy," 2010년 8월 16일. http://www.bloomberg.com/news/2010-08-16/china-economy-passes-japan-s-in-second-quarter-capping-three-decade-rise.html (링크의 기사 제목은 "China GDP Surpasses Japan, Capping Three-Decade Rise")

20. "Shenzhen Aims to Close to Singapore's GDP in Five Years," *Global Times*, 2010년 6월 1일.

21. "China Country Overview," Ausaid, 2010년 11월 접속: (*)www.ausaid.gov.au/china/

22. International Monetary Fund, "World Economic Outlook April 2009: Crisis and Recovery" (Washington, DC: IMF, 2009), 10쪽.

23. 태국 관료와의 저자 인터뷰. 워싱턴, 2010년 5월.

24. "China Urges Europe to Skip Nobel Ceremony for Activist Liu Xiaobao," Associated Press(AP통신), 2010년 11월 4일.

25. "Renminbi Banking Business in Hong Kong," 2011년 11월 접속: (*)www.hkma.gov.hk/media/eng/publication-and-research/.../fa3.pdf

26. Joshua Kurlantzick, "Don't Bet on the BRICs," *Bloomberg Businessweek*, 2011년 11월 3일, http://www.businessweek.com/magazine/dont-bet-on-the-brics-11032011.html

27. John Pomfret, "Obama's Meeting with the Dalai Lama Is Delayed," *Washington Post*, 2009년 10월 5일, 2011년 10월 접속: http://www.washingtonpost.com/wp-dyn/content/article/2009/10/04/AR2009100403262.html

28. John Pomfret, "China's Strident Tone Raises Concerns Among Western Governments, Analysts," *Washington Post*, 2010년 1월 31일, A1면.

29. 국무부 관료와의 저자 인터뷰. 워싱턴, 2010년 3월

30. Jeremy Page, "Tension Grows Between China and India as Asia Slips into Cold War," *Times* (영국판), 2009년 11월 12일.

31. John Glionna와 David Pierson, "Tensions Between China, Japan Escalate," *Los Angeles Times*, 2010년 9월 23일.

32. Peter Lee, "US Goes Fishing for Trouble," *Asia Times*, 2010년 7월 29일.

33. Simon Roughneen, "Asean Sups with the Chinese 'Devil'," *Asia Times*, 2010년 11월 4일.

34. Stephen Halper, *The Beijing Consensus: How China's Authoritarian Model Will Dominate the Twenty-First Century* (New York: Basic Books, 2010), 15쪽.

35. "Worldwide Military Expenditures," 2010년 8월 접속: globalsecurity.org; "The Fourth Modernization," *Economist*, 2010년 12월 2일.

36. "Worldwide Military Expenditures," 2010년 8월 접속: globalsecurity.org; "The Fourth Modernization," *Economist*, 2010년 12월 2일.

37. Zhang Haizhou와 Cheng Guangjin, "China's Military Not a Threat: Major General," *China Daily*, 2010년 3월 4일, 2010년 10월 접속: (*)http://www.chinadaily.com.cn/usa/2010-03/04/content_11016513.htm

38. "The Beijing Consensus Is to Keep Quiet," *Economist*, 2010년 5월 8일, 41~42쪽; "Shanghai Bids Farewell to Massive Expo Fair," BBC, 2010년 10월 31일. http://www.bbc.co.uk/news/world-asia-pacific-11660298

39. Peerenboom, *China Modernizes*, 9쪽.

40. Bennhold, "West Unready and Uneasy as China Boldly Emerges," 13쪽.

41. 태국, 베트남, 중국 관료들과의 저자 인터뷰. 치앙마이와 워싱턴에서, 2007년 5월, 2008년 5월, 2010년 5월 진행.

42. 베트남 및 태국 관료들과의 저자 인터뷰. 워싱턴, 2010년 3월.

43. Clifford J. Levy, "Russia's Leaders See China as Template for Ruling," *New York Times*, 2009년 10월 18일, A6면.

44. Sumit Ganguly와 Manjeet S. Pardesi, "India Rising: What Is New Delhi to Do?," *World Policy Journal*, 2007년 봄호, 9~18쪽.

45. "Cambodia and China Announced $1.6 Billion Deal," ChannelNewsAsia (Singapore), 2010년 11월 5일, 2010년 11월 접속: www.channelnewsasia.com/stories/afp...business/.../.html

46. 캄보디아 관료와의 저자 인터뷰, 프놈펜, 2007년 3월.

47. Anton Troianovski, "Xinhua in Times Square," *Wall Street Journal*, 2010년 6월 30일, 2011년 10월 접속: (*)http://professional.wsj.com/article/SB10001424052748704334604575339281420753918.html?mg=reno64-wsj

48. Xiaogeng Deng과 Lening Zhang, "China's Cultural Exports and Its Growing Cultural Power in the World," *Soft Power: China's Emerging Strategy in International Politics* ed. Li Mingjiang (Lanham, MD: Lexington Books, 2009), 151쪽.

49. "The Confucius Institute Project," 2010년 9월 접속: english.hanban.org

50. "Understanding Chinese Foreign Aid: A Look at China's Development Assistance to Africas, Southeast Asia, and Latin America," Wagner School, New York University, New York, 2008년 4월 25일.

51. Geoff Dyer, Jamal Anderlini, Henny Sender 공저, "China's Lending Hits New Heights," *Financial Times* (영국판), 2011년 1월 17일.

52. "Chinese University to Expand Foreign Enrollment," Associated Press(AP통신), 2010년 8월 30일.

53. 이 주제에 대해서는 다음 책을 참고할 것. Joshua Kurlantzick, *Charm Offensive: How China's Soft Power Is Transforming the World* (New Haven: Yale University Press, 2007).

54. Zhang Weiwei, "The Allure of the Chinese Model," *International Herald Tribune*, 2006년 11월 1일.

55. 더 많은 논의는 다음을 참고할 것. Afshin Molavi, "Buying Time in Tehran," *Foreign Affairs*, 2004년 11/12월호.

56. Ellen Lust-Okar, *Reform in Syria: Steering Between the Chinese Model and Regime Change*, Carnegie Papers, Middle East Series, Carnegie Endowment for International Peace, No. 69, 2006년 6월, http://carnegieendowment.org/files/CEIP_CP_69_final1.pdf; "Looking East," *Economist*, 2010년 10월 21일.

57. Simon Romero, "China's Offer of $20 Billion in Loans to Venezuela Extends Needed Cash to Chavez," *New York Times*, 2010년 4월 19일, A11면.

58. 중국 관료들과의 인터뷰. 저자 진행. 워싱턴, 2009년 4월, 2009년 5월, 2009년 12월.

59. Ignatius Wibowo, "China's Soft Power and Neoliberal Agenda in Southeast Asia," *Soft Power: China's Emerging Strategy in International Politics*, ed. Li Mingjiang (Lanham, MD: Lexington Books, 2009), 220쪽.

60. 태국 정치인 및 언론인들과의 인터뷰. 저자 진행. 치앙마이, 2010년 2월. 방콕, 2007년 8월.

61. "More Views on Judiocracy in Thailand," *Bangkok Pundit*, 2010년 5월 2일, 2010년 6월 접속: (*) asiancorrespondent.com/.../more-views-on-judiocracy-in-thailand/

62. 앞의 글.

63. Yun-han Chu, "Third Wave Democratization in East Asia: Challenges and Prospects," *Asian 100* (2006년 6월), 13쪽.

64. "World Poll Finds Global Leadership Vacuum," Program on International Policy Attitudes, 2008년 6월, 2010년 8월 접속: http://www.worldpublicopinion.org/pipa /pdf/jun08/WPO_Leaders_Jun08_packet.pdf

민주주의는 어떻게 망가지는가

1. Anne Applebaum, "World Inaction," Slate, 2008년 4월 8일, 2010년 11월 접속: www.slate.com/id/2197155/

2. "U.S.-Vietnam Relations," Embassy of the United States in Hanoi, 2011년 11월 접속: http://vietnam.usembassy.gov/relations.html

3. Dmitri Trenin, "Russia Leaves the West," *Foreign Affairs*, 2006년 7/8월호.

4. 앞의 글.

5. "NATO Expansion Relapse into Cold War—FM Lavrov," RIA Novosti, 2007년 7월 5일.

6. 인도네시아 여론 주도층과의 인터뷰. 저자 진행. 자카르타, 2007년 5월. 또한 "Victims of 1998 Riots Still Silent," Reuters(로이터통신), 2008년 5월 15일을 참고할 것.

7. "Thai-China Friendship Now Not So Special," *China Post* (대만), 2010년 6월 29일, 2010년 9월 접속: (*)www.chinapost.com.tw/.../the.../Thai-China-friendship.htm

8. "Thai PM Seeks Out Roots in Meizhou," *China Daily*, 2005년 7월 4일, 2010년 3월 접속: (*) www.chinadaily.com.cn/english/doc/2005.../content_456688.htm

9. 미 상원 대외관계위원회 직원들과의 저자 인터뷰. 워싱턴, 2010년 3월과 2010년 8월 진행; David Barboz, "China Backs Away from Unocal Bid," *New York Times*, 2005년 8월 3일

10. Justin Blum, "Shareholders Vote in Favor of Unocal Acquisition," *Washington Post*, 2005년 8월 11일, 2011년 10월 접속: http://www.washingtonpost.com/wp-dyn/content/article/2005/08/10/AR2005081000986.html

11. "Devastating Blows: Religious Repression of Uighurs in Xinjiang," Human Rights Watch, 2005년 4월 11일: (*)http://china.hrw.org/timeline/2005/devastating_blows

12. 위구르 활동가와의 저자 인터뷰. 워싱턴, 2010년 2월.

13. Edward Gargan, "Three Reported Dead in Latest Tibet Riots," *New York Times*, 1988년 3월 6일.

14. Andrew J. Nathan, "Authoritarian Resilience," *Journal of Democracy*, 2003년 1월, 6~17쪽.

15. Charlie Szrom과 Thomas Brugato, "Liquid Courage," *American*, 2008년 2월 22일: (*)http://www.american.com/archive/2008/february-02-08/liquid-courage

16. Wayne Morrison, "China's Economic Conditions," Congressional Research Service report, 1998년 7월 15일

17. "Russia's Currency Reserves Exceed $500 Billion for the First Time Since 2008," Bloomberg News, 2010년 10월 14일.

18. Charles Bremmer, "Vladimir Putin Wanted to Hang Georgian President Saakashvili by His Balls," *Times* (영국판), 2008년 11월 14일.

19. 러시아의 오피니언 리더들과의 저자 인터뷰, 워싱턴과 뉴욕, 2007년 4월과 2010년 5월.

20. Jeremy Page, "Who Poisoned Yushchenko," *Times* (영국판), 2004년 12월 8일, 2011년 10월 접속: http://www.thetimes.co.uk/tto/news/world/article1974989.ece; "Yushchenko's Dioxin Level Second-Highest in History," CBC(Canadian Broadcasting Corporation) 2004년 12월 16일, 2010년 12월 접속: (*)www.cbc.ca/world/story/2004/12/.../yushchenko-dioxin041215.html

21. "Who Poisoned Viktor Yushchenko?" *BBC Newsnight*, 2005년 2월 22일, 2010년 8월 접속: news. bbc.co.uk/2/hi/programmes/newsnight/4288995.stm

22. Jeanne L. Wilson, "The Legacy of the Color Revolutions for Russian Politics and Foreign Policy," *Problems of Post-Communism*, 2010년 3/4월, 23~36쪽.

23. Yongding, "China's Color-Coded Crackdown," *Foreign Policy*, 2005년 11월 19일, 2007년 9월 접속: foreignpolicy.com/articles/2005/11/18/china_s_color_coded_crackdown

24. Jeanne Wilson, "Color Revolutions: The View from Moscow and Beijing," *Journal of Communist Studies and Transition Politics*, 2009년 6월, 369~370쪽.

25. 앞의 글, 370쪽. 또한, 중국 관료들과의 저자 인터뷰. 워싱턴과 베이징, 2010년 4월.

26. Titus C. Chen, "China's Reaction to the Color Revolutions: Adaptive Authoritarianism in Full Swing," *Asian Perspective*, No. 2, 2010년, 5~10쪽.

27. "China Blogs Egypt on Top Twitter-Like Service," CBS News online, 2011년 1월 29일, 2011년 2월 접속: http://www.cbsnews.com/stories/2011/01/28/tech/main7295643.shtml

28. Donald Clarke, "China's Jasmine Crackdown and the Legal System," *East Asia Forum*, 2011년 5월 26일.

29. "Publics Want More Aggressive Government Action on Economic Crisis: Global Poll," Program on International Policy Attitudes, 2009년 7월 21일, 2010년 11월 접속: www.worldpublicopinion. org/pipa/articles/btglobalizationtradera/626.php

30. Teresa Wright, *Disincentives for Democratic Change in China*, East-West Center, No. 82, 2007년 2월: http://www.eastwestcenter.org/sites/default/files/private/api082_15.pdf

31. "China Paper Blasts Middle East Protest Movements," Associated Press(AP통신), 2011년 3월 5일.

32. Rafaella Pantucci, "China's Slow Surge in Kyrgyzstan: A View from the Ground," *China Brief*, 2011년 11월 11일.

33. 라오 족 및 캄보디아 관료들과의 저자 인터뷰. 프놈펜과 비엔티안, 2007년 3월, 2007년 8월 진행.

34. Szrom과 Brugato, "Liquid Courage."

35. Tania Branigan, "Purged Chinese Censor Behind Memoirs of Zhao Ziyang," *Guardian* (영국), 2009년 5월 21일.

36. Yongding, "China's Color-Coded Crackdown."

37. Perry Link, "From Famine to Oslo," *New York Review of Books*, 2011년 1월 3일, 56쪽.

38. China Restores Xinjiang Internet," BBC, 2010년 8월 접속: news.bbc.co.uk/2/hi/8682145. stm; Michael Wines, "In Latest Upheaval, China Applies New Strategies to Control Flow of Information," *New York Times*, 2009년 7월 8일.

39. Wilson, "Color Revolutions," 24쪽.

40. "Another Year of Ramzn Kadyrov," Human Rights Watch, 2010년 11월 접속: www.hrw.org/en/ news/2009/03/31/another-year-ramzan-kadyrov

41. Thomas Ambrosio, "Insulating Russia from a Color Revolution: How the Kremlin Resists Regional Democratic Trends," *Democratization*, 2007년 4월, 232~252쪽.

42. Thomas Ambrosio, *Authoritarian Backlash* (Burlington, VT: Ashgate, 2009), 42~44쪽.

43. 앞의 책.

44. Thomas Ambrosio, "Reacting to the Color Revolutions," the International Studies Association의 회의장에서 발표, 시카고, 2007년.

45. James Traub, "The World According to China," *New York Times Magazine*, 2006년 9월 3일, 2011년 10월 접속: http://www.nytimes.com/2006/09/03/magazine/03ambassador.html?pagewanted=all

46. R2P(Responsibility to Protect)에 대해 더 알고 싶다면, responsibilitytoprotect.org를 방문할 것.

47. 이에 대해 더 알고 싶다면 다음 책을 참고할 것. Theodore Friend, *Indonesian Destinies* (Cambridge, MA: Belknap).

48. "What Did I Do Wrong?": *Papuans in Merauke Face Abuses by Indonesian Special Forces*, Human Rights Watch, 2009년 8월 24일: http://www.hrw.org/reports/2009/06/24/what-did-i-do-wrong

49. "SBY's China Trip Dominated by Energy and Investment Deals," U.S. Embassy Jakarta(자카르타 미국 대사관)의 외교 전문, 2005년 8월, Freedom of Information Act를 통해 얻은 자료.

50. *The Backlash Against Democracy Assistance*, National Endowment for Democracy, 2006년 6월 8일: http://www.ned.org/docs/backlash06.pdf, 7쪽.

51. Thomas Ambrosio, "Catching the Shanghai Spirit: How the Shanghai Cooperation Organization Promotes Authoritarian Norms in Central Asia," *Europe-Asia Studies*, 2008년 10월, 1321~1344쪽.

52. OSCE(유럽안보협력기구)와 관련된 의회 관료들과의 인터뷰. 워싱턴, 2007년 8월, 2009년 9월.

53. Vitali Silitski, "A Year After the Color Revolutions," PONARS Policy Memo No. 376, 2005년 12월: http://www.gwu.edu/~ieresgwu/assets/docs/ponars/pm_0376.pdf, 58~60쪽.

54. Taras Kuzio, "Ukraine's Foreign and Security Policy Controlled by Russia," *Eurasia Daily Monitor* 7 (187), 2010년 10월 18일, 2010년 11월 접속: http://www.jamestown.org/programs/edm/single/?tx_ttnews%5Btt_news%5D=37043&tx_ttnews %5BbackPid %5D=484&no_cache=1

55. Ambrosio, *Authoritarian Backlash*, 56쪽.

56. 앞의 책, 60쪽.

57. 앞의 책, 245쪽.

58. Radio Free Europe의 Daniel Kimmage와 저자가 진행한 인터뷰, 워싱턴, 2011년 1월; "Russia Partying Abroad," Center for Security Studies, 2011년 11월 접속: http://www.isn.ethz.ch/isn/layout/set/print/content/view/full/73?id=121806&lng=en

59. Neil Buckley와 Roman Olearchyk, "A Nation on Guard," *Financial Times*, 2010년 10월 21일, 10면.

60. Ambrosio, "Reacting to the Color Revolutions."

61. Erica Marat, "Russian Influence Intensifies in Kyrgyzstan After Elections," *Eurasia Daily Monitor*, 2010년 10월 22일, 2010년 12월 접속: http://www.jamestown.org/single/?no_cache=1&tx_ttnews%5Btt_news%5D=37060

62. Ambrosio, "Reacting to the Color Revolutions."

63. "Blasts Cut Georgian Gas, Electricity Supplies," CNN, 2006년 1월 22일, 2010년 11월 접속: (*) http://articles.cnn.com/2006-01-22/world/russia.gas_1_gas-pipeline-natural-gas-gas-ser-vice?_s=PM:WORLD

64. Kenneth Roth, "Despots Masquerading as Demo crats," *Human Rights Watch World Report 2008: Events of 2007* (New York: Human Rights Watch, 2008), 1~24쪽: http://www.hrw.org/sites/default/files/reports/wr2k8_web.pdf

65. "Undermining Democracy," 3쪽. 또한, Ambrosio, "Reacting to the Color Revolutions." 참고.

66. Clifford J. Levy, "In Siberia, Ruling Party Uses Clenched Fist," *New York Times*, 2010년 12월 11일, A1.

67. 유럽 외교관들과의 인터뷰, 저자 진행, 워싱턴, 2010년 1월.

68. Vladimir Socor, "Russian Influence on the Upswing in Kyrgyzstan," *Eurasia Daily Monitor*, 2006년 5월 23일, http://www.jamestown.org/programs/edm/single/?tx_ttnews%5Btt_news%5D=31703&tx_ttnews%5BbackPid%5D=177&no_cache=1

69. Carl Gershman과 Michael Allen, "The Assault on Democracy Assistance," *Journal of Democracy* 17 (2), 2006, 45쪽: http://www.journalofdemocracy.org/articles/gratis/Gershman-17-2.pdf

70. 예컨대 다음 문서를 참고할 것. "Human Rights Record of the United States 2001," People's Republic of China 발행, 2010년 8월 접속: www.china-embassy.org/eng/zt/zfbps/t36544.htm

71. 앞의 문서.

72. "ESC Rights and Authoritarian Distortions," Freedom House Countries at the Crossroads Governance (블로그), 2010년 11월 11일, 2010년 11월 접속: (*)http://blog.freedomhouse.org/weblog/2010/11/index.html

73. 앞의 글.

74. Sophie Richardson, "Challenges for a 'Responsible Power'," *Human Rights Watch World Report 2008: Events of 2007* (New York: Human Rights Watch, 2008), http://www.hrw.org/sites/default/files/reports/wr2k8_web.pdf, 25~30쪽.

9장

1. 인터뷰이를 보호하기 위해 가명을 사용하였음.

2. 'Myo(마이요)'와의 인터뷰. 저자 진행. 랑군. 2006년 8월.

3. 버마 난민들과의 인터뷰. 저자 진행. 워싱턴과 치앙마이. 2006년 9월.

4. Anil Raj, "Has India Abandoned Burma?" Amnesty International memo, 2010년 9월 28일.

5. John Cherin, "Guarded Optimism," *Frontline* (델리), 2007년 10월 6일.

6. Raj, "Has India Abandoned Burma?"

7. "Human Rights, What's That?" *Economist*, 2010년 10월 14일.

8. Chris Kraul과 Borzou Daragahi, "Lula Takes Risk in Welcoming Ahmadinejad to Brazil," *Los Angeles Times*, 2009년 11월 23일.

9. http://www.ccd21.org/warsaw.htm 참조. 폴란드에서의 회의에 대한 더 많은 자료를 얻을 수 있다.

10. UN Democracy Caucus에 대한 더 많은 자료를 얻고 싶다면, http://www.ccd21.org/Initiatives/undc.htm을 방문할 것.

11. C. Raja Mohan, "Balancing Interests and Values: India's Struggle with Democracy Promotion," *Washington Quarterly*, 2007년 여름호, 105쪽.

12. Ted Piccone과 Morton Halperin, "A League of Democracies: Doomed to Fail?" *International Herald Tribune*, 2008년 6월 5일.

13. Susilo Bambang Yudhoyono의 연설. World Movement for Democracy, 자카르타, 2010년 4월 12일.

14. "United States Supports Bali Democracy Forum," 공식 외교 기자회견, Department of State, 워싱턴.

15. Liz Sidoti, "McCain Favors a League of Democracies," Associated Press(AP통신), 2010년 4월 30일.

16. 앞의 글.

17. Larry A. Niksch와 Martin A. Weiss, "Burma: Economic Sanctions," Congressional Research Service 보고서, 2009년 8월 3일.

18. "The Friendlessness of Robert Mugabe," *Economist*, 2002년 3월 21일, 43~44쪽.

19. Wai Moe, "Thailand's Burma Policy Set to Change Under New Premier," *Irrawaddy*, 2008년 12월 25일.

20. Lydia Polgreen, "Crackdown Provokes Fears for Sri Lanka's Democracy," *New York Times*, 2010년 2월 17일.

21. Jorge Castaneda, "Not Ready for Prime Time," *Foreign Affairs*, 2010년 9/10월호, 114쪽.

22. 스리랑카에서의 인권 침해에 대한 추가적인 정보는 다음을 확인할 것. "Sri Lanka: New Evidence of Wartime Abuses," Human Rights Watch, 2010년 5월 20일: http://www.hrw.org/news/2010/05/20/sri-lanka-new-evidence-wartime-abuses

23. Simon Roughneen, "Thai-Burma Relations Through the Thaksin Prism," *Irrawaddy*, 2010년 6월 10일.

24. 앞의 글.

25. "Deal Struck on Deep Sea Port," *Bangkok Post*, 2010년 12월 10일.

26. "Behind Burma's Rising FDI," *Diplomat*, 2011년 8월 31일, 2011년 9월 접속: http://the-diplomat.com/asean-beat/2011/08/31/behind-burmas-rising-fdi/

27. Seth Mydans, "Thailand Begins Repatriation of Hmong to Laos," *New York Times*, 2009년 12월 27일.

28. "Old Wars Never Die," *Economist*, 2010년 7월 15일. 또한 "Laos," in Freedom House(프리덤 하우스), *Countries at the Crossroads 2011* (New York: Freedom House, 2011)도 참고할 것.

29. "Human Rights? What's That?" *Economist*, 2010년 10월 14일.

30. Colum Lynch, "Russia, China Veto on Burma," *Washington Post*, 2007년 1월 13일, A12면.

31. "Zuma Says Zimbabwe's Coalition Government Is Working," *Mail and Guardian* (요하네스버그), 2009년 8월 29일.

32. 앞의 글.

33. *False Dawn*, Human Rights Watch, 2009년 8월 31일: http://www.hrw.org/reports/2009/08/31/false-dawn-0

34. "Human Rights? What's That?"

35. "Dalai Lama Ban Halts Conference," BBC Online, 2009년 3월 24일, 2011년 1월 접속: news.bbc.co.uk/2/hi/7960968.stm

36. "Wikileaks: Lula Asked Chavez to 'Low Tone' Against U.S.," Allvoices.com, 2011년 11월 접속: (*)http://www.allvoices.com/contributed-news/7691350-wikileaks-lula-asks-chavez-to-low-tone-against-us

37. "Reason with Him," *Newsweek*, 2009년 9월 21일.

38. "We Want to Join OPEC and Make Oil Cheaper: Interview with Brazilian President Lula," *Der Spiegel*, 2008년 5월 10일.

39. "Lula da Silva Entangled in Controversy over Cuban Political Prisoners," *MercoPress*, 2010년 월 12일.

40. Andrew Downie, "Brazil Diplomacy on Iran Points to Larger Ambitions," *Los Angeles Times*, 2010년 5월 22일.

41. "The Tehran Tango," *Economist*, 2010년 5월 17일.

42. Will Englund, "Poland Sees Its Past in Belarus's Present," *Washington Post*, 2011년 1월 22일, A5면.

43. Ben Arnoldy, "Obama Presses India to Become Global Champion of Democracy," *Christian Science Monitor*, 2010년 11월 8일.

44. "Suu Kyi Criticizes India's Ties with Myanmar Junta," Agence France Presse(AFP통신), 2010년 11월 24일.

45. 버마 난민과의 인터뷰, 저자 진행, 치앙마이, 2010년 2월.

46. "Eva Golinger: US Using Democracy Promotion as Disguise for Regime Change," *RT America*와의 인터뷰, 2010년 12월 1일.

47. Joshua Kurlantzick, "What Qadaffi's Fall Means for His Evil Minions," *New Republic*, 2011년 8월 26일.

48. Ted Piccone, "Do New Democracies Support Democracy?," *Journal of Democracy*, 2011년 10월, 139쪽.

49. "Turkish Prime Minister Slams Israel, Syria, and UN," *Hurriyet Daily News*, 2011년 10월 5일, 2011년 11월 접속: (*)http://www.hurriyetdailynews.com/mob_nx.php?n=prime-minister-slams-israel-syria-and-un-20111005

50. Piccone, "Do New Democracies Support Democracy?," 141쪽.

51. 앞의 글, 148.

52. 앞의 글, 143.

민주주의는 어떻게 망가지는가

53. Mohan, "Balancing Interests and Values," 101쪽.

54. 앞의 글.

55. Christopher Munnion, "SA Poison Plan to Damage Mandela's Brain," *Irish Independent*, 1998년 6월 11일.

56. Chris McGreal, "Mbeki Urged to Sack Ally over HIV Views," *Guardian* (영국), 2006년 9월 7일.

57. Stewart Patrick, "Irresponsible Stakeholders?" *Foreign Affairs*, 2010년 11/12월호

58. Patrick, "Irresponsible Stakeholders?"

59. "Northeast Rebels Are Shifting Base to Myanmar," Rediff News (India), 2010년 9월 3일, 2011년 1월 접속: (*)news.rediff.com/.../northeast-rebels-are-shifting-base-to-myanmar.htm

60. "Zimbabweans Rush to Avoid South Africa Deportation," BBC Online, 2011년 1월 접속: www.bbc.co.uk/news/world-africa-12090722; "Welcome Withdrawn," *Economist*, 2010년 10월 15일.

61. 태국 관료와의 인터뷰, 저자 진행, 방콕, 2007년 1월, 워싱턴, 2010년 4월.

62. 파오의 마약 사업에 대해 더 알고 싶으면 다음의 자료를 참조하라. Alfred McCoy, *The Politics of Heroin in Southeast Asia* (New York: Harper, 1973).

63. Castaneda, "Not Ready for Prime Time," 116쪽.

64. 다음과 같은 글을 참조하라. Peter Maass, "A Touch of Crude," *Mother Jones*, 2005년 1월/2월호.

65. "China's CNPC Starts Building Myanmar Pipeline," Agence France Presse(AFP통신), 2009년 11월 3일. 또한, 버마 북부 지방에서 중국 기업인들과 저자가 진행한 인터뷰, 2007년 2월.

66. Michael Richardson, "Another Pearl in Beijing's String of Ports," *Japan Times*, 2010년 8월 19일. 또한, 인도 관료들과의 인터뷰, 저자 진행, 워싱턴, 2010년 4월.

67. William Boot, "India's Support for Burmese Junta Pays Off," *Irrawaddy*, 2008년 9월 24일.

68. 앞의 글.

69. 인도 관료들과의 인터뷰. 저자 진행. 워싱턴, 2010년 4월. 스리랑카에 대한 중국의 관심에 대해서는 다음을 참고. Vikas Bijaj, "India Worries as China Builds Ports in Sri Lanka," *New York Times*, 2010년 2월 15일, B1면.

70. Stephanie Hanson, "China, Africa, and Oil," Council on Foreign Relations Backgrounder, 2011년 1월 접속: http://www.cfr.org/publication/9557/china_africa_and_oil.html, 3쪽.

71. B. Raman, "India and Suu Kyi: Quo Vadis?" B Raman's Strategic Analysis, 2010년 11월 17일, 2011년 10월 접속: http://www.southasiaanalysis.org/%5Cpapers42%5Cpaper4173.html

72. "Burmese, Chinese Traders Fight in Mandalay," *Democratic Voice of Burma*, 2011년 6월 27일, 2011년 9월 접속: http://www.dvb.no/news/burmese-chinese-traders-fight-in-mandalay/16321

10장

1. Barack Obama, "Speech to the United Nations General Assembly," 2010년 9월 23일, 2011년 2월 접속: (*)www.america.gov/st/texttrans.../2010/.../20100923103817su0.9430048.html

2. Azar Gat, *Victorious and Vulnerable* (Stanford, CA: Hoover Studies, 2010), 3쪽.

3. Thomas Carothers, *Critical Mission: Essays on Democracy Promotion* (Washington, DC: Carnegie Endowment, 2004), 47쪽.

4. J. F. Carrión, P. Zárate, M. A. Seligson 공저, "The Political Culture of Democracy in Peru: 2006," Latin American Public Opinion Project (LAPOP), Vanderbilt University in Committee on Evaluation of USAID Democracy Assistance Programs, Improving Democracy Assistance: Building Knowledge Through Evaluations and Research (Washington, DC: National Research Council, 2008).

5. Beken Saatcioglu, "EU-Induced Democratization? The Case of Turkey on the Road to Membership" (63회 Midwest Political Science Association National Conference에서 발표한 보고서, 시카고, 일리노이주, 7~10쪽, 2005년 4월).

6. Larry Diamond, "The Democratic Rollback," *Foreign Affairs*, 2008년 3/4월호.

7. "Egyptians Embrace Revolt Leaders, Military as Well," Pew Research Center Global Attitudes Project, 2011년 4월, http://www.pewglobal.org/files/2011/04/Pew-Global-Attitudes-Egypt-Report-FINAL-April-25-2011.pdf, 2~17쪽.

8. *Phnom Penh Post*에 실린 기사들을 저자가 분석한 바에 따름.

9. "Cambodia: 1997 Grenade Attack on Opposition Still Unpunished," Human Rights Watch, 2009년 3월 30일, 2010년 1월 접속: http://www.hrw.org/en/news/2009/03/30/cambodia-1997-grenade-attack-opposition-still-unpunished

10. Joel Brinkley, *Cambodia's Curse* (New York: Public Affairs, 2011).

11. 발티모어에 거주하는 저자는 카르자이의 가족이 운영하는 식당에서 여러 차례 식사를 하였지만, 카르자이의 가족들과 개인적인 만남을 갖지는 못했다.

12. "Wise Council," *Economist*, 2010년 3월 25일.

13. Gat, *Victorious and Vulnerable*, 11쪽.

14. Charles Kupchan, "The Demo cratic Malaise," *Foreign Affairs*, 2012년 1/2월, 67쪽.

15. 국무부 관료들과의 인터뷰. 저자 진행. 워싱턴, 2010년 11월.

16. Minxin Pei, "Corruption Threatens China's Future," Carnegie Endowment for International Peace policy brief no. 55, 2007년 10월, http://www.carnegieendowment.org/2007/10/09/corruption-threatens-china-s-future/g4; Liz Alderman, "Real Estate Collapse Spells Havoc in Dubai," *New York Times*, 2010년 10월 6일.

17. PAD 구성원들과의 인터뷰. 저자 진행. 방콕, 2006년 5월.

18. David Schenker와의 인터뷰. 저자 진행. 워싱턴, 2011년 11월.

19. Tom Walker, "Revealed: The Terror Prison US Is Helping Build in Morocco," *Times* (영국), 2006년 1월 12일; 또한 Frederik Balfour, "Malaysia: A Surprising Ally in the War on Terror," *BusinessWeek*, 2002년 5월 8일.

20. "Painting Democracy on Afghanistan," Council on Foreign Relations 인터뷰, 2009년 10월 23일: http://www.cfr.org/afghanistan/painting-democracy-afghanistan/p20500

21. Scott Worden, "Afghanistan: An Election Gone Awry," *Journal of Democracy*, 2010년 7월.

22. 앞의 글.

23. Jon Boone, "Wikileaks Cables Portray Hamid Karzai as Corrupt and Erratic," *Guardian* (영국), 2010년 12월 2일.

24. 앞의 글.

25. 앞의 글.

26. George W. Bush, "Second Inaugural Address" 2005년 1월 20일.

27. Condoleezza Rice, "Speech to American University Cairo," 2005년 1월 21일.

28. Andrew Kohut과 Madeleine Albright, "An Iron Hand Is No Substitute for Democracy," *Financial Times*, 2011년 12월 6일, A11면.

29. 민주주의 전파 활동 전문가, State Department(국무부) 관료, National Endowment for Democracy(미국 민주주의기금 직원들과의 인터뷰. 저자 진행. 워싱턴, 2011년 8월.

30. Edward D. Mansfield와 Jack Snyder, *Electing to Fight: Why Emerging Democracies Go to War* (Cambridge, MA: MIT Press, 2007).

31. Tom Melia와의 인터뷰. 저자 진행. 워싱턴, 2009년 11월.

32. Tara McKelvey, "The Abandonment of Democracy Promotion," *International Journal of Not-for-Profit Law*, 2011년 6월.

33. Tom Melia와의 인터뷰. 저자 진행. 워싱턴, 2009년 11월.

34. 민주당 지도자들과의 인터뷰. 저자 진행. 워싱턴, 2010년 8월. 치앙마이, 2010년 12월.

35. 태국 오피니언 리더들과의 인터뷰. 저자 진행. 방콕, 2006년 10월.

36. "Crucial 2007 Jakarta Governor's Race Taking Shape," U.S. Embassy Jakarta Cable, 2006년 9월 12일, Wikileaks.org를 통해 2011년 10월 접속; Ralph Boyce, "Thailand: My Meeting with General Sonthi," U.S. Embassy Bangkok Cable, 2006년 9월 20일, Wikileaks.org를 통해 2011년 10월 접속; "Thailand Military Coup Leader Briefs Foreign Envoys, Promises to Appoint Civilian Minister Within Two Weeks," U.S. Embassy Bangkok Cable, 2006년 9월 20일, Wikileaks.org를 통해 2011년 10월 접속.

37. Tara McKelvey, "Is Democracy a Dirty Word?," *American Prospect*, 2009년 12월 7일.

38. 오바마 정부 관료와의 인터뷰. 저자 진행. 워싱턴, 2009년 9월.

39. 위구르 활동가와의 인터뷰. 저자 진행. 워싱턴, 2009년 11월.

40. John Pomfret, "Obama's Meeting with the Dalai Lama Is Delayed," *Washington Post*, 2009년 10월 5일.

41. Walter Russell Mead, "The Carter Syndrome," *Foreign Policy*, 2010년 1/2월, 1쪽.

42. "Obama Proposes Cuts to Democracy-Promoting Programs Abroad, Despite GOP Rebukes over Egypt," *Huffington Post*, 2011년 2월 14일: http://www.huffingtonpost.com/2011/02/14obama-proposes-cuts-to-de_n_822861.html

43. Tom Melia와의 인터뷰. 저자 진행. 워싱턴, 2009년 11월.

44. Elliott Abrams와의 인터뷰. 저자 진행. 워싱턴, 2010년 1월.

45. Biography of Michael H. Posner, 2010년 8월 접속: (*)www.state.gov/r/pa/ei/biog/27700.htm

46. Michael Allen, "Time Is Ripe for Europe an Endowment for Democracy," *Democracy Digest*, 2011년 11월 18일, 2011년 11월 접속: (*)http://www.demdigest.net/blog/2011/11/time-is-ripe-for-

european-endowment-for-democracy/

47. "Ban Ki-moon Meeting with Suu Kyi a No-Go," CBC(Canadian Broadcasting Corporation), 2009년 7월 3일, 2010년 12월 접속: http://www.cbc.ca/news/world/story/2009/07/03/un-ban-suu-kyi-burma637.html

48. 공화당 당직자들과의 인터뷰. 저자 진행. 워싱턴, 2011년 11월.

49. 의회 직원들과의 인터뷰. 저자 진행. 워싱턴, 2011년 12월.

50. Matthew Alan Hill, *Democracy Promotion and Conflict-Based Reconstruction* (London: Routledge, 2011), 68쪽.

51. Thomas Carothers, *Revitalizing U.S. Democracy Assistance: The Challenge of USAID* (Washington, DC: Carnegie Endowment for International Peace, 2009).

52. Hillary Clinton, "Remarks on Internet Freedom," Newseum, 워싱턴, 2010년 1월 21일.

53. "Internet in Running for 2010 Nobel Peace Prize," BBC online, 2010년 3월 10일, 2011년 1월 접속: news.bbc.co.uk/2/hi/8560469.stm

54. Thomas Friedman, "Censors Beware," *New York Times*, 2000년 7월 25일.

55. Nicholas Kristof, "Tear Down This Cyberwall," *New York Times*, 2009년 6월 17일.

56. Clay Shirky, "The Political Power of Social Media," *Foreign Affairs*, 2011년 1/2월.

57. Angelique Chrisafis, "Ben Ali Forced to Flee Tunisia as Protestors Claim Victory," *Guardian* (영국), 2011년 1월 15일.

58. Tara Bahrampour, "In Tunisia, First Steps Toward Democracy," *Washington Post*, 2011년 3월 22일.

59. "Detained Google Exec Boosts Mubarak Protest," BBC online, 2011년 2월 8일, 2011년 2월 접속: www.bbc.co.uk/news/world-middle-east-12400128

60. 구글 임원과의 인터뷰. 저자 진행. 워싱턴, 2011년 2월.

61. National Endowment for Democracy(미국 민주주의기금) 직원과의 인터뷰. 저자 진행. 워싱턴, 2011년 1월.

62. Malcolm Gladwell, "Small Change," *New Yorker*, 2010년 10월 4일, 45쪽

63. Evgeny Morozov, *The Net Delusion: The Dark Side of Internet Freedom* (New York: Public Affairs, 2011).

64. 태국 인권운동가들과의 인터뷰. 저자 진행. 워싱턴, 2011년 1월, 치앙마이, 2010년 2월.

65. Andrew Marshall, "Thailand Discovers the Streisand Effect," Reuters (블로그), 2010년 8월 22일: (*)http://blogs.reuters.com/archive/tag/censorship/page/2/

66. 태국 학자들과의 학술 모임. 저자 참석. 워싱턴, 2011년 2월.

67. "New Survey Revives Spectre of Malaysian 'Green Dam,'" Malaysian Insider, 2010년 8월 16일, 2011년 1월 접속: http://www.themalaysianinsider.com/malaysia/article/new-survey-revives-spectre-of-malaysian-green-dam/

68. Shanthi Kalathil과 Taylor Boas, *Open Networks, Closed Regimes: The Impact of the Internet on Authoritarian Rule* (Washington, DC: Carnegie Endowment for International Peace, 2003), 78~80쪽.

민주주의는 어떻게 망가지는가

69. Cass Sunstein, *Republic.com* (Princeton, NJ: Princeton University Press, 2001).

70. Evgeny Morozov, "Is Russia Google's Next Weak Spot?," Net Effect 블로그, 2010년 8월 10일, 2011년 1월 접속: (*)http://neteffect.foreignpolicy.com/posts/2010/03/26/is_russia_googles_next_weak_spot

71. Morozov, *The Net Delusion*.

72. 앞의 책, 137쪽.

73. Maziar Bahari, "The Regime's New Dread in Iran," *Newsweek*, 2010년 12월 19일.

74. 태국 인권 활동가들과의 인터뷰. 저자 진행. 치앙마이와 워싱턴, 2010년 2월.

11장

1. "Prachatai Editor Arrested," *Nation* (태국판), 2010년 9월 24일, 2011년 3월 접속: www.nationmultimedia.com/.../Prachatai-editor-arrested-30138684.html; 또한 Ellen Barry, "Veteran Russian Journalist Beaten in Moscow," *New York Times*, 2010년 11월 6일; Maria Danilovs, "Belarus Opposition Complains of Dirty Tricks," Associated Press(AP통신), 2010년 12월 17일도 참고할 것.

2. 전 미국 관료들과의 인터뷰. 저자 진행. 워싱턴, 2012년 1월.

3. Joel Simon, "International Institutions Fail to Defend Press Freedom," in Committee to Protect Journalists, *Attacks on the Press 2010: A Worldwide Survey by the Committee to Protect Journalists* (New York: CPJ, 2010): http://cpj.org/2011/02/attacks-on-the-press-2010-introduction-joel-simon.php

4. Scott Sayare, "Unesco Backs Dictator's Divisive Prize," *New York Times*, 2012년 3월 8일.

5. Ken Silverstein, "Teodorin's World," *Foreign Policy*, 2011년 3/4월, 54~62쪽.

6. "Cambodia," in Freedom House(프리덤 하우스), *Countries at the Crossroads 2010* (New York: FreedomHouse, 2010), 2011년 3월 접속: (*)http://www.freedomhouse.org/report/countries-cross-roads-2010/cambodia

7. Freedom Against Censorship Thailand, *Annual Report*, 2011년 3월 접속: facthai.wordpress.com

8. Kenneth Roth, "The Abusers' Reaction: Intensifying Attacks on Human Rights Defenders, Organizations, and Institutions," *Human Rights Watch World Report 2010: Events of 2009* (New York: Human Rights Watch, 2010): http://www.hrw.org/sites/default/files/reports/wr2010.pdf

9. Ralph Boyce와의 인터뷰. 저자 진행. 워싱턴, 2012년 1월.

10. Julie Schmit, "China Tops U.S. in Spending on Clean Energy," *USA Today*, 2010년 3월 25일.

11. Freedom House(프리덤 하우스)와 Economist Intelligence Unit(EIU)의 자료에 기반한 저자의 분석.

12. Patricio Navia와 Thomas D. Zweifel, "Democracy, Dictatorship, and Infant Mortality Revisited," *Journal of Democracy*, 2003년 7월, 90~103쪽.

13. 앞의 글, 100쪽.

14. 이 주제에 대한 기존 연구는 다음을 참고할 것. Morton Halperin, Joseph Siegle, Michael Weinstein 공저, *The Democracy Advantage: How Democracies Promote Prosperity and Peace* (New

York: Routledge, 2005), 41~47쪽.

15. 앞의 책, 33쪽.

16. 앞의 책, 51쪽.

17. Yasheng Huang, "The Next Asian Miracle," *Foreign Policy*, 2008년 7/8월호, 33~40쪽.

18. 앞의 글, 39~40쪽.

19. 또한 Halperin, Siegle, Weinstein 공저, *The Democracy Advantage*, 41쪽을 참고할 것.

20. Amartya Sen, *Poverty and Famines: An Essay on Entitlements and Deprivation* (Oxford: Oxford University Press, 1982).

21. Ralph Boyce와의 인터뷰. 저자 진행. 워싱턴, 2012년 1월.

22. Charles Kurzman과 Ijlal Naqvi, "Do Muslims Vote Islamic?," *Journal of Democracy*, 2010년 4월, 50~63쪽.

23. 필리핀 오피니언 리더들과의 인터뷰. 저자 진행. 마닐라, 2007년 3월. 또한 워싱턴, 2010년 9월에도 인터뷰가 있었음.

24. World Bank Group, "Doing Business Rankings," 2012년 1월 접속: doingbusiness.org

25. "Eurocham Paper Critical of China's Protectionist Mea sures," *China Briefing*, 2009년 9월 4일.

26. 미국 정책 결정자들과의 인터뷰. 저자 진행. 워싱턴, 2011년 2월.

27. 브라질 정책 결정자들과의 인터뷰. 저자 진행. 워싱턴, 2011년 5월.

28. Ethan Kapstein과 Nathan Converse, "Why Democracies Fail," *Journal of Democracy*, 2008년 10월.

29. 앞의 글.

30. 인도네시아 예산에 대한 저자 본인의 연구에 따름.

31. "Top Singapore Ministers Face Pay Cuts of Up to 51 Percent," BBC online, 2012년 1월 4일, 2012년 1월 접속: http://www.bbc.co.uk/news/world-asia-16404935

32. Peter Gelling, "East Timor Takes Steps to Avoid Pitfalls of Oil Wealth," *New York Times*, 2006년 2월 21일.

33. Steven Levitsky, "International Linkage and Demo cratization," *Journal of Democracy*, 2005년 7월, 20~34쪽.

34. Freedom House(프리덤 하우스) 자료에 기반한 저자 본인의 연구에 따름.

35. "Haider's Freedom Party Wins Election," Associated Press(AP통신), 2004년 3월 7일; 또한 "Gujarat Inquiry: Narendra Modi 'Partisan' over Riots," BBC online, 2011년 2월 4일, 2011년 2월 접속: www.bbc.co.uk/news/world-south-asia-12362891

36. 태국에 근무한 바 있는 전임 미국 관료들과의 인터뷰. 저자 진행. 워싱턴, 2012년 1월.

37. "PAD Leaders Call for Power Seizure," *Nation* (태국판), 2012년 1월 20일.

38. Hilton Root와 Bruce Bueno de Mesquita, "The Political Roots of Poverty: The Economic Logic of Autocracy," *National Interest*, 2002년 여름호, 27~37면.

39. 유엔 예산 자료 분석 결과.

40. Win Min과의 인터뷰. 저자 진행. 워싱턴, 2010년 11월. 또한, 버마 분석 정보관들과의 인터뷰. 저자 진행. 치앙마이, 2010년 2월.

41. Ben Arnoldy, "Chinese Warships Dock in Burma, Rattling Rival Naval Power India," *Christian Science Monitor*, 2010년 8월 30일.

42. Indian Bagshi, "Turkey May Emerge as Regional Role Model," *Times of India*, 2011년 2월 21일.

43. 앞의 글.

44. Landon Tomas, "In Turkey's Example, Some See Map for Middle East," *New York Times*, 2011년 2월 4일.

45. Soner Cagaptay, "Arab Revolt Makes Turkey a Regional Power," *Hurriyet Daily News*, 2011년 2월 16일.

46. "Prachatai Editor Arrested," *Nation* (태국판), 2011년 2월 접속: www.nationmultimedia.com/.../ Prachatai-editor-arrested-30138684.html

47. Seth Mydans, "Fighting for Press Freedom in Thailand," *New York Times*, 2010년 11월 1일.

48. 태국 학자들과의 인터뷰. 저자 진행. 치앙마이, 2010년 2월, 워싱턴, 2010년 12월에도 인터뷰를 진행하였음.

49. 태국 정치인들과의 인터뷰. 저자 진행. 워싱턴과 방콕에서, 2010년 2월과 2010년 12월에 진행.

50. 태국 언론인들과의 인터뷰. 저자 진행. 워싱턴과 방콕에서, 2010년 2월과 2010년 12월에 진행.

51. 앞의 인터뷰.

찾아보기

ㄱ

가나 64, 110

가봉 252~253

가잘리, 에펜디 (Gazali, Effendi) 176

가즈프롬 (Gazprom) 212, 218

가트 (관세무역일반협정General Agreement on Tariffs and Trade, GATT) 207

가트, 아자르 (Gat, Azar) 258, 270

간디, 마하트마 (Gandhi, Mahatma) 234, 245

간디, 인디라 (Gandhi, Indira) 64

개발도상국

~에서 민주주의에 대한 만족도 하락 120~121

~ 중산층의 성장 132~133

신생 민주주의 ~의 민주화 89, 91

거물(에게 의존하는 경향) 268, 280, 336~337

겸허한 태도 (기존의 선진국들이 갖춰야 할) 348~349

경제 위기 (세계 경제 위기로 인해 민주주의에 대한 지지 약화) 39~42

경제 자유 지수 (헤리티지재단) 95

경제적 변화 (정치적 변화와 연관된) 94~96, 104~106, 305~309

고님, 와엘 (Ghonim, Wael) 291

고든, 조 (Gordon, Joe) 301

고르바초프, 미하일 (Gorbachev, Mikhail) 96

골드만삭스 (Goldman Sachs) 132

골링거, 에바 (Golinger, Eva) 245

골카르 당 (인도네시아) 163, 164, 176

공동체 평의회 144

공산주의의 위협 66

공자학원 (Confucius Institutes) 196

공정러시아당/정의러시아당 230

과테말라 39

구글 (Google) 167, 291

구소련

~의 경제적 변혁 98

~의 선출된 독재자 141~142

부패 167

불만 증가 108~109

국가 주도형 자본주의 272

국민당 (대만) (Kuomintang) 135, 138

국제개발처 (미국) (USAID) 287~288, 343~344

국제공화주의연구소 (International Republican Institute, IRI) 74, 264~265, 344

국제문제 및 안보 연구소 (태국) (Institute for Security and International Studies) 29

국제사면위원회 (Amnesty International) 36, 234~235, 244

국제연합 → 유엔

국제위기감시기구 (International Crisis Group) 160, 227

국제인권연맹 (International Federation for Human Rights) 22

국제정책태도 프로그램 (Program on International Policy Attitudes: PIPA) 38, 216

국제통화기금 (International Monetary Fund, IMF) 77~78, 96, 101, 189, 207, 251, 354

국제투명성기구 (Transparency International) 165~166, 329

군부/군대

~에 대한 민간의 통제 약화 28

~에 신뢰를 보내는 중산층 173

대중 민주주의에 대한 해결책으로 ~를 지지 36

아랍의 봄/여름 동안 ~의 영향력 강화

민주주의는 어떻게 망가지는가

민주주의는 어떻게 망가지는가

민주주의는 어떻게 망가지는가

민주주의는 어떻게 망가지는가

민주주의는 어떻게 망가지는가

A / 1